兵家战略管理

Strategic Management of Ancient Chinese Military Strategists

钟 尉 著

图书在版编目（CIP）数据

兵家战略管理/钟尉著 .—北京：经济管理出版社，2019.6
ISBN 978-7-5096-6550-3

Ⅰ.①兵…　Ⅱ.①钟…　Ⅲ.①管理学—思想史—中国　Ⅳ.①C93-092

中国版本图书馆 CIP 数据核字（2019）第 084185 号

组稿编辑：杜　菲
责任编辑：杜　菲
责任印制：黄章平
责任校对：董杉珊

出版发行：经济管理出版社
　　　　　（北京市海淀区北蜂窝 8 号中雅大厦 A 座 11 层　100038）
网　　址：www.E-mp.com.cn
电　　话：(010) 51915602
印　　刷：三河市延风印装有限公司
经　　销：新华书店
开　　本：720mm×1000mm/16
印　　张：26.25
字　　数：496 千字
版　　次：2019 年 6 月第 1 版　2019 年 6 月第 1 次印刷
书　　号：ISBN 978-7-5096-6550-3
定　　价：98.00 元

·版权所有　翻印必究·

凡购本社图书，如有印装错误，由本社读者服务部负责调换。
联系地址：北京阜外月坛北小街 2 号
电话：(010) 68022974　邮编：100836

总　序
为解决人类管理问题提供中国方案

文明因交流而多彩，文明因互鉴而丰富。共同建设美丽地球家园、共同构建人类命运共同体，需要推动跨国界、跨时空、跨文明的交流互鉴，从不同文明中寻求智慧、汲取营养，以文明交流超越文明隔阂、以文明互鉴超越文明冲突、以文明共存超越文明优越，推动人类文明进步和世界和平发展。

中华文明，是在中国大地上产生的文明，也是同其他文明不断交流互鉴而形成的文明，历经5000多年的历史变迁，始终一脉相承，是中华民族的精神血脉，需要薪火相传、代代守护，更需要与时俱进、勇于创新。今天，时代的进步推动中华文明创造性转化和创新性发展，激活其生命力，是摆在我们面前的重要课题。

当今时代，人类生活在不同文化、不同种族、不同肤色、不同宗教和不同社会制度所组成的世界中，各国人民形成了"你中有我、我中有你"的命运共同体。面对世界百年未有的大变局，面对全球经济治理中与日俱增的风险挑战，携手解决人类共同面临的各种挑战，中国发挥什么样的作用，成为全世界关注的焦点，也是摆在我们面前的重要课题。

70年来的奋斗实践，中国取得了举世瞩目的历史性成就，中华民族"站起来""富起来"最终必然"强起来"的伟大复兴梦想正日益成为现实。国际上理性看待中国的人越来越多，为中国点赞的人也越来越多。进入新时代，中国管理学者必须增强底气、鼓起士气，树立世界眼光，立足中国大地，用中国理论解读中国实践，用中国话语讲好中国故事，为解决人类管理问题奉献中国智慧，为丰富人类管理思想提供中国方案，为改善人类管理实践展现中国力量，形成同我国综合国力相适应的国际话语权。

为此，我们一方面需要面向实践、瞻望未来，积极面对中外管理实践中面临的新情况、新问题、新挑战，汲取不同文明土壤中的管理思想，提出管理的新观点、新理论、新思想。另一方面也需要回顾历史、鉴古知今，系统整理中华优秀传统文化中所蕴含的管理思想，以中华民族独有的爱国精神、社会理想、生命境界、处世哲学、道德规范、心性修养和改革精神等为底蕴想问题、观大势、思管理。因为中华优秀传统文化一直是中华民族的力量之源、情感之源、动力之源和信心之源，也是今天治国理政、发展经济和改善管理实践的重要思想源泉。今天，中华优秀传统文化早已走向世界，越来越受到国际社会的认可，中华优秀传统文化中蕴含着解决当今国际社会共同面临的一系列管理难题的重要启示，值得全人类共同学习、珍视和爱护。

中国古代管理思想源远流长、博大精深。光辉灿烂的中华文明留下无数传世经典，凝聚着独具特色的中国管理智慧。中华民族修建万里长城、开凿大运河、治理黄河等伟大管理实践，也积累了丰富的管理经验。系统整理中国古代管理思想，用独特的视角、概念和精神提出不同于西方的管理理论体系，服务当代管理实践，已经成为时代的迫切需要，也是历史赋予当代中国管理学者的光荣使命。

正是基于以上认识，我们决定撰写《中国管理思想精粹》丛书，其核心目的有二：一是从现代管理的视角系统解读中华优秀传统文化中的管理思想，深入总结中国管理的经验与智慧，推动中国管理思想走向世界，提升中国文化软实力；二是系统总结中国古代企业经营和公共管理的实践，提炼出有别于美国式管理、日本式管理的中国管理模式，建构有中国特色、中国气派的现代管理理论体系，推动世界管理理论的创新与变革。

本丛书拟分为五辑："（原）理"系列、"（朝）代"系列、"（学）派"系列、"（诸）子"系列、"商（帮）"系列，共20多本。"（原）理"系列，包括《中国管理思想史》《中国古典管理哲学》《中国管理学原理》等著作，主要是通过对于中国管理思想发展脉络的梳理和核心管理概念的创新，构建中国管理理论体系的基础。"（朝）代"系列，包括《先秦政府治理思想》《秦汉国家管理思想》《近代管理思想》等著作，主要是通过深入分析各个历史阶段的重要管理思想，展现中国管理思想的发展演变历史过程。"（学）派"系列，包括《兵家战略管理》《儒家行为管理》《儒家伦理管理》等著作，主要是通过对中国传统某一个学派的某类管理思想的专题剖析，准确传达各学派管理思想的精髓和当代运用要领。"（诸）子"系列，包括《老子管理思想》《孙子竞争战略》《管子管理思想》等著作，主要是通过对某个著名思想家或某部典籍的管理学构建，力求完整剖析和深入研究其某类管理思想。"商（帮）"系列，包括《赣商管理思想》《晋商管理思想》《徽商管理思想》等著作，主要是通过对中国古代不同商帮的商业竞争与企业经营思想的系统解读，提炼中国古代的企业经营管理智慧。

总体上，我们期望本套丛书能够体现以下几个特点：

第一，管理学与历史学视角的融合。既强调从管理学学科架构去分析中国古代管理思想，发现其内在的逻辑规律，为创立中国自己的管理理论提供重要支撑；又将中国古代管理文献视为确定的历史事实，通过研究者的工作还原不同历史时期的管理环境、管理实践和管理思想。管理思想的产生和发展也离不开环境的影响，历史学视角的研究将探讨中国管理思想与中国文明的关系，研究中国管理思想发展的内在规律，揭示中国古代管理思想与中国古代文明高度发达之间的关系。

第二，跨文化比较的视角。将中国古代管理思想视为人类有目的的思维活动的一部分，和西方管理思想一样，都是人类管理思维活动的集中体现。主要通过对不同社会文化背景中产生的管理思想、管理模式以及管理效果进行多维度的分析和比较，探讨它们之间的异同和不同文化背景中的管理理论与实践的可转移性。与此同时，通过内容分析与哲学思辨的方法，探究中国古代管理文献的思想意涵及其文化源流，比较其与西方管理思想之间的差异。

第三，多维立体的管理思想体系。既有对中国古代管理思想史的纵向梳理，又有对同一时期各个不同思想流派管理思想的横向探索；既有对管理哲学、管理原理等基础之基础的研究，也有对古代管理实践之解析。

本套丛书的撰写始于2008年，至今已逾十载，可谓"十年磨一剑"。丛书作者，是一批对中华优秀传统文化具有浓厚兴趣、有志于用中国古代管理思想为世界贡献智慧的学者。十年来，团队为了丛书的编写召开了20多次专题会议，出版社的编辑等多次参与丛书的讨论，许多博士、硕士研究生也为此付出了辛勤的汗水，在此一并表示感谢！丛书还得到了国家社会科学出版基金、国家出版基金的大力支持，对此，团队感到十分的欣慰和感激。

心怀梦想，勉力十年，但工作仍属起步，尚需不忘初心，笃力前行。希望我们的研究能够启迪广大读者的管理学习、管理研究和管理实践。当然，由于水平有限，我们的研究难免存在问题，敬请批评、指正，以求不断完善。

整理国故，弘扬中国管理文化是一项系统工程。中国古代管理思想中尚有许多经典命题亟待做出"创造型转化、创新性发展"，时不待我，但非一日之功，亟待当代中国人的文化自觉、责任担当，希望有更多学科越来越多的学者共同持续地努力。

吴照云
2019年4月2日

前　言

随着经济全球化趋势的日益显著，知识经济时代的到来，我国企业置身于世界市场的白热化竞争之中，要想立于不败之地，关键是进行企业战略研究，搞好企业管理创新。然而管理创新行为总是与人们的观念和思维方式相关，这就不得不涉及民族文化问题。对一个民族文化的把握，可以从时代精神与民族精神两个维度来把握。就时代精神而言，经济全球化趋势已经使"全球化"成为一种世界性的普遍意识与共同话题。在全球化的驱使下，任何一种经济格局、政治秩序、文化形态和价值体系都不可能在封闭状态下单独存在；通过各种层面的对话、交流和交往，人类一切亟待解决的问题包括企业管理也必然是全球化的。从这一意义上说，所谓"社会转型"其实并非仅限于中国，而应当说是整个世界所共同面临的一种状态。因此，人们在企业管理的实践中，不能不越来越关注全人类在现时代的共同境遇与"全球化"的普遍性问题。就民族精神而言，当代中国也正面临着经济、社会、文化等全方位的"全球化"趋势，然而"全球化"大潮并不意味着一切不同传统、民族、地域、文化、宗教之间的差异将荡然无存。推进"全球化"的经济与政治动因，从根本上说在于不同民族传统文化在相互交流和比较过程中的继承与发展，形成一种相互关联的秩序，以寻求不同文化之间的稳定、均衡，从而推动世界政治经济的可持续发展。当代各种文明形态的经济、政治、文化以及管理理论，都必须对此做出应答。而我们所希冀的应答，不仅包括各种管理操作性的手段，也包括一种为管理操作层面的手段提供合法性根据的管理文化基础。

长期以来，只要谈起中国的传统文化和管理思想，人们想到的往往就是儒、道、法、墨等思想流派，认为这就是中国传统文化的典型代表，而兵家的地位比起这些"显学"来，显然要逊色得多。一些研究中国传统文化和中国思想史的著作往往把兵家与儒、道、法、墨各家分开看待，甚至对兵家避而不谈。受到这种影响，管理学界对中国传统管理思想的研究也更多地关注儒家管理思想，对于兵家管理思想往往只集中于《孙子兵法》。实际上，兵家思想的发展与儒、墨、道、法各家有着千丝万缕的联系，简单地说，就是一种互补、互利的关系，充分体现了中国传统文化意识中的包容与兼通的特质；在古代就不乏有识之士大声疾呼，要融合儒家和兵家思想为一体。明代的李贽就曾提出"吾独恨其不以《七书》（即《武经七书》，兵家最重要的七部经典汇编）与《六经》合而为一，以教天下万世也"这种不同凡响的见解。

人们研究传统管理思想时对兵家思想的忽略，可能有三个原因：一是兵家思想在近代的衰落，造成人们对兵家思想的忽略；二是一直处于主流地位的儒家思想追求和平、反对战争的文化特质压抑了兵家思想成为显学；三是先秦之后中国相对统一安定的环境使得兵家思想常常被忽视。在和平统一的历史时期，治国和军事竞争是两件事情，而在战乱分裂时期，竞争性的环境使得治国和军事竞争成为不可分割的整体。一般在和平时期，军事竞争是从属于治国的，国家越是安定，周围环境越是和平，军事竞争问题越不受重视。

其实，兵家思想博大精深，人们熟知的《孙子兵法》仅仅是其中一小部分内容，军事思想也仅仅是兵家思想的一小部分内容。兵家思想作为中国传统文化的重要组成部分，更多地表现为一种与西方管理知识体系不同的管理思想。李泽厚认为要真正了解中国古代辩证法，了解为什么中国古代的辩证观念具有自己特定的形态就应该追溯到兵家。兵家把原始社会模糊、简单而神秘的对立性观念如昼夜、日月、男女（即后世的阴阳观念）多样化和世俗化了。它既摆脱了巫术宗教的神秘衣装，又不成为对自然、人事的纯客观记录，而形成一种在主客体"谁吃掉谁"迅速变化着的行动中简化了的思维方式。兵家思想所具有的把握整体而具体实用、能动灵活而冷静理智的根本特征，正是中国传统辩证思维的独特灵魂，使它不同于希腊的辩证法论辩术，而构成中国实用理性的一个重要方面。

可见兵家思想和儒家思想一样都深刻影响着当代中国人的思维和行为方式。特别是兵家的战略管理思想作为中国传统管理文化的重要组成部分，通过文化的传承作用，对现代中国企业的战略管理实践产生了深刻的影响。如海尔集团的张瑞敏很多言行表明其经营哲学深受《孙子兵法》的影响。张瑞敏曾经说："《老子》帮助我们确立了企业经营发展的大局观；《论语》培育了我们威武不屈、贫贱不移、勇于进取、刚健有力的浩然正气；《孙子》则帮助我们思考企业管理的方法和企业竞争的策略。"他把《孙子兵法》中"上下同欲者胜"这句话，作为自己管理企业的格言。三株集团总裁吴炳新曾将《孙子兵法》、《吴子》、《司马法》及《三十六计》等运用到市场营销中，并把它演化成38条工作方法和18种工作艺术，传授给他的数百名高级干部（尽管三株最终失败，但其早期的迅速成功及其为人们所公认的强大的营销能力，仍然值得我们研究和借鉴）。任正非创立的华为公司是中国民企的一面旗帜，尽管其实力非常雄厚，但他却不断给华为员工灌输危机意识，防止华为公司奋斗创新精神的衰退，其所撰写的《华为的冬天》一文正是对《吴子》的"先戒为宝"思想和《司马法》的"天下虽大忘战必危"等思想的继承。可以说除了少数完全西化了的企业经营者，大多数中国企业经营者在制定企业发展战略和竞争战略时，都无法脱离中国传统文化，特别是兵家思想的影响。

作为中国传统管理思想重要组成部分的兵家思想是一份有待国内战略管理学界开发的宝贵财富，在21世纪，经济全球化、知识经济新形势下，弘扬优秀的传统兵家思想，建立属于中国自己的战略管理理论，是中国经济与社会发展的必然选择，也是学术界需要全面深入探讨的一项重要课题。

《兵家战略管理》一书正是国内战略管理学术研究界旨在弘扬传统兵家优秀思想的一项新成果，同以往的同类著作相比，本书主要有以下几个特点：

第一，选择的研究对象经典。精心选择《武经七书》中《孙子兵法》、《六韬》、《三略》、《尉缭子》、《司马法》、《吴子》六本典籍为研究对象。并从管理学的视角把中国传统兵家思想分为三派：儒兵家、道兵家和法兵家。

第二，研究方法严谨规范，并有一定的创新。引入的管理文化研究视角和管理特质分析工具，对兵家典籍进行了系统的、规范的分析。

第三，建立了中西合璧的分析框架，能够保证在不丢失传统兵家思想精髓的情况下，又能够适应当代战略管理理论的要求。

第四，研究观点有一定的创新。本书把战略管理理论框架和传统兵家的战略思维方式相结合，针对兵家战略管理思想的应用问题和如何建立中国自己的战略管理理论提出系列重要的、有价值的观点。

Introduction

This book deals with the main contents of strategic management thinking of the military strategists in ancient China from aspects like the basics of strategic management, strategic analysis and decision making and strategic action. It consists of three parts. The first part introduces relevant theories, redefines several concepts cross-culturally, and establishes analytical framework and related defaults. The second part discusses the strategic management thinking of three schools of thought—Taoist Militarism, Legalist Militarism and Confucian Militarism—presented respectively in classics such as "Art of War", "Six Strategies", "Three Strategies", "Wei Liao Zi", "Sima Law". The third part probes into the structural characteristics and managing modes of military strategic management and the differences between the strategic management of military strategists and western strategic management theories; besides, by analyzing the current theories on business capabilities from the perspective of military strategic management, the third part also proposes a new concept of business capabilities.

In order to arouse the readers' interests, each chapter of this book starts with introductory cases or introductory points. To deepen the readers' understanding of relevant knowledge points, each chapter contains a large number of relevant cases, small stories and related knowledge, and ends up with even more cases or background information.

目　录

第一章　导论 ··· 1
第一节　传统文化与当代管理 ··· 1
第二节　西方战略管理理论的主要内容 ··· 22
第三节　兵家思想的战略管理价值 ··· 32
第四节　相关研究文献回顾 ··· 36
本章小结 ··· 43

第二章　理论基础 ··· 52
第一节　基本概念分析 ··· 52
第二节　战略管理概念的跨文化拓展 ··· 70
第三节　基本理论与方法 ··· 77
本章小结 ··· 88

第三章　道兵家战略管理 ··· 100
第一节　道兵家战略管理基础 ··· 100
第二节　道兵家战略分析与决策 ··· 143
第三节　道兵家的战略行动 ··· 159
本章小结 ··· 183

第四章　法兵家战略管理 ··· 192
第一节　法兵家战略管理基础 ··· 192
第二节　法兵家战略分析与决策 ··· 209
第三节　法兵家战略行动 ··· 211
本章小结 ··· 214

第五章　儒兵家战略管理 ········· 220
第一节　儒兵家战略管理基础 ········· 220
第二节　儒兵家战略分析与决策 ········· 246
第三节　儒兵家战略行动 ········· 251
本章小结 ········· 263

第六章　兵家战略管理思想与企业战略管理理论的比较 ········· 275
第一节　兵家战略管理与西方企业战略管理理论的主要差异 ········· 275
第二节　兵家战略管理思想的结构与特征分析 ········· 283
第三节　兵家战略管理模式 ········· 300
第四节　兵家战略管理为企业能力理论提供了一种新的视角 ········· 308
第五节　展望——兵家战略管理理论的建构 ········· 313
本章小结 ········· 315

附录　兵家经典原文 ········· 324
《孙子兵法》 ········· 324
《吴子》 ········· 332
《司马法》 ········· 339
《三略》 ········· 344
《六韬》 ········· 350
《尉缭子》 ········· 377

参考文献 ········· 392

Contents

Chapter 1 Introductory Remarks ······ 1
  1.1 Traditional culture and modern management ······ 1
  1.2 Main contents of western strategic management theories ······ 22
  1.3 The strategic management value of military strategists' thoughts ······ 32
  1.4 Literature review ······ 36

Chapter 2 Theoretical Basis ······ 52
  2.1 Analysis of the basic concepts ······ 52
  2.2 Cross-cultural interpretation of the concept of strategic management ······ 70
  2.3 Basic theories and methods ······ 77

Chapter 3 Strategic Management of Taoist Militarists ······ 100
  3.1 The basis of strategic management of Taoist militarists ······ 100
  3.2 Taoist militarists' strategic analysis and decision-making ······ 143
  3.3 Taoist militarists' strategic actions ······ 159

Chapter 4 Strategic Management of Legal Militarists ······ 192
  4.1 The basis of strategic management of legal militarists ······ 192
  4.2 Legal militarists' strategic analysis and decision-making ······ 209
  4.3 Legal militarists' strategic actions ······ 211

Chapter 5 Strategic Management of Confucian Militarists ······ 220
  5.1 The basis of strategic management of Confucian militarists ······ 220
  5.2 Confucian militarists' strategic analysis and decision-making ······ 246
  5.3 Confucian militarists' strategic actions ······ 251

Chapter 6　Comparison between Military Strategic Management Thoughts and Business Strategic Management Theories ………………………… 275

6.1　The main differences between military strategic management and Western business strategic management theories …………………… 275

6.2　Structural and characteristic analysis of military strategic management thoughts ……………………………………………………………… 283

6.3　Militarists' strategic managing mode ……………………………… 300

6.4　Military strategic management provides a new perspective for the theories of business capabilities ………………………………………………… 308

6.5　Outlook—the construction of military strategic management theory …… 313

Appendix　Original Texts of Classic Military Strategists ……………… 324

References ……………………………………………………………… 392

第一章 导 论

第一节

传统文化与当代管理

一、文化概述

（一）什么是文化

"文化"是中国语言系统中古已有之的词汇。"文"的本义，指各色交错的纹理。《易·系辞下》载："物相杂，故曰文。"《礼记·乐记》称："五色成文而不乱。"《说文解字》称："文，错画也，象交叉"均指此义。在此基础上，"文"又有两种主要引申义：一是包括语言文字内的各种象征符号，进而具体化为文物典籍、礼乐制度；二是由伦理之说导出彩画、装饰、人为修养之义，与"质"、"实"对称，所以《论语·雍也》称"质胜文则野，文胜质则史，文质彬彬，然后君子"。

"化"，本义为改易、生成、造化，如《庄子·逍遥游》："化而为鸟，其名曰鹏。"《礼记·中庸》："可以赞天地之化育"等。归纳以上诸说，"化"指事物形态或性质的改变，同时"化"又引申为教行迁善之义。"文"与"化"并连使用，见之于《易·贲卦·象传》："文明以止，人文也。观乎天文，以察时变；观乎人文，以化成天下。"这段话里的"文"，即从纹理之义演化而来，"人文"，指人伦社会规律，即社会生活中人与人之间纵横交织的关系，如君臣、父子、夫妇、兄弟、朋友，构成复杂网络，具有纹理表象。这段话说，治国者须观察天文，以明了时序之变化，又须观察人文，使天下之人均能遵从文明礼仪，行为止其所当止。在这里，"人文"与"化成天下"紧密联系，"以文教化"的思想已十分明确。西汉以后，"文"与"化"方合成一个整词，如"文化不改，然后加诛"（《说苑·指武》），"文化内辑，武功外悠"（《文选·补之诗》）。这里的"文化"，或与天造地设的自然对举，或与无教化的"质朴"、"野蛮"对举。

英语中文化"Culture"一词起源于拉丁文的动词"Colere"，意思是耕作土地（故园艺学在英语为 Horticulture），后引申为培养一个人的兴趣、精神和智能。正式的文化概念是英国人类学家爱德华·泰勒在1871年提出的。他将文化定义为"包括知识、信仰、艺术、法律、道德、风俗以及作为一个社会成员所获得的能力与习惯的复杂整体"。此后，文化的定义层出不穷，据说现在世界上有关文化的定义已达200多种。美国著名文化学专家克罗伯和克拉克洪合著的《文化：一个概念定义的考评》一书中共收集了162条文化的定义，这些定义分别由世界上著名的人类学家、社会学家、心理分析学家、哲学家、化学家、生物学家、经济学家、地理学家和政治学家所界定。在该书中，两位学者把这些定义分成七组，分别为：描述性的定义、历史性的定义、行为规范性的定义、心理性的定义、结构性的定义、遗传性的定义、不完整性的定义。其中比较具有典型意义的定义摘录如下：

（1）泰勒（1871）：文化或文明是一个复杂的整体，它包括知识、信仰、艺术、法律、伦理道德、风俗和作为社会成员的人通过学习而获得的任何其他能力和习惯。(属描述性的定义)

（2）帕克和伯吉斯（1921）：一个群体的文化是指这一群体所生活的社会遗传结构的总和，而这些社会遗传结构又因这一群体特定的历史生活和种族特点而获得其社会意义。(属历史性的定义)

（3）威斯勒（1929）：某个社会或部落所遵循的生活方式被称作文化，它包括所有标准化的社会传统行为。部落文化是该部落的人所遵循的共同信仰和传统行为的总和。(属行为规范性的定义)

（4）斯莫尔（1905）：文化是指某一特定时期的人们为试图达到他们的目的而使用的技术、机械、智力和精神才能的总和。文化包括人类为达到个人或社会目的所采用的方法和手段。(属心理性的定义)

（5）威利（1929）：文化是一个反映行为的相互关联和相互依赖的习惯模式系统。(属结构性的定义)

（6）亨廷顿（1945）：我们所说的文化是指人类生产或创造的，而后传给其他人，特别是传给下一代人的每一件物品、习惯、观念、制度、思维模式和行为模式。(属遗传性的定义)

（7）萨皮尔（1921）：文化可以定义为是一个社会所做、所思的事情。(属不完整性的定义)

随着时间的流变和空间的差异，现在"文化"已成为一个内涵丰富、外延宽广的多维概念，成为众多学科探究、阐发、争鸣的对象，但基本形成了以下的共识：

文化作为人类社会的现实存在，具有与人类本身同样古老的历史。人类从"茹毛饮血，茫然于人道"演化而来，逐渐形成与"天道"既相联系又相区别的"人道"，这便是文化的创造过程。在文化的创造与发展中，主体是人，客体是自然，而文化便是人与自然、主体与客体在实践中的对立统一物。这里的"自然"，不仅指存在于人身之外并与之对立的外在自然界，也指人类的本能、人身体的各种生物属性等自然性。文化的出发点是从事改造自然、改造社会的活动，进而也改造自身即实践着的人。

人创造了文化，同样文化也创造了人。举例言之：一块天然的大理石不具备文化意蕴，但经过人工打磨，便注入了人的价值观念和劳动技能，从而进入"文化"范畴。因此，文化的实质性含义是"人化"或"人类化"，是人类主体通过社会实践活动，适应、利用、改造自然界客体而逐步实现自身价值观念的过程。可见凡是超越本能的、人类有意识地作用于自然界和社会的一切活动及其结果，都属于文化范畴。

人总是生活在文化环境中。日子怎么过，就是文化——文化是老百姓生活的空气，是人们的生活方式。文化无处不在，却很难觉察，只有当从一种文化环境中，走到另一种文化环境时，才能发觉它的存在，才能发觉它竟然如此重要。有人可能看过电影《刮痧》那个发生在美国的小小的悲剧故事，如果放在中国根本不可能出现。

// 延伸阅读 //

电影《刮痧》中的文化冲突

电影《刮痧》描述了这样一个故事。主人公许大同在美国生活了8年，事业有成、家庭幸福。在年度行业颁奖大会上，他激动地告诉大家：我爱美国，我的美国梦终于实现了！但是随后降临的一次意外事件却使许大同从梦中惊醒。5岁的儿子丹尼斯闹肚子发烧，在家的爷爷因为看不懂药品上的英文说明，使用中国民间流传的刮痧疗法给丹尼斯治病，而这就成了丹尼斯一次意外事故后许大同虐待孩子的证据。法庭上，一个又一个意想不到的证人和证词，使许大同百口莫辩，而西医理论又无法解释口耳相传的中医学……法官当庭宣布剥夺许大同对儿子的监护权。父子分离，夫妻分居，朋友决裂，工作丢弃……接连不断的灾难噩梦般降临，一个原来美好幸福的家庭转眼间变得支离破碎，努力多年、以为已经实现了的美国梦，被这场从天而降的官司彻底粉碎。贫民区的破旧公寓里，偷偷相聚的许大同夫妇借酒浇愁，抱头痛哭。圣诞之夜，许大同思家团圆盼子心切，只有铤而走险，装扮成"圣诞老人"，从公寓大厦楼外的水管向高高的10楼——自己家的窗户悄悄爬去，结果引来警车呼啸而至。

　　文化和国家、民族关系密切，没有文化，就没有办法形成一个民族。一个民族，只要文化延续，精神不垮，便是守住了自强的根基。纵观人类历史，大凡侵略者要消灭一个民族，必先消灭这个民族的文化，抹除这个民族的记忆，把它的历史割裂开。当这个民族的文化消失时，这个民族也随之荡然无存。犹太人在其古代国家消失两千年后，又在故土耶路撒冷重建了以色列国，这个小小的国家刚刚建立就遭到阿拉伯国家的抵制，甚至是多次军事打击，然而以色列国民却空前团结一致，最终打败了周围众多阿拉伯国家的进攻。犹太人这种民族意识就是犹太文化力量的体现，如果没有传承千年的犹太文化激励犹太人，重建以色列国，打破阿拉伯世界的普遍抵制是根本不可想象的事情。

　　这样的文化现象在中国人身上也有体现，如中国人往往具有很强的"寻根"意识，更有"落叶归根"的说法。"落叶归根"表面上是回归故乡，实质上是文化的回归。中国人往往年龄越大，思乡的情结越强，也许故乡已经物是人非，但寻根的情怀依然如故。特别是海外华人往往会感觉到对一种深入骨髓的生存方式的适应与认同，成为血液中的一部分，很难改变，这就是文化。可以说，文化是社会和组织最重要的黏合剂，人本是散落的珠子，随地乱滚，文化就是那根柔软而又强韧的细丝，将珠子串起来使之成为一个整体。

　　文化可以决定一个社会的发展。20世纪初，西方著名社会学家韦伯在其名著《新教伦理和资本主义精神》一书中，就提出一个重要观点，认为基督教文化使得许多基督教国家发展出资本主义的经济繁荣。韦伯运用丰富的新教徒宗教行为与经济行为的经验统计资料，论证了这样的观点：在加尔文教"预定论"威慑下，新教徒把做好世俗职业工作视为自己已被上帝预先选择获救的确证，形成在世俗所做的一切都是为了增加上帝荣耀的"天职观"。教徒们勤勉工作，杜绝享乐以至禁欲，在经济活动中工于算计，因而积累了财富，在竞争中处于有利的地位，这就是资本积累时期中产阶级的人格特征。作为一种广泛风行的社会精神气质，它就是"资本主义精神"。西方社会近代资本主义的发展正是以这种精神做支撑，它是欧洲理性主义文化长期发展的产物。据此，他得出了近代资本主义的产生与新教伦理有着一种内在的亲和关系的结论。还有一些研究中国问题的学者认为，中国社会很早就出现了资本主义的萌芽，可是却一直都没有得到充分的发展，这和我们的传统文化有密切关系，因为中国传统文化对资本主义发展具有束缚性。

李约瑟是英国剑桥大学基氏学院（Caius College）的院士和院长。他早年研究生物化学，获博士学位，出版了三部有关胚胎生物学的著作，并因此得到英国皇家学院院士的称号。后来李约瑟一心致力于中国文化的研究，他发现世界有一半的最基础性的发明产生在中国，并在剑桥大学出版社出版了二十几部中国古代科技史。李约瑟也是中国唯一一位外籍科学院院士。

李约瑟提出一个非常著名的问题，即李约瑟之谜，其主要内容是：为何近现代科技与工业文明没有诞生在当时世界科技最发达繁荣的中国。欧洲经历了一千多年宗教的黑暗时期，希腊、罗马的古代典籍也被欧洲中世纪的焚书毁灭，然而欧洲却从阿拉伯帝国保存的希腊、罗马古籍中复兴了希腊、罗马文化，同时消化吸收了东方文化，从而诞生了近现代科技与工业文明。

李约瑟博士认为中国并不是没有能力在现代的科技领域领先，而是中国的文化使得中国统治者不愿意鼓励科技的发明与创新。一个最明显的例子就是明代中国在科技水平上领先于世界，明朝时期郑和七次领导中国庞大的船队下西洋并到达非洲的东岸，每次满载而归。在航海、外交、外贸各方面都取得了辉煌的成绩。福建厦门附近有一个泉州海港，当时的泉州是全世界最繁荣的海港之一。每一次郑和船队归国都带来一批阿拉伯的商人，有些甚至就定居在泉州。但据说最后一次的郑和探险队成功归国之后，明廷就下令把全部船队在南海烧掉沉海。因此历史学家和学者们就产生疑问：这是中国最良好的黄金时代，是中国发展对外贸易最成功的时候，是中国从封建农业跳跃到商业外贸时代最良好的机会，领全世界和西欧之先，为何中国就在此刻故意烧掉整个船队，磨灭历史上良好的黄金转折点？

李约瑟博士认为中国是故意这样做的。明朝宫廷的士大夫们认为，假如中国变成世界贸易一个成功的大国以后，中国会放弃农业而使"商"这个阶级远超中国传统的社会结构——即中国的传统士、农、工、商、兵的社会结构，这个结构是有严格的顺序的。士大夫排在第一位，因为他们代表了中国文明的价值观。接下来是农，中国自从开国以来，一直是以农立国，以家庭为主的可持续性农业维持民生。工的地位就比较低了，工匠做的事情称之为"奇技淫巧"。《道德经》说："人多伎巧，奇物滋起。"而"商人"这个词，直到现在为止还是带有些许贬义，都说"无奸不商，无商不奸"。兵，就是军人，军人如果地位过高，就代表喜欢征战，穷兵黩武。而好战、穷兵黩武也意味着对人的生命的漠视，对和谐秩序的破坏，这是儒家和道家都极力反对的。假如发展商贸被明廷采纳为国策，那么中国就无法以农立国，中国只好和西方现在一样是以工商兵为主。那么中国的社会结构就会变成兵、工、商、士、农。而中国当时的统治者认为这是非常可怕的。

还有一些对李约瑟之谜的解释，如杨小凯认为是因为中国没有宪政；林毅夫认为是因为中国的知识分子都去读八股文了，中国没有出现职业的科学家，因此技术革命在中国没有发生。赵纲认为是因为中国的农业太发达了，导致了有太多的人口，太多的人口导致持续的粮食压力，于是中国的技术进步主要都发生在农业，而没有发生在工业等，中国走了一条不同于英国产业革命也不同于美国产业革命的道路，而在农业和服务业上下了很多功夫。还有一种文化心理学的解释，认为中国人很早就已经意识到"幸福的真谛"，生活的幸福并不在过于依赖物质财富，因此，也导致了诸种无欲无求思想的萌发，这些思想深刻影响了中国人的行为方式，注重人伦制度而轻技术财富。

总体上看，对于李约瑟之谜的解释流传最广、影响力最大的当属文化角度的解释，认为西方人所倡导的冒险精神有利于科学发展和创新，而中国的儒家、道家、法家流派的主导思想基本上都反对冒险，提倡少私寡欲，明哲保身，这样一种传统文化阻碍了分工和科学思想的发展。这种观点也使得中国传统文化在近代受到了强烈的批判。近代的一股全盘西化、崇拜西方的思潮开始风行，20世纪30年代初，在中国文化出路的讨论中，胡适、陈序经等全面提出了全盘西化的主张。陈序经在《中国文化的出路》、《中国西化观》等著作中认为中国"样样都不如人"；西方文化是世界文化发展的方向；中国已经走上了西化道路，不能不朝西化的方向继续迈进；西洋近代文化的主力——个人主义能够救中国。他的结论是"彻底的全盘西洋化"的办法，是挽救中华民族危亡的唯一出路。胡适认为"我们必须承认我们自己百事不如人，不但物质机械上不如人，不但政治制度不如人，并且道德不如人，知识不如人，文学不如人，音乐不如人，艺术不如人，身体不如人"（《胡适论学近著·介绍我自己的思想》）。他甚至认为中华民族是："一分像人九分像鬼的不长进民族。" 1947年，时任北京大学校长的胡适在新生开学典礼上说："美国的天空比中国蓝，所以美国的月亮比中国圆。"钱玄同说，"废孔学，不可不先废汉字；欲驱除一般人之幼稚的、野蛮的思想，尤不可不先废汉字"，"汉字的罪恶，如难识、难写、妨碍教育的普及、知识的传播"，"欲使中国不亡，欲使中国民族为二十世纪文明之民族，必须以废孔学，灭道教为根本之解决，而废记载孔门学说及道教妖言之汉字，尤为根本解决之根本解决"。

这股思潮给中国传统文化在近现代的传承带来了巨大的危害，时至今日，这股思潮仍有一定的影响。1988年《河殇》一书的作者就断言，"亚细亚的太阳陨落了"，"崭新的文明，它不可能再从黄河里流淌出来"，"这片土黄色的大地不能教给我们什么是真正的科学精神";"肆虐的黄河不能教给我们什么是真正的民主意识"。台湾作家柏杨专门写了本《丑陋的中国人》来批判中国人"脏、乱、吵"、"窝里斗"、"不能团结"、"死不认错"等,说中国文化是非常糟糕的酱缸文化。其实,这种思潮的理论基础是站不住脚的,对李约瑟难题和中国近代的落后,应该从清代的政治、经济、思想、文化中去找原因,而且有时候偶然性因素也起着巨大的作用,不能把中国近代的落后归罪于两千多年前的《周易》、老子、孔子这些古代典籍和古人。子孙不肖、不求上进而怪祖宗的基因不好,这是不公平的。既然中国古代的文化遗产不佳,为何中国古代可领先于世界千年之久?

(二) 文化的分类

广义的文化概念内容覆盖人类现实生活的全部领域。人类的现实生活主要表现于物质、精神和制度三大领域。因此可以把文化相应地划分为"物质文化"、"精神文化"和"制度文化"三种基本形态。

物质文化指人类文化的物化形态,包括人的物质性活动及其成果。在实践中,人们把自己的知识、愿望、信仰、技能、审美情趣等物化出来,通过改变自然物的形态,把它们做成用具、服饰、食物、器皿、建筑物等物品。这样,物也就具有了人化的性质,成了文化现象。

精神文化是指人类文化的精神形态,包括人的全部精神生活领域——知识和经验、思想和观念、情感和意志等意识活动的方式和内容特征。人的心理活动、意识和潜意识、人生体验、科学知识、思想道德、学术见解、文学艺术、宗教信仰、民族传统、生活情趣、社会风气等都属于精神文化的范畴。狭义的文化指的就是精神文化,管理学中的文化一般来说也是指精神文化。

制度文化则通过人们行为之间的联系体现出来,它是作为人与人关系的结构和规则体系而存在的。也就是说,制度文化的主要载体不是"物"而是"人";但是,制度文化却并不主要依存于个人,而是存在于人们之间相互交往的公共行为和共同领域之中,是使人们在一定范围内彼此有秩序地联系、结合、一致起来的那种结构和规则体系。因此,它的主要载体不是单独的个人,而是社会化到一定程度的人群共同体。可见,制度文化是介于物质文化和精神文化之间,并实现了二者相互结合、相互转化的一个特殊文化层面,是将一定的物质文化和精神文化加以升华、提炼和凝聚下来的一种自觉的、高级的社会化形态。在社会文化的大体系中,制度文化处于承上启下、承前启后的中枢地位。

文化还有几种分类方法:根据文化在一定社会领域中所占的地位、作用,常常把文化分为主流文化和非主流文化;根据文化在一定领域中的层次和影响范围，常常把文化分为主文化和亚文化。如管理文化是社会文化的一种，因此，相对社会文化来说，管理文化就是亚文化；相对管理文化来说，社会文化就是主文化。根据地域性和民族性特点还常常把文化分为民族文化和外来文化。还有根据文化的历史发展，把文化分为传统文化和现代文化等。

在当代管理研究中，比较受关注的文化类型是组织文化和企业文化。组织文化有时候被视为是企业文化的同义词，但是组织的范畴比企业大，小到一个项目小组，大到一个国家都可以视为组织。企业文化是企业在生产经营实践中逐步形成的，为全体员工所认同并遵守的，带有本组织特点的使命、愿景、宗旨、精神、价值观和经营理念，以及这些理念在生产经营实践、管理制度、员工行为方式与企业对外形象的体现的总和。它与文教、科研、军事等组织的文化性质是不同的。

企业文化的核心是企业的精神和价值观。这里的价值观不是泛指企业管理中的各种文化现象，而是企业或企业中的员工在从事商品生产与经营中所持有的价值观念。

企业精神是指企业基于自身特定的性质、任务、宗旨、时代要求和发展方向，并经过精心培养而形成的企业成员群体的精神风貌。企业精神是企业文化的核心，在整个企业文化中起着支配的地位。企业精神以价值观念为基础，以价值目标为动力，对企业经营哲学、管理制度、道德风尚、团体意识和企业形象起着决定性的作用。企业精神通常用一些既富于哲理，又简洁明快的语言予以表达，便于职工铭记在心，时刻用于激励自己；也便于对外宣传，容易在人们脑海里形成印象，从而在社会上形成个性鲜明的企业形象。

企业的价值观是指企业职工对企业存在的意义、经营目的、经营宗旨的价值评价，是企业全体职工共同的价值准则。企业价值观决定着职工行为的取向，关系企业的生死存亡，只顾眼前利益的价值观就会急功近利，搞短期行为，使企业失去后劲，导致灭亡。我国老一代的民族企业家卢作孚（民生轮船公司的创始人）提倡"个人为事业服务，事业为社会服务，个人的服务是超报酬的，事业的服务是超经济的"，从而树立起"服务社会，便利人群，开发产业，富强国家"的价值观念，这一为民为国的价值观念促进了民生公司的发展。

（三）传统文化

传统文化是一种非常重要的文化类型，也是人们常常提起的一个常用词汇，但是人们对传统的理解并不一致。有人认为传统就是指古代就有的东西，因此弘扬传统就得要怀旧、复古；也有人把传统仅仅当成是某些不变的外在形式，特别是日常生活中某些器物的形式，如长袍、对襟衣服、太师椅、大屋檐等都是中国的传统。因此他们认为，必须要保持这些形式，才能保持传统；有些人甚至把传统等同于陈旧、落后，认为传统是与保守、顽固联系在一起，而与进步、现代化互不相容的东西。严格意义上说，传统通常是指在人们生活中形成的世代相传的思想、道德、习俗等文化内容和形式，是把人的过去和现在联系、连接起来的那些社会因素和方式。换句话说，传统本身是指一种联系——过去与现在之间的联系。按照这一规定，不论任何东西，它要代表传统，就一定具备以下两个特征：第一，它是在过去或历史上产生或形成的、经历了一定的延续和积累过程的东西；第二，对于人们现实的生活来说，它是流传至今或仍存在于现今的东西。也就是说，传统是指走到现在的过去，是过去在现今的存在和显现，而不是单指过去曾有的东西。传统是必然的社会条件，人们不可能脱离了传统而生活。传统本身并不是先天注定、一成不变的，而是在实践中不断形成和发展着的。可见，传统文化是特定的社会或民族经过长期历史积累下来的文化，它根深蒂固，对一个社会或民族的发展起着至关重要的作用。

（四）文化的特征与传承

文化具有一些什么样的特征呢？目前学界比较一致的观点是，文化具有习惯性、历史性、传承性、心理性、规范性、结构性等特征。

文化是一种习惯。文化是代代累积沉淀的习惯和信念，渗透在生活的实践中。文化的核心是一套共同的价值观，因为祖辈父辈层层传递，因为家家户户耳濡目染，一个不识字的人也自然而然陶冶其中，价值观在潜移默化中形成。因为文化能够在一代代人之间传承，所以文化具有传承性。文化在历史过程中传承，在传承过程中展现历史，所以文化具有历史性。在同样文化背景下的人们会形成类似的心理，包括思维方式、价值观念、行为模式等，这种心理往往还具有一定的内在结构，因此文化又具有心理性和结构性。文化通过影响人们的心理继而影响人们的实践活动，对人们的日常行为活动起着规范作用，告诉人们什么是合适的，什么是不合适的，如有的国家认同一夫一妻制，不认同一夫多妻制，而有的国家却允许一夫多妻制；有的国家对同性恋比较宽容，甚至同性恋者还当上了国家领导人，并且能够合法结婚，而有的国家却认为同性恋是一种疾病应该治疗或者认为同性恋伤风败俗。这就是文化的规范性。

文化诸多特征中比较重要的是文化的传承性，传统就是依靠文化的传承性而得以形成的。只有能够得到传承的文化才能对管理活动发挥其重大影响，不能传承的东西往往来得快，去得也快。

那么文化是如何传承的呢？要了解文化的传承，我们先要明确两个概念，即传统文化可以分为大传统文化和小传统文化。这两个概念是美国人类学家罗伯特·雷德菲尔德在1956年出版的《农民社会与文化》一书中提出的。他认为在复杂社会中存在两个不同文化层次的传统。大传统是指以城市为中心，社会中少数上层人士、知识分子所代表的文化，也称为精英文化；小传统是指文化知识较少、社会地位不高的普通劳动者所代表的文化，也称为大众文化。二者之间有着巨大的差异性，大传统文化形成主流的社会观念，主流的社会观念形成教育思想和素材，如古代的蒙学，这些思想通过学校的正式教育、社会精英的示范作用和家庭的潜移默化作用，不断地向普通大众渗透，逐渐强化形成小传统文化。而小传统文化在发展过程中又不断地影响大传统文化，在一定情况下甚至能够改变大传统文化。

大传统文化内部往往不太统一，有着各种不同的思想文化派别在斗争，也容易引进外来文化。因此，大传统文化相对来说比较容易发生变化。如我国的大传统文化包括儒家、道家、佛家等多种思想派别的差异；可是，我国的小传统文化中这些思想派别却是融合在一起的，普通大众可能会把观世音菩萨和财神放在一起，根本不知道二者属于不同的思想派别。小传统更多地反映了一种习俗、一种生活方式，因此，相对于大传统来说，小传统文化比较难发生变化。所以，在历史上虽然发生过多次诸如"五四运动"、"文化大革命"这样的反对传统文化的运动，这类运动常常提出要打倒孔家店，打倒神佛菩萨崇拜的口号。可是直到现代，孔子仍然是圣贤，神佛菩萨的庙宇仍然兴盛。还有，虽然平等的观念早就从西方传到中国，国家也在法律、教育等相关领域和各种公共场合提倡平等观念。可是直到今天，人们对于一些不平等的行为和做法仍然比西方人有着更大的容忍度。这就是小传统文化潜移默化的力量。

// 延伸阅读 //

中美文化中的权力距离比较[①]

与我师从同一个导师的另一个博士生来自韩国。我的导师在韩国名气很大，他的著作都被译成了韩文，所以来美之前，他就十分崇拜导师。第一次去办公室见导师，他鞠了一个接近90度的躬，以表敬意，结果把导师吓了一跟头，赶紧将他扶起。后来我们常常把此事当笑话讲。

我个人对韩国的权力距离之大也有实际的体会。韩国的公司一般层级森严，上下级之间关系明确，下级应该服从上级，而不能挑战。在我教的班上有几个来自韩国同一家大公司的学生，他们在公司中职位不同，有一个显然比其余的资历要深。我在安排小组案例分析时，有一个组里正好有三个韩国

[①] 陈晓萍：《跨文化管理》，清华大学出版社，2005年。

学生，包括那个资历深的，另有一个美国学生和一个德国学生。学期中间的时候，美国学生跑到我办公室，说他简直不能理解他们一个组员的所作所为，要向我报告一下。我问发生了什么，他说那个资历深的韩国学生从来不做事，小组案例分析他们分了工，每人负责一部分，但他却命令另两名韩国学生替他做他的部分，而那两名学生竟然接受了。他很不解。我也没想到他们竟会把上下级关系从公司转移到了美国的学校，似乎失去了来美国学习的本来意义。

二、管理学者对文化的认识

管理和文化具有非常密切的关系，西方管理学者对文化做了很多研究。著名管理学家Schein对文化做了最广义、最简洁，且富有概括性的界定。他认为文化是当一组特定的人群学习如何处理外部适应和内部协调的问题时，创造、发明或者开发的一套行为规范，这套行为规范起到了很好的作用，并得到了大家的认可，而且作为洞察、思考和感知这些相关问题的正确方法传授给新加入的成员。根据这个定义文化现象在管理过程几乎无处不在，如招聘、岗前培训、绩效辅导、企业并购等，都可以从文化的角度去分析。

跨文化管理研究权威Hofstede认为文化是人类思想的集体编码，它能够区分不同种类人的成员，因此，文化决定着人们的思维方式、感觉方式和交流方式以及生产某种具体物品的方式。集体编码被解释为在同一环境下人们的心智模式的集合，这种心智模式不是个体特征，而是群体中的成员，由于其共同的教育与生活经验所形成的、共同拥有的，使得该群体中的成员能够区别于其他群体的成员。心智模式是理解Hofstede文化概念的关键，Hofstede把心智模式分为三个层面：第一层面为人类本质，这是与生俱来的，人类所共通的，不会因群体生活经验而不同，如道德意识、生理欲望等；第二层面是文化层面；第三层面是个体特质，因人而异，既是与生俱来，也是可以通过后天学习而塑造的。心智模式决定了个体的行为，人类本质构成了研究人的行为的公理系统，哲学构成了这个层面研究的理论基础；文化则构成了研究人的行为的宏观整体视角，人类文化学和社会学构成了这个层面研究的理论基础；个体特质则构成了研究人的行为的微观局部视角，心理学构成了这个层面研究的理论基础。

文化对管理的重要意义可以说是得到了管理学界的公认，而美国著名管理大师德鲁克更是进一步提出管理本身就是一种文化的观点，他说："管理虽然是一门学科——一种系统化的并到处适用的知识——但同时也是一种文化。"管理总是植根于社会文化、价值观、习惯和信念之中。他在分析第二次世界性管理热潮的经验教训时特别指出，管理热潮并没有使管理美国化，日本的管理也没有西方化,而且没有一种欧洲的基本价值观念曾被管理热潮所推翻。

　　管理本身作为知识及知识的创造过程,属于社会文化的核心层内容,它和人类社会所创立的所有科学、技术一样,都是基于一定的思维方式、价值观念和审美情趣。偶然性理论反对存在对所有组织都普遍有效的理论的观点,认为管理理论的有效性和其情境是分不开的。把产生于一个文化中的管理理论与实践移植到另一个文化中去,是存在问题的。如学习型组织理论认为进行组织学习,需要进行公开性的批评和争论。这对于成长于美国文化下的管理者很容易接受并实行。但是对于我国管理者来说,由于面子问题,可能就不那么容易被接受了。另外一个很能说明问题的案例是日本管理模式,尽管被欧美管理学者们推崇,但是大多数西方公司都没能成功复制日本管理模式。因此,根据一种情境或文化发展出来的理论和实践在另一种情境或文化中就有可能失效。后现代主义管理学者则进一步认为控制和改变文化的尝试所产生的后果是不可预测的,有时甚至和人们期望的相反。因为,结果取决于组织中其他人对这种尝试的多种含义的理解。组织中的大多数员工在当前的文化中都有较高的情感利益,沉浸在组织传统和价值观中的员工和生活哲学可能介入组织文化假设的员工会在变革过程中经历很大的不确定性、焦虑和痛苦。个人的价值观更多地受其工作的组织之外的因素影响,因此,任何改变文化的尝试都将受到巨大的阻力,企业管理者不要轻易尝试去改变管理文化。

　　根据德鲁克和后现代主义管理理论的观点,我们可以得出这样的结论,西方管理理论主要是在美国文化情境下逐步形成的,带有美国文化的特点,其他民族在引入西方管理理论时,必须考虑自己民族的文化和美国文化的差异性,如果差异性比较大,照搬西方管理理论肯定会遇到种种问题,此时就要考虑建立自己本民族的管理理论。

　　而以美国文化为代表的西方传统文化和中国传统文化具有极大的差异。西方传统文化产生于一种以游牧和渔业为主的开放经济模式,在基督教文化背景下,形成了一整套完整的哲学和科学理论体系。它们创造了发展自然科学的归纳法和演绎法以及哲学的形象思维和抽象思维,崇尚"科学精神"和"工具理性"。而中国传统文化产生于一种以农业为主"自给自足"的封闭经济模式,保留着原始氏族的血缘宗法关系,追求社会生活和谐有序,人与人之间和睦相处的传统。人们致力于直觉思维的发展与研究,信奉"天人合一"的哲学思想,崇尚"伦理精神"和"实用理性"。中国文化传统下诞生的传统管理思想经历了两千多年的历史积淀,逐步形成了博大精深的思想体系。

　　在中国传统管理思想的影响下,人们对于战略和战略管理具有和西方不完全相同的理解,传统管理思想既是中国企业管理实践中无法回避的文化情境,又是中国企业管理创新过程中可以利用的重要而宝贵的历史文化资源。因此，研究中国传统管理思想不仅仅具有理论上的价值，而且对于解决中国企业战略管理中的实际问题也有很大作用。

三、管理文化与跨文化管理研究

管理学界对文化的重视和研究源于20世纪50年代美国的哈比森和梅耶斯的一项管理风格的比较研究。他们对美国、法国、意大利、德国、日本、印度、以色列、埃及等12个国家的管理风格进行了比较分析，发现文化对管理的影响非常大。60年代和70年代的管理学者们一直在这一领域作出积极的探索，影响较大的有美国管理学者理查德·法默及巴里·里奇曼对不同文化背景下管理学理论的比较研究，首次提出了进行这种比较研究的模式，其后的学者如尼根希、埃斯塔芬、孔茨、普拉萨德等不断地完善这些分析研究模式，努力寻找不同管理哲学及外部环境对管理实践及管理效果的影响。这时的分析已经触及不同价值观、理念等文化概念对管理实践的影响。

20世纪80年代，由于日本在某些产业上的崛起，预示着带有东方传统文化的管理实践向西方文化占主导地位的管理学理论的挑战，对管理学理论的跨文化分析又再次成为研究热点。日裔美籍教授威廉·大内（William G. Ouchi）集中比较分析了美国和日本企业的经营观念和管理方式，提出了"Z理论"，初步分析了日本式管理和美国式管理的差异，强调了文化对管理理论和管理实践的重要性。

斯坦福大学的帕斯卡和阿索斯针对美国企业和日本企业的不同特点提出了7S理论，即不同文化背景下的企业会从七个方面表现出差异：战略（Strategy）、结构（Structure）、制度（System）、人员（Staff）、技能（Skill）、作风（Style）及共同价值观（Shared Values），这使得管理学理论的跨文化研究已经超越了以往笼统的和感性的认识，进入相对严谨的要素比较分析。1982年美国管理学者戴尔和肯尼迪在此基础上提炼出企业文化的构成要素为：企业环境、价值观、英雄形象、典礼和仪式及文化。相比较而言，西方的管理人员偏重于由战略、结构和制度这些硬性要素（他们把那些与人有关的要素如共同价值观、作风、人员、技巧称为软要素，其他的叫硬要素）所决定的硬性管理，表现出过多的定量化分析和系统分析。这种理性分析重实证和数据计算，有较强的逻辑性。而以日本为代表的东方企业家们更看重那些非逻辑性的定性分析，其中以共同价值观为核心内容，表现出对文化影响力的高度重视，提倡非理性的软性管理。美国学者托马斯丁·彼得斯和小罗伯特·沃特曼进一步地强化这种观念。在他们1982年出版的《追求卓越》一书中，高度肯定了企业文化的核心——共同价值观在成功企业管理中的驾驭力和凝聚力作用，同时把定量化理性分析的作用降到了最低点。

1984年，美国管理学者卡尔·佩格尔斯通过对日本和西方企业管理的共性和个性进行的详细比较分析，出版了《日本和西方管理比较》一书，提出了以文化为中心的11个管理要素的文化差异分析，即11C环形管理模式分析，围绕着文化（Culture）的不同，东西方企业在交流（Communication）、观念（Concept）、关心（Concern）、竞争（Competition）、协作（Cooperation）、协商一致（Consensus）、结合（Coalition）、集中目标（Concentration）、控制（Control）、小组（Circle）等方面表现出很大的差异。通过对东西方管理的跨文化分析，卡尔·佩格尔斯认为基于民族文化特性的原因，日本企业管理优于西方企业的管理。很显然，就其重要性而言，价值观是文化的核心内容，同时也是最重要的内容，因为人们的价值观及信念决定了人的行为规范，进而再影响人们创造出文化的外表物质形态，因此，其跨文化的分析也主要是界定在价值观念层次上的比较研究。

跨文化管理研究须在有较大差异的文化之间展开，而东方和西方的文化差异是最明显的，因而引起了很多学者的关注。其中，对这种文化的差异性进行测度最为著名的是荷兰学者Hofstede。Hofstede 1928年生于荷兰的哈勒姆，1965年，加入了IBM公司的人事部门；1971年进入学术界，先后在欧洲多所大学任教；1993年从马斯特里赫特大学退休；1980年，他在调查66个国家的11.7万名IBM员工的工作价值的基础上，发展出比较不同民族（西方国家）文化的四个文化维度，即个体主义与集体主义、权力距离、不确定性规避和刚柔性。后来，又加上了一个维度，即长期导向和短期导向，形成目前跨文化研究领域最经典的五维文化模型理论。

Hofstede五维文化模型中第一个重要的维度是个体主义和集体主义。Hofstede将个体主义与集体主义定义为"人们关心群体成员和群体目标（集体主义）或者自己和个人目标的程度（个体主义）"。他的研究发现，美国人在个体主义上得分最高（92/100），居全世界之冠；而有中华文化背景的群体如新加坡人、中国香港人、中国台湾人（第一次研究中没有包括中国内地，因为那时在中国尚未设立分支机构）在个体主义上得分则很低（29/100）。

大体上，个体主义文化呈现出一种结合松散的社会组织结构，其中每个人重视自身的价值与需要，依靠个人的努力来为自己谋取利益。集体主义呈现出一种结合紧密的社会组织，其中的人往往以"在群体之内"和"在群体之外"来区分，他们期望得到"群体之内"的人员的照顾，但同时也以对该群体保持绝对的忠诚作为回报。

Hofstede 五维文化模型中第二个重要的维度是大的权力距离和小的权力距离。权力距离是其用来衡量人们对组织中权力分配的不平等接受程度的一个标准，根据上级决策的方式（民主还是专制）、上下级发生冲突时下级的恐惧心理等因素确定了权力距离指数的概念。权力距离大小在组织结构中会有较明显的表现。权力距离大的文化中的组织一般层级鲜明，金字塔比较陡峭，如日本、韩国或者中国的企业；而权力距离小的文化中的组织结构一般就比较扁平，如美国、北欧的公司。另外决策方式也不同，权力距离大的国家倾向于用自上而下的决策方式，有时即使高喊民主，也是流于形式；权力距离小的国家则倾向于自下而上的决策方式，善于吸纳底层的意见，而作为低层的人也敢于说出自己的所思所想。

Hofstede 五维文化模型中第三个重要的维度是男性气质与女性气质。男性气质一般被描述为勇敢、进取、自信、竞争甚至进攻性，一般比较关注事业上的成功；而女性气质一般认定为善良、友好、柔顺、服从及养育的天性，一般比较关注生活上的舒适。由于西方国家长期征战的历史和海外扩张的成功不断刺激他们的冒险意识和进取精神，因而在西方文化中带有较多进取和侵略的色彩，他们崇尚武力，信奉强权统治，文化中带有明显的男性气质特征。而东方古老的中国由于受到传统农耕文明的影响，生活安定，从老子哲学开始就尊崇"无为"、"不争"，长期以来又深受儒家思想的熏陶和影响，因而东方文化中更重视仁爱、礼让、和睦的价值，注重自身的修养和克制。就是"治国平天下"的君王也必须从"修身齐家"开始，因而缺乏冒险、竞争、进取及侵略的思想，而更重视人们生活质量的提高和生存环境的优化。因此，东方文化带有更多的女性化特征。

Hofstede 五维文化模型中第四个重要的维度是不确定性规避。不确定性规避指的是人们忍受模糊（弱不确定性规避）或者感到模糊和不确定性的威胁（强不确定性规避）的程度。弱不确定性规避文化中的人们敢于冒险，对未来充满信心；而强不确定性规避文化中的人则相反。

强不确定性规避的特征：第一，将生活中的不确定性感受看作是必须与之不断战斗的威胁；第二，体验到高度的焦虑和应急；第三，尽可能避免冲突和竞争；第四，怀疑青年人，民族主义占优势；第五，关心生活安全；第六，与当局者比较，普通公民是无能的。

弱不确定性规避的特征：第一，容易接受生活中固有的不确定性；第二，体验到平静和较低的应急；第三，接受公平的冲突和竞争；第四，对青年人有较多的肯定，民族主义气氛少；第五，乐于冒险；第六，当局必须为公民服务。

日本是不确定性规避程度较高的社会，因而在日本，"全面质量管理"这一员工广泛参与的管理形式取得了极大的成功，"终身雇佣制"也得到了很好地推行。与此相反，美国是不确定性规避程度低的社会，同样的人本主义政策在美国企业中则不一定行得通，如在日本推行良好的"全面质量管理"，在美国却几乎没有成效。

Hofstede 五维文化模型中第五个重要的维度是长期目标导向和短期目标导向。这个维度是 Hofstede 根据对中国的研究成果添加的。

短期目标导向的社会更关注眼前利益，对当前状态更感兴趣，他们的时间观念较强，讲求效率，信奉真理（True 或者理性至上）；长期目标导向的社会放眼未来，认同人与人之间的不平等，时间观念淡薄，做事从长计议，信奉美德（Virtue 或者说道德至上）。长期目标导向的文化重视节俭和毅力，认为储蓄应该丰裕，节俭是重要的；他们对社会关系和等级关系敏感，愿意为将来投资，重实效的传统和准则以适应现代关系，接受缓慢的结果。在短期目标导向的文化里，价值观是倾向过去和现在的。人们尊重传统，关注社会责任的履行，但此时此地才是最重要的。

Hofstede 的五维文化模型，抓住了东西方文化的一些主要差异。总体上看，西方文化的哲学观是不断地征服自然和超越自我，个体主义是西方文化的基石，由此衍生出的核心价值观念有个人自由（Individual Freedom）、机会均等（Equality of Opportunity）和物质财富（Material Wealth）。为了维护这些价值观念，相应的一些观点如独立性（Self-reliance）、竞争（Competition）和努力工作（Work Hard）同时也受到高度重视，其社会的主体特征是较低的权力距离指数和较高的个体主义指数，敢于冒险，藐视组织权力和等级制度，虽然有强烈的权利意识，但同时也有较强的公德意识和社会正义感。比较而言，东方文化追求的是和谐，与自然的和谐、与人的和谐，如果和谐难以维系，最低限度也要保持一种形式上的和谐，即"决不撕破脸皮"。东方民族往往回避风险，寻求长期的安全感和归属感，但付出的代价是对组织权威及等级制度的认同，最大限度地尊重长者、经验、权威和传统价值观，通常就带有较大的权力距离指数。为了维持一种阴阳互补的平衡，不偏不倚、不过也无不及的中庸之道成为处世哲学准则。

Fons Trompenaars 是继 Hofstede 之后又一位重要的跨文化管理研究权威。他的研究主要专注于管理者在经济全球化过程中可能会遇到的各种文化因素是如何影响人们的行动的，代表作有《跨越文化浪潮》等。Trompenaars 认为 Hofstede 提出的五个维度显得太少，从管理实践来说需要更多维度，于是提出了分析商业文化的七维模型。这七个维度分别是：第一，普遍主义和特殊主义（Universalism vs. Particularism），是关系重要还是规则重要？第二，个体主义和集体主义（Individualism vs. Collectivism），关注个体还是关注集体？第三，中性和情绪化（Neutral vs. Emotional），是否应当表露自己真实的感情？第四，关系特定和关系散漫（Specific vs. Diffuse），责任是对应具体某一事物还是可能对应多个事物？第五，注重个人成就和注重社会等级（Achievement vs. Ascription），是靠个人成就证明自己以取得社会地位，还是靠社会地位证明自己？第六，顺序时间和同步时间（Sequential vs. Synchronic），是可以在同一时间内处理多件事，还是在同一时间内只能处理一件事？第七，内部控制导向和外部控制导向（Internal vs. External Control），是努力控制、去主宰环境，还是被环境控制和主宰？

Trompenaars 这七维度模型比 Hofstede 的五维模型要复杂很多，但是对现实中的文化现象也更有说服力。而且我们还可以从这个七个维度的文化分析中，看到中国文化和西方文化的巨大差异，以及这两种文化对企业管理活动产生的巨大影响。有兴趣的读者可以参考本章的背景知识。

此外，跨文化管理研究领域还出现了 Perry、Denison、克拉克洪等著名学者，他们秉承后现代管理的理念，对全世界主要的几种文化背景下的管理思想与行为进行了研究，提出了各种跨文化管理模型，为指导跨国公司经营管理提供了有效的理论依据。

不过从根本上看，西方学者的跨文化管理研究还处于经验总结的阶段，很少能够涉及不同文化深层次内容的比较，特别是对中国管理实践中的一些跨文化现象，目前的跨文化管理研究还没有理论可以很好的解释。我们认为，由于中国传统文化和西方文化存在着巨大差异，对中国传统管理思想体系和哲学内涵缺乏足够理解的西方学者很难建立能够完美解释中国管理实践的跨文化分析模型。

四、文化对企业管理的影响

（一）文化对企业战略的影响

为了说明文化对企业战略的影响，我们将企业战略按照其经营的地理范围大小来划分，可以有以下几种战略：局限于地区内经营、跨地区经营、跨国经营或全球经营战略。企业在自身的发展过程中，往往会依次经历上述几个阶段。文化差异对采用地区内经营与跨地区经营战略的公司总的来说影响不大，因为公司关注的就是本地区的客户，只要对当地文化了解透彻就能够保证经营的顺利。即使这些公司偶尔也出口产品，但一般就是原样出口，不会对产品做改进以适应使用者的文化特点。所以，经营范围限于一个地区内的公司其战略思维基本上是我行我素，没有必要考虑调整自己，以容纳不同文化的特点。

但是，当公司发展到跨地区经营的时候，就会开始产生去国外生产或开拓市场的需求。这时，不同国家或地区的文化差异就会对公司的战略执行产生巨大影响，对其他文化的关注和敏感变得越来越重要。公司很可能会调整管理方式和风格去适应国外市场，就会从原来"只有一种正确方法"的心态转变成"有多种正确方法"的心态，而愿意尝试不同的管理理念。同时，从产品和服务的角度看，跨地区公司也不会一味强求国外用户去适应它们的产品，而会逐渐学会对自己的产品进行修正去满足国外用户的口味。此时，了解国外用户的文化价值观和他们的审美观点就变得非常必要，文化对整个企业经营管理的作用渐渐凸显出来。

当公司发展到跨国经营阶段时，文化往往又会显得没有以前那么重要了。经历跨地区经营阶段的企业已经知道了如何去应对各种最敏感的文化冲突，竞争的焦点更多会发生在价格、服务等方面。许多跨国经营阶段的企业都生产很多没有特色的产品，着重关注价格和费用，而把对文化的敏感所带来的优势降到最低。与地区内经营时强调的"只有一种正确方法"不同，在这个阶段的企业强调的是"只有一种费用最低的方法"，企业的竞争优势完全为价格所主导。

当公司发展到全球经营阶段时，全球经营的战略使企业重新关注文化因素。因为全球公司与跨国公司最大的不同之处就是全球公司在企业经营的各个方面考虑当地文化的特色，不仅不忽视，而且融合这种特色来设计产品、推销产品、管理员工、进行客户服务。如尼桑汽车公司结合美国人的口味来设计SUV汽车；诺基亚专门设计在中国市场推销的手机技术和款式；可口可乐为了在日本销售，完全改变自己原来在美国的营销手段；吉列公司接受新加坡人对黄道吉日的看法，而改变原来的开张庆典日期。同时，跨国经营阶段的"总部心态"被"客户为中心"的经营理念所取代。如星巴克甚至从语言上改变了称呼，它们不把在西雅图的公司总部称作总部，而是叫作"客户服务中心"，与此同时，它们成立了另外两个"客服中心"（一个在阿姆斯特丹，一个在中国香港），以把西雅图的地位降到与其他客服中心同样的地位。既然是为客户服务，就得充分了解客户的需求，而要了解客户就必须了解客户所生活的文化环境，因此，尊重当地文化、融合当地文化变成全球公司经营战略的一个重要组成部分，文化对企业经营管理的影响渗透到了各个层面。

(二)文化对组织架构设置的影响

如果我们比较美国的企业和中国或者韩国的企业,可以发现美国的企业结构比中国或韩国的企业要扁平一些,层级更少。组织扁平化的概念最早从西方而不是东方提出就可以看出文化的影响。相对来说,西方国家比东方国家更强调平等的理念。但当我们把美国的企业和北欧一些国家的企业放在一起进行比较时,又发现北欧国家的企业其内部的层级要更少,更扁平。如果从文化的角度去看的话,北欧文化的平等观念是深入人心的,人们从内心深处感到人与人之间的平等。

另外就是企业的决策程序,是自上而下为主,还是由下而上为主。在这一点上,与企业的层级架构相对应。亚洲国家的企业决策通常是自上而下,一般都是上面做好决策之后往下传达贯彻,很少有听取下面意见的习惯;而西方社会就更多是由下至上的决策,有时即使不是完全从下开始,一般也都会给下面的员工反馈的机会,以便修正原先的决策。西方现在的趋势是越来越趋向于组织的扁平化、决策的民主化,如多种多样的团队的使用,以自我管理小组、项目小组、跨功能团队等方式来取代原来的层级架构,都反映西方文化追求平等的管理理念。民主管理之所以能形成潮流,是与其文化价值系统紧密相联的,符合其文化追求的发展方向,而这样的管理模式引进到了亚洲国家,却几乎都被变形成了摆设或形式。如韩国最大的国家银行,前几年做机构调整,要把原来比较森严的组织架构改革成项目小组式,但却不验证这样的架构对银行是否合适,最后没有收到任何效果。中国许多企业也搞过民主管理,表面上让员工参与管理,但最后的决策却很少参考员工的意见,使得在西方比较流行,也比较成功的民主管理,在中国沦为一种形式。

(三)文化对企业制度建立和执行的影响

西方文化强调理性的思维习惯和公平的意识,表现在社会制度上是以法治国,表现在企业运作上则是企业制度的建立和完善。首先,制度是理性思维的产物,是对企业内部流程,对员工工作动机,对企业所处的经济大环境全面充分分析的结果,而不是个别人拍脑袋的产物。其次,因为有了制度,才有了客观可依赖的标准,才可能对每个员工一视同仁,才能实现真正的公平。在这种文化理念的影响下,西方企业的制度建设通常非常完善,小到每个工作岗位的职务分析,大到绩效考核的整套方案,都有完整的书面材料。并且西方人对制度监督执行的过程更加重视,西方人有一个根深蒂固的观念,即任何流于表面的制度都等于不存在。美国很多企业都有一大堆管理制度,把企业各个方面的活动都做了详细的规范,有时可以说是"滴水不漏",即使是对很难监督的工作,都会设计出完善的监督系统来实现考核的目的。如在迪士尼工作的员工,大多都在户外与游客打交道，很难监督。但为了保证不同卡通形象确实是在扮演自己的角色，如米老鼠做的每一个动作都是米老鼠应该做而不是唐老鸭应该做的动作，就需要有考核。但管理人员又不能整天跟在这些卡通形象后面，这就要求设计特殊的监控系统。于是迪士尼乐园里设有许多摄像头，在闭路电视中可以观察员工的行为。

相反，中国人的传统管理思维都是以人治为主，如果企业的领导能力强，办事公道，这个企业很可能就经营得好，但如果这个领导离任了，情况如何就很难说了。很少有管理者注重制度的建设、程序的建设，而是上任者根据自己的喜好各干一套，延续性很差。这样的管理思路与中国文化中两个重要特征——强调等级和人际关系是一脉相承的。目前，国内的企业已经开始越来越多地关注这个问题，做得比较成功的企业如海尔、联想、华为都建立了非常健全的制度和企业文化，但因为大部分的企业仍在创业者的掌管之下，现在还很难说在他们离任后现创的制度能否持续下去，而要做成"百年老店"，要成为世界500强公司，不改掉对某个管理者的依赖恐怕是很困难的。当然，制度过于完善也有一定的弊端，那就是容易变得僵化，美国企业的那些烦琐的制度搬到中国企业来，未必能够适应强调灵活性和变通性的中国文化。

（四）文化对领导和员工行为的影响

文化对企业管理者与员工行为的影响是多方面的。从管理者的角度来说，什么样的管理风格占主导，管理者的角色和责任如何定义，如何看待管理者与被管理者的关系等系列重要问题，都会因文化的不同而不同。从员工的角度来说，如何看待自己的企业，喜欢管理者采用什么样的风格，对管理者的角色和责任的理解，自己与管理者之间应保持什么样的关系等问题也都受到员工身处的文化环境的影响。法国管理学者劳伦特（Laurent，1983）曾经在西欧9个国家、亚洲3个国家和美国，对企业管理者和员工进行调查，询问他们对工作中6个问题的看法，结果发现不同国家的人对同样的问题答案很不相同。

其中一个问题是这样问的："企业建立金字塔形的组织结构的主要原因就是每个人都清楚自己的位置，并知道谁对谁具有权威。你同意吗？"

他的研究发现，美国管理者大部分都不同意这样的说法，只有17%的人同意。相反，他们认为，建立金字塔组织结构的主要原因是为了能够对工作任务有序组织以推进问题解决的速度。同时，他们认为，要加快解决问题的速度，组织结构应该扁平化，上司和下属应该是同事，应该平等讨论问题，而且坚信组织结构扁平化一定可以做到。

大多数从关系导向文化中来的管理者，如南欧人、亚洲人、拉丁美洲人和中东人则非常同意这样的说法。如有42%的意大利人、43%的法国人、50%的日本人、70%的中国人和83%的印度尼西亚人表示赞同这样的说法。印度尼西亚人甚至不相信一个企业可以离开金字塔结构而存在，更不用说取得成功了。

一个表现是关注的焦点：工作任务还是人员关系。美国人最关心的是工作，一般都是确定了工作目标之后，再考虑安置人员，而印度尼西亚人恰恰相反，先看谁有可能去参与某个工作，谁会担任某项目的领导，再确定工作目标和程序。

另一个问题是这样问的："为了工作效率，常常有必要越级处理事情。你同意吗？"

对这个问题的回答同样显示很大的文化差异。有74%的瑞典人、68%的美国人和65%的英国人表示同意，但只有49%的印度尼西亚人、44%的意大利人、41%的中国人和26%的西班牙人同意这样的说法。显然，瑞典文化、美国文化和英国文化都以工作任务为导向，只要是为了更有效地完成工作，越级当然问题不大；但在强调等级和关系的中国和西班牙、意大利文化中，越级就是对直接上级的不尊重，就会破坏与直接上级的关系，而且，意大利人会把需要经常越级看成是组织设计的问题，而重新设置组织构架。

还有一个问题是关于管理者的角色："管理者应该有足够的知识和技能回答下属提出的有关工作的任何问题。你同意吗？"

结果发现，大部分美国人认为管理者的角色应该是帮助员工解决问题，寻找解决问题的途径和方法，而不是直接提供答案，而且提供答案会降低员工的主动性和创造性，不利于提高他们的工作效率。相反，多数法国人认为管理者就应该是专家，应该为员工答疑解惑。如果不能，就没有资格当管理者。这种倾向在日本、西班牙和印度尼西亚甚至更强烈。

当两个来自不同文化的管理者和员工在一起工作时，就会出现不理解甚至冲突从而造成无法有效地完成任务。试想一个来自美国的管理者告诉一个来自法国的员工说："我不知道答案，你可以去问一下市场部的西蒙，他说不定知道。"这个法国员工肯定会认为他的老板不称职。同样，当一个美国员工从法国管理者那儿听到详尽的答案时，他可能会认为这个法国老板太自以为是。他会想："为什么这个法国老板不说市场部的西蒙会有更好的答案呢？"误解很可能由此产生。

综上所述，文化与管理有着不可分割的联系。要经营好国内的企业，必须对国内的文化有深刻透彻的理解；而要经营好全球企业，就必须对不同国家的文化都有较正确的理解，以避免运作过程中可能出现的误解，否则事倍功半不说，还可能破坏彼此间的信任，最终导致整个公司运营出现问题。

第二节
西方战略管理理论的主要内容

一、从战略计划到战略管理

20世纪70年代以前,企业赖以生存的环境是一个相对稳定的环境,而且,当时制定长期计划的管理者们通常假设未来的时代将比现在更好,因此,面向未来的计划只需将过去的计划向前自然延伸。但是,进入20世纪70年代以后,企业所面临的环境发生了根本性的变化,环境变得越来越风云莫测,具体表现为:科学技术日新月异,新技术、新产品层出不穷;市场需求变化日益加快,并朝着多样化、个性化方向发展;社会、政治、经济环境复杂多变。面对着这样一个复杂多变、瞬息万变的环境,企业依靠过去那种传统的计划方法来制定未来的计划已经显然不合时宜了,而应该高瞻远瞩,审时度势地对外部环境的可能变化做出预测和判断,在此基础上规划出企业的生存目标。80年代,日本小汽车在国际市场上夺魁就是最突出的例子。在70年代出现了世界性能源危机,日本汽车厂家根据对国际市场的调查和预测,不失时机地选择了"轻便"、"节能"、"小型"的汽车发展战略,终于击败了曾称雄世界的美国小汽车,登上了世界小轿车市场的霸主地位,而美国通用、福特、克莱斯勒"三大巨头"却在1980年亏损额高达42亿美元,克莱斯勒更是溃不成军,最后靠美国政府的"救助"才免遭破产的厄运。

在风云变幻的环境中,人们发现:效率并不完全等于效益,如果企业的发展方向错误,效率越高反而效益越低。因此,对企业来说,战略的成功是最大的成功,战略的失败是最大的失败。企业要谋求长远的生存和发展,就必须审时度势,准确地把握未来,制定出正确的战略计划。

战略计划与长期计划的区别在于:

首先,战略计划是一种可以改变企业性质的重点计划,如推出新产品、开拓新市场、开辟新财源等,它不包含所有细节;而长期计划则是全面性的计划,包罗企业的各项主要工作。

其次,战略计划是一个长远规划,但无具体时域,其制定也无固定的程序;而长期计划的编制时间是例行化的,且有一定的程序。

再次,战略计划的制定只由少数高层领导人参与;而长期计划却是由各层管理人员参与。

最后，战略计划的着眼点是外部环境的改变，是根据外部环境提供的机遇和威胁来确定企业的发展目标，它是对外部环境进行预测和把握的结果；而长期计划的着眼点是企业本身，即如何使企业整体目标结构仍能长期保持协调和配合。

20世纪80年代初，企业界开始认识到企业经营战略的制定仅仅是经营管理工作的一部分，战略实施比战略计划、战略方案设计更重要。企业的最高决策者应该重视战略制定和战略实施两个方面：在战略制定方面，要注意战略的灵活性和适应性，使制定的经营战略能够适应环境的变化，更切合实际；在战略实施方面，要注意调整企业内部结构以适应战略的实施，从而达到既定的企业总目标。企业战略应当成为一个管理过程，这样就产生了战略管理的概念。企业战略管理比企业战略规划更为现实，更具有优越性。战略管理理论开始受到人们的广泛关注。如果说在50年代以前，企业管理的重心是生产，60年代的重心是市场，70年代的重心是财务，那么，自80年代起重心转移到战略管理。这种重心的转移不是人为的或偶然的，而是现代社会生产力发展水平和社会经济发展的必然结果。具体表现为以下几个方面的原因：

第一，科学技术的飞速发展，使得任何一种科学发现或新发明转化为社会生产力的周期日益缩短。产品的生命周期缩短，国际市场上将不断推出小批量、附加价值高的新产品，从而使得生产设备和产品的更新速度大大加快。这一新的客观事实，促使任何一个国家和企业的领导人必须高瞻远瞩，迎接发展战略观念，探索和预见未来发展可能带来的影响和挑战，并能做出正确的战略决策，以迎接和适应新的挑战。

第二，市场需求日益多样化。随着社会经济的发展和消费者收入水平的不断提高，消费者的需求日益向多层次、多样化和高水平发展。任何一个企业的产品，今天可能受到顾客的欢迎，明天也许就不再能满足顾客的需要。消费者需求的不断发展和变化，迫使企业更要着眼于满足潜在的和未来的需求，才能稳定地生存和发展。

第三，社会政治、经济形势复杂多变，时刻给企业的生存和发展带来新的机会和造成新的威胁。每个企业必须预测到这方面可能发生的变化和影响，并随时做出应变反应。

第四，竞争是世界市场的本质特征之一，各国企业为使自己的产品在国际市场上站住脚，使生产中耗费的物化劳动、活劳动得到补偿，利润得以实现，激烈地进行着竞争。这不仅表现在不同发展水平的国家间在相关领域内的垂直竞争，如新兴工业国与发达国家之间就占领和发展技术密集型产业和高技术产业展开的激烈竞争，也表现在经济发展水平相同或相近的国家在相同产品、相同部门市场或替代产品市场的水平竞争，如美俄的太空技术、核技术竞争，美日的计算机、汽车等产品竞争。今天的国家和企业，面对来自明天的挑战，谁也不能绝对保证自己将成为未来利益的享有者，只有正确的经营战略决策才是唯一的保证。

第五，企业的生产经营规模日益扩大，范围和内容日益复杂。现代化大生产的企业经营，已经从过去单纯抓生产和销售工作扩大到一个包括市场需求研究→环境条件分析→制定经营战略→开展科学研究→进行科技开发→深化产品研究→加强生产管理→改进包装运输→强化批发零售→全面市场服务→快速信息反馈等各个环节密切配合的动态循环大系统。企业的全部经济活动形成了一个从市场开始到市场终结的经济循环。其中的任何一个环节都不能出现脱节，否则就会产生"瓶颈"现象，使整个企业系统效益受到影响。

1976年，安索夫在其所著的《从战略计划走向战略管理》一书中，首次提出了"企业战略管理"的思想，后来，他又于1979年写了《战略管理论》(*Strategy Management*) 一书。该书从企业战略计划在其实施阶段怎样才能获得成功着手，以环境、战略和组织三者为支柱，建立了企业经营战略管理的基本框架，成为现代企业战略管理理论的研究起点。安索夫认为战略关注的焦点是制定最优的战略决策，而战略管理关注的焦点是产生新的战略结果——新市场、新产品和新技术。在战略管理过程中，管理者确定组织的长期方向，设定目标，根据组织相关的内外环境，制定出能够达成这些目标的战略，并实施战略方案。企业的战略管理是指将企业的日常业务决策同长期计划决策相结合而形成的一系列经营管理业务。德里克·钱农认为战略管理概念包括一系列的决策和行为，从而制定一项战略，并实施该战略以达到公司的目标。战略决策过程包含一系列具体步骤：①决定公司使命，包含意图、哲学、目的声明；②对公司内部环境的评估，包括对它的文化、历史、正式及非正式组织的评估；③用PEST分析法评估公司的外部环境；④通过SWOT分析法，使公司内部的优势和劣势与外部机遇和挑战之间相匹配；⑤按照公司使命，从分析中确定公司期望的选择方案；⑥为成功地施行公司选择方案，战略性地选择一系列相关的长期战略和政策；⑦提出与长期规划和战略相适应的中短期战略行动规划；⑧在预算基础上，制定实施规划，并在预算的资源分配基础上制定行动规划，同时，通过合理的管理信息、规划和控制系统及奖惩体系，对这些规划的实施进行监督；⑨建立检查与评估体系以监督战略过程，并对未来的决策提供资料。

二、战略管理的层次

企业战略是具有一定的逻辑结构的,企业规模大小不同,企业战略层次也不同。企业战略依据其影响区域和职能可划分为三个层次:公司层战略、事业(或业务)单位层战略和职能层战略。根据企业战略的层次不同,战略管理也有相应的层次。三个层次战略和战略管理应注意的问题可以归结为表1-1:

表1-1 三个层次战略和战略管理应注意的问题

战略管理层次	定义与特点	战略管理应注意的问题
公司层战略	又称企业总体战略,是指为实现企业总体目标,对企业未来发展方向做出的长期性和总体性的规划。是企业最高管理层指导和控制企业的一切行为的最高行动纲领	①规定了企业使命和目标、企业宗旨及发展计划、整体的产品或市场决策以及其他重大决策;②由企业最高管理层制定,包括CEO、董事会成员、总经理及其他高级管理人员和相关专业人员
事业(业务)单位层战略	在总体战略指导下,一个业务单位进行竞争的战略,也称为竞争战略。"战略业务单位"被赋予一定的战略决策权力,可以根据外部市场的状况对产品和市场进行战略规划并进行战略决策,其目标是取得竞争优势	其优势在于能够在不同的类似业务中找到适合自己的战略,若企业只经营某一特定产品,在某一特定市场中开展业务,那么公司战略和业务单位层战略就属于同一层面,没有区别。制定者是事业部门管理层
职能层战略	是指企业中的各职能部门制定的指导职能活动的战略,描述了在执行公司战略和业务单位战略的过程中,企业中的每一职能部门所采用的方法和手段	关键作用体现在:①是保证公司层战略和业务单位层战略成功的基础;②各项职能的发挥为企业制定战略提供条件。制定者是职能部门管理层

如果一个组织拥有两个或两个以上的事业单位,那么它将需要一种公司层战略,公司层战略有时又称总体战略。它以公司整体为研究对象,研究整个企业(公司)生存和发展中的一些基本问题:公司的使命及方针是什么?公司总体目标是什么?公司应该采取什么样的战略态势(进攻型、稳定型、收缩型)?应该有什么样的事业组合?各种事业的地位如何?等等。

事业(业务)单位层战略是属于支持性战略,即在公司层战略的指导下,为保证完成公司制定的战略规划而制定本事业单位的战略计划。它要回答下列问题：为完成公司总体目标，本事业部应该采取什么样的行动？

职能层战略是职能部门为支撑事业单位层战略而制定的本职能部门的战略。它要回答的问题是，为支持和配合事业单位层战略，本部门应该采取什么行动？如坎贝尔羹汤公司（Campbell Soup Co.）的饼干与面包事业部开发了一种新产品，那么该事业单位的市场营销部门就应该制定相应战略来配合这种新产品投入市场。如果说公司战略和事业单位层战略强调"做正确的事"，那么职能层战略则强调"将事情做好"。与前两者相比，职能层战略更为具体，具有可操作性。

三、战略的类型

企业战略分为企业总体战略和企业经营战略两大类。企业总体战略考虑的是企业应该选择进入哪种类型的经营业务，经营战略考虑的则是企业一旦选定某种类型的经营业务，则应该如何在这一领域里进行竞争或运行。

（一）企业总体战略

企业总体战略是涉及企业经营发展全局的战略，是企业制定经营战略的基础，一般有以下几种类型：

1. 单一经营战略

单一经营战略是指企业把自己的经营范围限定在某一种产品上。这种战略使企业的经营方向明确、力量集中，具有较强的竞争能力和优势。如我国四川的长虹电器股份有限公司，其生产领域就主要以电视机为主，成为我国最大的电视机生产基地。单一经营战略的优点是：把企业有限的资源集中在同一经营方向上，形成较强的核心竞争力；有助于企业通过专业化的知识和技能提供满意和有效的产品和服务，在产品技术、客户服务、产品创新和整个业务活动的其他领域开辟新的途径；有利于各部门制定简明、精确的发展目标；可以使企业的高层管理人员减少管理工作量，集中精力，掌握该领域的经营知识和有效经验，提高企业的经营能力。世界上许多企业都是通过单一经营而成为某一领域的主导者。单一经营战略的风险是企业把所有的鸡蛋都放在同一个篮子里，当行业出现衰退或停滞时，难以维持企业的长远发展。

2. 纵向一体化战略

纵向一体化战略是指企业在同一行业内扩大企业经营范围，后向扩大到供给资源和前向扩大到最终产品的直接使用者。企业实行纵向一体化战略的目标是提高企业的市场地位和保障企业的竞争优势。后向一体化可以在原材料供给需求大、利润高的情况下，把一个成本中心变成利润中心，还可以摆脱企业对外界供应商的依赖。前向一体化的好处是保证企业分销渠道的畅通，维护生产的正常秩序。纵向一体化战略的不足是需要的投资资本较大。

3. 多元化战略

多元化战略是指企业通过开发新产品、开拓新市场相配合而扩大经营范围的战略。这种战略一般适用于那些规模大、资金雄厚、市场开拓能力强的企业。其作用主要是分散风险和有效地利用企业的经营资源。

4. 国际化战略

国际化战略是指实力雄厚的大企业把生产经营的方向指向国际市场，从而推动企业进一步发展的战略。实施国际化战略的企业常用的方式有商品输出和建立跨国公司两种。从国际上看，商品输出往往是企业国际化的起点，由于实施跨国经营会面临各种关税和非关税壁垒，因此一些资金雄厚、生产技术和经营能力强的企业，在开拓并比较巩固地占领了国内市场后，常常会在海外国际市场建立独资或合资的企业，以充分利用当地政府的各种优惠政策，绕过所在国的贸易壁垒，降低生产和营销成本，强化竞争能力。

(二) 企业经营战略

企业经营战略是企业为了实现自身的目标，对于企业在一定时期内的经营发展进行总体设想与谋划。经营战略是企业总体战略的具体化，其目的是使企业的经营结构、资源和经营目标等要素，在可以接受的风险限度内，与市场环境所提供的各种机会取得动态的平衡，实现经营目标。

人们按照不同的标准对企业的经营战略进行了许多不同的分类。

1. 按照战略的目的性

可以把企业经营战略划分为成长战略和竞争战略。成长战略是指企业为了适应企业外部环境的变化，有效地利用企业的资源，研究企业为了实现成长目标如何选择经营领域的战略。成长战略的重点是产品和市场战略，即选择具体的产品和市场领域，规定产品和市场的开拓方向和幅度。竞争战略是企业在特定的产品与市场范围内，为了取得差别优势，维持和扩大市场占有率所采取的战略。竞争战略的重点是提高市场占有率和销售利润率。企业经营战略归根到底是竞争战略。从企业的一般竞争角度看，竞争战略大致有三种可供选择的战略：低成本战略、产品差异战略和专业化战略。

2. 按照战略的领域

可以把企业的经营战略划分为产品战略、市场战略和投资战略。产品战略主要包括产品的扩展战略、维持战略、收缩战略、更新换代战略、多样化战略、产品组合战略等。市场战略主要有市场渗透战略、市场开拓战略、新产品市场战略、混合市场战略、产品寿命周期战略、市场细分战略和市场营销组合战略等。投资战略是一种资源分配战略，主要包括产品投资战略、市场投资战略、技术发展投资战略、规模化投资战略和企业联合与兼并战略等。

3. 按照战略对市场环境变化的适应程度

可以把企业经营战略划分为进攻战略、防守战略和撤退战略。进攻战略的特点是企业不断地开发新产品和新市场，力图掌握市场竞争的主动权，不断地提高市场占有率。进攻战略的着眼点是技术、产品、质量、市场和规模。防守战略也称维持战略，其特点是以守为攻，后发制人。所采取的战略是避实就虚，不与对手正面竞争；在技术上实行拿来主义，以购买专利为主；在产品开发上实行紧跟主义，后发制人；在生产方面着眼于提高效率，降低成本。撤退战略是一种收缩战略，目的是积蓄优势力量，以保证重点进攻方向取得胜利。

四、战略管理的过程

战略管理是一个管理过程，它包括对战略目标形成、战略对策的制定和战略方案实施的整个过程的管理活动，大致可分为战略制定和战略实施两个阶段。战略制定阶段有企业使命的制定、企业方针的制定、企业外部环境分析、企业内部环境分析、企业经营战略目标的确定、企业战略对策的制定等几个具体环节；战略实施阶段有经营战略实施准备、经营战略实施推进、经营战略实施评估与控制等几个具体环节。下面我们具体分析这几个环节：

（一）规定企业的使命

一个企业的使命包括组织哲学和组织宗旨两个方面。所谓组织哲学，是指一个组织为其经营活动方式所确定的价值观、信念和行为准则。所谓组织宗旨，是指规定组织去执行或打算执行的活动，以及现在的或期望的组织类型。明确组织宗旨有关键性的作用。没有具体的宗旨，要制定清晰的目标和战略实际上是不可能的。此外，一个组织的宗旨不仅要在创业之初加以明确，而且在遇到困境或繁荣昌盛之时，也必须经常再予确认。

企业使命的表述多见于企业广告、简介汇报材料之中，通常只能在比较广泛的层次上阐明企业的态度与观点，客观上不应该详细，但是太笼统的表述又会显得无所不包，难以对实际操作起到有效的指导作用。因而在具体的操作中如何措辞又恰到好处地表述企业的使命，只能依赖于在实践中不断地探索与试验。

（二）分析外部环境

企业是一个有生命力的有机体，是从属于社会大系统的一个子系统。它所从属的社会大系统就是企业的生存环境。企业与外部环境的关系是，外部环境影响和制约着企业的生存和发展，同时，企业通过自己出色的工作也影响着外部环境。在市场经济条件下，企业所处的环境是不断变化的，而且变化速度日趋加快，这给企业经营带来了巨大的风险，企业为了谋求生存和发展就必须对环境进行分析、预测。一个企业的成败在很大程度上取决于企业能否准确地把握外部环境的变化，并及时做出响应。因此，对企业外部环境分析是企业经营战略形成的重要前提，是经营战略成功实施的基础。

企业的外部环境因素包括两类：一类是对企业生产和经营有直接影响的环境因素，如行业的性质、市场状况、竞争者状况、供应者状况、替代品状况等，这些环境被称为直接环境因素或微观环境。另一类是对任何企业都有广泛影响的环境因素，如国家的政治环境、经济环境、技术环境、社会文化环境等，这些环境被称为一般环境、间接环境或宏观环境。外部环境分析的目的就是识别和发现外部环境中各种有利于企业发展的机会和各种不利于企业生存和发展的威胁，为企业制定经营战略提供客观依据。下面我们详细介绍一下企业的直接外部环境分析，它主要包括行业性质分析、市场环境分析、竞争力量分析等。

1. 行业性质分析

任何企业都在某一特定的行业内从事生产经营活动。所谓行业，是指以劳动分工为基础的、生产同类产品而互相竞争满足同类用户需求的一组企业。行业的环境状况如何，对企业的生存和发展有着直接的影响。分析行业环境主要从行业的前景、行业的产业政策、行业的结构等几个方面进行。通过行业的性质、现状和发展趋势分析，为企业制定经营战略时正确地选择生产经营领域提供依据。

2. 市场环境分析

市场是影响企业生存和发展的最直接、最具体的环境。研究和分析市场的目的就是通过对市场行为的研究，把握市场需求的一般趋势，寻找企业发展的机会和可能的风险。市场分析一般从市场类型、市场需求及其变化趋势、消费者行为几个方面进行。

3. 竞争力量分析

哈佛大学教授波特（Michael Porter）认为，企业最关心的是其所在行业的竞争强度，而竞争强度又取决于五种基本竞争力量。这五种竞争力量分别来自于行业中现有企业间的对抗、潜在的进入者的威胁、替代品的生产的威胁、购买者的讨价还价能力、供应者的讨价还价能力。正是这些力量的状况及强度影响和决定了企业在行业中的最终获利能力。

(三) 分析内部环境

为了使企业的外部环境、内部条件和经营目标三者达到动态平衡，企业必须弄清楚其自身资源（人力、财力、物力、技术、组织、管理）状况如何？企业与竞争对手相比有哪些优势和劣势？自己的长处在哪里？薄弱环节在哪里？外部环境中哪些机会企业应该而且能够抓住？哪些威胁可以避免？只有这样，才能使企业的经营战略建立在客观真实的基础上，才能真正实现外部环境、内部条件和经营目标三者之间的动态平衡。内部条件分析主要包括企业组织结构分析、企业文化分析和资源条件分析。

(四) 确定企业经营战略目标

企业使命从总体上描述了企业的经营业务、性质与发展方向，为指导与管理企业的各项活动提出了一个共同的主题。企业使命的表述一般比较抽象，在经营战略实施中，通常需要用经营战略目标的形式将企业使命具体化与明确化。企业经营战略目标，是指企业在完成其基本使命过程中所追求的最终结果。也就是说，企业在定义了自身的使命后确定能满足顾客需要到什么程度。它具体包括以下三个方面的内容：①成长性目标。指表明企业成长、发展程度的目标，如市场占有率的提高、扩大联合企业的数量、产量翻一番等；②收益性目标。指表明企业获利程度的目标，如利润总额、资金利润率等；③社会性目标。指表明企业对社会做出贡献的程度或企业的公众形象如何的目标，如环境保护、节约能源等方面的目标以及企业公众形象或企业的知名度等。

(五) 确定战略对策

企业经营战略目标制定出来以后，接下来的工作就是如何实现战略目标，而要实现战略目标就得制定相应的对策，即为实现战略目标应采取相应的措施和手段。战略对策包括下列内容：战略重点的确定、战略步骤的划分和战略措施的制定。

(六) 经营战略实施准备

进行经营战略实施准备，主要包括以下三个方面的工作：

1. 编制经营战略实施行动计划

重点考虑由谁来执行战略计划？在执行战略计划过程中必须做些什么？怎样做好成功实施战略所必须做的事情？并且将企业各项日常经营业务与经营战略计划的实施直接、清楚地联系起来，使企业经营战略管理与企业运行融为一体，做到既可适应战略性质与变动的需要，又能保证企业日常经营的正常运行，从而顺利地实现企业的总体目标。

2. 满足经营战略要求的组织调整

具体包括：开发或调整能够适应经营战略需要的组织结构模式；建立起经

营战略实施赖以成功的组织实力;为关键战略岗位选配合适的人才等。

3. 进行资源配置

具体包括:人力资源的选择与安排;战略项目规划与预算;强调重点战略目标的资源分配等。

(七) 经营战略实施推进

经营战略实施准备工作就绪,紧接着就是经营战略实施的推进。所谓经营战略实施推进,是指在经营战略实施过程中,按照制定的战略实施计划向经营战略目标不断逼近的过程。经营战略推进是经营战略实施阶段的攻坚环节,事关经营战略成败。经营战略实施的推进会产生大量的日常管理工作,主要有:营造一个良好的经营战略实施的内部环境,动员全体员工投入战略实施;建立起适应经营战略需要的内部管理支持系统;发挥经营战略实施的领导作用,不时地校正组织的战略行为,保证战略实施的成功。

1. 营造战略实施环境

营造一个良好的经营战略实施的内部环境,是企业经营战略实施推进的条件,这个内部环境主要是指与经营战略实施完全和谐一致的企业文化。企业文化具有刚性和连续性的特点,一旦形成便很难变革。当企业制定了新的经营战略,原有的企业文化就可能成为实施战略的阻碍力量。因此,在战略实施过程中,企业内部新旧文化的协调和更替是经营战略实施成功的重要保证。

2. 建立管理支持系统

建立适应经营战略实施的内部管理支持系统是经营战略实施推进的重要手段。内部管理支持系统,是指围绕经营战略实施推进所进行的日常管理工作的集合。主要包括经营战略政策指导,经营战略实施推进方式与程序以及保证经营战略实施正常推进的信息网络系统。

3. 发挥经营战略实施的领导作用

实施企业经营战略是一个较长期的投入,其结果不可能像日常经营那样,当年见效。从企业发展角度看,经营战略侧重于支出而不是产出,经营战略实施要冒较大风险,而且可能中途改变;在一个经营战略周期内,可能领导更换频繁;不同的战略,目标各异,达到目标必须采取的行动也不尽相同;战略实施结果难以预料,甚至可能与预期相反,难以衡量;环境的变化常常打乱一环紧扣一环的战略计划与实施。凡此种种原因,使人们难于将战略成果与个人业绩联系起来,从而加大了经营战略管理工作的难度。因此,在经营战略实施推进过程中,充分发挥经营战略实施领导者的作用,是经营战略实施成功的关键。

企业经营战略管理不同于日常经营管理,领导者除了实施组织、协调、指挥和控制等基本管理职能外，还要扮演战略管理者、变革创新者、资源配置者、任务分配者、发言者、谈判者、学习的楷模等各种促成战略实施的角色。经营战略实施的领导作用主要体现在三个方面：一是努力创造一种支持经营战略实施的组织文化，促进员工的自信与成就感；二是保持对于不断变化的环境的适应性；三是保持战略与战略目标的一致性，实现战略的成功。

（八）经营战略实施评审与控制

经营战略实施的评审与控制是企业经营战略管理过程的最后一项工作，是为了保证经营战略有效地实施，使之达到预定目标而采取的系统措施。企业经营战略实施评审与控制，是指经营战略管理者为保证经营战略计划有效实施，按预定的标准，采取一系列行动，并通过不断评审和信息反馈，对战略不断修正、纠正偏差，使实际工作与经营战略计划尽可能一致，以达到预定目标的活动。企业经营战略实施评审与控制是一个动态过程，它由五个阶段组成：①列出经营战略计划的期望结果；②根据期望结果定出相应的标准；③根据标准对工作做出评价；④由战略评审者进行评审，找出偏差，分析原因；⑤针对偏差采取纠偏行动。这五个方面的活动有机地结合在一起，构成一个完整的企业经营战略实施评审与控制过程。

第三节 兵家思想的战略管理价值

一、建立本土化战略管理理论的必要性与可能性

几千年来的中华文明孕育了深邃的中国传统哲学思维方式，以及在其指导下发展起来的博大精深的中国传统管理文化。中国传统管理文化造就了已维持达两千多年之久的中华统一国家，造就了世界上唯一没有中断过的中国文明。早在1699年德国哲学家莱布尼茨就在其著作《中国最新事务》中指出，中国的治国之道强于西方，而西方对自然的知识强于中国。治国之道其实就是国家管理的一种传统的说法。我国管理学界的泰斗苏东水先生认为在新世纪管理文化变革的潮流中，以中国管理文化为代表的东方管理文化，已经成为世界管理界众望所归的灿烂新星。无论是中国在改革开放中巨大经济潜力的释放，还是世界华商的经济起飞，其背后都有中华传统管理文化的支撑。中国式、日本式、新加坡式管理也恰恰是中国传统文化的精髓与该国文化融合的结晶。李雪

峰认为中华民族五千年的文明史就是一部五千年的管理史，中国古代在国家治理、竞争斗争谋略和生产经营管理等方面都有着伟大的理论和实践成就。

中国传统管理文化造就了伟大的中国古代文明，这样一种管理文化是值得高度重视的。然而进入近代很长一段时期内，由于中国经济的衰落和西方学术界的话语霸权，这种极有特色的管理文化却几乎被完全忽视和大大误解了。可喜的是随着改革开放的深入发展，中国传统管理文化中大量的优秀管理思想成分开始逐渐为现代企业管理学术界和实践界所重视，一些研究者开始对中国传统管理思想进行系统的梳理。同时，我国企业正在自发地将传统管理思想中的优秀因子融合到自己的企业管理实践中去，并取得了巨大成功，这充分说明了中国传统管理思想的强大生命力。在应对全球化趋势的过程中，中国传统管理思想作为中华民族传统文化的主体，是管理学界和企业界巨大而宝贵的财富。

当代战略管理理论基本上就是西方战略管理理论，很少有东方学者能够提出新的战略管理理论。[①] 西方战略管理理论形成于 20 世纪五六十年代，西方资本主义工商企业丰富的管理实践为它的产生提供了实践基础；20 世纪发展起来的西方管理理论为它的产生提供了思想基础；西方文化的科学传统为它的产生提供了方法论基础。因此，西方战略管理理论和西方传统文化具有内在的统一性，能够和西方企业战略管理实践很好地结合。而中国企业战略管理实践短暂，自 20 世纪以来的外国入侵和社会动荡使得中国企业一直在极特殊的情况下发展。改革开放所造成的竞争扩大和加剧，促使中国企业努力寻找可以用于实践的战略思想，但目前中国企业在开展战略管理活动时面临这样一些问题：

第一，中国企业战略管理实践经验的缺乏，使得中国企业战略管理理论研究缺乏历史资料，也使得中国企业在进行管理时较多地借鉴非企业经营领域的知识用于战略管理实践之中。而这些知识往往来自于企业管理者所熟悉的传统管理思想，如传统治国之道、兵家思想等。

第二，中国企业对于传统治国之道、兵家思想的运用大多数处于经验状态，缺乏对中国传统管理思想的理性认识和理论学说体系的支撑。这种零散的甚至相互冲突的知识运用，客观地造成了企业普遍地缺乏西方严格意义上的战略管理。很多企业家把兵家的治敌思想作为竞争战略应用于企业，一方面虽取得了一些成功，另一方面也给企业带来了系列问题。

---

① 尽管日本等国家有几位战略管理学者如大前研一等受到西方战略管理学术界的重视，但是其理论体系和研究范式，仍然是和西方战略管理理论相一致，而对西方战略管理理论发展影响深远的日本管理模式，最终也是美国学者总结的。同时日本管理模式的出现和核心能力理论的提出也意味着西方战略管理理论在向东方文化靠近。作为中国学者更应该主动引导战略管理理论的发展趋势，深入研究中国传统的兵家战略管理思想，以便赶超西方战略管理学术界。

第三，中国企业在战略管理中的实际状况是同时寻求传统和学习西方，但企业普遍缺乏主动整合中西方战略管理思想的意识。最常见的情况是表面接受西方战略管理理论而实际经营中却又充斥了大量的传统政治、军事管理手段。中国企业没有全盘接受西方企业战略管理理论正是因为中国企业自觉发现了或不自觉地觉察到西方企业战略管理理论在中国情境中的不适应性，而产生的理性行为。但这也给中国企业开展战略管理活动带来了诸多困扰，在缺乏情境化战略管理理论指导的情况下，企业不得不自己摸索开展战略管理活动的经验。

要解决中国企业战略管理实践中面临的种种问题就必须建立情境化或者说是本土化的战略管理理论，这已成为中国企业战略管理理论界亟须解决的重大理论问题。情境化战略管理理论研究，不仅是管理知识本土化的过程，也是管理知识创新的过程。

二、兵家思想对于建立本土化战略管理理论的意义

在中国五千年的灿烂文化中，以《孙子兵法》等为代表的兵家思想是中国传统管理文化的重要组成部分。直到今天，兵家思想仍然深深地影响着东方现代企业管理，儒家文化圈中的日本、韩国等有很多著名的企业家如大桥武夫、松下幸之助等都非常推崇《孙子兵法》等为代表的兵家思想，并且把这些思想灵活地运用到管理实践中去，取得了巨大的成功。

在我国，把兵家思想运用于商业竞争的想法和行动早在战国时期就出现了。据《史记·货殖列传》记载，战国时期的范蠡、白圭等都曾把兵家思想运用于商业竞争并取得了巨大成就，白圭还亲诉其成功经验"吾治生产，犹伊尹、吕尚之谋，孙吴用兵，商鞅行法是也"。

但由于中国古代封建社会商业活动始终处于边缘地位，兵家思想与商业竞争的结合一直到近代都没有大的进展。不过兵家思想在第二次世界大战后的日本受到了工商界的广泛重视。世界上有不少学者认为日本战后在经济上能够取得辉煌的成就应当归功于他们对《孙子兵法》等中国传统兵家思想的研究和应用，孙子虽然没有帮助日本赢得"兵战"，却帮它们赢得了"商战"。

当代中国走出计划经济体制后，企业开始面临越来越激烈的市场竞争，兵家思想也日益为人们所重视，如邯郸轧钢备件厂搞攻势经营法、常州第四制药厂搞出奇制胜法、宝山钢铁公司"伐谋"的决策行为，等等。尽管他们的这些战略管理行为不一定是有意运用《孙子兵法》，但其所作所为却完全符合《孙子兵法》的精神，反映了兵家思想作为传统战略管理智慧已经在他们的潜

意识中生了根。

我国部分企业经营者意识到兵家思想的巨大价值，能够自觉运用兵家思想，如海尔集团的张瑞敏对《孙子兵法》非常了解，他把《孙子兵法》中"上下同欲者胜"这句话，作为自己管理企业的格言；他还说："如果你想把这个经验再去复制一次的话，那肯定一点用处都没有，就连我们自己都会把成功的经验抛弃，然后寻找更好的办法。"这个观点和兵家权变治敌思想完全一致。"永远战战兢兢，永远如履薄冰"，"事前反复研究，慎之又慎；一旦做出决策，必须坚决执行，不容含糊"，这两句话也是张瑞敏管理企业的重要经验之谈。这正和《吴子》中一方面说"夫安国家之道，先戒为宝"，另一方面又强调"用兵之害，犹豫最大；三军之灾，生于狐疑"的观点完全一致。

在管理理论界很多管理学者也一直从兵家思想中汲取精华，并试图运用它创新现代管理理论，建立本土化管理理论。这充分说明兵家思想具有丰富的战略管理特质，可以而且也应当成为建立中国本土化管理理论的重要资源。兵家关注的是在竞争性的环境中诸侯国如何获取国家竞争优势的问题，这和企业战略管理关注的核心问题非常相似，二者具有相互结合的内在逻辑基础，这就为创立本土化战略管理理论提供了理论上的依据。

可以说作为中国传统管理思想重要组成部分的传统兵家思想是一份有待国内管理学界开发的宝贵财富。以往的研究多集中在《孙子兵法》，我们认为有必要对兵家所有重要典籍都进行研究，只有这样才能从整体上把握兵家思想战略管理特质的总体特征和内在逻辑结构。兵家思想是以中国传统哲学为指导，以获取国家竞争优势和军事胜利为目标的战略管理思想体系，这种战略管理思想体系与西方战略管理理论完全不同，须对其战略管理特质进行全面的研究，才能较好地运用于现代企业战略管理。

因此，从中国传统思维方式出发，研究兵家战略管理思想具有非常重要的理论和现实意义：

第一，有利于传统管理思想的继承与发展。本书从管理文化视角出发，运用管理特质分析方法对兵家战略管理思想进行了系统的梳理，有利于研究者全面把握兵家战略管理思想体系。

第二，有利于本土化战略管理理论的创设与发展。本书在对兵家思想进行全面的梳理过程中，充分挖掘能够为现代企业战略管理理论所借鉴的内容。并努力揭示兵家思想的战略管理特质群的内在结构，为建立本土化战略管理理论打下基础。

第三，为企业战略管理实践提供参考。本书通过分析兵家战略管理思想的内在逻辑结构，就战略管理的系列核心问题，比如如何获取竞争优势、如何建设企业能力等方面提出了建议，可以为中国企业领导者进行战略管理实践提供有价值的参考。

第四节
相关研究文献回顾

中国先秦时期剧烈的社会变革、频繁的战争实践活动和各种思潮的勃兴，为兵家的产生提供了土壤。兵家思想萌芽于夏商时期，初步成型于西周，春秋末期逐渐成熟并形成独立的流派，战国时期是兵家最繁荣的时期，秦后开始走向衰落。

学术界对于兵家思想研究的文献可谓浩如烟海，特别是对《孙子兵法》的研究，已经成了一门孙子学。总体上看，对兵家思想最为关注的首先莫过于军事理论界，研究兵家的著名学者吴如嵩、郭化若、于汝波、徐勇、黄朴民、钮先钟等人大多数都是精通战争理论的军界人士，他们的研究一般局限于战争领域，主要关注兵家的军事战略、战术以及治军思想。其次，管理学界也非常关注兵家思想，如杨先举、张连城、周三多、潘承烈等都对《孙子兵法》等兵家思想中的管理思想或战略管理思想进行了深入的研究。但是就目前的情况来看，管理学者对整个兵家思想体系的了解不如军事学者，很少有管理学者对《孙子兵法》以外的兵家著作如《司马法》、《六韬》等进行深入研究。由于本书的目标是要寻找兵家思想战略管理特质，因此，我们主要关注从管理学视角对兵家思想进行研究的文献，同时军事界和哲学界对兵家思想的研究成果为研究兵家思想战略管理特质提供了重要资源，也应当尽量吸取。

一、军事界对兵家思想的研究

人们普遍认为《孙子兵法》、《吴子》、《六韬》、《尉缭子》和《司马法》等兵家典籍具有朴素的唯物辩证思想。一是依据战争中的客观因素及其矛盾去认识战争指导原则和发展规律，强调"知己知彼，百战不殆"；二是重视发挥人的主观能动性，强调在战争中要观形察势、因变治变；三是论述了战争中文与武、军事斗争与政治斗争之间的辩证关系，强调文德与武备并重、政略与战略结合等，其思想在认识论和方法论上具有普遍的哲学意义。兵家思想的最大特色，在于它以现实经验为基础的理性态度，即"一切以现实利害为依据，反对用任何情感上的喜怒爱憎和任何观念上的鬼神天意，来替代或影响理智的判断和谋划"。

吴仁杰认为战略理论是孙子军事学说的主体部分。《孙子》以"庙算"这一战略概念为核心,渐次论述了"安国保民"的战略目标、"五事七计"的战略运筹、"不战屈敌"的全胜谋略、"知彼知己"的指战原理,其主旨首尾一贯,结构率然有序。孙宇、陈胤雯认为孙子思想体系从内容构成的角度可以分为:孙子的"全胜"思想、孙子的认知规律和孙子的争胜原理。陈锦松提出《六韬》有着很伟大的大战略思想,《六韬》在经济方面提出要从农、工、商三个方面进行经济建设;在外交方面提出要"抚其左右","顺者任之以德,逆者绝之以力";在道义方面提出治国的根本原则是要与人民的利益相一致,主张义战,吊民伐罪;在计谋方面主张文伐与武伐相结合。姜国柱从六个方面提出了《六韬》军事谋略思想:一是文武兼备,修德禁暴;二是全胜不斗,不战而胜;三是全知敌情,以求全胜;四是抓住战机,智勇者胜;五是以少击众,以弱胜强;六是实行诡计,以奇制胜。

陈学凯把《孙子兵法》战略思想分为三大部分,即战争的认识体系——知彼知己、制胜行动原则——避实击虚、知行观,提出避实击虚是《孙子兵法》谋略思想的核心,得到很多研究者的认同。此外,还有一些比较零散的兵家其他方面思想的研究。如谢川豫对《孙子》和《吴子》军事情报思想的比较研究,认为《孙子》之为详者为《吴子》之为略,《孙子》之为略者为《吴子》之为详。徐勇、黄朴民从八个方面概括了《司马法》的军事思想,即以仁为本、以义治之的战争观;慎战与备战并重的国防思想;把握军队自身特点的治军思想;相为轻重的用兵方略;智、勇、巧三者结合的作战思想;以六德为核心的军事教育思想;改良武器装备的思想;丰富多彩的古军礼内容。李兴斌提出兵家的和平思想的五个方面:一是以禁暴除乱和安国保民为战争的终极目的;二是以"不战而屈人之兵"为战争获胜的理想结局;三是以"修道保法"和赢得人心为战争获胜的坚实基础;四是高度重视智谋的作用并以之作为克敌制胜的重要手段;五是以强大的经济、军事实力和常备不懈为和平的可靠保障。晁罡对儒家和兵家治道的融合问题进行了研究,认为儒家对兵家有着重要影响。姚鸿健认为《孙子兵法》蕴涵了丰富的事理学范畴的思想,于哲学层面上提出了一些指导人们把事情办好的一般的思想和方法原则。值得关注的一个重要文献是霁虹于2003年发表在《社会科学战线》上的一篇文章《兵家军事思想研究20年回顾》,该文对我国20世纪80年代初到90年代末期间,学术界对《孙子兵法》等兵家思想的相关研究进行了详细的综述,把这些研究分为军事战略战术思想、军事谋略、军事经济、军事管理、军事伦理等多个方面。刘庆把1949~1988年有关《孙子兵法》研究的重要著作和论文进行了收集和整理。而于汝波将军主编的《孙子学文献提要》一书更是总结了古今中外关于《孙子兵法》的研究成果,可以说是研究兵家思想的指南针。可惜很少见到关于其他兵书的这类总结性研究,这表明学术界对于《孙子兵法》之外的兵家典籍关注不足。

二、管理学界对兵家思想的研究

国内管理学界对于兵家思想与现代企业管理的研究热潮兴起于20世纪90年代。90年代连续几年召开以《孙子兵法》为主体的各种形式、各种规格的国际、国内学术研讨会,如中国孙子兵法研究会自80年代末开始举办《孙子兵法》国际研讨会以来,至今已经举办了七届,共有美、日、韩、英、俄等20多个国家和地区的学者参与,多次会议的研究重点都是如何将传统的兵法运用到经济管理领域;而且有关这方面的专门书籍和论文也大量出现,滨州学院学报2006年还召开了"《孙子兵法》应用高层论坛",邀请了杨先举、潘承烈等著名管理学者发表论文。

由于兵家思想主要体现为一种如何应对竞争的思想,因此,管理学界对《孙子兵法》等兵家思想的研究大多数集中在把兵家思想与企业战略管理、商业竞争相结合方面,具有代表性的研究主要有:周三多在《战略管理思想史》中提出了一个由八部分组成的《孙子兵法》战略思想体系和《孙子兵法》九大战略原则,并在与西方战略管理思想对比的基础上提出了战略加减法。张连城在其著作《先秦兵法思想与现代市场经济》中通过分析《孙子兵法》、《吴子》、《司马法》等六部兵书中的思想,全面探讨其对中国市场经济发展和企业管理的影响。李雪峰在《太极智慧——孙子兵法与企业战略管理》中使用了六对范畴来分析孙子兵法与战略管理关系。即资源运用——形与势;竞争定位——虚与实;决策认知——彼与己;规划设计——奇与正;组织实施——刚与柔;战略行为——顺与动。王方华在《企业战略管理》中将《孙子兵法》与整个企业战略管理过程结合起来,提出《孙子兵法》的战略目标是"全胜",战略分析是"五事七计",战略制定有有备而战、速战速决、避实击虚、争取主动等六项原则,对战略实施与控制过程有创造条件、掌握主动权、造形创势、动中取胜等几个要求。刘云柏在《中国兵家管理思想》一书中专门用两章分析了兵家管理思想,并提出兵家管理思想具有将战略管理建立在富国强兵的基础上、运用各种手段制造矛盾以壮大自己并孤立主要对手、不迷信、强调争取主动权、重视对时机的把握、关注后勤六个特点。陈炳富提出《孙子兵法》战略管理模式,该模式分为三步:第一步是构建战略框架,包括战略分析、限制条件、备选方案等；战略分析以"五事七计"为核心，包括对企业内外分析、竞争对手分析、"利"的分析。第二步是战略的形成，包括实力分析、实力分配与运用、确定战略；实力的分析主要包括形势的分析。第三步是战略实施与控制，包括制定职能战略和战略的实施与控制。这个模式基本上由西方战略管理理论中的规划学派的战略管理模式改进而来，具有较强的中国特色，但是没有进行深入研究。杨先举在其著作《孙子管理学》中认真挖掘了中国古代兵法中的战略管理思想及其在企业战略管理等多方面的应用，是将中国传统文化和西方战略管理理论相结合，实现战略管理理论本土化的一个重要研究。

多数研究都关注兵家思想对现代企业战略管理和商业竞争的积极方面，只有少数研究注意到了兵家思想对现代企业战略管理和商业竞争的消极方面。如陈洪琏提出《孙子兵法》等兵书中的某些原则、方法，若在商战上被不择手段地加以运用，对建立正常的商场秩序、规范竞争等商业行为是极为不利的。

此外，还有大量的研究关注兵家其他管理思想。如郭子仪探讨了《孙子兵法》的管理心理学思想。晁罡从管理战略、管理策略和管理方略三个层次论述了《孙子兵法》的民本论、义利论、协和观、激励术、统御术等六个方面的管理思想。董海洲、王建军从目标管理、战略管理、行政管理、经济管理、信息管理、人才管理等几个方面论述了《孙子兵法》的管理思想。齐兰把《孙子兵法》中的几项基本原则和西方经济学中的基本假设做了比较。纪宝成研究了兵家的经国治军思想，提出兵家受到儒家民本主义思想影响比较大，重视人民在治军、治国和治敌中的作用；兵家具有朴素的辩证能动的思维方式。兵家治国治军思想可以概括为"上下同欲，政胜为先"、"申饬军纪，严明赏罚"、"教戒为先，严格训练"、"将为国辅，知人善任"。丁敬群研究《孙子兵法》治身和治军思想，认为《孙子兵法》提出的将治身的"五德"可作为选拔企业领导或部门管理者的标准。《孙子兵法》中的治军方法主要是"爱"与"严"，对于企业管理来说"爱"则应当充分调动群众的积极性，"严"就是要坚决按照规章制度办事。决策思想是兵家最有特色的思想，在学术界引起了较多的关注。周可真认为兵家管理决策思想是关于国际交战状态下一个国家为了击败对手、取得胜利而制定战略战术的决策研究。张森年认为《孙子兵法》决策原则有十个：第一，重道——前提性原则；第二，理智性原则；第三，胜负可知——预测性原则；第四，全胜原则；第五，择优原则；第六，自主性原则；第七，能动性原则；第八，重神——反馈原则；第九，效益原则；第十，辩证性原则。其中，辩证性原则和能动性原则比较重要。陶新华、朱永新对兵家决策心理思想进行了研究，认为兵家决策心理思想主要有三个方面：一是知彼知己，百战不殆——全面信息管理心理思想；二是校之以计，而索其情——全方位收集分析信息，主要方法有分析推断、观察法、用间法、侦察法；三是多算胜，少算不胜。

2009年，纪洪波编撰了《名家论孙子》一书，该书汇集了当前国内军事界和管理学界研究《孙子兵法》的重要成果，可以说是对国内十几年来《孙子兵法》研究的一次历史性总结。

国外管理学界对于兵家思想的研究比国内要超前。事实上，自第二次世界大战以后，美国、日本、德国、俄罗斯、新加坡等国家及我国的港、台地区就已开始将《孙子兵法》战略思想应用于企业竞争和经营管理中，并且形成了一种风气。尤其是日本经济管理专家在日本经济遇到困难和麻烦时，往往习惯从中国古代兵家思想中寻找摆脱困境的办法。其中最为突出的是日本兵法经营塾塾长、东洋精密工业株式会社总裁大桥武夫的实践和研究。早在1957年他就用《孙子兵法》指导其公司的经营管理，并先后发表几十部有关兵法经营的专著。他在《兵法孙子》一书中提出了兵法经营论，后又编写了《用兵法经营》等书，从而带动日本管理学界形成了一个兵法经营管理学派，其《兵法经营要点》一书早在20世纪80年代末就被翻译成中文在国内出版，引起我国管理学界的重视。

西方许多经济管理学家对于兵家思想都有十分精深的认识，如战略管理大师明茨伯格就非常推崇《孙子兵法》，把它视为战略管理理论中定位学派的第一高潮。他在《战略历程》一书中说，"《孙子兵法》在今天来讲也是一部杰出的著作，几乎没有什么新的观点能超越它，孙武提出的诸多名言警句都是具有普遍意义的，像'不战而屈人之兵，战之善者也'等。其他一些以策略形式表达出来的战略思想同样也具有普遍意义，像'故能而示之不能，用而示之不用'，'利而诱之，乱而取之'。还有一些警句格言所表达的战略思想非常接近于今天定位学派持有的观点"。美国夏威夷大学成中英教授从管理哲学视角分析了兵家的权变哲学，认为兵家权变哲学对企业营销和市场竞争有重要的借鉴意义，他还从立于不败之地、重视"知"等四个方面分析了《孙子兵法》的策略思想。美国学者汉德森根据《孙子兵法》写的《如何打赢争夺市场的战争》一书，被誉为商业领袖之书，一版再版，十分畅销。约翰·阿利把《孙子兵法》中的思想与战略管理中的SWOT分析方法进行了比较研究，认为"《孙子兵法》的虚实之分及其倡导的以实击虚的效果，与现代SWOT分析方法的效果如出一辙。SWOT分析法是营销中流行的策略性方法，这种方法给出公司强弱的领域，给出市场的机会与风险，应用实力去追寻机遇的观点可以说是《孙子兵法》的再版。这完全是换一种说法说出了我们计划要做的事情"。

迈克尔森（Michaelson）将孙子的思想和企业战略管理以及市场营销相结合，提出了一些带有中国文化特色的战略管理思想和营销原则。英国学者马克耐里（McNeilly）在《孙子兵法与商业艺术》一书中，提出了商业竞争中的六项原则：不战而屈人之兵；避实击虚；先知和惑敌；追求速度和积极准备；让竞争对手按自己的计划行事；领导的能力和品质修养等，并对孙子的战略管理思想做了深入的阐释。Khai Sheang Lee 等认为《孙子兵法》乃是一种竞争的艺术，而博弈论是一种竞争的科学，二者具有互补关系。在企业竞争过程中综合使用《孙子兵法》中的原则和博弈论分析，能够提高企业在市场竞争过程中战略决策的水平。Min Chen 认为《孙子兵法》可以给企业管理带来三点重要启示：第一，成功的管理者应当能够凝聚人心；第二，应当全面考察领导者的综合素质，而不仅仅是专业能力；第三，竞争中的优势和劣势是可以相互转化的，因此，管理者必须学会把劣势转化为优势。Wann-Yih Wu 用实证的方法考察了《孙子兵法》中的一些重要原则和企业战略执行水平的关系，认为它们之间存在着很强的相关性。

从根本上说，国外对于兵家思想在经济管理领域中运用的关注，带动了国内学术界的研究，国内外相互交流日益增多，共同促进了这方面学术研究的繁荣。总体上看，无论国内还是国外，研究的焦点主要集中在对《孙子兵法》的战略思想和管理思想的探索上，人们对《孙子兵法》的战略管理思想研究已经非常深入，未来的研究趋势应该会把目光转移到《孙子兵法》以外的兵家思想上去。

三、管理学界对兵家思想研究存在的问题

当前管理学界对兵家思想的研究取得了不少进展，但也存在不少问题，其中比较重要的有两大问题：

第一个是研究方向和研究路径问题。如前所述，中国企业战略管理实践是在中国文化情境下的管理活动，不能完全依靠西方战略管理理论来指导。中国企业战略管理行为需要中国自己的战略管理理论指导。我国管理研究者们也在积极努力地构建中国自己的战略管理理论，然而，人们对于构建中国的战略管理理论的方向和路径有着两个不同的观点：第一种观点认为，构建中国战略管理理论应该依据西方管理理论中的偶然性理论和情境化理论，首先好好学习、消化西方战略管理理论，然后根据中国具体的情况对西方战略管理理论进行修正，逐渐建立一套西体中用的中国战略管理理论；第二种观点认为，构建中国战略管理理论应该以中国传统战略管理思想——即传统兵家思想为主，引入西

方战略管理理论架构，将二者相互融合，创立一套有自己独特内在逻辑的战略管理理论体系。

目前，国内外多数学者是沿着第一条路径进行研究的，这样做的好处是符合当前战略管理理论研究的国际潮流，容易为西方学术界认同，容易出成果。特别是在当前我国管理学术界普遍重视在西方重要管理学术期刊上发表论文的情况下，这条路径为很多研究者所青睐；但是顺着这样的研究方向和路径进行研究，一个最大弊端就是始终追随西方人做研究，难以超越西方管理学术界，而且很容易把我们传统文化中一些优秀的思想体系拆解、打碎，使之失去应用价值。所以，我们认为后一条建构道路才是真正可行且有希望超越西方的道路。而要从后一条路径展开研究，则要求研究者博古通今，在认真研究西方战略管理理论的同时，更要对中国传统典籍，特别是兵家典籍进行认真的分析和研究。以往的研究多集中在对《孙子兵法》的分析，今后有必要对传统兵家所有重要典籍都进行研究，只有这样才能从整体上把握兵家战略管理思想的总体特征和内在逻辑结构，继而进一步依靠它来构建中国战略管理理论。

第二个是研究方法问题。近年来，国内战略管理学术界对传统兵家思想的研究虽然不断升温，成果越来越丰富，但是也存在明显的问题，其中最大的问题就是研究方法不成熟、不规范。早在 1997 年苏东在其著作《论管理理性的困境与启示》一书中就提出当时管理学术界对《孙子兵法》的研究存在两大误区：一是受经学传统的影响，注重训诂摘句，失去深入探求本质，创立和发展新理论的内在兴趣和动力；二是受西方管理理论的影响，采取直觉的方式而非实证的方式将《孙子兵法》断章取义、对号入座，使得《孙子兵法》成为西方管理理论的影子，成为一些管理条文。在管理领域，深入研究《孙子兵法》等兵家管理思想就必须全面学习西方现代管理理论，深入研究《孙子兵法》的传统文化渊源，并最终跳出文化圈子以探求科学的普遍性结论。虽然苏东是在十几年前指出这个问题，但是从目前研究兵家管理思想文献来看，两大误区仍然存在，大量的研究还是陷入误区的低层次研究。只有少数研究者能够在对西方战略管理理论有了深刻理解之后，又深入到中国管理实践和中国传统文化典籍中去追寻中国管理实践的文化渊源，从而提出了相对深刻的见解。

苏东提出的对传统兵家思想研究的两大误区归结起来，就是研究方法问题。采用什么样的研究方法，才能把中国传统思想和现代管理理论这样两种完全不同的思想体系相融合？目前管理学界大量的对兵家思想的研究没有采取主流的研究方法，究其主要原因，并非研究者们对主流方法不熟悉，不会使用主流方法。问题是主流的那种重视数据调查、数学建模分析、以定量分析和案例分析为特色的研究方法实在不适合兵家思想的研究。西方主流的管理研究方法不适用，那么传统直觉体悟的方式又不符合现代主流，如何才能把二者融合起来呢，这是一个必须解决的问题。我们在下一章将针对这个问题进行深入探讨。

本章小结

关注竞争问题的中国古代兵家思想作为中国传统文化的重要组成部分，蕴涵着深刻的战略管理思想。研究兵家战略管理思想对于解决中国战略管理理论创新问题和中国企业战略管理实践中诸多疑难问题有重大的价值。然而兵家战略管理思想和企业战略管理理论是具有很大的不同的两个思想体系，要把兵家思想和当代战略管理理论结合，需要理论研究者做诸多前期工作。本章主要分析了传统文化和管理的关系，指出了兵家思想的战略管理价值，然后回顾了理论界对兵家思想的研究。

本章是全书的开篇部分，主要讨论了两方面的问题：一是传统文化与当代管理之间的关系，指出管理是一种文化现象，管理研究离不开文化；中国传统文化不仅具有几千年悠久历史而且和西方文化具有很大不同，因此中国的管理研究离不开中国的传统文化。二是兵家思想作为中国传统文化的重要组织部分，具有一些和当代战略管理理论相似的特点，常常被当代中国企业战略管理实践者所借鉴；我们认为兵家思想具有非常重要的战略管理价值，是当代中国企业战略管理研究所不可忽视的文化情境和文化资源。有很多学者意识到了兵家思想的价值，并对兵家思想做了研究。本章用了一小节回顾了当代军事界和管理界学者对兵家思想的研究，并简单谈了谈目前管理学界对兵家思想研究中存在的问题。

// 延伸阅读 //

Trompenaars 的管理文化分析模型[①]

Fons Trompenaars（常译为特姆彭纳斯、强皮纳斯或琼潘纳斯）生于1952年。毕业于宾夕法尼亚大学沃顿商学院，是跨文化管理的开创者和倡导者之一，曾先后在18个国家开设了1000多次跨文化管理培训课程，现任特姆彭纳斯公司的总经理。该公司致力于国际管理咨询与培训服务，服务客户囊括了摩托罗拉、壳牌、庞巴迪、喜力等世界一流企业，为企业经营管理作出了

---

① 本背景知识部分内容来自陈晓萍的《跨文化管理》一书，清华大学出版社，2005年。

卓著的贡献。他的研究主要专注于管理者在经济全球化过程中遇到的各种文化因素是如何影响人们的行动的，代表作有《跨越文化浪潮》等。Trompenaars 认为 Hofstede 提出的五个维度显得太少，从管理实践来说需要更多维度，于是提出了分析商业文化的七维模型：

第一个维度：普遍主义与特殊主义

普遍主义者强调用法律和规章指导行为，而且这些指导原则不应因人而异。"法律面前人人平等"就是普遍主义者的响亮口号。此外，普遍主义者认为对所有事务都应采取客观的态度，而且世界上只存在一个真理，只存在一种正确解决问题的方法。相反，特殊主义者却强调"具体问题具体分析"，不用同一杆秤同一尺度去解决不同情况下的问题，而应因人而异，因地而异。另外，特殊主义者认为一切都是相对的，世间没有绝对真理，也不存在唯一正确的方法，而是有多条路可走，殊途同归。

一个著名的例子就是普遍主义者与特殊主义者对"开车误撞行人"的情境的不同反应：

有一天你和朋友驾车外出，在一条小街上行走时，你发现朋友的车速为每小时40公里，而当时允许的车速为每小时30公里。车开到街角时，突然有行人从路边出来，朋友来不及刹车，就把行人撞倒了。当时没有其他目击者。警察来了，让你提供目击者口供。假如你不做伪证，你的朋友将承担严重后果。请回答以下两个问题：

问题一：你觉得在多大程度上你的朋友有权利要求你为她/他做伪证，即他实际时速为每小时30公里？

A. 我的朋友有绝对权利要求我为她/他做伪证。
B. 我的朋友有一些权利要求我为她/他做伪证。
C. 我的朋友没有任何权利要求我为她/他做伪证。

问题二：你会为他/她做伪证吗？

A. 我会为他/她做伪证。
B. 我不会为他/她做伪证。

根据 Trompenaars 对来自100多个国家的几万名管理者的调查发现，在美国、加拿大、瑞士、瑞典、英国、澳大利亚等国家有超过90%的人表示朋友没有权利或者仅仅有一些权利要求获得帮助，并且表示自己不会帮助这位朋友。在中国只有44%的人表示不会帮这位朋友。而在委内瑞拉则仅有32%的人表示不会帮助自己的朋友，有超过 2/3 的人会为自己的朋友触犯法律做伪证。

当让他们各自说明自己选择的理由时，不做伪证的人认为：

（1）如果朋友会期待我为他/她撒谎，那他/她就不是我的朋友，我不与那样的人交朋友。

（2）朋友超速发生了事故，应该为自己的行为负责，如果我为他撒谎，反而是害了他。

（3）做伪证是违法行为，我自己会因此受到惩罚。

（4）撒谎是不道德的行为，我作为一个正直的人，应该说真话。

（5）受伤的行人应该有权利讨回公道，我撒谎是为虎作伥。

而选择做伪证的人则如此说明自己的行为：

（1）作为朋友，他/她有权利期待我为他/她撒谎，这是朋友应该做的。

（2）朋友超速发生了事故，有可能吊销执照甚至进监狱，作为朋友我应该帮助他/她避免坏的后果。

（3）虽然撒谎是不良行为，但我是为朋友而不是为自己撒谎，这属于"两肋插刀"行为，不惜自己冒风险而拯救朋友，是义举。

（4）撒谎并不一定是不道德行为，得看动机和结果。

（5）行人已经受伤，不会因为我的行为而有任何改变，而我的朋友可就指望着我了。

双方给出的理由都有一定的道理，很难说谁对谁错。该问题的回答很清楚地显示了文化差异这一点肯定是不可争辩的事实。想一想让这两类思维方式完全不同的人在一起共事，或一起做决策，或一起解决问题该会发生多少争吵？

在企业管理方面，在普遍主义社会中，管理强调建立制度和系统，同时制度和系统应该是能为大多数人服务并满足大多数人要求的。制度一旦建立，人人都须遵守，对所有人都一视同仁，没有人可以凌驾于制度之上。美国是强调普遍主义的国家，几乎所有企业都有详细的规章制度和各种内部管理系统。当个案发生时，马上就会想到如果今后类似的情况出现应该怎么应对、怎样的解决方案才有普遍的意义、怎么处理才是对所有人都公平的，等等。这成为管理者的一种思维方式。陈晓萍教授曾经谈到这样一个例子，某学会主席提出有一位他认识的教授向他提出希望学会资助他的一个小型学术会议，他让委员会讨论一下以便回复。因为是主席的朋友，不少人就说赞成资助，况且学会是有不少余钱。但马上就有人提出反对意见，理由是不能因为朋友离你近，提出了要求就支持，说不定有许多其他成员有相似的要求，但只是不认识委员会中的人，无法让我们听见他们的声音，而永远得不到资助呢？这样做对这些人不公平。如果我们认为学会有责任也有资源支持小型学术会议，那么，我们就应该建立一套完整的制度和程序把这件事做起来。首先是让所有的会员知道学会有一笔钱留作此用，所有的人都可以申请。然后定出审批标准和程序，如申请截止日期、申请资金上限、学术会议种类、主题、参加人员、盈利与否等，再统一审批。大家立刻接受了这个建议，马上行动将所有的程序细节一一搞定。这种从特殊个案出发建立普遍行事程序的思维方式让她这个从特殊主义文化走出来的人很开眼界。

相反，特殊主义社会的管理特点则是"人制"。制度虽有，却大都停留在纸面上。遇到问题的时候，企业中的管理人员也好、员工也好，常常想到的是怎么通过关系或熟人把问题解决，而不是通过公司正规的渠道。因此，建立个人关系网就成为很多人孜孜不倦的工作。特殊主义者的思维方式更倾向如何从普遍中找出特殊，将自己的问题作为特殊情况处理。特殊待遇成为大众追求的东西。"上有政策，下有对策"就是从制度中找漏洞将自己特殊化的典型例子。要在特殊主义社会中变革制度，光讲逻辑还不行，还必须通过改变人与人之间的关系，改变改革者与被改群体之间的关系才能实现，不把人与人之间的关系理顺，再好的制度都会遇到阻力，都无法建立并推行。

普遍主义的产物显然是"机械"、"死板"、不善于随机应变；而特殊主义者则要灵活很多，愿意按具体的情形调整自己的标准和行为，愿意从特殊性出发去处理问题。普遍主义思维之下很容易产生我们现在非常提倡的"敬业"精神。所谓敬业，就是对自己从事的职业忠实、专业，不因人而异。如一个敬业的医生就应该对所有的患者态度友善，耐心询问病情，认真倾听患者的陈述和问题，然后作出诊断，开出合适的药方，而不是对熟人态度友好，用药讲究，对陌生人就不耐烦，草草了事，随便开药。再如一个教师就应该对所有的学生用同样的标准衡量，批改作业和考卷，然后给出分数；而不是对于与自己有交往的学生、自己指导的学生特别宽松，而对没有交往的学生或对其他教授指导的学生就特别严格。在企业管理中，一个敬业的管理人员就应该对所有下属都一视同仁，不分亲疏，用同样的招聘指标、考绩指标去评价所有的人。中国还没有形成这种敬业精神，恐怕与文化深层的"特殊主义"不无关系。

第二个维度：集体主义和个体主义

Trompenaars 的这个维度主要来自 Hofstede 的理论。个体主义指的是人们关注自己个人的目标程度要高于对群体成员和群体目标的关注程度。集体主义指的是人们关心群体成员和群体目标要高于对自己个人目标的关注程度。美国人在个体主义上得分最高（92/100），居全世界之冠；而有中华文化背景的群体如新加坡人、中国人在个体主义上得分则很低（29/100）。

大体上，个体主义文化呈现出一种结合松散的社会组织结构，其中每个人重视自身的价值与需要，依靠个人的努力来为自己谋取利益。集体主义呈现出一种结合紧密的社会组织，其中的人往往以"在群体之内"和"在群体之外"来区分，他们期望得到"群体之内"的人员的照顾，但同时也以对该群体保持绝对的忠诚作为回报。

美国是个体主义最高的国家，强调个性自由及个人的成就，因而开展员工之间的个人竞争，并对个人表现进行奖励，实行有效的人本主义激励政策。大多数东方国家，如韩国、日本等都是崇尚集体主义的社会，员工对组织有一种感情依赖，容易构建员工和管理者之间和谐的关系。荷兰、瑞士等国则处于中间状态。在集体主义盛行的国家中，每个人必须考虑他人利益，组织成员对组织具有精神上的义务和忠诚。在推崇个体主义的社会中，每个人只顾及自身的利益，每个人自由选择自己的行动。

确立个体主义和集体主义的重要指标主要是责任取向，责任取向主要是指人们对他人及他人的福利负什么责任的态度。一般而言，西方文化中鼓励个体的取向，即人们只关注自身的利益、个体的成功及成就。在这种文化中，社会机构较为松散，影响力和控制力都较弱，人们只追求自己及小家庭的利益，他们有着强烈的权利意识，而东方民族表现出更多的群体取向，在这种文化中社会机构严密，影响力和控制力都较强，人们期望在一个组织中彼此照顾和相互保护，同时对群体成员负责并对组织忠诚，因而组织成员有着较强的责任意识。集体主义社会的人们往往重视和谐与责任，在描述他们对集体工作的贡献时往往很谦卑。

第三个维度：中性与情绪化

中性—情绪这个维度主要指人际交往中情绪外露的程度。情绪表露含蓄微弱的文化被称为中性文化或者自我控制型文化，而情绪表露鲜明夸张的文化被称为情绪化文化。

根据 Trompenaars 的调查，最典型的中性文化国家为日本、中国和其他亚洲国家；最典型的情绪化文化国家为意大利、西班牙和其他南美国家，美国处在两极之间。

在中性文化里，人与人之间很少有身体的接触，人与人之间的沟通和交流也比较微妙，因为情绪表露很少，需要用心领会才行。相反，在情绪化文化里，人与人之间身体的接触比较公开自然，沟通交流时表情丰富，用词夸张，充满肢体语言。日本的中性文化表现在很多方面，诸如人与人之间感觉舒服的空间距离比较远，在三尺以上，一般见面鞠躬，不做任何身体接触；讲话时表情中性，喜怒不形于色，让从相对情绪化文化中来的人不知所措；等等。

过于控制自己的情绪，将导致人与人之间关系非常微妙而敏感。在中性文化中，人们一般会避免情绪激昂的行为，情绪外露的人常被看成是不稳重、不成熟、缺乏自我控制能力，有时甚至不可靠。这样的人要当领导一般没什么希望。相反，老成持重、含而不露、喜怒不形于色才是值得敬佩的境界。

在这样的文化中,城府深的人显得有涵养,容易受到器重和赏识。同时,因为大家都含蓄,不轻易流露感情,所以人们对别人的表情变化就特别敏感,一点点的脸部肌肉运动就会引起注意,一个小小的手势就会打破整个会议的气氛。人们察言观色的能力比较强。压抑情绪的能力也比较强,有许多人是表面静如止水,而内心波涛汹涌,一旦发泄起来,就会比较强烈。

在情绪化文化中,情绪外露是自然的,而且是加强自己观点的一个重要手段。不表露感情被看成冷血,而且无趣。激情是热爱生活的表现,是生命活力的显示。意大利人把激情看成是生命的最高境界,对艺术的激情表现在他们的绘画、歌剧,甚至时装设计之中;对食物的激情,表现在他们自家酿制的葡萄酒里,自己做的各种面食、空心粉、比萨饼里,每一种都用红色的番茄酱和陈年的奶酪做调料;对爱的激情,对人的激情,表现在他们日常生活的语言里和举止中充满夸张的表情里。很多中东国家的文化也比较情绪化,如果某人说话表情平平,不动声色,他们会理解成此人尚未"当真"。

Trompenaars还发现在企业的不同部门中,人们情绪特点也各不相同,市场营销、管理、研发、后勤、财务部门更倾向于情绪化文化,而法律、秘书、计算中心、人力资源管理等部门更倾向于中性文化。

第四个维度:特定关系与散漫关系

特定关系—散漫关系这个维度可以用来很好地描述和解释在不同文化中生活的人在人际交往方式上的巨大差别。通过下面一个问题,可以判断一个人是具有特定关系导向文化还是散漫关系导向文化。

问题:如果你的老板叫你在周末帮他去粉刷墙壁,你内心不是很愿意去,你会怎么办?

(1)那就不去,你和老板只是工作中的上下级关系,你没有义务为他粉刷墙壁。

(2)还是要去的,他是我的老板,我的经济收入受他控制,我不得不服从他;如果不去,会给他留下不好的印象,妨碍我未来的发展。

如果你说去,就表明你把自己在工作中的老板看成了生活中的老板,上班时得听他的话,下了班还是如此。也即你把老板—下属的关系从工作场所延伸到了工作之外,因此你具有散漫关系导向。而那些说"不"的人则更可能具有特定关系导向,将老板—下属关系局限于工作。

美国人把生活的不同领域分得很清楚,而且领域与领域之间不渗透、不重叠,所以,什么事情都是一是一、二是二,不混淆。如"对事不对人"就是将事与人分开的思维习惯的结果。他们常常挂在口边的一句话就是"不要将这件事个人化"或"这不是针对你这个人的"(Don't take it personally)。对他们来说,这比较容易做到。相反,散漫关系文化中的人倾向于把生活的不同领域联系起来，对他们来说，要不将具体发生的事情个人化几乎是不可能的。说我做的事情不好就是说我不好，当面指出我工作中的错误就是看不起我，不给我面子，让我下不来台；说我的好朋友品行不端就是对我的诬蔑，贬低我的父母就是贬低我，说我公司的产品质量不好就是影射我的公司形象。生活在散漫关系文化中的人有一个重要的特征，那就是特别重视面子。在这样的文化中，管理人员应特别注意维护他人的面子，尽量委婉地批评或者暗示，实在要批评时，要讲清楚不是针对个人，而是针对不良业绩本身，否则就很难有效果。

在特定关系导向的文化中，人们认为管理是帮助企业实现目标的重要过程，是一种技术。因此，首先，要为员工制定明确的目标；其次，目标实现了就应该有报酬，所以得制定清晰的报酬与目标之间的换算关系；再次，对所有的工作都应有清晰的、精确的和详尽的指令，倘若含糊，他们会不知所措；又次，管理一定是对事不对人，清楚地将对个人的评价和对业绩的评价彼此分离；最后，工作中的人与人的关系比较冷淡，只专注工作，个人性格特征应该不影响工作中的合作。

在散漫关系导向的文化中，人们更倾向于认为管理是一门艺术，需要在实践过程中不断改善，没有一成不变的管理合同。此外，人与人之间在工作中有联系，在工作之外也应继续保持联系。在判断人的时候，也不仅仅只凭工作表现，而应对这个人各方面的特点、性格、人际关系能力进行综合评价，很难绝对将工作业绩与其他东西分离开对待。同时，在下达工作指令时，不必太精确和周到，有些管理人员还愿意特意给出不明确和模糊的指令，给员工空间去尝试自己理解和操作，让员工去锻炼自己的解读判断能力。太过细节和烦琐的指令会被看成约束人的主观能动性。

第五个维度：注重个人成就与注重社会等级

注重个人成就的文化是指在这种文化中，一个人的社会地位和他人对该人的评价是按照最近取得的成就和业绩记录进行的。注重社会等级的文化则意味着一个人的社会地位和他人的评价是由该人的出生、血缘关系、性别或年龄决定的，或者是由该人的人际关系和教育背景决定的。注重个人成就的文化造就追求个人成就的个体，而且是越不靠别人、不通过其他途径，只通过个人努力取得的成就越值得敬佩。美国是一个典型的注重个人成就的社会。在这个社会中，出身"名门"的人会故意隐去自己的家庭背景去求学、去工作，以便证明自己的工作成就来自个人的努力而与其他背景没有一点关系。相反，在注重社会等级的文化中，人们会千方百计地寻找一切可能的关系或背景为自己增加社会价值，证明自己的重要。这里，人关注的不是自身的努力和成就，而是能够衬托自己的其他因素。

在管理上，在个人成就导向的文化中人们尊重那些有知识和技能的管理人员，不管该管理人员年轻还是年老，是男性还是女性，是科班出身还是没有上过大学，是出身"名门"还是"平民"。同时，按业绩付酬是大家都能接受的原则，而不是按资历、工龄或其他因素。此外，因为尊重成就，而不是权威，所以，员工敢于对管理人员错误的决策提出挑战，从而为取得成就铺平道路。但在社会等级导向的文化中，情况就不同了。除非上级对决策提出挑战，员工一般都不敢发话。他们尊敬那些资历深的管理人员，而不只是有知识和技能的人员。"嘴上没毛办事不牢"、"头发长见识短"就表现出年龄性别在决定人们对一个人尊重程度中的作用。

第六个维度：内部导向与外部导向

这个维度也常被称为人与自然的关系维度，即人应当征服自然、改造自然还是适应自然、听从自然或者宗教神灵的安排，可以用下面几个判断题检验自己的导向性。

(1) 我经常感觉到我无法控制生活中发生的事情。

(2) 我所关心的是我自己所做的工作。

(3) 发生在我身上的事情是我自己所作所为的结果。

认同判断（1）的人一般具有外部导向文化倾向，如果认同判断（2）和（3）的人一般具有内部导向文化倾向。具有外部导向的人关注自己的工作，认为个人的命运掌握在自己手中，人能够依靠个人奋斗而获得成功。因而不太重视环境，认为发生在我身上的事，如我的成功、我的失败都是我自己所作所为的结果。在企业管理中的表现就是把责任归因为自己，作为领导是创造者、控制者，要为企业的失败负全责。而具有内部导向的人则往往把责任归因于机会、命运、环境等不可控因素。作为领导只是协调者，不能为企业失败负全责。具有内部导向文化的企业关注自己的生产，它们致力于销售自己能够制造的东西；具有外部导向文化的企业关注市场的需求，它们致力于制造能够销售出去的东西。其实这两个方面都很重要，在一个企业中，生产研发部门往往具有内部导向文化，而市场销售部门往往具有外部导向文化，作为企业领导者则必须具有协调两种不同观念的能力。具有内部导向文化的领导往往把自己视为企业的塑造者，有责任心，但是不太重视与他人的关系，喜欢发号施令，专断独行，强硬地自上而下推行政策。具有外部导向文化的领导往往把自己视为企业各种关系的协调者，重视与他人的关系，重视发挥集体决策的作用，但是遇事往往有回避责任的倾向。

第七个维度：顺序时间与同步时间

美国人、德国人倾向于把时间看成是线性的，一段时间内做一件事，做完一件事后再做另一件事，一个约会完了之后紧跟下一个约会，每一个约会

第一章 导 论

在事先规定的时间内完成。这种对时间的观点，我们称为顺序时间文化。顺序时间文化中的人们习惯于一次只做一件事，严格地遵循时间表，按顺序处理，通过提高速度来提高效率。这反映到企业管理中来，就形成了美国人首创的福特制流水线这样的管理模式。如果同时给他们安排多项任务，他们会感到非常为难。

而以色列人、意大利人、日本人、中东人等其他一些国家的人则把时间看成是非线性的，一段时间内可以做多件事，不必按部就班有板有眼地按时间表行动，而必须随机应变根据当时的情况及时调整时间安排，不让自己成为时间表的奴隶。这种对时间的观点，我们称为同步时间文化。而同步时间文化中的人们，没有严格的时间表，可以同时做多件事，平行地处理。这反映到企业管理中来，就形成了日本人首创的准时生产制这样的管理模式。

一位做访问学者的教授曾经讲述了他在美国遇到的一些新奇事情，他入学之后学校就发给他一本日历，在日历上一个学期的会议都安排好了，当然国内也有类似的会议安排，但是和国内的日程安排不一样的是这个日历上把会议具体的时间、地点以及讨论的内容都安排好了。还有一次，他路过一个广场，看到很多人在放风筝，没有看到任何人在组织，但是好像所有人都在同一时间一起来，在同一时间一起离开，他很奇怪，就询问了一位参与者，那个人指着边上一块牌子说，早就安排好了，每年的这一天几点几分风筝会开始，几点几分结束。美国人就是如此地遵守他们的时间规定，在企业管理中，也有类似的情况，一个美国经理人的日程往往把未来几个月的安排如商务会议、谈判、出差计划、休假日期以及与别人的午餐约会、晚餐约会等写得一清二楚。这种习惯让中国人感到非常难以理解——怎么可能知道你在半年后的某一天几时几分会有空呢？我怎么可能现在就与你定下半年的一个约会呢？这样的日程安排能够做到吗？就算真能做到的话，岂不是一点自由和灵活性都没有了，有什么意思。

第二章 理论基础

第一节

基本概念分析

一、兵家

关于兵家，历史上有明确的记载，《汉书·艺文志》说："兵家者，盖出古司马之职，王官之武备也。《洪范》八政，八曰师。孔子曰为国者'足食足兵'，'以不教民战，是谓弃之'，明兵之重也。《易》曰'古者弦木为弧，剡木为矢，弧矢之利，以成天下'，其用上矣。后世耀金为刃，割革为甲，器械甚备。下及汤武受命，以师克乱而济百姓，动之以仁义，行之以礼让，《司马法》是其遗事也。自春秋至于战国，出奇设伏，变诈之兵并作。汉兴，张良、韩信序次兵法，凡百八十二家，删取要用，定者三十五家。"从这段话，我们可以知道，兵家是源于上古时代主管军事的官职——司马，兵家关注的军事问题是上古八类政治问题之一，通过以孔子、《易经》为代表的理论讨论和上古时期的征战实践，慢慢形成了一种学术流派，其集大成的代表作就是《司马法》。到了春秋战国时期，兵家有了新的发展，出现了很多流派，这些流派全部统计起来，大约有182家，不过真正有特色的大概有35家。

兵家关注的焦点是军事问题，即国家之间的竞争和战争的胜利，而儒、道、法、墨等家关注的焦点是治国之道，与兵家关注的焦点大相径庭，因此一般不把兵家与儒家、道家、法家等并列。《左传·成公十三年》说，"国之大事，在祀与戎"。"祀"本意是指祭祀，祈天祭祖，神道设教，为政治权力提供了一种不可或缺的合法性基础，并塑造了人民对统治权的认可。刘泽华认为商周时期乃至以后，祖先崇拜一直盛行，祭祀祖先是维护宗法制度和君权不可缺少的东西。因而"祀"既具有政治内容，又具有伦理内容。可见，"祀"实际上是一种政治思想，在古人眼中它代表了国家政治生活。另一件可以与政治相提并论的国家大事就是"戎"，即军事战争，这正是兵家所关注的焦点。先秦时期由于战乱频繁，诸侯国对军事问题的关注远远超过对治国理想的关注，兵家因此而大兴，根据班固对《兵书略》的统计，兵家四派合计53家，789篇，数量相当可观。班固还把兵家划分为四大流派，即兵权谋、兵阴阳、兵形势和兵技巧。但存留至今的著作却非常少，仅以兵形势这一派而言，班固在《汉书》中共列有11部著作，存留至今的只有《尉缭子》一部，其余的都已经亡佚了。现今保存下来的先秦兵书中，代表性的著作不过数家。班固针对兵家的分类主要是依据兵家用兵手段的特点，其实还有很多种分类方法。张连城在其著作《先秦兵法和现代市场经济》一书中根据兵书的政治倾向，把兵家分为三大派，即儒兵家、道兵家和法兵家。本书比较认同这种分类方法，因为任何时代的军事和政治总是交织在一起的，实践中没有脱离政治而独立的军事，故此，军事思想家都是有其政治倾向的，没有无政治色彩的军事家，换言之，也没有无政治倾向的兵家。而在中国古代真正对后世治国之道有巨大而深远影响力的诸子学说，主要就是三派，即儒家、道家和法家。从这个意义上说，根据兵家典籍的政治倾向性把兵家划分为儒兵家、道兵家、法兵家三派是非常合理的。此外，从管理学的视角来看，中国传统管理思想的主体体现为治国之道，儒家、道家和法家在如何对国家这个复杂组织进行管理上存在较大的分歧，这种分歧体现在几个非常关键的管理要素上，即管理的出发点——人性假设，管理的目标以及管理手段等，任何管理实践都离不开对人性的认识、对管理目标的认识以及受这二者巨大影响的管理手段的选择。所以从管理学的角度出发，把兵家分为儒兵家、道兵家和法兵家，也是非常合理的，有利于我们比较分析兵家不同典籍管理思想的特色。因此，本书将根据这种分类方法，分三章来分别讨论道兵家、法兵家和儒兵家的战略管理思想。

　　兵家思想最早可以追溯到上古时期。据《汉书·艺文志》记载，最古老的兵书是上古炎黄时代的《神农兵法一篇》和《黄帝十六篇》，不过这两本兵书早已失传。姜太公可以算是最早的兵家代表人物，钮先钟认为周武王伐纣战争中（公元前1046年左右），作为主帅的姜太公为了打败商纣，先后采取了一系列的行为，如事先在商朝首都埋伏间谍，交战前大声声讨纣王各种罪状以瓦解商朝军队士气，交战时使用声东击西的方法分散敌人的注意力，然后运用战车突击等手段，最终打得商军溃败而逃。司马迁在《史记》中说："后世之言兵，及周之阴谋，皆宗太公本谋。"《六韬》虽然被认为成书于战国后期，但是其中保存了姜太公的一些重要思想。春秋末期（约公元前500年左右），我国古代伟大的军事家和战略家孙武著有《孙子兵法》，是世界上最早和最杰出的战略名著，标志着兵家思想的成熟。孙子之后中国历史进入了战国时期，兵家也进入了全盛时期，各种兵书不断涌现，兵家思想得到了最充分的发展。兵家是先秦时期的子学，后来像儒家一样成为经学，丧失了勃勃生机，从秦汉到近代，虽然有无数兵书出现，但是没有一个能够超过先秦兵家的成就。

就兵家的著作而言，最具有代表性的，莫过于《武经七书》。《武经七书》是北宋朝廷作为官书颁行的兵法丛书，是中国古代第一部军事教科书。它由《孙子兵法》、《吴子兵法》、《六韬》、《司马法》、《三略》、《尉缭子》、《李卫公问对》（又称《唐李问对》）七部著名兵书汇编而成。北宋时期，为适应军事斗争、教学、考选武举的需要，宋神宗于元丰三年（1080年）命令当朝最高学府国子监司业朱服等人组织力量校定、汇编、出版上述七书。武学博士何去非参与了此项工作，他们校定这七部兵书，用了三年多的时间，到元丰六年冬才完成了刊行的准备工作。校定后的这七部兵书被命名为《武经七书》，共25卷。这是北宋朝廷从当时流行的340多部中国古代兵书中挑选出来作为武学经典的。可见，这七部兵书是何等重要。它是中国古代兵书的精华，是中国军事理论殿堂里的瑰宝。《武经七书》颁行后，备受世人关注，为了更好地发挥它在战争、国防、建军、教学中的作用，注家蜂起，先后出现了几十种注释本，其中主要的、有代表性的注释本，有宋朝施子美的《武经七书讲义》，明朝刘寅的《武经七书直解》、黄献臣的《武经开宗》，清朝朱墉的《武经七书汇解》、丁洪章的《武经七书全解》等。这些注释本，对研究、学习《武经七书》起到了积极的作用，《武经七书》颁行后，成为宋代以来军事学校和考选武举的基本教材。此后，中国历代政府对《武经七书》都非常重视，成为军界人士必读的典籍。

本书讨论的兵家思想也主要以《武经七书》中的著作为依据。特别是以《孙子兵法》、《吴子》、《司马法》、《尉缭子》、《六韬》为主要分析对象。因为这五本书基本上覆盖了传统兵家的三大派别：道兵家、法兵家和儒兵家。朱墉在《武经七书汇解》中对这五本书的特点作了这样的评价："《孙子》之诡异奥深，穷幽极渺；《吴子》之醇正简要，恕己近情；《司马》之缜密谨严，详核周至……《尉缭》之敦本勇实，峻法明刑……《太公》之规模阔大，本末兼该。"当然中国除了《武经七书》之外还有很多优秀的兵家著作和思想，诸如明代杰出抗倭将领戚继光的《纪效新书》和《练兵实纪》、李筌编著的《太白阴经》、茅元仪编纂的《武备志》、许洞的《虎钤经》、何去非的《何博士备论》、蔡锷编写的《曾胡治兵语录》等都是兵家的优秀代表,但是相比之下,中国古代最深刻的战略管理思想基本上还是保存在《武经七书》之中,可以说掌握了《武经七书》就掌握了中国传统兵家思想的主体。

正如前述,传统兵家的三大派别:道兵家、法兵家和儒兵家的分类乃是从管理学的角度来划分的。而《武经七书》中五本书基本上覆盖了这三派,那么就这五本书而言,它们各属哪个派别呢?

《孙子兵法》和《六韬》是道兵家的典型代表。道兵家是兵家战略管理思想的主流,它的出现可以追溯到姜太公,不过其大行于世主要在春秋末期和战国时期。道兵家的主要特点是重视权变之术,长于利益分析和谋略,追求获得能够压倒对手的竞争优势。《尉缭子》属于法兵家代表作,法兵家是兵家战略管理思想的一个重要的支流,主要出现在战国中后期。从某种程度上说,秦国统一六国的战略思想基本上来自法兵家,它重视实力的提升,长于把国家管理和军事竞争管理相结合,追求彻底压倒对手,吞并对手。《司马法》(原来叫《军礼司马法》)是儒兵家的代表作。儒兵家是早期兵家——夏商周三代兵学思想的主流,它的战略管理思想和儒家思想具有内在一致性,重视伦理,强调无论是国家管理、军事组织管理还是竞争战略的管理都应该遵循"仁"、"义"、"礼"等伦理原则。从某种意义上说,儒兵家思想就是儒家思想在军事竞争领域的体现。

另外,需要明确的是,儒家、道家、法家等思想本来就是相互融合的。特别是到汉代之后,我国就形成了一种以道家思想为灵魂、融合儒法、阳儒阴法的治国之道,这种治国之道对我国两千多年的封建统治产生了巨大的指导作用,这反映了儒家、道家和法家本身就有很多相通之处。而兵家往往根据军事竞争的需要,对儒家、道家和法家思想进行自己的取舍,因而儒兵家、道兵家和法兵家划分的依据是各部兵家典籍对人性论、管理目标等一些关键管理要素观点上所表现出的一种倾向性,如我们把《司马法》称为儒兵家典籍,是因为它在人性论和管理目标上表现出和儒家基本一致的观点,而绝不是说儒兵家典籍中一定没有和法兵家或者道兵家类似的管理方法和手段。兵家思想家大都是思想开放、重视实用的人,并不存有理论派别之见,而是对各种理论学派的思想兼收并蓄,融会贯通,为己所用。最典型的就是《吴子》的作者吴起,作为一代名将,吴起不仅有着在魏国、楚国多年征战的实践经验,而且他精通儒家和法家思想,他在楚国变法的实践对楚国的影响非常大。但是《吴子》一书中对人性假设、管理目标等管理关键问题上的认识比较倾向儒家,所以本书把《吴子》当成儒兵家代表作,而实际上,《吴子》中和道兵家、法兵家思想很接近的思想非常多。

| 兵家战略管理 |

延伸阅读

兵家代表人物

《孙子兵法》、《吴子》、《司马法》、《六韬》、《尉缭子》五本书是中国传统兵家最重要的典籍，它们的作者分别是：孙武、吴起、司马穰苴、姜太公、尉缭等人。① 下面我们对这五位兵家最重要的代表人物做一个介绍：

（一）兵圣——孙武

孙子姓孙名武，字长卿，春秋末期时齐国乐安（今山东惠民县）人，是《孙子兵法》的作者，有"兵圣"之美称。因为他的才华主要是在吴国施展的，战绩是在吴国创建的，因此也称吴孙子，以区别于后世的孙膑（被称为齐孙子）。孙子的具体生卒年月尚不可考，大致与孔子为同时代人，主要活动在公元前500年前后。

孙子是齐国贵族和名将的后裔。孙武的祖先叫妫完，乃是陈国国君的后裔（陈国在今河南东部和安徽一部分，建都宛丘，今河南淮阳）。后来由于陈国内部发生政变，孙武的直系远祖妫完便携家带口，逃到齐国，投奔齐桓公。齐桓公早就了解陈公子妫完年轻有为，任命他为负责管理百工之事的工正。妫完在齐国定居以后，由姓妫改姓田，故他又被称为田完。田完的第五世孙田书（即孙子的祖父）曾经是齐国大夫，齐国在攻打莒国的一次战争中，田书立了战功。齐景公便把乐安（今山东惠民）封给田书，作为他的采邑。又赐姓孙氏，以示嘉奖。春秋时代，姓是全族的共同称号，而氏只是某一支派的称号，田书这一支即以田为姓，而又以孙为氏的。后来姓氏不分，人们也就把孙子的氏作为他的姓了。

经过几代之后，田氏家族发展为齐国新兴势力的代表，齐景公时，田完的第四代孙田桓子（陈无宇）已是齐国的大夫。他用大斗借粮，小斗收进的办法争取民众，使民众像流水般地归附在田氏门下，从而壮大了自己的力量。公元前532年夏季，田氏联合鲍氏，趁执政的旧贵族栾氏、高氏宴饮方酣的时候，突然包围了他们。经过激战，栾氏、高氏战败，其主要人物栾施、高强两人逃往鲁国。这就是所谓的齐国"四姓之乱"。

这种纵横捭阖的斗争，势必在客观上为孙子提供了洞察统治集团上层斗争的机会，锻炼了他善于应变的机智才能。同时，由于孙子的祖辈都精通军

---

① 当然这五部典籍的作者是否就是这五个人，学术界还存在争议，如《尉缭子》被认为"辞意浅薄"；《吴子》被认为"其论肤浅，自是伪托"，均被怀疑为后人伪托战国时期名人撰写的；《司马法》更是被认定为齐威王手下的一批学者写的。但是这不妨碍它们本身的思想价值。

事，无疑为孙子继承和学习先人的军事思想提供了良好的条件。此外，孙子所在的齐国是历史上大军事家姜子牙的封地，后来又是大政治家、军事家管仲的活动场所，留下了极其丰富的军事思想遗产。齐桓公称霸以后，齐国又一度成为当时中国政治、经济、文化、外交、军事活动的中心，成为豪杰荟萃的地方。这样的社会环境，对孙子研究军事，提供了许多便利条件，使他在青年时代就成为学识渊博的军事人才。

尽管"四姓之乱"中田氏取得了胜利，但是残酷的政治斗争却让孙子等一些家族成员感到厌恶和恐惧，就在"四姓之乱"发生的前后，孙子离开了故土齐国，来到了吴国。在吴国的都城姑苏（今江苏省苏州市）过起了隐居生活，潜心研究兵法。在吴国，孙子结识了伍子胥。据《吴越春秋·阖闾内传》载，伍子胥曾向吴王推荐说，孙子"精通韬略，有鬼神不测之机，天地包藏之妙，自著兵法十三篇，世人莫知其能。诚得此人为将，虽天下莫敌，何论楚哉"！经过伍子胥多次推荐，吴王便让伍子胥拜请孙子出山。

孙子晋见吴王之后，呈上所著兵书十三篇。吴王看后，赞不绝口，于是任命孙子为上将军。公元前506年冬，吴国以孙子、伍子胥为将，出兵伐楚。孙子采取"迂回奔袭、出奇制胜"的战法，溯淮河西上，从淮河平原越过大别山，长驱深入楚境千里，直奔汉水，在柏举（今湖北汉川北）重创楚军。接着五战五胜，一举攻陷楚国国都郢。"柏举之战"后，楚国元气大伤，渐渐走向衰落，而吴国的声威则大振，成为春秋五霸之一。吴国不仅成为南方的强国，而且北方的齐、晋等大国也畏惧吴国。对于孙子的历史功绩，司马迁在《史记·孙子吴起列传》中写道："西破强楚，入郢，北威齐、晋，显名诸侯，孙子与有力也。"孙子在指挥吴国军队战胜楚国之后，就在历史上销声匿迹了，根据冯梦龙的《东周列国志》记载，孙子精通神秘的术数，预知吴国的未来堪忧，就悄然归隐了，临走时还劝告好友伍子胥归隐。

孙子所著的《孙子兵法》今存本十三篇，分别是计、作战、谋攻、形、势、虚实、军争、九变、行军、地形、九地、火攻、用间。全书构成一个完整的体系，前三篇论述的是大战略，第四篇至第六篇论述的是战争艺术，最后几篇则论述与战争战略相关的一些问题。《孙子兵法》在我国流传了两千多年之后，还走出国门，受到世界各国政治家、军事家、管理学家的重视。

（二）兵家亚圣——吴起

吴起（约公元前440~前381年），卫国左氏（今山东省定陶，一说曹县东北）人，战国初期著名的政治改革家和卓越的军事家。吴起是兵家的亚圣，在兵家思想家中的地位之尊崇相当于儒家的孟子。尽管吴起名气不如孙子大，但是历史上对吴起生平的记载比孙子要详细得多。

兵家战略管理

根据《史记·孙子吴起列传》、《儒林列传》等相关历史著作记载，吴起在鲁"尝学于曾子"，至魏又拜子夏为师。吴起学有所成之后，听说魏文侯很贤明，就去拜见他。魏文侯向手下大臣李克打听说："吴起为人如何？"李克说："吴起贪荣名而好色，但是，他用兵司马田穰苴也不能超过他。"于是魏文侯就任命吴起为西河（今陕西合阳一带）的守将，抗拒秦国和韩国。吴起在任西河守时，显示出卓越的军事才能，他尽忠职守，关心下属，深得士卒拥护。同时他还改革魏国的军事体制，建立魏武卒制度，大大增强了魏国军队的战斗力。大约在周威烈王十七年（公元前409）左右，吴起率领魏军攻取秦河西地区的临晋（今陕西大荔东）、元里（今澄城南），并增修此二城。次年，攻秦至郑（今华县），筑洛阴（今大荔南）、合阳（今合阳东南），尽占秦之河西地。在他担任魏国大将时期，他曾与诸侯"大战七十六，全胜六十四"，"辟土四面，拓地千里"。特别是周安王十三年（公元前389年）的阴晋之战，吴起以五万魏军，击败了十倍于己的秦军，成为中国战争史上以少胜多的著名战役，也使魏国成为战国初期强大的诸侯国。

由于吴起在任西河守时取得了巨大的成就，他的威信越来越高。后来，公叔任魏相，他妻子是魏国的公主，公叔心胸狭窄，非常妒忌吴起的威望和才能，便想陷害吴起。他有个仆人对他说："吴起很容易除掉。"公叔说："怎么办？"仆人说："吴起为人有节操，廉洁而重视声誉，你可以先向武侯说：'吴起是个贤明的人，我们魏国属于侯一级的小国，又和强秦接壤，据我看，恐怕吴起不想长期留在魏国。'武侯必然要问：'那怎么办呢？'你就乘机向武侯说：'君侯可以把一位公主许配给吴起，他如果愿意留在魏国就必定欣然接受，如果不愿意留在魏国就必然辞谢。以此就可以探测他的想法了。'然后你再亲自把吴起邀到你的府上，使公主故意发怒而轻慢你。吴起看见公主那样轻贱你，他想到自己也会被轻贱，就会辞而不受。"于是照计行事，吴起果然看见公主轻慢魏相就辞谢了武侯的提亲。武侯因而对吴起有所怀疑而不信任他了。吴起害怕武侯降罪，于是离开魏国到楚国去了。

当时的楚国已经不再是楚庄王时代一鸣惊人的楚国，不但没有了称霸的能力，而且因为战祸与灾荒变得民不聊生、饿殍遍野，以致楚声王竟至为"盗"所杀。楚悼王即位之后力图改变这种情况，他平素就听说吴起的大名，因此，吴起一来就马上任命他为宛（今河南南阳）守，一年后擢升令尹（相当于宰相），主持变法图强，吴起制定了非常严明的法纪，撤去不急需的官吏，废除了较疏远的公族，把节省下的钱粮用以供养战士。主要目的是加强军队，破除纵横捭阖的游说。于是南面平定了百越；北面兼并了陈国和蔡国，并击退了韩、赵、魏国的扩张;向西征伐了秦国。因此诸侯都害怕楚国的强大。然而在变法过程中利益受损的楚国贵族却都想谋害吴起。后来楚悼王死了,吴起从前线回来给楚王奔丧,楚国贵族们发动叛乱而追杀吴起,吴起跑到楚悼王的尸体旁伏在尸体上,意在以此作为挡箭牌或者可使作乱者有所顾忌。但追杀吴起的楚贵族已经失去了理智,还是不顾一切地射杀了吴起,箭也射到了悼王的身上。悼王葬后,太子(楚肃王臧)即位,就派令尹(楚国的最高军政官员)全部诛杀了因射刺吴起而同时射刺中了悼王尸体的人。由于射刺吴起被诛灭宗族的有七十多家。吴起变法而死,他个人的政治事业虽然遭到了彻底的失败,但新法却在楚国激起了巨大波澜,使这个国家的政治经济生活发生了巨变。

至今在陕西省延安市的西北部,还有一个叫吴起镇的地方,就是因吴起曾在此驻兵戍边而得名。

(三)儒兵家代表——司马穰苴

司马穰苴,春秋时期齐国人,生卒年不详,姓田,名穰苴,是齐景公时掌管军事的大司马,所以后人称他为司马穰苴。他和兵圣孙武都是田完的后代,论辈分田穰苴要算孙武的族叔。

齐景公时,齐国衰弱,晋国、燕国等国的军队都来侵袭齐国,齐军屡屡败退,齐景公深为忧虑。相国晏婴便向齐景公推荐了田穰苴。晏婴对齐景公说:"穰苴长于谋略、熟知兵法,文能服众,武能威敌。"齐景公遂拜他为大将,命他率军抵御晋国和燕国的军队。齐景公还派自己的亲信大夫庄贾去担任监军。田穰苴对庄贾说:"明天就要点兵出发,请监军中午准时在军营会齐。"然而庄贾是齐景公的宠臣,一贯骄傲自大,根本没把集合报到的命令和田穰苴放在眼里,只顾与为他送行的同僚、亲友饮酒行乐。直到第二天黄昏,庄贾才到。穰苴召来军法官问道:"按军法误了规定时限而迟到的,该怎么处治?"军法官说:"应该斩首。"庄贾害怕了,急忙派人飞马急报齐景公,请景公救他。他派去的人还未回来,穰苴就把庄贾斩了,在全军中示众。全军将士都大为惊惧。过了些时候,齐景公派的使者拿着符节来赦庄贾。由于事急,齐景公使臣竟驱车直入军中,田穰苴高声问军法官:"在军营里驾车横冲直撞的,应当如何处治?"回答:"当斩。"来使大惧,恳求饶命。田穰苴说:"既是国君派来的使者,可以不杀,但必须执行军纪。"于是命令军士把车拆了,把马砍了,以示三军。

田穰苴整军之后,齐军面貌立刻改观,成了纪律严明、军容整肃、令行禁止、悉听约束的能战之师。然后他立即率师出发,奔赴前线。在军旅中,他对士卒们的休息、宿营、掘井、修灶、饮食、疾病、医药,都亲自过问和安抚，把供给将军的全部费用和粮食，都用以犒赏士卒，自己与士卒吃一样的伙食，对体弱的士卒特别亲近，很快就取得了将士们的信任。

到达前线后，田穰苴部署军队，准备迎战时，士卒都争着奋勇参战。晋军得知这个消息，就撤兵走了。燕军得知这个消息，也回渡黄河而取消了攻齐计划。田穰苴率齐军乘势追击，歼灭部分敌军，全部收复了已失去的齐国城邑和土地。齐景公和诸大夫都到城郊迎接，举行慰劳部队的仪式。随后接见田穰苴，提升为掌管全国军事的大司马，故此，田穰苴也被称为司马穰苴，田氏家族在齐国也日益受到尊敬。以后，齐国大夫鲍氏、高氏、国氏之辈嫉妒田氏兴盛，于是设计陷害穰苴，在齐景公那里进谗言，景公就罢了穰苴的官。穰苴离职后一心撰写兵书战策，不久病发而死。田氏家族的人等由此怨恨高氏、国氏等家族，同时也对齐国国君失去了忠诚之心。后来，田氏家族的后人田常杀了简公，尽灭高氏、国氏家族，直到田和自立为齐君，建立田齐政权，取代姜齐成为齐国的新主人。

田穰苴著有《司马法》一书，但是该书的产生却可以追溯到周朝初期。据《史记·司马穰苴列传》记载："齐威王使大夫追论古者司马兵法而附穰苴于其中，因号曰《司马穰苴兵法》。"可见，《司马法》并非田穰苴一人所著，而是有一个漫长的形成过程。《司马法》最早是周朝时期的王官兵学，它向上秉承了夏朝、商朝的一些军事管理思想，向下流传到春秋时期，成为兵家各个思想家思想的源头活水。

田穰苴对古《司马法》做了深入研究并有所发展，大约到了战国初期一批齐国学者对《司马法》做了大量的整理工作，编成《司马法》一百五十五篇。不过非常可惜，现在的《司马法》仅有五篇，大多数内容都散失不见了。然而就残存的五篇来说，其内容也是博大精深，思想丰富。它代表了传统兵法中与《孙子兵法》完全不同的一个学派，这个学派秉承先秦儒家的治国理想，追求和谐与和平，坚决反对侵略战争，主张以礼治军，高度重视竞争伦理，这对于当代企业管理，具有非常深刻的指导和借鉴意义。

（四）道兵家代表——姜太公

姜太公，姜姓，吕氏，名望，字子牙，号飞熊，也称吕尚或姜尚。商朝末年人东海上人士（现今河南许昌，另一说法是安徽临泉姜寨）。据说，姜太公的始祖四岳伯益佐大禹治水有功而被封于吕地，因此得名吕氏。姜太公一生为周文王、武王、成王、康王四代太师，因功劳巨大被封为齐王。根据史学界考证，姜太公生于公元前1128年，公元前1015年，即周康王六年，卒于周首都镐京，寿113岁，可谓福寿双全。

在唐宋以前，姜太公就被历代皇帝封为武圣，唐肃宗封姜太公为武成王，宋真宗时，又封姜太公为昭烈武成王。到了元朝时期，民间对姜太公增加了一些神话传说。到明代万历年间，许仲琳创作了《封神演义》小说，从此，姜太公由人变成了神，并且为民间广为信奉。姜太公被尊为兵家宗师、武圣，可以说是当之无愧，因为中国古代的兵法、兵书、战策、战术等一整套的军事理论学说，就其最早起源、形成体系、构成学说来说，都始于齐国，源自姜太公。可以说，没有姜太公及其所建立的齐国兵家，就不会有如此博大精深、理论完整、源远流长、绵延不断、影响巨大的中国兵家理论学说。

姜太公的生平大约可以分为辅佐周文王、周武王和封齐、治齐两个阶段。

周国从古公亶父起，就盼望能得到一位武能安邦、文能治国的贤才，来辅助周国实现灭殷兴周的任务，所以名太公为"太公望"，到武王执政时，又以"师尚父"相称，尊宠权贵无以复加。文王所命太公之"师"即"太师"，是西周王朝"三公"中的最高长官，既主军，也问政。时有"天下三分，其二归周者，太公之谋计居多"之言，足见太公在周朝中的地位之重。武王灭商之后，实行了分封诸侯，把周王室的兄弟子侄、同姓贵族、异姓亲戚和元老忠臣封往各地，建立一些诸侯国，去统治新占领的地区，充当周朝的屏障，即所谓"封建亲戚，以藩屏周"。由于姜太公是周王朝的开国元勋，因此被封到齐地。

《史记·齐太公世家》记载了太公封齐就国的情形，姜尚东行就国，到了封国正好遇到莱侯攻打，与太公争营丘，企图阻止周朝势力向东扩张。双方经过几次激烈的争夺战，太公终于战胜了莱侯，在齐国都城营丘安置下来，并控制了山东北部的大片地区。太公在齐国，一切属于草创。他兴修水利，整治河道；垦辟田地，视察土地肥瘠情况；因地制宜，劝导农民种植各种不同的农作物，劝导女工种植桑蚕。因齐国北面临大海，指导人民从事捕鱼和晒盐，并考察民间风俗、礼教，兴办教育，移风易俗。取缔苛捐杂税和一切繁文缛节，凡有利于人民的福利事业，都用政府的力量来倡导施行。实行"因其俗，简其礼；通商工之业，兴渔盐之力"的治国政策。齐国的统治阶级只要从工商业者那里收取微薄的税收，就足以应付政府的日常开销了。姜太公在齐国实行的这套政策，使齐国的工农业都有了很大的发展。昔日方圆百里人烟稀少的贫瘠之地，成为各诸侯国人民都向往的富裕地区。

姜太公所著的《六韬》向以"规模阔大，本末兼该"著称，其体系之完整，内容之丰富，均为古代兵书所少见。司马迁在《史记》中说："后世之言兵，及周之阴谋，皆宗太公本谋。"《六韬》在军事思想、政治思想和哲学思想等许多方面都有不少创见。它以周文王、周武王与姜太公对话的形式全面地论述了治国、治军和军事战略问题。中国古今著名的军事家孙武、鬼谷子、黄石公、诸葛亮等都学习吸收了太公《六韬》的精华，太公的文韬武略被当今世界上的政治、经济、管理、军事、科技等各个领域所借鉴。

（五）法兵家代表——尉缭

尉缭，生卒年不详，根据一些学者的观点，历史上可能有两个尉缭。一个是战国中期魏国大梁（今河南开封）人。据说他是鬼谷子的学生，学成后曾经游说魏王，没有得到重用，过着隐士的生活，因此，历史上对其生平少有记载。

另一个是战国末期人，秦王政十年（公元前237年）入秦游说，被任为国尉，因称尉缭。这个尉缭，据说是李斯的好朋友，秦王杀死韩非子之后，有些后悔杀死了难得的人才，于是李斯就推荐尉缭给秦王。秦始皇请教他怎样能统一天下。尉缭说："如今几乎各国都有掌握大权的豪臣，这些人当中很多不忠于国家，霸占公家的土地，贪得无厌，可以派遣大批谍深入六国，以重金收买各国腐败的'豪臣'，扰乱六国原定的攻秦战略。只要舍得多花金钱，就可以搞垮各个诸侯国了。"尉缭又把他的门生王敖推荐给秦始皇，让王敖到各国去从事间谍工作，瓦解六国的军事政治实力。如赵国的名将廉颇和李牧与秦军作战很少受挫，但最后都是在这种看不见的战场上被打败的。①

有人认为两个尉缭是同一个人，这种可能性非常小，因为两个尉缭出现的年代相差比较远，因为魏国的尉缭见过梁惠王，而梁惠王死于公元前319年，尉缭不可能小于20岁就能去游说梁惠王，若是尉缭在30岁左右见快要死的梁惠王倒是比较合理，而秦国的尉缭见秦王政乃是公元前237年，中间相差82年，也就是说，如果二者是同一个人，那么尉缭见秦王时年龄至少超过102岁，而更为合理的推算应该超过112岁，这种可能性实在太小了。

二、战略

（一）战略思想的产生与战略概念的提出

一种思想的产生离不开人类的某种实践行为。战略思想产生于人类的军事

---

① 根据《东周列国志》记载，尉缭请秦始皇派兵攻打魏国，魏国连忙向赵国求救，赵国派去的救兵又被秦兵打败，赵王就想请闲居在大梁的廉颇领兵。这时尉缭的门生王敖已给郭开大量金钱收买了他，于是郭开就买通赵王派去探视廉颇的宦官唐玖，要求他向赵王反映廉颇身体不好，不堪重用。唐玖回来说："廉将军饭量很好，只是坐了一会儿，就拉了三次屎。"一句话打消了赵王重用廉颇的念头。而被赵国倚为长城的另一名将李牧，也是被尉缭门生王敖买通郭开而被杀的。史称秦王给赵王宠臣郭开许多金银，让他用反间计，诬称李牧、司马尚暗结秦国，欲谋反叛，结果赵王中计，杀了李牧，废弃司马尚。于是，王敖兴冲冲地向秦始皇汇报："5万金子还剩下4万，我拿1万金子收买郭开，收买一个郭开就能了结赵国。"果然李牧死后不久，赵国就被秦国灭亡了。

实践，由于不同的社会群体通常会有不同的利益，因此它们之间的互动常常表现为冲突与战争。有战争，人们就会设想如何谋取胜利。这样，战略思想就出现了。可见，战略思想是伴随着战争的产生而出现的，可以追溯到远古时期的部落战争。有确切文字资料记录的战略思想出现在公元前1046年左右，我国古代周武王伐纣时期。当时人们已经有了很丰富的战略思想。春秋末期（公元前500年左右）出现的《孙子兵法》，集我国古代战略思想之大成，是世界上最早和最杰出的战略理论名著，为世界各国战略界所推崇。《孙子兵法》中所提出的一系列战略理论原则，至今仍保持着不朽的生命力。

在西方文明发展的历程中，政治、经济、文化较发达的地中海地区最先出现了战略思想，其产生时间大约和《孙子兵法》出现时间差不多。当时这一地区先后发生了一系列重大战争，如希波战争（公元前500~前449年）、伯罗奔尼撒战争（公元前431~前404年）和两次布匿战争（公元前264~前241年、公元前218~前202年）等，在这些战争中不仅产生了许多著名的军事家，并且出现了一系列西方历史上有文字资料记载的战略思想。其中最具代表性的是修昔底德的《伯罗奔尼撒战争史》。修昔底德亲身经历了以雅典和斯巴达为首的两个同盟间的竞争、冲突与战争。在《伯罗奔尼撒战争史》一书中，他提出了一套较完整的战略思想，特别描述了雅典和斯巴达之间的对外战略，以及在这两个强国支配下的其他国家的战略。这些战略包括大国追求的帝国战略或优势战略以及小国的结盟战略，也包括陆军的战略和海军的战略。

一个概念的提出往往是在一种思想观念达到一定程度之后的产物，而且概念的内涵会随着时间的推移而发生变迁。战略概念的出现比战略思想的出现要晚得多，中文"战略"一词最早出现在西晋时期司马彪所著的《战略》一书中，指的是"作战的谋略"，在我国古代它不是常用词，人们常常用韬略、谋略等词来表示相同的或相近的含义。战略一词对应的英文单词Strategy，其语根出于希腊语，希腊语中有"Stratos"一词，意为军队。从这个词根衍生出"Strategos"，意为将军或领袖，以及"Strategeia"，意思是战役或将道（Generalship）。公元578年，东罗马皇帝莫里斯曾编了一本书，名为"Strategicon"，即"用兵之道"之意，总结当时的战争经验教训，用来教育他的高级将领。1770年，法国人梅齐乐在翻译莫里斯的 *Strategicon* 一书时，根据其书名创造出"Strategy"一词，并于1777年在自己所著的《战争理论》一书中首次使用。这即为英文中"Strategy"一词的起源。英语"Strategy"何时被翻译成汉语"战略"，学术界尚存在着争论。一般认为可能是在19世纪末，日本人首先将英语"Strategy"一词翻译成汉语"战略"，后由中国留日学生传回国内。从此"战略"就成为英语"Strategy"一词的主要含义之一，不过"Strategy"也可以译为策略，如在我国台湾等地区"Strategic Management"常常被译为策略管理。

（二）战略概念的拓展与战略思想的演变

战略概念产生之后其内涵就不断发展演变，总体而言，其内涵演变呈现出不断丰富、不断向其他领域渗透和拓展的趋势。

1. 战略概念在军事领域的拓展

战略思想产生与发展的初期，战略和军事战略是同义词，指为了军事上的胜利而对战术进行的规划。军事战略思想的演变与发展大致可以分为三个阶段。第一个阶段是军事战略思想的萌芽期，这时人们尚未对战略的概念和战术的概念做出区分，战略作为"作战的谋略"、"为将之道"，主要是指当时空间范围较小的军事斗争。在西方战略思想史上，这个阶段比较长，一直延续到18世纪。而在我国则难以考证，因为我国有记录的军事战略思想出现之初就不局限于军事领域，而是和政治、伦理道德紧密联系在一起，并且这种思想观念延续几千年，直到今天仍然有重要影响。第二个阶段是军事战略思想的形成期，战略概念从战斗范畴扩展到战争全局范畴。18世纪末到19世纪，西方出现的近代工业和资本主义经济的发展使得战争的物质基础强大，导致军事行动规模不断扩大，同时欧洲大陆发生的拿破仑战争使得人们开始重新审视战略的意义。军事战略概念的内涵和外延出现了全新的变化。海因里希·迪特里希·比洛首先将战略与战术作了区分，认为战术是战略的补充并从属于战略，并第一次对战略进行了界定，"战略是关于在视界与火炮射程以外进行军事行动的科学"。此后，若米尼和克劳塞维茨分别对战略也作了界定。若米尼指出，"战略是在战场上巧妙指挥大军的艺术。凡涉及整个战争区的问题，均属战略范畴"。克劳塞维茨提出"战略就是把一支军队的最大部分兵力集中到战争或作战地区的最重要点上去的一种艺术"。日本著名战略家小山内宏认为战略就是为了达到战争和军事作战的目的，高瞻远瞩地执行战争计划，大规模运用军事力量的方针和策略。所谓战术，就是"达到战略目的的手段，在战场上指挥军队的计谋"。第三个阶段是"一战"特别是"二战"后至今的现代军事战略时期。军事战略的概念逐渐冲破军事领域开始向政治等领域扩展，军事战略开始和国家战略紧密联系起来。

2. 战略概念向政治领域拓展——国家层面的战略：大战略思想

随着对战争认识的深入，人们发现军事因素总是与各种非军事因素相互交织在一起，单纯地从军事角度来考虑战略问题，并不能有效地达成目标。这促使人们开始深入地思考战略问题，最终导致人们对战略许多原有看法的改变。在我国战略思想史上,人们早就注意到了政治与军事的关系,周武王发动伐纣战争主要就是出于政治上的考虑,而并非认为己方拥有绝对的军事优势。周武王认为纣王政治腐败,人民与统治者已经离心离德,故此有战胜纣王的基础。战国时期著名军事家吴起所著的《吴子》一书中,政治和军事更是被紧密地结合在一起,他提出要发动对外战争,必须先"内修文德,外治武备"。马基雅维里是西方第一个跳出军事领域思考战略问题的人,他主张深入探索政治权力与军事权力之间的互相依赖关系,从而发现普遍原则以解释个别现象。他从制度和利益上研究军队的力量问题,提出只要有利于实现目标,任何手段都是允许的。他的"独立的研究政治的主张"使"政治的理论摆脱了道德",这一点为战略研究确立了政治基础。著名的战略家克劳塞维茨认为,战略是政治性的,"战争只不过是政治交往的一部分,而绝不是什么独立的东西。战争是政治的工具;战争必不可免地具有政治的特性,它必须用政治的尺度来加以衡量。因此战争就其主要方面来说就是政治本身"。政治和军事的结合最终导致了"大战略"(Grand Strategy)概念的出现。大战略是英国战略学家利德尔·哈特在其1929年出版的《历史上的决定性战争》一书中提出的。他首先指出"战略所研究的,不只限于兵力的调动",而"是一种分配和运用军事工具以达到政治目的的艺术"。他是第一次直接用军事与政治之间的手段和目的关系来界定战略的,并提出了"大战略"概念,对现代战略概念的发展影响巨大。

大战略概念的出现反映出工业革命给战争技术带来的巨大变革。大战略的目标追求国家其他方面的目标的扩展。关于大战略的理论目前主要有三个学派:

一是军事论学派。该派理论强调国家运用政治、经济、心理、外交和军事手段的目的是夺取战争的胜利。

二是国家安全论学派。该学派强调国家运用政治、经济、外交和军事等手段实现国家的目标不仅仅是赢得战争胜利,还应该扩展到包括战争胜利在内的国家安全。该派学者实质上将大战略等同于国家安全战略。

三是国家战略论学派。该学派认为大战略的目标不仅应包括实现国家安全,还有其他目标,如国家发展、获取国家竞争优势等。1964年版的美国《美利坚百科全书》认为,大战略"在一般意义上指在平时与战时,为获得对国家政策的最大限度支持,发展并运用国家的政治、经济、精神和军事力量的艺术和科学"。一般而言,战略概念向大战略概念的拓展,使得人们认识到军事手段是实现战略目标的一种手段,除此之外,还有政治、经济、精神或心理等方面的手段。并且军事手段不一定是实现战略目标首选的手段。本书同意第三种关于大战略的观点，大战略是指国家综合运用政治、经济、外交、军事以及其他手段来实现国家目标进行的规划等，大战略不仅包括一个国家的对外政策，还包括国家的内部安全政策。其要实现的目标不仅是国家安全，还有国家发展。从大战略的内容看，它主要应当由外交战略、国家安全战略、国家发展战略等多个方面的子战略组成。

3. 战略概念向经济管理领域拓展——企业层面的战略：企业战略思想

大战略出现后，战略概念的外延进一步扩大。1938 年，美国经济学家切斯特·巴纳德在《经营者的职能》一书中，首次把战略的概念引入经济管理领域，并对影响企业发展的各种因素及其相互关系进行了分析。1962 年，钱德勒在《战略与结构——美国工业企业史的考证》一书中，提出了一个著名的观点："企业战略应当适应环境变化，而组织结构又必须随企业战略的发展变化而变化"。此后企业战略研究成为战略理论的一个新热点。企业战略从产生到现在只有短短几十年，但是已经出现了众多流派和多种研究范式。按照时间顺序，大致可以划分为四大主流学派。

第一个主流学派是 20 世纪 60 年代出现的战略规划学派。这个学派的理论基础主要由安德鲁斯、安索夫、安东尼等人奠定。他们对企业战略的概念、战略规划的方法、基本战略的模式等问题进行了十分有益的探索，他们所提出的环境、战略与结构的基本范式被称为三安范式。目前，战略管理学术界遵循三安范式的研究一般都归为战略规划学派，战略分析中的著名的 SWOT 分析工具就是这一学派研究的成果。

第二个主流学派是 70 年代出现的环境适应学派。三安范式是以未来可预测为前提的，70 年代以来的石油危机带来的经济环境的剧烈动荡动摇了企业组织对战略规划的信仰。这导致以环境不确定性为基础的"环境适应学派"应运而生，这一学派强调"战略的动态变化"，即最合适的战略制定与决策过程依赖于环境波动的程度。他们认为战略是意外的产物，是企业应对环境变化所采取的应急对策的总结。战略成功的本质在于战略的适应性。

第三个主流学派是 80 年代的产业组织和竞争战略学派。这个学派以梅森（E. S. Mason）、贝恩、波特（M. Porter）等人为代表，其核心思想是：企业战略必须与其环境相联系，而行业则是企业经营的最直接环境，每个行业的结构又决定了企业竞争的范围，从而决定了企业潜在的利润水平。企业战略的核心是获得竞争优势，而决定竞争优势的因素有两个：一是行业的盈利能力；二是企业在行业中的地位。

第四个主流学派是 90 年代出现的资源基础理论与核心能力理论学派。以普拉哈拉德（C. K. Prahalad）和哈默尔（G. Hamel）为代表，其核心思想是：获得可持续竞争优势的方法就是具有比竞争对手更好的学习能力。该理论认为企业的所有资源和能力都有潜力成为企业持续竞争优势的基础，但只有当企业资源和能力是珍贵的、稀有的、难以模仿的和不可替代的时候，这种潜力才有可能成为现实；当资源和能力能增加企业外部环境中的机会或减少威胁时，这种资源和能力才是有价值的。以资源为基础的核心竞争力理论的出现，标志着企业战略研究的重心已经从对短期的、外在的竞争优势的追求，转向对持久的、内在的竞争优势的追求；已经由产业和产品的竞争，转向为创造未来而竞争。

近几十年来，战略概念外延不断向其他领域拓展，出现了各种各样的战略概念。战略概念不但不局限于军事领域和国家政治外交领域，也不局限于企业领域。战略延伸到学校、政府管理部门、各种组织机构，如教育发展战略、水资源管理战略、城市发展战略、区域一体化战略等各种新词不断出现。

战略概念的拓展主要有三个层面：

（1）突破了组织竞争领域，泛指对组织各种行为的整体性、长远性、基本性谋划的概念，如中国经济发展战略、某些城市或地区经济发展战略、某些行业或产业发展战略、某些地区招商引资战略等，就是对这个层面战略含义的具体运用。

（2）突破了对组织某种行为的整体性、长远性、基本性谋划的概念，而是指谋划出来的某个重要结论。如我国提出的"科教兴国"战略、"可持续发展战略"、"走出去"战略、"城镇化"战略、"西部地区大开发"战略、"人才"战略以及许多企业提出的这个战略、那个战略，就是对这个层面战略含义的具体运用。

（3）突破了战略概念对组织的依赖性，泛指对任何事物的整体性、基本性的谋划，可以称之为泛战略。比如把战略的概念用来表示对个人人生整体性和基本性的谋划，即人生战略。不过人生战略出现得比较早，只不过人们一直不用战略的眼光去审视它而已，儒家提出的"修己安人、内圣外王"观念就是一种人生战略。这样从广义的战略概念出发，我们可以把战略分为四类：军事战略、国家战略、企业战略和泛战略。

军事战略、国家战略、企业战略和泛战略在战略的目标、主体、性质和使用的手段等多个方面存在着不同，它们的区别见表 2-1：

表 2-1　战略的区别

	企业战略	国家战略	军事战略	泛战略，以人生战略为例
战略目标和内容	实现企业使命、获得利润和各利益相关者的认同	发展壮大自己，追求政治、经济、文化等多方面的目标，使得国家认同自己的主导地位	消灭敌人或使敌人屈服，生死存亡的竞争，实现称霸或统一的目标	提高自己的能力、素质和政治、经济地位等，建功立业，实现自己设立的人生目标
战略主体	企业组织	国家组织	军事组织	个人
战略手段	经济管理手段	政治、经济、文化、外交等多种手段	军事手段，暴力、威胁、间谍等手段	学习与实践，培养智商、情商等
战略性质	竞争与合作共存，非对抗性，遵守商业伦理、市场规则	竞争与合作共存，一般对抗性较弱，遵守国际条约和法律	对抗性竞争，破坏性极大，为了胜利可以不择手段	可以不具有竞争性，遵守社会公德

三、战略的本质与战略管理研究的基本框架

我们说过，概念产生之后其内涵会不断发展演变。总体而言，战略的内涵演变呈现出不断丰富、不断向其他领域渗透和拓展的趋势。由于战略的概念外延不断地扩张，人们对战略本质的理解可谓是仁者见仁、智者见智，特别是在国家战略层面、企业战略和泛战略层面，人们有着各式各样的定义，至今没有统一的意见。如对于什么是企业战略，一些学者认为：战略是设立企业长远目标、制定经营方针及资源分配等的经营决策。另一些学者认为：战略是对企业长远目标、经营方针、所需资源分配的规划。还有的学者认为：战略是针对产品与市场有效组合，实现经营环境、战略方向、管理组织相协调的策略。对于国家战略的认识有三个流派，而对于泛战略的研究更是处于起步阶段，找不到权威的或者是有较大影响的界定。

不过在全面分析了战略概念的拓展过程和战略思想的发展历程后，我们可以尝试站在一个更高的层次来研究战略的本质，并归纳战略研究的基本框架。

1. 战略具有三大要素

无论是军事战略、国家战略、企业战略还是泛战略，战略都离不开三个要素，即组织（个人也可以视为一种最简单的组织）、环境、目标。战略来自对

这三者之间关系的一种认识和规划。而战略管理就是对这三者关系的一种分析、决策与处理的动态管理过程。

2. 战略具有不同的层次

对于组织如何发展壮大、如何获取成功的总体上的规划称为总体战略或发展战略，也即是战略管理理论中的公司层战略。对于组织如何适应环境、如何处理与竞争对手的关系的定位和策略称为竞争战略，也即是战略管理理论中的业务层战略。在军事组织中，总体战略指的是军事战争，实际上它直接和国家战略相联系，是国家战略的一部分，其目标是实现国家政权组织的长远利益。竞争战略则主要关心的是如何获取一场或者若干场相关战役的胜利，这就是早期的军事战略概念的内涵，有时也被称为战术。从广义的战略概念角度来说，战略必然包含战术。战略和战术是相对的，组织高层的战术往往就是其下属基层的战略。在国家组织中总体战略即是大战略。竞争战略则是对外政治、经济的政策。企业组织中总体战略就是公司层战略，竞争战略则是业务层战略。对于泛战略来说，由于其战略主体的多样性，比较复杂，以人生战略为例，对于个人来说，总体战略是一个人对自己一生的规划和定位。竞争战略则是一个人为人处世所采取的方式。

3. 战略的内涵是多维的

战略大师明茨伯格为了全面地解析企业战略的内涵，曾特意建立了一个5P模型，他认为战略有计划（Plan）、模式（Pattern）、计谋（Ploy）、定位（Position）、观念（Perspective）五个方面的内涵。我们尝试把5P模型扩展到所有战略概念延伸的领域。

首先，从实践操作的视角来看，战略是计划（Plan），战略应该体现为组织制定的计划、规划或者类似计划的方向指南等，强调组织领导要有意识地进行领导，凡事谋划在先，行事在后。

其次，从理论研究的视角来看，战略的本质形态是一种观念（Perspective），以及在这种观念指导下形成的一种行为模式（Pattern），即一个组织的基本理念和组织长期行动的一致性。强调战略过程的集体意识，要求组织成员共享战略观念，形成一致的行动。

再次，从竞争战略（或业务战略）的层次来看，战略是计谋（Ploy），强调战略是为威胁或击败对手而采取的一种手段，重在达成预期竞争的目的。

最后，从发展战略（或公司战略）的层次来看，战略是定位（Position），即组织在环境中的定位，强调组织要适应外部环境，充分利用环境中的机会来发展自己，最终实现组织的目标。

对于战略的研究可以概括为对两个基本问题的回答，即"做什么"和

"如何做"。"做什么"是对战略内容的研究，即战略要解决什么问题；"如何做"是对战略过程的研究，即具体用什么方法去解决问题。① 实际上，"做什么"这个问题背后还隐含着一个问题即"凭什么做"；"如何做"这个问题背后还隐含着一个问题即"如何保持"。"凭什么做"包含了组织实现战略目标应当具有特定的资源、能力和运用资源、发挥能力的人群的意义；"如何保持"强调组织应当更有远见，包含了组织应当把建立可持续竞争优势，建立一个长盛不衰的组织作为自己的最高战略目标的意思。这四个问题也正是战略管理理论要解决的基本问题。

对战略内容的研究主要是回答战略第一个基本问题，即"做什么"。在总体战略层面，它要解决如何选择组织发展的路径，组织要具备何种资源和能力才能顺利地沿着路径发展达到目标这样几个问题。在竞争战略层面，它主要解决组织面对外部竞争时如何制定竞争对策的问题。在这个层面战略主要表现为一种定位和策略。对战略过程的研究主要是回答战略第二个基本问题，即"如何做"。在总体战略层面，它主要讨论具体采取什么样的管理行为推动组织成长与培养组织的能力。在这个层面战略是一个管理过程。在竞争战略层面，它主要讨论组织在参与外部竞争过程中，如何把握竞合互动关系，采取什么样的行为来战胜对手。在这个层面战略是一个博弈过程。对组织战略内容和过程的研究，对组织总体战略和竞争战略的研究都指向组织的战略目标。它们都以能够更有效地实现组织的目标为自己的根本宗旨。一般而言，在战略管理过程中，总体战略指导和制约着竞争战略，而竞争战略又影响着总体战略。

第二节

战略管理概念的跨文化拓展

兵家典籍中没有现代意义上的管理和战略管理词汇，然而却有相似的行动

---

① 有的学者认为，把战略研究区分为战略内容的研究和战略过程的研究是混淆了战略和战略管理两个概念。本书对此观点不敢苟同。战略管理是一个过程，基本上为学术界所公认，但这是否说明战略过程就等于战略管理呢？其实不然，仔细分析我们会发现在战略制定的过程中，我们要考虑制定战略需要分析哪些因素，这就是战略的内容层面的问题；而我们具体如何分析这些因素，选用何种工具进行分析，这就是战略的过程层面的分析。在战略实施过程中，我们要考虑实施战略需要解决哪些问题，这就是战略的内容层面的问题；具体如何解决这些问题，使用什么方法解决，这就是战略的过程层面的问题。可见在战略制定过程和战略实施过程中，对战略的内容和过程的研究都是存在的。战略管理包含对战略内容和过程全面地管理。因此战略过程并不等于战略管理。战略过程的概念是一种从战略研究的视角提出的概念，而战略管理是一种随着管理理论与管理实践发展而提出的概念。

和成就。以《孙子兵法》为代表的兵家思想，其表述方式和它所表达的思想融为一体，对军事战略决策有着极强的指导意义，这已经为千百年的军事战争历史经验所证明。并且近几十年的东方企业战略管理实践也证明了兵家思想在时空上具有极强的适应性和拓展性，完全可以运用到企业管理中去。但兵家思想并非乎某种组织的管理，与基于现代企业组织的战略管理不同，无法用西方科学中的概念、命题、判断等解释体系去分析，只能从自身的表述语言中去理解和解释。兵家对管理和战略管理的理解与其独特的观念系统及其表达方式是一致的。这个观念系统就是人们的世界观、价值观，以及人们对世界的体验和思维表达方式。兵家思想作为一种知识体系，具有非现代科学体系的一些重要特征。

第一，兵家思想中的许多内容难以用语言概念和理论范畴来确指和表现。如形势、虚实、轻重、仁义等。

第二，兵家思想中的一些重要命题，往往缺乏严格的科学论证，而是用直觉体悟的方式，并借类比外推、比喻象征的方法，以求得某种合理的诠释。如《六韬》中从商纣因失去人心而失去天下的历史教训中而悟出"天下非一人之天下，乃天下之天下也。同天下之利者，则得天下；擅天下之利者，则失天下"的观点。《孙膑兵法》使用类比的方法而得出战胜敌人在于士兵、将领和君王之间有效配合的道理，即"矢，卒也。弩，将也。发者，主也。矢，金在前，羽在后，故犀而善走"。

第三，兵家思想各个组成部分之间经常缺少现代科学知识体系中所具有的逻辑关系，代替这种逻辑关系的联结物往往是与中国古代哲学思想有关的一些特殊"结构"。

故此，要把握兵家战略管理思想这种不同于现代科学的知识体系，不仅需要科学理性的思考，更重要的是必须遵循中国传统的思维方式，使用直觉体悟的方式，依靠其价值取向在经验的范围内体悟，并把它与理性思考相结合。兵家战略管理思想的这些特点，使得它很难为西方管理理论界所接受。为了解决这个问题，我们首先了解一下跨文化研究的困难再分析一下不同文化下的人们对管理的认识，继而建立一种能够为中西方同时接受的跨文化的管理和战略管理概念。

一、跨文化研究的困难

当一种文化下司空见惯的某个概念被翻译到另一种文化中去时，常常会遇到一个很头疼的问题，那就是如何保证其内涵的准确性，保证不被误解。一般而言，大多数翻译都存在着一定程度上的不准确性，一种文化中的某个词汇，往往很难在另一种文化中找到一个和其意义完全相同的词汇，特别是对一些诸如"战略"、"管理"等这样具有比较抽象意义的词汇而言更是如此。有的翻译学家甚至认为，这样的词汇只有不翻译才能保证其概念正确地被另一种文化下的人们所理解。事实上也是如此，诸如中文中的"风水"、"道"等词汇被翻译成英文时基本上就是采取了音译的方法。而一个相反的例子，如词汇"龙"在中文中是一种神圣的动物，甚至可以算是一种神灵，它拥有各种法力，并主管人间降雨，为人们所喜欢和崇拜，故此，中国人自称龙的传人。而在翻译成英文的过程中，"龙"却被翻译者用了"Dragon"一词来指代，这样一种翻译不仅不能反映出中国人心目中龙的形象，同时把龙的神圣性、高贵性的内涵也全部丢失了。英文中"Dragon"一词对应的是西方人观念中的一种邪恶的怪兽，住在山洞里，有翅膀能飞，口能喷火；西方英雄往往以杀死恶龙为伟大的壮举。可以说，这样的翻译把中国人在西方人心目中的形象完全给毁了。西方人往往觉得中国人难以理解，中国人居然以这样一种邪恶的怪兽为自己的祖先、为崇拜的对象。有的西方人甚至觉得中国人崇拜邪恶，善恶不分。

因此，在对中国传统管理思想进行研究的过程中，我们需要明白的是"管理"活动无论在中国还是在西方都是自古以来就有的活动，但是在中国文化中人们对"管理"一词的理解和西方人对"管理"一词的理解却存在巨大的差异。中文"管理"一词可以对应好几个英文词汇，如果盲目套用西方学者对"Management"或者"Administration"或者"Government"等可以翻译成中文"管理"的英文词汇所下的定义来研究中国的传统管理思想，那么就会把本来具有内在严密逻辑的中国传统管理思想体系拆解得七零八落。中国传统管理思想不仅会丢失其灵魂，沦落为西方管理理论的注脚，还会变得不可理解，充满着"糟粕"。

在分析兵家战略管理思想时，这个问题可能更加严重，因为"战略"一词是中西方自古以来都有的，中西方互有多个词汇可以对应。而"战略管理"概念却是西方人提出来的，中国传统文化中并没有这个词，当我们使用这个词的时候，既要适应西方人对"战略管理"一词的理解，又不能脱离中国传统文化中对"管理"和"战略"两个词汇的理解。

二、不同文化对管理的不同认识

管理活动自古有之，可以说凡是有人群的地方，就有管理。然而，对于什么是管理，迄今为止，人们的理解并不完全一致。一方面，不同的人在研究管

理时的出发点不同,因而导致了学者们对"管理"一词下的定义不同。如下面是西方学者们对管理下的比较典型的定义:

玛丽·帕克·福莱特认为,管理是通过其他人来完成工作的艺术。

斯蒂芬·罗宾斯认为,管理这一术语指的是和其他人一起并且通过其他人来切实有效地完成活动的过程。

孔茨和韦里克认为,管理就是设计和保持一种良好的环境,使人们在群体里高效地完成既定的目标。

帕梅拉·路易斯等人认为,管理应定义为切实有效地支配和协调资源,并努力达到组织目标的过程。

西蒙认为,管理就是决策。

法约尔认为,管理是计划、组织、指挥、协调和控制。

另一方面,人们对管理的理解还受其所处的文化情境的影响。在不同的民族文化中人们对管理有着不同的理解,西方人对"Management"一词的理解和中国人对"管理"的理解虽有不少相似之处,但还存在许多深层次的差别。因此,我们在研究中国管理思想时,既不能完全按照中国传统文化中人们对"管理"的理解进行定义,更不能照搬西方人对"Management"一词的定义来理解中国传统文化中的"管理"。因为在西方管理理论占据当代管理学术话语权的时候,我们完全用中国传统的"管理"概念,会让思维方式和我们不同的西方人感到无法理解;而照搬西方人对"Management"的定义,则会破坏中国传统管理思想的逻辑体系,使中国传统管理思想失去活的灵魂,变成一堆支离破碎的东西。

从人类发展的历史来看,人类的管理实践活动总是围绕着三大主题:效率、效果和做人。即管理追求三个方面的完善:一是效率的提升;二是效果的增强;三是推动人的发展。然而针对这三个方面,不同文化下人们的观点往往很不一致,西方人秉承技术经济理性传统,一直以来比较强调管理活动的效率目标。西方企业管理理论产生之初,泰勒的科学管理的核心就是要解决效率问题,后来随着战略管理理论的出现,西方人开始重视管理的效果。相对而言,西方管理理论对于做人不太重视,虽然也有很多对人性、人的行为的研究,如行为科学,但是其基本指向仍然是为效率和效果服务,即研究人是为了组织的效率和效果,前者为工具,后者为目的。而中国传统文化中,管理的任务基本是围绕着如何推动人的成长、人的发展进行的。所谓修己安人,"修身、齐家、治国、平天下",谈论的是管理之道,却更是人的发展过程,管理是为了人,管理的效率和效果都是工具,人的发展才是目的。

可见,中西方文化对于管理的认识差别是非常大的,难怪把西方管理理论照搬到中国会出现种种问题，因为中国人潜意识中不认同西方人的观念呀！（可能中国人会觉得西方人说的有道理，并愿意尝试，但实施起来，要么不知不觉修改了西方人的理论，要么就会出现各种在西方企业管理实践中见不到的问题，最终要么抱怨洋人的东西好看不中用，要么怪员工素质低）为了解决这个问题，我们需要有一种跨文化的管理形式化定义，这个跨文化的管理形式化定义具有非常宽泛的内涵，能够包容中西方人对管理活动的认知，继而我们利用这样的一个定义来建立一个能够为中西方都接受的广义管理概念。

三、跨文化的管理定义

何似龙先生在《转型时代管理学导论》中提出了建立中国管理理论基础的方法，即选择中国管理活动作为原型，以"管理是什么"为切入点，使用管理谐协创新方法，借鉴拉卡托斯的《科学研究纲领方法论》，沿着"管理基本形式论→管理概念论→管理模式论→管理任务论→管理实务论"的脉络最终建立管理理论基础。

从管理的基本形式来看，管理是对人的管理，管理离不开人。从管理的概念来看，管理离不开"手段—任务—目的"。概念是一种反映客观事物本质属性的思维形式，有内涵与外延。经典科学要求所使用的概念必须是明晰的，即构成概念的内涵与外延必须是精确无歧义的。然而，面对管理这种复杂的事物，除了人们的认识会带来概念不确定性外，文化差异也同样会带来概念的不确定性，而这种不确定性是无法去除的，因此，为建立本土化管理理论留下了空间。管理概念的形式化定义是不同管理定义所共有的一种结构，它对不同管理定义抽象、概括而得，其中结构一词则指组织管理定义具体内容的各个部分在定义中所处的地位、作用和相互关系。只要对组织形式化定义的各个部分的极端含义或中介、整合含义赋予具体的内容，就可以得到各种具体的管理定义。

何似龙认为跨文化的管理概念可以这样理解：管理是由一个或多个人（管理主体）对他人（管理客体）施加影响，造就一种包括主客体在内的良好环境，使得身处其内的人们高效地工作以实现预定目标。其主旨为：第一，管理的目的是要求人们通过高效率地工作去实现预定目标；第二，管理的任务是促使管理客体接受影响，以造就一个良好的环境；第三，管理的手段是管理主体对管理客体所施加的影响。

"影响"一词，可从"主体意图"、"影响施加方式"两个方面进行跨文化开拓。"影响"一词作为管理的从属概念，它能够体现中西文化的差异。把影响定义为 A 具有某种意图，A 通过一定方式，致使 B 改变行为或行为指向，产生与 A 意图相符的行为，于是就说 A（在其所具有的意图上）对 B 存在影响，且称 A 为影响主体，B 为影响客体。并约定，意图包括所有与预定的管理目标相符的 A 的目标、意愿、希望、追求、理想、信念、某项具体工作或活动。它们或是明晰的、定量表述的、可供操作的（西方文化中）；或者是模糊的、定性描述的和难以操作的，甚至仅是一种连影响主体 A 还不知道如何操作的设想（中国传统文化）；或者是上述两种情况的中介、整合。一定方式乃是指影响主体施加影响的行为方式。它们可以是有意识的、理性的、关心工作的、使用科学知识的、仰仗社会"他组织"的（西方文化）；或者是无意识的、超理性的、关心他人的、依靠个人经验的、仰仗社会"自组织"的（中国传统文化）。

何似龙的观点很具启发性，不过他提出的这个形式化定义的结构"手段—任务—目的"并不是特别清晰。在很多情况下任务和目的往往难以区分，任务一般是为了某种目的而提出的；而管理作为一种影响，一般都有产生影响的基本依据和基本观念等问题，如儒家提出"正人先正己"的管理手段，认为统治者先要做好模范带头作用，就能够影响下属，使之产生相似的行为，这里就存在一个依据问题。无疑孔子提出"正人先正己"这种管理手段，乃是基于管理者和被管理者存在着良性互动这样一个前提假设。而法家则基本不认同这个观点，认为只要搞好法治就行了，在其他方面，管理者不必带头。这种观点间的差异就在于，法家的管理依据中没有孔子那种假设。我们把作为提出管理手段的前提假设、相关依据和基本观念等称为管理基础。

故此，我们认为建立形式化定义的结构可以表述为：基础—手段—目的。按这一结构建立管理的形式化定义，即管理是由管理主体（一个或多个人），根据某种文化观念、理论假设等，对管理客体（其他人以及自身）施加的影响，以使身处其境的人们（包括其他人和自身）接受影响，达到预定的目标。管理主体进行管理活动依据的文化观念、理论假设等，以及其为了使管理客体接受影响而使用的手段，和其预定目标等相关内容都是管理研究的范畴。在这个跨文化的管理概念中，管理的对象不限于组织，也包括管理主体自身，而且管理主体自身的自我管理是一切人员管理、组织管理、竞争管理等的出发点。

四、跨文化的战略管理定义与兵家战略管理

根据管理的形式化定义，我们可以得出战略管理的形式化定义，战略管理是战略管理主体（一个或多个人），根据某种文化观念、理论假设等对其战略

管理客体施加的某种具有战略意义的重大影响，使得身处其境的人们接受影响，达到预期的战略目标。基于这样一个认识，那么在战略管理过程中，管理主体一定是某个组织的领导者，管理客体是组织的战略问题，要施加的影响是战略行为，包括战略分析、战略决策与行动，要达到的目标是组织的战略目标。而文化是该过程中的一个重要变量。在中国传统文化中，战略不仅是组织的战略还包括个人的战略，因此，战略管理的形式化定义不仅包括组织发展的战略管理、组织外部竞争的战略管理，还包括个人重要的自我管理手段。

这样，我们就完成了对管理和战略管理概念的跨文化开拓，本书中凡是提到管理和战略管理，如果没有特别的说明，均指跨文化的管理和战略管理概念，而不是西方某个学者对战略管理的界定。依据我们对管理和战略管理概念的界定，就有了梳理传统兵家战略管理思想的一个明确标准，然后才能建立分析框架，并运用管理特质分析方法，从兵家思想中寻找到其战略管理特质。

而兵家战略管理中的战略管理指的正是跨文化的战略管理概念，它包含企业战略管理，但不能等同于企业战略管理。西方有部分学者总是倾向于把战略管理看作企业独有的行为，而在跨文化的战略管理概念中，战略管理绝非企业组织独有的行为。从战略的视角看，在战略概念的产生、发展、演变和战略思想发展的整个过程中，无论是战略概念还是战略思想都不局限于企业。从管理的视角看，在管理概念的产生、发展、演变和管理思想发展的整个过程中，无论是管理概念还是管理思想也都不局限于企业。战略管理概念虽然产生于企业，但是正在向其他社会科学领域拓展，出现了国家战略管理、非营利性组织战略管理等系列概念。战略管理根据管理的客体不同可以分为企业战略管理、公共部门战略管理、军事战略管理等，西方战略管理理论中比较成熟的是企业战略管理。某种程度上，跨文化的战略管理也可以理解为战略性的管理行为。从管理发展的历史看，对战略进行管理的这种战略性的管理行为早就存在。如三国时期，诸葛亮作《隆中对》提出了三分天下的战略目标，其后他根据这个战略目标，制定了联吴抗曹的战略计划，并展开了一系列的战略管理活动，最终部分实现了战略目标，充分表现了其对战略进行管理的能力。《大学》中提出了成为高级管理人才的"三纲八目"的人生战略规划，并提出具体的管理手段，如正心诚意，格物致知等，正是一种对人生进行战略管理的思想。可见，尽管战略管理的概念出现得晚，但对国家战略、军事战略以及个人战略进行管理的战略性的管理行为却早就存在。

跨文化的战略管理概念和西方学者所说的战略管理概念关注的核心问题都是竞争优势的来源和获取问题。战略起源于军事竞争，引入企业也是因为企业面临着越来越激烈的竞争，故此，我们认为战略离不开竞争，开展战略管理的根本目的就在于寻求竞争优势（这种竞争优势可以是针对对手而言的，追求超越对手；也可以是针对自身而言，即把未来发展目标和自身某个阶段相比较，追求超越自身）。尽管我们不能认为所有寻求竞争优势的行为都是战略管理行为，但是重大的寻求竞争优势的行为必定是一种战略管理行为。根据这个认识，在本书中我们从兵家经典著作中，寻找有关各种组织和个人如何获取和保持竞争优势的具有代表性的思想作为一种战略管理思想。

第三节 基本理论与方法

一、兵家战略管理研究的理论基础

对从不同文化环境中获得管理与战略管理研究的养分进行新的探讨，需要理论与方法的创新。在本书中，我们的理论养分主要来自于成长于西方文化传统下的战略管理理论和成长于中国传统文化下的兵家思想。而要把两种不同文化背景下的思想理论进行结合，必须要基于一定的理论基础。下面我们就研究的方法论基础、基本原则和具体工具三个方面来探讨兵家战略管理研究的理论基础。

（一）兵家战略管理研究的方法论基础

河海大学张阳教授曾经针对中国管理转型的环境，提出了研究中国传统管理思想的五大方法论基础，本书也以这五大方法论基础的预设为研究前提。

1. 反对"民族文化中心论"，以及由此而形成的文化专制主义

自古以来世界就是多元文明，不同文明的出现离不开各具特色且按自身发展逻辑而铸就人类文明的不同管理思想，因此，我们应当站在平等立场上看待古今中外一切管理知识。这一点在当前我国管理学界的话语权被西方管理思想所掌握的背景下尤其重要，现在国内许多被称为权威的管理学期刊，刊登的大量文章都是来自国外的管理思想和理论，或者是严格遵循国外管理思想、理论以及研究范式所进行的研究成果，而本土化的管理研究则被视为难登大雅之堂的东西，很少被关注。长此以往，在学术上将造成中国管理学界只能跟随而难以超越西方管理学界的局面，在实践中则有可能造成理论与现实相分离的情况。其实西方的后现代管理理论，已经发现了这个问题，开始提倡建立基于民族传统文化的情境化管理理论。

2. 使用"博采众说,把握多极,允中谐协,知权通变"的管理创新方法论原则

"博采众说"就是以平等、开放、宽容的态度对待、采集、了解和研究古今中外一切管理知识。"把握多极"就是从所采众说中分析、剥离出各种不同的观点、思想、因素、基因(此即"多极"),研究发掘各极可能依赖的文化根基。"允中谐协"就是公平地对待各极、沟通各极、统摄各极,相辅相成、相对互补,以求谐协创新。"知权通变"就是审时度势,根据文化差异和实情,以求通变和付诸实用。成中英把儒、道两家所共有的辩证法称为"和谐化辩证法",并将此与黑格尔、马克思的"冲突辩证法"及佛学传统中的"超越辩证法"做了比较,三种辩证法显然都存在管理创新功能。"和谐化辩证法"明确包含以下诸观点:"万物之存在皆由'对偶'而生";"'对偶'同时具有相对、相反、互补、互生等性质";"万物间的差异皆生于(亦皆可解释为)原理上的对偶、力量上的对偶和观点上的对偶"。这些观点为上述"谐协"创新提供了可操作的基础。

3. 为客观、真实地发掘出各种管理知识的真谛,特别强调从产生管理知识的本土文化和历史语境中解读该管理知识

日本著名学者沟口雄三曾经提出应该建构"作为方法的中国学",也就是说,不是从普世性的西方立场,而是从中国独特的价值、文化和历史中了解中国,在中国历史的内部逻辑中建立起一个观察点,从而为人类文明的发展提供多元的解释。根据他的观点,我们特别关注兵家思想的内在逻辑,从兵家的内在逻辑出发而不是从西方管理学的逻辑出发对兵家思想进行战略管理特质分析,以利于构建本土化的战略管理理论。

4. 将社会发展史与思想发展史相结合去发掘和研究各种管理知识

管理活动自古以来就存在,但是对管理进行正式研究的管理学则是一门较新的学科。管理是人们有组织的努力所必不可少的,丹尼尔·雷恩认为:"如何进行管理的知识体系的发展也是根据各种文化中的经济、社会和政治等方面的变化而演变的。管理思想既是文化环境的一个过程,也是文化环境的产物。由于管理思想具有这些系统的特点,所以必须在文化范围内对它进行研究。"结合社会发展史和思想发展史可以完整地挖掘出管理理论和思想,正确把握管理理论和思想的发展方向。本书从兵家思想产生的历史文化背景出发,全面考察其特征、逻辑和结构,使其不被西方管理思想所肢解。

5. 运用"半科学—半经验"方法,发掘和应用各种管理知识

对多数管理方法而言,它们既不是纯科学也不是纯经验的方法。准确地说,这些管理方法大都是一种既具有科学特征又带有经验成分的"半科学—

半经验"方法。因此，除不断增长知识和经验以外，管理人员提高处理非程序性管理实务能力的重要途径是，掌握各种具有以下特征的、处理非程序性管理实务的"半科学—半经验"方法：一是能充分使用有关科学知识；二是能有效地挖掘资深者的个人经验；三是方法本身包含克服个人经验片面性的技术和手段。本书将把内容分析方法和哲学诠释方法结合起来融入战略管理特质研究中去，作为战略管理特质分析和战略管理特质群结构建构的辅助手段。内容分析方法重视定量的分析和数据的说明，属于科学的研究方法，哲学诠释方法属于经验性的方法，是纯粹思辨的研究方法。

（二）兵家战略管理研究基本原则

研究传统管理思想存在一个让很多研究者困惑的问题，也就是如何保证研究能够被西方接受，同时又不会因为为了满足西方学者要求，而把中国传统管理思想的内在逻辑打乱，使得传统管理思想失去活的灵魂，沦为西方管理理论的注解。

为此，本书提出一个解决原则，即追求传统管理思想的国际化。具体而言，要做到三点：第一，使用西方管理理论的基本框架。如本书研究兵家战略管理，则分析讨论兵家管理思想应该使用的西方战略管理理论的理论框架，关注西方战略管理研究者关注的问题。只有这样才能为主流的战略管理研究者所接受。第二，使用中国传统管理的逻辑与思维方式，如本书将在西方战略管理理论框架中，遵循传统兵家的逻辑和思维方式来展开兵家战略管理思想的分析。第三，明确跨文化的管理和战略管理概念。要同时做到第一点和第二点，最大的困难是兵家思想和西方战略管理理论使用了不同的概念来描述相似但又存在不少重大差别的实践问题。要实现二者的沟通，我们必须建立一个桥梁，那就是对跨文化的概念重新界定。

（三）兵家战略管理研究具体工具——特质分析方法

尽管从传统管理思想中获取营养成分，以帮助现代管理实践的顺利进行是人们一直在进行的事情。但是如何把传统管理知识纳入现代管理知识体系的研究却远未到达成熟阶段，目前只有东方管理学派创立的管理特质分析方法可以作为借鉴。

管理特质分析方法是在管理文化转型之中寻找蕴涵在各种管理文化之中的管理特质以进行进一步创新的方法，它非常适合开拓某一管理原型所蕴涵的管理知识体系，无论是对西方的管理理论还是对中国传统管理思想都可以获得结构化的管理知识体系。管理特质分析依据结构主义方法进行管理文化要素及其结构的开拓，通过管理知识结构的建立获得可以表述某一管理思想的基本特质结构。管理特质分析法主要依据管理文献或相关文献进行，是比较和分析中西管理思想、进行管理谐协创新研究的重要方法。本书将运用管理特质分析方法对兵家战略管理思想进行分析。

根据东方管理学派学者的认识，管理特质概念被界定为组成某种管理思想的最小单位，它具有下述几个特征：①管理特质是构成管理思想的独立且含有一定管理学意义的单位，而且是最小、不能再分的单位。所谓"最小、不能再分"是指如若将构成特质的单位再细分，原有特质就不再存在了。②所谓具有一定管理意义是指管理特质均具实践性，可供管理人员指导其管理工作。③管理思想是其特质的复合体。④管理特质及管理特质结构（即构成管理思想的管理特质所具有的结构）决定着一种管理思想的新颖内容及独特形式，不同管理思想依靠其组成特质与特质结构来识别和区分。

本书关注的是兵家思想中的具有战略管理理论意义的思想，即兵家战略管理思想。在兵家极盛的先秦时期，诸侯国处在激烈的外部竞争环境中，兵家针对如何治国、治军，达到富国强兵的目标，继而发动对外战争，获取国家竞争优势和军事竞争优势，实现统一天下或者王霸伟业这一重大问题进行了研究和思考，提出了一系列具有战略管理理论意义的思想。这些思想和现代战略管理理论具有很多相通之处，周三多在编写《战略管理思想史》一书时就专门探讨了《孙子兵法》的战略管理思想。刘长林在其著作《中国系统思维》中也在一定程度上分析了兵家战略管理思想。我们认为兵家思想是中国传统管理思想的重要组成部分，是先秦时期诸子争鸣过程中发展出来的被几千年实践经验证明具有很强实用价值的战略管理思想体系。可以运用管理特质分析方法，对兵家思想中具有战略管理理论意义的单位进行辨识，寻找这些单位（特质）之间的关系，继而找出兵家战略管理思想体系，为建立兵家战略管理理论提供依据。

管理特质分析方法主要由下列一组操作所组成的过程或方法构成：

第一，仔细阅读与理解需研究的管理思想，把握该管理思想的真实含义。

第二，尽可能地细分该管理思想，以获得包含在该管理思想内的、各种具有管理学意义的单位。

第三，用管理特质概念进行检验以确定各种管理特质。

第四，用KJ法或其他逻辑归类方法合并不同特质，以得到新特质或特质群。

KJ法是日本川喜二郎提出的。"KJ"二字取的是川喜（KAWAJI）英文名字的第一个字母。KJ法是从错综复杂的现象中，用一定的方式来整理思路、抓住思想实质、找出解决问题新途径的方法。KJ法不同于统计方法，统计方法强调一切用数据说话，而KJ法则主要用事实说话，靠"灵感"发现新思想、解决新问题,认为许多新思想、新理论,往往是灵机一动、突然发现的。KJ 法适合未知或未经验过的领域中的那些尚处于模糊、朦胧、混乱状态问题的分析,通过搜集其事实、意见及设想等方面的语言文字资料,并充分使用语言的"亲和性"对这些资料进行有机的组合与归纳,以找出解决问题的途径、设想、意见和方案。这种组合与归纳不是直接使用连接词将若干资料"连接"在一起,而是借助各种资料的含义本身所包含的这种"可连接性",在更高层次上的抽象与概括。按 KJ 法原意,它要求主要使用大脑右半球的功能,要求人们直觉地利用过去已有的知识、经验,借瞬时感知能力去发掘客观存在于各种语言文字资料间的相互联系,借"亲和性"进行资料间的有机组合与归并,以求问题的解决。KJ 法的工作重点:其一是功能含义的发掘;其二是功能含义的组合与归并。其核心工作是:由特质分解(直觉的,瞬时的,超理性的)→组合和归并(逻辑的,理性的)。

第五,寻找各特质、特质群之间所存在的整合结构,以获得该管理思想依靠不同特质、特质群所组成的复合体表征。

下面以泰罗的《科学管理原理》(中译本)为例,泰罗的科学管理思想具有哪些特质呢?通过阅读分析,可以得出以下几点归纳:

科学管理的实质——工人与雇主应通过一场"完全的思想革命",而做到:

T_1 寻求共同富裕——相信劳资双方具有共同利益,可以实现共同富裕。

T_2 合作增加盈余——用和平代替斗争,劳资双方合作努力增加盈余。

T_3 遵循经济理性——以最小的综合支出完成企业的工作,或每个人、每台机器制造出最大量的产品。

T_4 树立科学态度——对企业的一切事情,用科学研究和科学知识代替旧式的个人判断和个人意见。

由此可见,在泰罗的《科学管理原理》中"科学管理的实质"是一种特质,它可以独立存在并为管理人员提供指导,而且正因为这一特质的确立,遂奠定了泰罗"科学管理理论"的与众不同的内容和形式。若把特质 T 再细分为 $\{T_1, T_2, T_3, T_4\}$,就得到了一群新的特质——特质群,它们中每一个都不是代表 T 的新特质;反之,特质群 $\{T_i\}$($i=1,2,3,4$)又借助"目的——手段"链整合成特质 T。

我们已经介绍了管理特质分析方法的一般操作步骤,但是其中某些步骤仍然是非常模糊的,个人经验性色彩较浓厚,而科学性不足。如"尽可能地细分该管理思想,以获得包含在该管理思想内的、具有管理学意义的单位"。具体如何细分,细分的方法是什么?这些都是需要考虑的,如果只是通过个人思辨，那么无疑缺乏足够的科学性和规范性。为了使得研究更具有规范性和科学性，本书将引入哲学诠释方法和内容分析方法对管理特质分析方法进行改进。每一步的改进大体上是这样的：

第一步，仔细阅读与理解需研究的管理思想。在阅读过程中，我们综合其他学者和古人对兵家思想的诠释成果，运用哲学诠释法从多个层面来把握兵家思想的真实内涵。同时为了保证能够比较完整而全面地获取兵家思想的管理特质，我们辅之以内容分析方法和头脑风暴法等方法，利用计算机和其他研究者的观念来保证能够尽可能获取比较完整和客观的兵家战略管理思想。主要运用内容分析方法，尽可能全面地找出可能反映兵家思想战略管理特质的主题词，根据主题词的指示，仔细阅读相关文字段落，进行不同段落相同主题词的对比，从而把握兵家思想战略管理特质。

第二步，尽可能地细分该思想，以获得包含在该思想内的、各种具有战略管理理论意义的单位。本书在个人思辨的基础上，引入头脑风暴法、访谈并结合内容分析方法来细分兵家思想。

第三步，用战略管理特质概念进行检验以确定各种战略管理特质。

第四步，用 KJ 法或其他逻辑归类方法，合并不同特质，以得到新特质或特质群。

第五步，寻找各特质、特质群之间所存在的整合结构，以获得该管理思想依靠不同特质、特质群所组成的复合体表征。本书将寻找兵家各部典籍之间的关系和结构，形成兵家管理思想的总体结构。为了实现这个目标，本书将在完成对每一部典籍管理思想进行特质分析之后，利用内容分析方法和哲学诠释方法，注重把握兵家战略管理思想的内在逻辑，分析兵家具有共性的内容，最终完成这项工作。

管理特质分析方法还不是一个特别成熟的方法，正处于不断的发展中，很多具体的步骤可以根据研究的需要进行改善。为了使得对兵家战略管理思想研究具有科学性和客观性，我们还需要引入哲学诠释方法和内容分析方法来辅助管理特质分析，作为管理特质分析的辅助分析方法。

（四）兵家战略管理研究的其他工具

1. 内容分析方法

内容分析法是一种系统化和定量化分析文献集合等相关载体中所含真实内容的方法，在情报学和传播学中被广泛采用。从某种意义上说，内容分析是我们大部分人几乎每天都在做的事情，当然是比较随意地做内容分析。我们用内容分析方法在已知信息的基础上分析新信息，在信息中寻找一般性、规则性以及模式；阅读字里行间的信息；检验信息的一致性。

而学术研究中，一个比较完整的内容分析操作步骤大体上有六步：第一，确定分析目的。第二，选择样本。第三，定义分析单元。一般来说，对于文字分析中，词是最常用的分析单元。第四，制定分析框架。这是内容分析的核心工作，也是体现内容分析系统的关键。根据分析的目的和分析单元的具体情况，确定有意义的逻辑结构，也就是把分析单元分配到一个能说明问题的逻辑框架中去。逻辑框架可以是一个分类表，也可以是网络图等。第五，频数统计。频数统计不仅包括分析单元出现的频数，还包括对数据的数学处理。频数统计工作量巨大，一般依靠计算机完成。第六，结论汇总。主要对统计分析结论的有用性和可靠性进行分析，更重要的是把数据统计分析的结论与定性的判断结合起来，提出研究者自己的观点。

在研究传统管理思想时，内容分析方法也是一个非常重要的工具。如研究兵家战略管理思想，我们可以把对某兵家典籍有研究，同时又对战略管理有相当研究的学者们的思想整合，用头脑风暴等方法从他们那里收集反映或关系到兵家战略管理思想的关键字词。然后根据分析目的，过滤筛选这些关键字词，确立分析样本，再进一步建构分析框架和统计关键字词出现的频率和位置。这样做一方面可以保证能够较为全面且客观地找出兵家思想的战略管理特质；另一方面字词出现的频数和位置还能够为分析某个特质的重要性和进行不同典籍中相同的某个特质或同一典籍中相近的特质之间的对比分析和诠释提供方便。

2. 诠释方法

研究兵家思想的战略管理特质离不开对兵家思想的诠释。长期以来，中国学术界研究传统思想，一直采用的是哲学诠释的研究方法。虽然作为理解和说明艺术的现代诠释学体系，在中国古代尚未确立，但是中国古代有经久不衰的注释学以及"我注六经"、"六经注我"的诠释传统，这为我们的研究提供了重要的方法论借鉴。而在西方哲学中诠释有多种表现形式，如狄尔泰对历史的诠释，把人在历史性方面的自我理解作为诠释的特征，以求得历史与自我的同一；海德格尔针对实存的本体论诠释，提出一切理解都是自我的——理解，以回答实存的意义；加达默尔针对文本的诠释，提出诠释是一种"生产性"的努力，以达到"现在"和历史的"视界融合"。

研究兵家思想的战略管理特质，首先需要正确而全面地把握兵家思想的深刻内涵。这就涉及如何对兵家思想进行诠释的问题。兵家典籍微言大义，具有丰富的哲学内涵，特别是诸如"形势"、"虚实"、"奇正"、"轻重"等概念具有概念的模糊性、内涵的丰富性，要充分理解这些具有辩证性的对偶范畴的本质思想，就必须对其进行哲学诠释；研究中我们将结合中国古代哲学思想，从具体、义理、真实三个层次上运用句法、语义、关联性、历史性、统一性等手段诠释兵家典籍中的一些重要思想、概念和哲学范畴，以达到正确把握兵家战略管理特质的目的。这三个层次的哲学诠释含义如下：

第一层次，具体的诠释。一般具有固定的结构形式，亦即按照其思想逻辑范畴的资料、文本，作原原本本的实事求是的诠释，力求如实地揭示范畴的固有含义。中国古代源远流长的训诂注疏之学，便是企图原原本本地去了解原来思想家的原原本本的思想，虽说没有对每个思想的诠释都做到原原本本，但某些方面是做到了。在具体诠释中，主体与客体之间有着历史的关系，主客体相互作用的客观过程在历史中达到主客体的融合。

然后在研究兵家战略管理思想的过程中，只有具体的诠释是不够的，因为对某个思想范畴的诠释，受某种条件的限制，常常未必准确。或囿于认识者已有的观点、角度、侧面，或由于古代哲学家自身思想的矛盾及内涵的混沌性（模糊性）、多层次性、游移性等，以及认知主体的素质和认知客体的显露，都有一个过程或有一定的偏差。在这个过程中，难免仁者见仁，智者见智，因此便需要有深一层次的分析。

第二层次，义理的诠释。一般具有横断面的结构形式，它是指把哲学范畴放在一定的历史范围内，从一定历史时期的整个思潮中，从整体思想的网状联系中，从时代的精神和多向结构中，揭示范畴的内涵。这就是说，在一定的历史时期内，由于理论思维的发展和时代的需要，出现了显现该时代面貌的思潮。在这些思潮内部或外部的彼此论争中，从各个方面、各个角度或各个层次，说明每个范畴的时代含义。一个哲学家或思想家提出某种哲学理论时，未必就意识到这种哲学理论的价值，往往通过争论，同一意见者的发挥和不同意见者多层面的批评，使得范畴所包含的规定性更加明确和确定，而且各范畴在整个时代思潮和思想逻辑结构系统中的作用和地位亦更加明显，这样，便可以把握范畴深层内涵。同时，通过对同时代的各种不同思想家的对比研究，亦有助于把握范畴深层结构。

但是一个思想家、哲学家由于时代的局限，往往不能充分了解自己所建立的哲学思想的时代含义或种种丰富的哲理蕴涵，而时人出于种种原因，或褒贬不一，或给予歪曲，以致使其本来面目受到损害，这都是可能的。一个思想的理论价值被发现，固然是由于时代的需要，但也往往须经过历史的检验，这便需有再深一层的诠释。

第三层次，真实的诠释。一般具有纵断面或横断面与纵断面相结合的结构形式，乃是较之义理的诠释更深一层的诠释。随着历史的发展，材料、文本的积累，能更全面、更清晰地呈现范畴的本质含义。历史的实践亦可清除掉避讳、隐私等障蔽。范畴的本质含义和历史意义，通过这一过程显现出来，这里既有对范畴固有资料、文本的重新审查梳理，也有对范畴在一定历史时期内的含义的重新发掘，使客观的诠释和义理的诠释相融合。这是横断面和纵断面相结合的总体思考。

具体的诠释、义理的诠释和真实的诠释是相互联系、相互渗透、相互转化的，从而构成一个完整的诠释体系。如果说具体的诠释注重原原本本的诠释的话，那么，义理的诠释则是范畴所蕴藏的种种哲理的发掘，真实的诠释是梳理出范畴本应理出而未理出的蕴涵。三者相互结合，就有可能分析出兵家战略管理思想的内在逻辑与结构，从而为沟通不同兵家典籍思想找到依据，为进一步建构兵家战略管理理论奠定坚实的基础。

二、研究预设与分析框架

分析框架涉及几个重要方面，即兵家战略管理思想有哪几个方面的内容，各个内容之间的关系如何，从哪几个角度进行分析等。只有确立了分析框架，管理特质研究方法才有用武之地。分析框架的建构关系到对中国传统管理哲学逻辑的理解和对兵家思想的总体把握，由于目前这方面尚没有一个统一的观点，学术界仁者见仁，智者见智，因此不可能有一个完全科学精确的方法来建立分析框架，更多的只能靠作者的功底和对前人的研究成果进行思辨分析。我们把兵家思想界定为中国传统管理思想的重要组成部分，是先秦时期诸子争鸣过程中发展出来的被几千年实践经验证明具有很强实用价值的管理思想体系，并且认为兵家思想关注的焦点是如何获取国家和军事竞争优势的问题，内涵丰富，其管理思想主要体现为一种战略管理思想。

一般认为，兵家思想作为一个诸子学派，其思想涉及了"治身"、"治国"、"治军"和"治敌"等诸多方面；而"管理"在中国古代被称为"治"，"治就是管理"。[①] "治身"思想即自我管理思想，包括君主和将帅的自我管理思想，管理主体的自我管理思想是管理国家、管理军队以及管理竞争的基础，只有管理好了自己才有资格、有可能管理好国家、军队以及竞争；而"治国"即是国家管理，"治军"即是军队管理，"治敌"即是竞争管理；"治身"、"治国"、"治军"和"治敌"这四个部分是一个有机的整体，形成了一个广义的管理思想体系。根据跨文化的战略管理概念，我们认为这是一个具有中国文化特色的战略管理思想体系。在这个战略管理思想体系中，君主和将帅的自

---

① 孙中山：《孙中山选集》（下卷），人民出版社，1956年。

我管理是国家管理、军队管理和竞争战略管理的基础；而国家管理和军队管理是竞争战略管理的基础。国家管理和军队管理是为了获得发展和获取竞争实力，是进行竞争的实力基础。国家管理和军队管理有诸多相似之处，因此，有时候我们会把国家管理和军队管理思想放在一起，统称为经国治军思想。但是二者也有比较重要的差别，正如《司马法》中所说："国容不入军，军容不入国。"军队组织乃是直接为应对强烈的外部竞争而设立的组织，其基本使命是保卫国家、战胜对手。国家组织则是维护社会的一定秩序和社会正常运作而形成的组织，其基本使命是保证正常的社会秩序。因此二者的管理特点也存在着重大的不同。而当代的企业管理更多地处于二者之间。经国治军思想，重视组织的发展，相当于企业总体层次上的战略管理；而治敌思想主要是为了战胜敌人，获取竞争优势，相当于企业经营战略层次上的战略管理。

根据上述观点，同时根据对兵家典籍的思辨研究和相关理论文献的分析，我们引入如下预设：

第一，兵家思想作为一种管理思想，从管理对象的角度看，大体上由四部分组成，即君主或将帅的自我管理思想、国家管理思想、军队管理思想和竞争战略管理思想。

第二，君主或将帅的自我管理思想、国家管理思想、军队管理思想和竞争战略管理思想这四个部分是一个有机的整体，具有特定的结构关系，形成了一个广义的战略管理思想体系。

第三，在兵家战略管理思想体系中，自我管理是战略管理的基础，经国治军管理思想，相当于企业总体层次上的战略管理；而竞争战略管理思想，相当于企业经营战略层次上的战略管理。在下面章节中，我们将按照这样的顺序结构论述兵家战略管理思想。

目前，研究兵家战略管理思想并没有统一的分析框架，学者们常常使用不同的分析框架来分析。何似龙、施祖留等人在分析中国传统管理思想，即治国之道时主要运用了治国目标、治国手段、治国基础等词汇；而张阳、周海炜等人在分析《孙子兵法》战略管理特质时主要使用了战略决策、战略资源、战略谋略等词汇。

本书综合他们的方法，在分析兵家战略管理基础时，即分析兵家自我管理、经国治军管理思想时，主要采用"目标—手段—基础"模式对兵家战略管理特质进行分析。"基础"主要指依据，也包括基本观念、基本观点、人性论等。由于五部兵家典籍中各部典籍关注的侧重点不同，有时使用"目标—手段—基础"模式会显得力不从心，如《孙子兵法》侧重治敌思想，治身和治国思想几乎可以忽略。而《司马法》更加关注治国治军思想，特别是战前的军事准备。因此，在分析每一部典籍时，如果某一方面的内容谈得比较少，我们仅简单地把其战略管理特质一条条地列出来或者用最简单的"目标—手段"模式来分析其战略管理特质。但是如果某一方面内容是该兵书关注的焦点，论述比较充分，有时候仅仅用"目标—手段—基础"进行分析可能还不够，为此，本书引入"境界"这个词汇。在本书中"境界"主要指管理者所希望达到的管理目标所具有的特征。"境界"这个词主要来自中国哲学领域的研究成果。中国哲学和西方哲学具有不同的形态，它特别关注人道，关注人如何通过实践人道功夫而走向天人合一的境界，中国传统哲学典籍中大量的是对某种人生境界或者治国境界的描述，然后是如何实现这种境界的功夫的论述。中国哲学界特别是我国台湾地区的学者大都主张用"境界—功夫"这对词汇来描述中国传统哲学思想。胡伟希教授认为中国哲学有四大内容，即天人论、品格论、功夫论和境界论。因此，本书认为"境界"这个词汇反映了中国传统管理思想的一个基本特点，引入"境界"这个词汇来补充"目标—手段—基础"模式，就可以建立一个能够更好地描述兵家战略管理思想的结构框架。

对于兵家竞争战略管理思想分析，为了能够更好地与现代战略管理理论衔接，我们则从战略分析、战略决策、战略行动、战略目标等几个方面进行分析。需要说明的是，由于中国传统管理思想具有知行合一的特点，因此在兵家思想中，战略分析、战略决策和战略行动是有机的不可分割的整体，而非顺序割裂的各个部分，实际上它们属于竞争手段。战略目标乃是竞争目标，治身与经国治军思想则构成了竞争基础，将帅治身之道构成了谋略治敌的基础，经国治军之道构成了实力治敌的基础。这样，我们可以得出一个和治国、治军完全一样的分析框架。所以，治敌思想这部分内容所用的分析框架虽然在形式上和分析治身、治国、治军思想的框架不同，但实质上是一样的，都是"目标—手段—基础"这样一个框架。在对兵家战略管理思想的分析过程中，我们将从战略管理基础、战略管理手段、战略管理目的三个方面进行分析：战略管理基础主要分为自我管理之道、治军之道和治国之道；战略管理手段部分主要分为战略分析与决策、战略行动；战略管理目的比较简单，我们把它分散到战略管理基础和战略管理手段中进行论述。

根据上述预设，本书对于兵家战略管理思想特质研究的分析框架如图 2-1（图中用虚线框表示的为分析的维度，每一部典籍在分析过程中不一定各个维度都会出现，而是根据每部典籍的具体情况灵活选择这些维度中的一个或某几个，实线框中为分析的内容）所示。

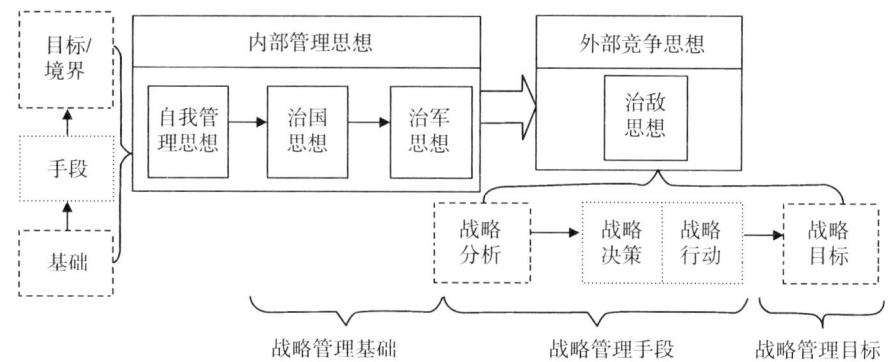

图 2-1 兵家战略管理思想分析框架

本章小结

本章主要研究兵家战略管理的相关基础理论。从学术界对兵家思想的研究文献情况谈起，重点分析管理学界对兵家战略管理思想的研究。然后对相关重要概念进行了分析，如兵家思想、战略、管理、战略管理等，交代了本书分析兵家战略管理思想的方法论基础，并对管理和战略管理的概念进行跨文化的开拓，并依据跨文化的战略管理概念构建了一个研究兵家战略管理特质的分析框架。本书认为兵家战略管理主要包括领导者自我管理（君主治身和将帅治身）、组织管理（治军和治国）和竞争战略管理（治敌）三部分内容，在中国传统管理哲学中，这三部分内容在逻辑上是紧密结合、不可分割的。自我管理是一切管理行为的基础，只有做好了自我管理，才有资格成为组织的管理者和竞争的管理者。而组织管理是进行竞争战略管理的基础，竞争战略管理包括战略分析、战略决策与战略行动等几个部分。

进行传统思想与当代管理的融合研究，一个最基本的问题就是要解决概念的差异性问题。尽管管理行为是任何民族和任何文化传统都离不开的基本人类实践活动，但是人们对"管理"一词的理解却并不相同。同样"战略管理"一词在中西方文化中也具有不同的内涵。忽视这种内涵的差异，就不能真正把传统思想与当代管理理论整合；而明确不同文化下概念内涵的差异主要是为了超越内涵的差异性，只有超越不同文化下概念的差异性，才有可能找到中西方管理思想沟通的桥梁，而概念的跨文化拓展正是为了解决这个问题。应该说概念的跨文化拓展研究还处于起步阶段，但是它却是沟通中西方管理思想所不可逾越的问题。

本章主要对基本概念进行分析和拓展，并在此基础上提出研究兵家战略管理的基本理论和方法。兵家的概念不存在跨文化问题，关键是管理和战略管理的概念存在着较为严重的文化差异。首先我们对战略、管理和战略管理三个基本概念演化发展的历程进行了深入的分析，同时分析它们在中西方文化下的内涵差异，然后重点针对战略管理进行了跨文化拓展。接着，我们提出了研究兵家战略管理的理论共识和基本的研究方法，即管理特质分析方法。最后，我们依据跨文化的战略管理概念建立了一个研究兵家战略管理的分析框架。这个分析框架主要由"目标—手段—基础"结构组成，我们将运用这个框架和改进过的管理特质分析方法，沿着"治身"—"经国治军"—"治敌"的逻辑思路分析兵家战略管理。

// 延伸阅读 //

比较管理视角的中西方管理理论基本框架比较

（一）中国传统管理思想和西方管理理论的历史发展

中国传统管理思想产生的理论基础是中国传统哲学，根植于中国古代管理实践，包含自我管理、家庭管理、商业管理、军事管理、国家管理等诸多内容，不过在中国传统管理思想体系中占主体地位的还是国家管理思想，其他的管理思想要么是为国家管理服务，要么就是国家管理思想的延伸。[①] 因此，可以依据中国传统国家管理思想演进的脉络，推导出整个中国传统管理思想的演进过程，一般而言，这个过程大体上可以分为五个阶段。

第一，萌芽阶段：夏商周三代时期，奠定中国传统哲学基础的巨著《易经》出现了，与此同时，人们在夏商周三代的治国实践中也产生了许多重要的管理思想。周公是这个阶段管理思想的重要代表人物，他巧妙地把"礼"从巫祀仪式中独立出来，使之成为治国的关键因素，形成了一套完整和系统的国家管理思想，即"周礼"。周公的思想后来被孔子继承，形成了影响整个东方社会几千年发展的儒家学说。[②]

第二，发展阶段：春秋战国时期的百家争鸣涌现了诸如孔子、老子、孟子、荀子、管子、韩非子等一大批伟大的思想家，他们纷纷为解决当时的现

---

① 何似龙、施祖留：《转型时代管理学导论》，河海大学出版社，2001年。
② 刘泽华：《中国政治思想史》，浙江人民出版社，1996年。

实问题而提出自己的治国策略。这些重要的管理思想吸引了当时一大批追随者，最终形成了儒家、道家、法家、墨家、兵家等主要思想学派，这个时期可谓是中国传统管理思想发展的黄金时期。

第三，逐渐成熟阶段：西汉时期汉武帝"罢黜百家，独尊儒术"的策略结束了百家争鸣，加速了各派学说的融合过程。除了儒家思想之外，其他的学派要么融入儒家思想，要么被边缘化，最终形成了以儒家治国思想为主体，以道家、法家的治国思想为两翼的具有复合结构的中国传统治国思想体系。这个思想体系延续了两千多年，为我国乃至整个东方封建社会的国家管理提供了理论指导。

第四，面临挑战阶段：在近代，东方社会受到西方资本主义思想和马克思主义理论的冲击，人们开始反思传统管理思想的缺失，出现了某些中西管理思想融合发展的倾向。人们先后提出了中体西用、西体中用等重要观点，但是也先后出现了否定传统管理思想的各种思潮。传统管理思想在东方社会特别是在中国社会渐渐失去了话语权，对社会的影响日益由显性转变为隐性。在这个阶段，中国传统管理思想面临着西方管理理论的巨大挑战。

第五，再发展阶段：近百年来的实践证明任何一个民族都不能割裂传统与现代联系，现代中国管理的理论与实践不可能建立在没有传统的基础之上。当代中国管理理论界和实践界的人们对建立具有自己特色的中国管理理论进行了大量的研究和探索，出现了一批杰出学术团队和一系列有影响的理论。古老的中国传统管理思想在融合当代中国管理实践和西方管理思想的基础之上，进入了一个新的发展阶段。

相比之下，西方管理理论产生的理论基础是西方基督教哲学，根植于西方企业管理实践。至于自我管理、家庭管理等中国传统管理思想中常见的内容，基本被排除在西方管理理论之外。西方管理理论的发展与演进大体上经历了四个阶段：①

第一，古典管理阶段：这是西方管理理论的产生期，以泰罗的科学管理理论、法约尔的管理职能理论和韦伯的行政管理理论为代表。这个阶段的管理理论的特点是注重管理的科学性、精确性、法理性和纪律性，把管理的对象看作是被动的受支配者和经济理性人，是机器的附属物，而较少注意人的全面特性及其对管理的影响。这个阶段的管理理论以三大假设为理论基础。假设一：组织是理性实体；假设二：组织中的人是经济人；假设三：组织设计是一门科学，存在最优和普遍性。西方管理学以后的各个学派，大体上可

---

① 丹尼尔·雷恩：《管理思想的演变》，中国社会科学出版社，2000年。

以视为从不同的角度挑战古典管理理论的三大假设为理论出发点。①

第二，行为科学阶段：在这个阶段西方学者开始怀疑古典管理理论的假设一和假设二，认为组织是复杂的社会实体，不能被严格地规制，无法达到完全的理性。同时人有多种需求，经济人假设过于片面。这个阶段西方管理理论关注对管理过程中人的行为以及这些行为产生的原因进行分析研究，以求全面、完整地把握人的本性，并在此基础上实现管理的目的。

第三，现代管理理论阶段：这个阶段出现大量的管理学派，如系统管理学派、管理职能学派、经验学派、决策理论学派等，使得西方管理理论走向管理丛林时期，各种不同的管理思想争鸣。这一方面使得西方管理理论得到了充分的发展；另一方面也让人感到西方管理理论还处在前范式阶段，各种学派的思想常有冲突，让人莫衷一是。

第四，后现代管理理论阶段：在这个阶段，西方人受到日本企业管理模式的影响，西方管理理论界出现了一股反思西方传统管理的思潮。一些学者开始重视文化对管理的影响，认为以往的任何一种人性假设都不足以描述现实中的人，人应当是不同文化情境中的具有主体地位的人。后现代管理理论彻底否定古典管理理论的三大假设，认为不存在理性的组织和最优的组织设计，因此，也就不存在普遍有效的管理理论，管理理论的有效性和文化环境以及具体的情境相关。

后现代管理理论指出任何管理都是一定文化情境下的管理，具有和西方不同文化背景的国家应当建立自己的管理理论。因此，在中国文化背景下，要搞好组织的管理不能依赖引进和修改西方的管理理论，只能靠发掘中国传统管理思想，建立和西方管理理论具有平等地位的中国管理理论。

（二）中国传统管理的思维模式

天人关系是中国哲学的基本问题，它不但是中国哲学和儒家的基本概念，而且是一切其他的思想体系，不论是属于大传统还是小传统，如道家、中国化的佛家、法家、阴阳家、兵家、农家、医家等思想体系的出发点与归宿点。总之，"天人合一"思想作为古人对世界的基本体验，贯彻于几乎所有的中国思想体系中，这已经成为中国哲学界的共识。"天人合一"的观念认为人与天不是处在一种主体与对象的关系中，而是处在一种部分与整体、扭曲与原貌或为学之初与最高境界的关系之中。在儒家看来，天是道德观念和原则的本原，这种天人合一乃是一种自然的但不自觉的合一。人类行为的目的，

---

① 伯恩斯：《变革时代的管理》，云南大学出版社，2004年。

便是去除外界欲望的蒙蔽，达到一种自觉地履行道德原则的境界，这就是孔子所说的"七十从心所欲而不逾矩"。在佛家看来，天和人本来都是唯识所显现，本来就是一体，一旦觉悟就会发现自他之间不隔毫端。在道家看来，天是自然，人是自然的一部分。因此庄子说："有人，天也；有天，亦天也。"天人本是合一的，但由于人制定了各种典章制度、道德规范，使人丧失了原来的自然本性，变得与自然不协调。将人性解放出来，重新复归于自然，达到一种"万物与我为一"的精神境界，才是人生应当追求的。

　　无疑，作为中国思想体系一部分的中国传统管理理论也应具有"天人合一"的特点，不然就会成为无本之木，无源之水，难以存在。这种"天人合一"的思维方式同西方人二元对立的思维模式完全不同。中国人日常管理活动中的种种形式都或多或少与这种思维模式有关，"天人合一"这种思维模式导致了中西方管理理论在管理主客体关系上的认识差异。在中国传统管理理论中管理主客体关系是非二元对立的，管理主体和管理客体是一种互相依赖的互动关系。儒家主张的"正人先正己"、"修己以安人"都是这种关系的体现。自我管理是中国传统管理者行动的前提，缺少自我管理的管理行为是难以成功的。所以中国人的管理行为模式呈现出一种模糊的特点，总是根据管理主体和管理客体的具体情况而变化。再如在个人形成组织这一问题上，西方文化中的预设前提是"对立"的，组织的形成需要解决个人与集体的对立，结果是形成契约规范，规范化的特征是形成一种清晰的边界，这样就形成了西方人规范化、制度化的管理特点。而这样的预设，在中国人心中显然并不存在。

　　此外，中国人通常所说的"管理"一词，实际包括了对国家的管理、对企业的管理和对个人自我的管理。而西方管理学者把这三方面的内容区分为行政管理（Public Administration）、企业管理（Business Management）和成功学，他们受到西方传统思维方式的影响，在研究过程中讲究细化、细分，往往只关注一个很小的研究领域，尽管也提倡学科之间的交叉，但很少有大范围的融合。中国古代管理者受到"天人合一"思想的影响，认为个人自我管理、家庭管理、国家管理等是相互影响不可分割的系统，存在着由修身、齐家，继而治国、平天下这样一个递进的逻辑进路。无论是什么方面的管理，原理都是可以通用的。事实上，几十年来中国企业的管理实践也证明传统的政治、军事、自我乃至家庭管理等思想都可以运用到现代企业管理之中，并且在一定的情况下，对企业发展具有很大的意义。可见，中国传统管理思想在时空上具有极强的适应性和拓展性。

（三）中国传统管理理论范式探讨

目前，学术界基本认同历史悠久的中国传统管理思想不仅存在而且具有深刻的内涵。基于这个共识我们进一步认为，中国五千年的管理实践活动，不仅产生了丰富的管理思想，而且产生了完整的中国传统管理理论体系。只不过这个理论体系是以隐藏的形式存在的，它和西方管理理论体系在内容和形式上都存在着巨大的差异，以至于习惯了西方理论描述语言的人们很难发现它。因为一方面，我们不能想象两千多年来维系中国封建国家管理的仅仅是不成体系、零散的思想；另一方面，面临现代企业管理实践的要求，中国传统管理思想也不能总是以零散思想的形态出现，必须要有完善的理论形态才能给予企业管理实践更多的指导。那么如何才能把隐藏形态的中国传统管理理论发掘出来呢？

一个理论成熟的标志是有一个统一的范式，如果中国传统管理理论成熟的话，应当具有一个独立的理论范式，而且我们希望这个范式能够尽量以西方人能够理解的形式表现出来。根据目前对管理理论范式研究最深入的国内学者罗珉的观点，从管理追求的目标来看，西方管理理论有两大主流范式，追求效率的科学主义范式和追求人性化的人本主义范式。人本主义范式以新康德主义、现象学、诠释学等哲学思潮为基础，强调管理学和自然科学的差异，认为组织及其管理现象本质是人的主体精神的外化或客体化，是精神世界、文化世界。因此，认识组织及其管理不能用反映的方式，更不能用自然科学的方法，只能是理解、感受、分析、解释。科学主义范式把管理看成理性的事业，人只能被动地反映组织及其管理过程，管理学的发展和人无关；而人本主义范式则把管理看成完全由人建构起来的事业，管理不完全是由理性、规则支配的活动。罗珉认为科学主义范式的问题在于过于绝对，而人本主义范式的问题在于过于相对。

其实，我们只要认真观察现实的管理实践，就会发现根本就不存在科学主义范式和人本主义范式的对立。也就是说这两种范式的对立只是理论上的，实践中任何企业家都不会绝对采用科学主义范式或者绝对采用人本主义范式，他们都是既强调科学理性，又重视对人的行为和思想的管理。即使是科学主义的鼻祖泰罗也强调了人的观念的重要性，而人本主义的拥护者，也从未否定理性和规则的作用。

然而，在分析比较中西方管理思想和管理实践时，我们却发现虽然不存在科学主义范式和人本主义范式的对立，却存在着另外一种形式的对立，即"人本—科学"主义范式和"科学—人本"主义范式的对立。这种对立必须借助中国传统的体用说法才好理解。西方管理理论和实践更多地倾向于以科学主义为体，以人本主义为用，我们把它记为"人本—科学"主义范式；科学主义是和西方传统文化内在结合在一起的，是西方人思维方式的特征之一，因此西方人的人本主义是带有浓厚科学主义色彩的人本主义，表现为自由、平等、民主、权利等抽象的内容，并且试图精确定义这些抽象概念的内涵。而中国传统管理则更多地倾向于以人本主义为体，以科学主义为用，我们把它记为"科学—人本"主义范式。中国传统文化始终体现了对人的关注，而对离开人类社会的抽象东西不太感兴趣。故此，在中国传统的影响下，中国的科学主义也带有强烈的人本主义色彩，表现出强烈的实用性。中国传统管理实践中的管理目标基本上都以对人自身的追求为指归，如群体的和谐、管理者和被管理者思想境界的提升、管理主体的理想完成，等等。至于管理制度、管理流程等其他相关内容都是手段，不具有任何权威性，随时可以变更。因为人本主义是体，所以在中国传统管理实践中为了和谐、为了培养人和实现管理主体的理想等目标，牺牲组织效率是可以理解的。而相反在西方管理中，和谐、培养人都是手段，达到组织效率才是目的，任何牺牲组织效率的行为都被视为错误或者失败的管理。

（四）中国传统管理理论中的基本假设

纵观西方管理理论的发展历史，我们可以发现西方管理理论的所有发展都建立在三大基本假设之上，即人性的假设、理性的假设和组织的假设。在西方管理理论的发展历程中，只有关于人性的假设常常受到质疑，从最初的X理论中的经济人假设到社会人假设、自我实现的人假设、文化人假设等，每一次挑战都使得西方管理理论得到了长足的发展。有人甚至认为整个西方管理理论就是建立在人性假设的基础之上的，而对另外两个基本假设却视而不见，认为乃是天经地义的东西。其实后面两个假设的真实性同样存在问题。只是它们和西方文化深层次的内容密切关联，很容易为西方学者所忽视。从比较管理的视角出发，我们可以发现中国传统管理理论中这三个假设并不成立，取而代之的是另外三个假设。

1. 实用理性假设

西方管理理论认为组织应当是理性实体，组织管理是一种理性行为，组织设计是一门科学。这个假设最初来自于经济学，一开始提出的是完全理性假设，认为人是具有完全理性的，人们可以且也应该努力设计出最优的组织。单个人因为具有七情六欲，会做出不理性的行为，而经过理性设计的最优的组织则可以达到完全理性，克服单个人的缺点。随着研究的深入，西方学者发现现实中的人不可能做到完全理性，于是有限理性假设成为了人们公认的东西。人类的理性是有限的，这点毋庸置疑，但是有限理性在不同文化下的表现形式差别很大。西方人在管理过程中表现出来的有限理性更多地秉承了西方启蒙运动时出现的工具理性和科学主义精神，其核心是对效率的追求，主张通过精确计算功利的方法最有效地达至目的，是一种以工具崇拜和技术主义为生存目标的价值观。工具理性是启蒙精神、科学技术和理性自身演变和发展的结果，为西方资本主义发展起到了极大的推动作用。然而，随着工具理性的极大膨胀，在追求效率和实施技术的控制中，理性由解放的工具退化为统治自然和人的工具。因为启蒙理性的发展高扬了工具理性，以至于出现了工具理性霸权，从而使得工具理性变成了支配、控制人的力量。工具理性和科学主义的霸权地位，在西方管理学术界和实践界至今都不可动摇。目前，管理理论界几乎所有的研究都讲究定量，讲究研究范式的科学性，哪怕得出来的结果毫无实用价值也有可能会被认为是优秀的研究成果。而西方管理实践界也是在不断追求规范化的和定量的管理模式。

中国传统管理理论则秉承了实用理性传统，不重视抽象的思辨论证、严密的逻辑推理、系统的理论建构等。相反，它特别强调理论必须具有实践的和实用的品格，注重吸取历史经验以服务于社会生活的现实利益。正因为如此，流传千古的中国传统管理思想作为一种知识体系，许多内容难以用语言概念和理论范畴来确指和表现，如道、仁、义、虚、实、形、势等。中国传统管理思想中许多重要命题往往都缺乏严格的科学论证，而是用直觉体悟的方式，并借类比外推、比喻象征的方法，以求得某种合理的诠释。中国传统管理思想各个组成部分之间也经常缺少现代科学知识体系中所具有的逻辑关系，代替这种逻辑关系的联结物往往是与中国古代哲学思想有关的一些特殊"结构"。总之，从西方管理理论所要求的工具理性和科学主义的视角看，中国传统管理思想根本不能和西方管理理论相提并论，只不过是一些支离破碎的、缺乏科学和逻辑的个人感悟而已。因此，要把握中国传统管理思想，挖掘其内在价值，就不能完全依靠西方那种科学理性的思考，更重要的是必须遵循中国传统的思维方式，使用直觉体悟的方式，依靠其价值取向在经验的范围内体悟，并把它与理性思考相结合。[1][2]

2. 组织非真实存在假设

西方管理理论认为组织是真实的存在，管理乃是关于组织的，没有组织

---

[1] 张阳、周海炜：《管理文化视角的企业战略》，复旦大学出版社，2001年。
[2] 刘长林：《中国系统思维》，中国社会科学出版社，1991年。

就没有管理。这个看似合理的东西,其实完全是一个假设。不少学者都质疑其真实性,如著名管理大师西蒙(Simon, 1964)①就反对将组织的概念具体化,反对将它作为互动的个人组成的系统之上的某种东西进行研究。支持组织是真实的观点的学者往往认为如果组织对个人拥有权力,它就是真实的。卡恩等(Kahn, etc., 1964)提出组织成员希望就职者做些什么、同谁一起做、为谁做,取决于组织自身的各种特性。尽管有人在提出希望、进行奖励,但组织的结构特征足够稳定,所以可以认为对设定职位的就职者的希望和奖励与特定的个人无关。②卡恩等人无疑希望找出关于组织是真实的这一命题的具有说服力的证据,但是他们的论述也同样可以作为反对组织是真实的命题的证据,因为他们的论述隐含着这样一个意思,即只要组织结构特征足够稳定,那么组织就是一种真实存在,当组织处于变革中时,组织则可能不是一种真实的存在。而现代企业处于一个不断变化的竞争性的环境中,变革管理和战略管理日益凸显其重要性,可以推断组织并非真实的存在这样一个假设可能更适合当代企业。

事实上,在中国古人心中只有家、国、天下的概念,组织的概念并不存在,家国虽然有差异,但是国家的秩序也是由家庭伦理关系衍生出来的,和组织概念密切相关的契约、制度、结构之类的因素则很少被考虑。即使是当代,在许多中国管理者眼中"组织"也大都可以被拆解为单个的个人与人际关系网络。他们考虑如何解决组织中的问题,往往不会从组织的目标、使命、制度、结构等方面来思考,而是习惯从人际关系网络来寻找解决的方法。可见中国传统管理理论并不接受西方管理理论中组织是真实存在的基本假设。在中国传统管理中,组织并非真实存在,组织只是个人与人际关系网络的一种表象而已。

3. 好德归利的人性假设

在中国传统管理思想中,对人性的看法似乎存在非常大的分歧,如孟子主张"性善论",荀子主张"性恶论",而韩非子则认为人都是自私自利的,各家各派的争论很多。但有一个观点却是中国古代先哲都赞同的,那就是"人性应善"。"善"是符合天道的,人做出各种行为追求"善"的过程,就是追求"天人合一"的过程。孔子关注的"仁"、孟子提倡的"义"和荀子

---

① Herbert A. Simon. On the Concept of Organizational Goal, Administrative Science Quarterly, 1964(9).

② Robert Kahn, Donald M. Wolfe, Robert P. Quinn ect. Organizational Stress: Studies in Role Conflict and Ambiguity, New York: John Wiley, 1964.

反复强调的"礼"都是为了引导人向善的工具。可见，传统管理中的人性论和西方管理理论最大的差异是其更为关注伦理层面的人性。但这并不意味着传统管理对人性的其他层面缺乏认识，具有积极出世精神的黄老道家对人性提出了非常精辟的人性"好德归利"的观点。"好德归利"有两个层面的意义：一是，人有道德意识，人有利益诉求，人既愿意做出道德行为，同时又趋向于做出自利行为；二是，发展人性的道德，将会给人带来最长远最根本的利益。"好德"与"归利"二者从长远看是完全统一的，追求二者的统一就是完成"天人合一"的历程。而从短期看，二者是存在矛盾的。为了解决这种矛盾，道德教化、制度建设以及谋略的运用等都是重要的管理手段。

"人性应善，好德归利"的人性论结合"天人合一"的思维模式，还使得中国人有这样一种观点，即人依德行、智慧的程度而与天合。德行、智慧越高与天相合的程度就越高。因此，德行高、智慧高的人是当然的管理者，而德行低、智慧低的人是当然的被管理者。这样才合乎礼，合乎理，合乎天道。反过来，管理者当然应具有比被管理者更高的德行。除此之外，人与人之间还有血缘的亲疏差异和年龄、资历的差异。所以人与人之间天生就是有德行、智慧和伦理差异的。前一种差异可以靠努力改变，而后一种差异是不可以靠自身努力改变的，一般情况下也是不应该改变的，这种差异代表了一种秩序、一种和谐和一系列的道德标准。这种认识在一定程度上导致了中国的人治传统，同时使得中国传统管理理论具有浓厚的伦理管理色彩。而西方管理者则预设人人生而平等，没有谁是当然的管理者，人人都有自己的权利，这样才合乎新教伦理。因此，人人之间形成了契约而合作。通过契约进行管理，继而走向法治。

总之，中国传统管理的人性论强调人性发展的指向是"善"，不仅关注人性是什么，更关注人性应是什么，而西方管理的人性论从来不为人性发展指出一个方向，他们只关注人性是什么，而不关注人性应该是什么。

（五）中国传统管理理论的基本框架体系

在分析了中国传统管理理论范式和基本假设之后，我们可以对中国传统管理理论的基本框架做一个分析了。从一般意义上讲，管理的过程就是人做事的过程，在这个过程中，存在着一个管理主体和一个管理客体，管理主体通过各种手段对管理客体进行协调和配置，达成一定的目标，管理主体的这种行为就是管理的过程。可见管理过程有三个基本要素，即目标、手段和依据问题。管理过程一定有一个目标指向，然后选择一定的手段，这种手段的选择依赖于某种管理价值观，而管理目标指向也依赖于管理价值观，因此，管理价值观的差异很有可能会导致管理目标指向和管理手段的差异。一般来说，任何文化下的管理都要在提升效率的同时保证方向，这是管理存在的意义。从短期看，管理者要对其他人做工作，使得他们能够协调，提高做事的效率，这在企业中就是所谓运营层面的管理问题。而从长期看，管理者还要对做事的方向负责，这在企业中就是所谓战略层面的管理问题。效率问题是一个工具命题，方向问题则是一个价值命题，针对工具命题我们有一个科学性问题，往往思考做事的方法，而针对价值问题我们则需要做较多的哲学思考，这种思考离不开价值观。以美国为代表的西方管理文化是建立在新教伦理价值观基础上的，这种价值观认为做好本职工作就是荣誉上帝，这样提高效率本身就是努力的方向，效率不仅是工具也是价值。而中国文化中价值问题是离不开人本身的，离不开天人合一的追求的，因此，提高效率不是最值得追求的，人做事的目的一定指向人本身，只有这样才可能具有真正的价值。从先秦诸子的各种相关论述可以看出，中国人做任何事情最终指向都是为了提升做人的境界，包括管理者和被管理者做人的境界，这才是管理者最值得追求的终极价值。

可见，虽然任何文化下的管理都有目标、手段问题，但是中西方管理目标的指向是不同的，中国传统管理目标指向是抽象的、长期的境界，包括做人的境界和管理的境界，而较少关注具体的任务。境界问题与管理主体密切相关，而具体的任务则更多的和管理客体相关。这也就形成了前面所述的"科学—人本主义"范式。西方管理的目标指向是做事过程中的具体的、短期的任务，而很少关注境界问题和管理的形而上学的思考。这也就形成了前面所述的"人本—科学主义"范式。从某种意义上说，西方管理理论出现所谓的管理理论丛林问题就在于其缺乏对管理哲学的形而上的思考。而中国传统管理始终不能形成一个完善的理论体系原因就在于其过分依赖于形而上、非二元对立的中国哲学内核。

由于西方管理关注的是任务的完成，所以相应的管理手段也被具体化成一系列的管理制度和流程。而这些管理制度和流程都依赖一些假设（如上述，主要有三个基本假设）而建立。而中国传统管理关注的是境界的提升，所以相应的管理手段大多数来自对哲学的思考，从哲学思考中推演出一系列的管理原则，一切管理行为都应当依据这些原则，也就是中国哲学中所谓的"功夫论"和"境界论"，而"功夫论"和"境界论"背后的依据更多的是中国人对世界、对人生的一种观念，即所谓的"道"。

根据上述，我们可以确立中国传统管理理论的基本框架体系，同时为了比较其和西方管理理论基本框架的差异，大体上可以将其表示为图2-2：

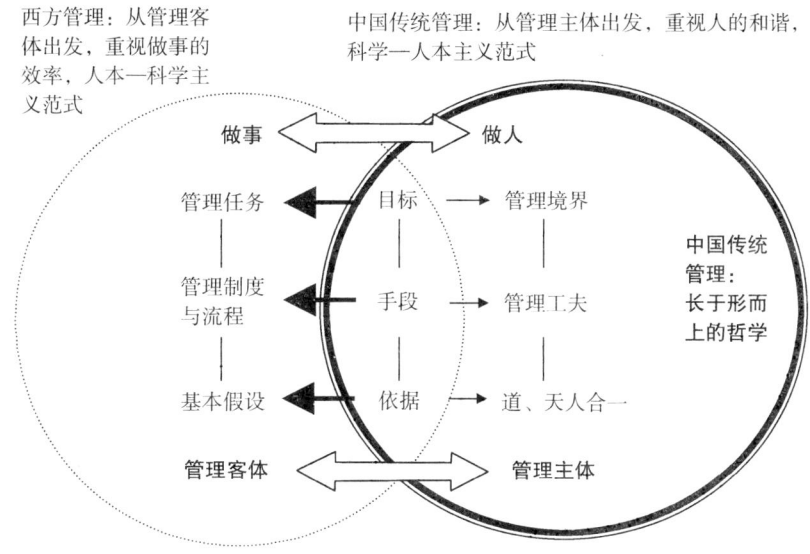

图 2-2 中西方管理理论的基本框架比较

实线圆圈中为中国传统管理理论的核心要素,也是中国传统管理理论相对于西方管理理论的优势所在。对于中国传统管理理论而言,虚线圆圈中的具体内容的存在价值,完全由管理主体对实线圆圈中内容的认识决定。管理主体的管理工夫越深、管理境界越高,就越能够很好地运用虚线圆圈中的内容。反之虚线圆圈中的内容再好也没有用,故此,不必过于关注它。

第三章 道兵家战略管理

第一节
道兵家战略管理基础

一、道兵家概述

在中国古代典籍中，兵家思想是一个开放的思想体系，它与儒、道、法等各家思想相互渗透、交融，共同形成了一个多元的、生动活泼的大文化体系。在这个思想体系中，儒、道、法三家思想对兵家思想的发展特别重要，它们从不同方面和层次上丰富、影响着"兵家"思想体系的形成与发展，最终形成了兵家的三大流派：道兵家、法兵家和儒兵家。

道兵家是中国传统兵家思想的主流，历史上流传的兵家典籍大部分反映的都是道兵家思想。其中最有名的代表人物和代表著作莫过于孙子和他的《孙子兵法》了。《孙子兵法》今存本13篇，有计、作战、谋攻、形、势、虚实、军争、九变、行军、地形、九地、火攻、用间。全书构成一个完整的理论体系，前三篇论述的是大战略思想，第四至第六篇论述的是战争艺术，最后几篇则论述与战略相关的一些特别重要的问题。《孙子兵法》的战略思想与管理思想在我国流传了2000多年，受到人们极大的推崇。唐太宗曾经说他看过很多兵书，没有超过《孙子兵法》的。茅元仪认为"前孙子者，孙子不遗；后孙子者，不能遗孙子"。《孙子兵法》还受到世界各国政治家、军事家、管理学家的重视。英国战略学家利德尔·哈特提出应将《孙子兵法》的思想精髓作为制定现代战略的理论基础，他作序的《孙子兵法》英译本，被列入联合国教科文组织汇编的"中国代表作丛书"。管理学者约翰·柯林斯说："孙子是古代第一个形成战略思想的伟大人物……他的大部分观点在我们的当前环境中仍然具有和当时同样重大的意义。"日本著名企业家大桥武夫在第二次世界大战后,由军界转入企业界,运用《孙子兵法》思想救濒临倒闭的企业于水火,并将其成功经验写成《用兵法经营》一书,引起企业管理界的巨大反响。他还成立了兵法经营事务所,几十年来,为企业作了数千次专题演讲,并写出了一部长达10卷55部的《兵法经营全书》。他以其成功的实践证明:"这种经营方式比美国企业经营更合理、更有效。"在日本管理学界中,研究《孙子兵法》的人很多,甚至有所谓管理学中的"孙子兵法学派"。日本学者占部都美特别看重《孙子兵法》中阐述的为将五德。他在《怎样当企业领导》一书中指出,一个企业领导者必须具备孙武讲的五个方面的道德修养,它在2000多年后的今天仍然是适用的。著名经济评论家、日本麦肯齐公司董事长大前研一先生则把《孙子兵法》奉为"最高的经营教科书"。他说:"经过长时间的思索和调查,我终于找到了一本教科书,这就是《孙子兵法》。"他认为:"没有哪本书能像《孙子兵法》一样为我们提供如此丰富的经营思想,每次读它,我都会涌出无限的想象力。"日本索尼公司董事长井深大直言:"索尼45年的历史,就是'以正合,以奇胜'的历史。"

道兵家的另一部重要著作《六韬》虽然没有《孙子兵法》名气大,但是其作者姜太公比孙子更加富有传奇色彩,其在历史上的影响力和功绩更是远远超过孙子。中国古代的兵法、兵书、战策、战术等一整套的军事理论学说,就其最早起源、形成体系、构成学说来看,都始于姜太公。司马迁在《史记》中说"后世之言兵,及周之阴谋,皆宗太公本谋"。在唐宋以前,姜太公被历代皇帝封为武圣,唐肃宗封姜太公为武成王,宋真宗时,又封姜太公为昭烈武成王。到了元朝时期,民间对姜太公增加了一些神话传说。到明代万历年间,许仲琳创作了小说《封神演义》,从此,姜太公由人变成了神,并且为民间广为信奉。

《六韬》一书向来以"规模阔大,本末兼该"著称,其体系之完整,内容之丰富,均为古代兵书所少见,有的外国学者称它"像一本军事百科全书"。《六韬》共六卷,约两万多字,是先秦六部经典兵书中最长的。它以周文王、周武王与姜太公对话的形式全面地论述了国家管理、军队管理和军事战略管理问题。《六韬》的道家思想比较突出,和黄老之学有着很深的渊源,全书"道"字出现72次,先后谈到了"天道"、"人道"(《发启》);"先圣之道"(《明传》);"王者之道"(《上贤》);"举贤之道"(《举贤》);"立将之道"(《明传》)等,并明确提出了最具道家色彩的"无为"思想。

比较《孙子兵法》和《六韬》,我们可以发现二者虽同为道兵家著作,但它们的风格却完全不同。《孙子兵法》基本上是在讨论军事领域的战略问题,很少关注军事之外的问题;而《六韬》则更多地关注超军事领域的大战略问题,《六韬》对如何治理国家、如何选拔人才、如何以强大的政治谋略来支持军事战略等问题都做了详细论述。如果说《孙子兵法》是军事战略方面难以逾越的理论高峰,那么《六韬》就是大战略方面难以逾越的理论高峰。

在宋朝时,《孙子兵法》和《六韬》都被列入了《武经七书》,作为当时军事学校和考选武举的基本教材,可见古人对它们的重视。此外,《武经七书》中还有一本非常有特色的道兵家兵书——《黄石公三略》(简称《三略》)。《三略》相传是秦末隐士黄石公所著。根据《史记·留侯世家》记载,黄石公为避秦世之乱,隐居东海下邳。其时张良因谋刺秦始皇未果,亡匿下邳,于下邳桥上遇到黄石公。黄石公三试张良后,授予兵书,[①] 临别时有言:"十三年后,在济北谷城山下,黄石即我矣。"张良后来以黄石公所授兵书助汉高祖刘邦夺得天下。《黄石公三略》分《上略》、《中略》和《下略》三部分,共3800余字,字数虽少,但涉及内容却异常丰富。而且《三略》是站在谋臣的立场上来讨论治国之道、竞争之道与谋臣的人生智慧的,把个人人生谋略、军事战略和国家战略紧密结合是这本书的最大特点。

// 延伸阅读 //

有一次,张良在下邳县桥上游玩,一个穿着麻布衣服的老翁,走到张良所在的地方,把自己的鞋子扔到桥下面,回头对张良说:"小子,下去把我的鞋子取上来!"张良很惊愕,想打他。看他年老,强行忍住了,下去取回了鞋子。老翁又说:"给我穿上!"张良已经替他取回了鞋子,也就跪下给他穿鞋。老翁伸着脚让张良给他穿上以后,大笑着走了。老翁走了一段路,又回来了,对张良说:"你这小子值得教诲。五天后黎明,与我在此相会。"张良非常奇怪,但却说:"好。"五天后黎明,张良来了。老翁已经先到了,很不高兴地说:"和老人约定会面,却比我迟到,为什么呢?"又走了,并说:"五天后再来。"五天后鸡刚一啼鸣,张良又来了。没想到,老翁还是比他先到,老翁大怒说:"又晚来,为什么?"又走了,说:"五天后要早来。"五天后,张良不到半夜就来了。过了一会,老翁也到了,高兴地说:"应该像这样。"老翁拿出一本书,说:"读这本书就能做皇帝的老师。十年后你将会发达。十三年后你会在济北见到我,谷城山下的黄石就是我。"于是离去,没有再说别的话。天明以后张良看这本书,原来是《太公兵法》。

[①] 当然,黄石公授予张良的兵书是《三略》还是其他的兵书,还有待考证,黄石公三试张良的故事本身就富有传奇色彩,可信度不是很高。

二、道兵家的自我管理之道

本节我们要讨论的是道兵家思想中，战略管理主体如何进行自我管理的相关观点。兵家的自我管理思想和西方管理学中的领导理论、西方心理学中的自我管理理论以及半学术性的成功学理论比较接近。兵家自我管理思想关心如何提高战略管理主体的自身素质和才能问题。一个优秀领导者的自身素质和才能对于一个组织的战略目标的实现具有不可忽视的作用，并且领导者自身的特点和行为也会对组织战略管理的整个过程造成巨大的影响。因此，组织领导者作为战略管理的主体，其自我管理的能力和方法对整个组织的战略管理无疑是不可忽视的问题。

但是令人遗憾的是，西方战略管理理论受到西方传统分析性思维的影响，割裂了战略管理主体的自我管理行为与整个组织战略管理之间的关系，只是就事论事，就企业本身来讨论企业的战略管理问题，导致理论越来越玄妙高深，可是操作却越来越不知所措。而在中国传统管理思想中，自我管理思想具有独特重要的位置，自我管理被视为管理的逻辑起点。儒家管理思想最突出的特点就是自我管理思想（常常称为修身或治身），并有一套完整的自我管理理论体系。相比较之下，兵家的自我管理思想要略显逊色，但是在兵家思想中，自我管理进而治国、治军、平天下的逻辑思路仍然非常鲜明，自我管理仍然是兵家战略管理思想的逻辑起点。

在道兵家中可以作为战略管理主体的主要有两类人：一是君；二是将。君是指国家的最高管理者，是政治战略—组织发展战略的制定者与管理者；而将是军事战略—组织竞争战略的制定者与管理者。二者分别在组织的不同层面和范围中扮演战略管理主体角色。这样两类战略管理主体，在企业等现代组织中也是存在的，如君和将的关系，在企业中可以说就是老板和经理之间的关系。老板和经理都是战略管理主体，但是他们考虑问题的层面和范围是存在差异的，老板需要考虑整个企业的发展方向，决策需要顾及企业所有成员；而经理只需要考虑自己这个部门或者子公司，决策只需顾及自己的下属团队。因此，当我们谈及兵家的治军之道时，其管理主体主要是将或者企业经理，其管理客体主要是将或者经理所率领的一个团队；而当我们谈及兵家的治国之道时，其管理主体主要是君或者企业总裁、老板，其管理客体乃是整个企业。

（一）为君之道——老板的自我管理之道

在道兵家看来，君主自我管理的目标是成为明主。道兵家的代表作《孙子兵法》多次提到明主这个词。明主就是明道之主，懂得事物发展规律的圣明的君主。在中国古代专制社会中，作为最高统治者的君主，对于战争的影响是根本性的。一个昏庸的君主，即使有着富强的国家和精兵良将，也难以打胜仗，如战国时期的赵国就是如此，赵国国力并不比秦国弱多少，还有廉颇、李牧等良将，但由于赵国国君昏庸，赵国不断被削弱，最后败亡。《六韬》认为君主的品质与才能直接决定了国家的兴衰，"君不肖，则国危而民乱，君贤圣，则国安而民治，祸福在君不在天时"。君主要通过对自我的管理，使自己成为圣明的君主，为了达到这一目标，道兵家提出君主应该努力做到以下几点：

1. 目光远大，不贪小利

《六韬》提出："夫王者之道如龙首，高居而远望，深视而审听。示其形，隐其情，若天之高不可极也，若渊之深不可测也。"作为君主应当站得高看得远，深谋远虑，并且不让别人知晓，显得高深莫测的样子，给人像天一样高、像深渊一样深的感觉。《孙子兵法》中说："爱爵禄百金，不知敌之情者，不仁之至也，非民之将也，非主之佐也，非胜之主也。"即一个领导者如果吝啬小气舍不得用高官厚禄、金银珠宝，来激励下属以及收买间谍，导致不能了解敌人的情报，那就是不仁到了极点，就不是一个好的领导者，不能获取胜利。在道兵家眼中，一个只关注眼前的蝇头小利、没有长远眼光的人，是无法做大事的，不能当将军，不能辅佐君主，更加不适合成为君主。他当了领导必定会导致组织的失败。

春秋时期的虞国国君就是因为贪小利而亡国的，当时晋国的晋献公想要扩充自己的实力和地盘，就找借口说邻近的虢国经常侵犯晋国的边境，要派兵灭了虢国。可是在晋国和虢国之间隔着一个虞国，讨伐虢国必须经过虞地。"怎样才能顺利通过虞国呢？"晋献公问手下的大臣。大夫荀息说："虞国国君是个目光短浅、贪图小利的人，只要我们送他价值连城的美玉和宝马，他不会不答应借道的。"晋献公一听有点舍不得，荀息看出了晋献公的心思，就说："虞、虢两国是唇齿相依的近邻，虢国灭了，虞国也不能独存，您的美玉、宝马不过是暂时存放在虞公那里罢了。"晋献公采纳了荀息的计策。虞国国君见到这两样珍贵的礼物，顿时心花怒放，听到荀息说要借道虞国之事时，当时就满口答应下来。虞国大夫宫之奇听说后，赶快阻止道："不行，不行，虞国和虢国是唇齿相依的近邻，我们两个小国相互依存，有事可以彼此帮助，万一虢国灭了，我们虞国也就难保了。俗话说，'唇亡齿寒'，没有嘴唇，牙齿也保不住啊！"虞公说："晋国是大国，现在特意送来美玉、宝马和咱们交朋友，难道咱们借条道路让他们走走都不行吗？"宫之奇连声叹气，知道虞国离灭亡的日子不远了，于是就带着一家老小离开了虞国。果然，晋国军队借道虞国，消灭了虢国，随后又灭了虞国。

2. 理性冷静，做事周密、谨慎

《六韬·文韬·大礼》对君主和下属的理想特点都做了描述："为上惟临，为下惟沉，临而无远，沉而无隐。""为上惟周，为下惟定。""安徐而静，柔节先定；善与而不争，虚心平志，待物以正。"即作为君主应当理性冷静地体察下情，作为下属应当驯服恭敬。君主思考要广泛周详，下属应当安分守己。君主应当理性冷静，柔和节制而胸有成竹；普遍的施与恩惠而不与人争利，谦虚谨慎而又公正无私。

鸿门宴是《史记》中一个非常有名的故事，刘邦驻军霸上，还没能和项羽相见，刘邦的左司马曹无伤派人对项羽说："刘邦想要在关中称王，让子婴做相，占尽全部珍宝。"项羽大怒，说："明天早晨犒劳士兵，给我打败刘邦的军队！"这时候，项羽的军队40万，驻在新丰鸿门；刘邦的军队10万，驻在霸上。范增劝告项羽说："沛公在山东的时候，贪恋钱财货物，喜爱美女。现在进了关，不掠取财物，不迷恋女色，这说明他的志向不在小处。我叫人观望他那里的云气，都是龙虎的形状，呈现五彩的颜色，这是天子的云气呀！赶快攻打，不要失去机会。"

楚国的左尹项伯，是项羽的叔父，一向同留侯张良友好。张良这个时候正跟随着刘邦。项伯就连夜骑马跑到刘邦的军营，私下会见张良，把事情全部告诉了他，张良马上告诉了刘邦，并且让刘邦拉拢项伯，请项伯为刘邦在项羽面前开脱，项伯就答应了。

第二天早晨刘邦来见项王，到了鸿门，向项王谢罪说："我和将军并力攻打秦国，将军在黄河以北作战，我在黄河以南作战，但是我自己没有料到能先进入关中，灭掉秦朝，能够在这里又见到将军。现在有小人的谣言，使您和我发生误会。"项王说："这是沛公的左司马曹无伤说的，要不然我怎么会这样？"项王当天就留下刘邦，和他饮酒。项王、项伯朝东坐，亚父朝南坐。亚父就是范增。刘邦朝北坐，张良朝西陪侍。范增多次向项王使眼色，再三举起他佩带的玉暗示项王，项王沉默着没有作反应。范增起身，出去召来项庄，说："君王为人心地不狠。你进去上前敬酒，敬完酒，请求舞剑，趁机把沛公杀死在座位上。否则，你们都将被他俘虏！"项庄就进去敬酒。敬完酒，说："君王和沛公饮酒，军营里没有什么可以用来作为娱乐的，请让我舞剑。"项王说："好。"项庄拔剑起舞，项伯也拔剑起舞，常常用身体像鸟张开翅膀那样掩护刘邦，项庄无法刺杀。后来，刘邦乘着上厕所的机会溜走了。刘邦回到军中，立刻杀掉了曹无伤。

人们往往关注鸿门宴上的项庄舞剑的精彩，却忽视了这场宴会后最倒霉的人——曹无伤。曹无伤本来是刘邦军中心向项羽的人，是项羽控制刘邦最好的棋子，他一番好心告诉项羽潜在的危险，希望投靠项羽，可是项羽却把他出卖了。发生了这样的事情后，可以肯定，刘邦军中再也不会有人为项羽提供消息。这就要怪项羽作为领导者，做事不周密，缺乏理性思考。当范增、曹无伤说几句话就大怒打算杀死刘邦。如果真的打算袭击刘邦，就应该保守秘密，这样才能达到出其不意、攻其不备的效果，可是他却让这个秘密泄露了。当见到刘邦后，刘邦一番辩解，他马上又改变了主意，而且为了推脱责任，还把曹无伤给出卖了，可以说项羽做事完全是凭感情冲动，没有理性思考。难怪项羽最后会落得个兵败身死的下场。

另外，孙子还提出"主不可以怒而兴师"，认为战争是关系国家生死攸关的大事，做出发动战争的决策一定要基于理性，绝不可以受情绪影响，不然将产生严重后果。企业战略管理过程中也是如此，特别是面临重大的战略问题时绝对不能凭借一时的冲动而进行决策，而应当进行理性的分析，这样才有可能做出正确合理的决策。

3. 善于纳谏，广泛听取各方面意见

《六韬·文韬·大礼》提出："勿妄而许，勿逆而拒；许之则失守，拒之则闭塞。"作为君主不要轻易答应下属的要求，不要因为下属忠言逆耳而排斥；因为如果没有经过认真的调查分析下属的要求是否合理，就轻易答应则很容易陷于被动；而因为不喜欢下属提意见的方式就加以排斥，则会导致言路闭塞。君主应当"以天下之目视，则无不见也；以天下之耳听，则无不闻也；以天下之心虑，则无不知也"。

唐太宗就是一个善于纳谏的优秀领导，有一次，唐太宗问魏征，明君和昏君怎样才能区分开？魏征答道，国君之所以圣明，是因为他能广泛地听取不同的意见；国君之所以昏庸，是因为他偏听偏信。他说，古代尧、舜是圣君，就是因为他们能广开言路，善于听取不同意见，小人就不能蒙蔽他。而像秦二世、梁武帝、隋炀帝这些昏君，住在深宫之中，隔离朝臣，疏远百姓，就听不到百姓的真正声音。直到天下崩溃、百姓背叛了，他们还不知道。采纳臣下的建议，百姓的呼声就能够上达了。魏征的这些至理名言，深深地铭刻在唐太宗的心里。从此，唐太宗便格外注意虚心纳谏。

贞观七年（633年），魏征代替王珪做侍中，加封为郑国公，不久因为生病请求辞职，太宗说："我把你从囚房之中选拔出来，委任你要职。你见我的过错，没有不谏诤的。你难道不知道金子在矿石中，有什么珍贵吗？经过良匠的反复锤炼就成为宝器，就为人珍视。我自比为金，把你当作好的工匠。你虽然有病，还不衰老，怎能让你就这样辞职呢？"魏征于是不辞职了。

4. 意志坚定

道兵家认为，很多失败的君主并非不懂得是非，而是缺乏强大的自制力。《六韬·文韬·明传》说："见善而怠，时至而疑，知非而处，此三者，道之所止也。柔而静，恭而敬，强而弱，忍而刚，此四者，道之所起也。故义胜欲则昌，欲胜义则亡，敬胜怠则吉，怠胜敬则灭。"作为君主光懂得什么是善什么是不善还不行，还应当克服自己懈怠的心理，努力激励自己向善；遇到机会时，不能疑虑，要果断抓住机会，知道自己做得不好，应该勇于改正。不然就是违背了君主之道。君主的心灵应该做到柔和而安静，做人应该谦恭而尊敬他人，强大而能自居弱小，做事坚忍而刚强，这是培养圣明君主的基本方法。君主能够克制自己欲望的诱惑积极弘扬道义，那么君主的事业就会昌盛，反之君主的事业就会消亡，能够保持积极进取的精神，毫不松懈，做事情就会吉利，反之君主做事就不会成功。

5. 居安思危

《六韬》提出，"夫存者非存，在于虑亡；乐者非乐，在于虑殃。今王已虑其源，岂忧其流乎"，并用纣王作为反面教材，要求君主保持居安思危的心态，并且提出居安思危乃是最根本的问题。居安思危一方面要求君主时时保持一种警觉的状态，把威胁消灭在萌芽中；另一方面要求君主对待战争要慎重。《孙子兵法》在开篇就说："兵者，国之大事也；死生之地，存亡之道，不可不察也。"战争是国家的大事，关系到军民的生死，国家的存亡，是不能不认真研究、不慎重考虑的。在企业组织中也存在类似的问题，企业领导者如果不知道居安思危，满足于一时的成功，就很容易被竞争对手超过、打败。

王安公司的衰败就是因为领导人缺乏居安思危的意识造成的。王安祖籍江苏昆山，于1948年获哈佛大学博士学位。不久，他发明"磁芯记忆体"，大大提高了电脑的储存能力。1956年，他将磁芯记忆体的专利权卖给国际商用机器公司，获利40万美元。雄心勃勃的王安在1964年推出最新的用电晶体制造的桌上电脑，并由此开始了王安电脑公司成功的历程。至1986年前后，王安公司达到了它的鼎盛时期，年收入达30亿美元，在美国《财富》杂志所排列的500家大企业中名列146位，在世界各地雇用了3.15万名员工。而王安本人，也以20亿美元的个人财富跻身美国十大富豪之列。

然而，20世纪80年代末期，王安公司由兴盛走向衰退。至1992年6月30日，王安公司的年终盈利降至19亿美元，比过去4年总收入额下降了16.6亿美元。同时，其市场价值也从56亿美元跌至不足1亿美元。4年前，鼎盛时期的王安公司雇员达3.15万人，现在却减至8000人。正如十几年前王安公司神奇地崛起一般，它又以惊人的速度衰败了。王安公司陷入了资金匮乏的困境中时，王安的儿子王烈仍然对公司的前景充满信心，他说："我们拥有 30 亿美元的年收入，绝不可能垮台。"

原因是复杂的。但主要还是在王安身上。晚年的王安失去了蓬勃向上的进取精神，在经营上故步自封，判断力趋向迟钝，使公司失去了原有的日新月异的优势，可谓王安公司衰落的原因之一。以他的天才，居然没有发现向更廉价和多功能化方向发展的个人电脑，必将淘汰他的功能单一的文字处理机和大体型的微机。当 IBM 等公司致力发展个人电脑之际，王安却不听下属劝告，拒绝开发这类产品。当电脑行业向更开放、更工业化、更标准化的方向发展时，王安却坚持自己老一套的专有的生产线。这时王安公司的产品不但未赶上发展兼容性高的个人电脑这一新潮流，而且失去了王安电脑原有的宝贵特征和性能。在电脑这一高科技含量且高速发展的行业中，新产品开发与市场脱离必然导致一个公司的失败。

大体上，道兵家针对君主的自我管理问题，主要提出了要成为圣明的君主这样一个目标；而成为明主的自我管理手段主要有以上五个方面。有了圣明的君主，下一步就是由圣明的君主来选拔优秀的将领作为竞争战略的管理者了。这就要看道兵家的为将之道。

（二）为将之道——主管的自我管理之道

将的自我管理目标是成为良将。如果君主选定了一个优秀的将领之后，能够做到"不御将"，即不干涉军队具体的事务，那么将就是军事战争的最高领导者，对于战争的胜败具有最直接、最根本的影响。"故将者，人之司命，三军与之俱治，与之俱乱。得贤将者，兵强国昌；不得贤将者，兵弱国亡。"（《龙韬·奇兵》）君主选到了贤能的良将，那么军队就会强大，国家就会兴盛；选不到良将，军队就会变得弱小，国家就会衰亡。那么如何才能算是一个优秀的将领呢？道兵家对将领提出以下几个方面的要求：

1. 良将应具有多种好的德行

道兵家对良将的德行特别重视，视之为君主选择良将的基本依据。道兵家的代表作《孙子兵法》对良将的德行提出了"智、信、仁、勇、严"五方面的要求。即有智慧、讲信用、有仁爱之心、有勇气、做事严谨。《六韬》对良将的德行提出了"勇、智、仁、信、忠、明、精微、常戒、强力"九个方面的要求。《六韬》在《龙韬》篇还进一步做了解释："所谓五材者，勇、智、仁、信、忠也。勇则不可犯，智则不可乱，仁则爱人，信则不欺，忠则无二心。""将不仁，则三军不亲；将不勇，则三军不锐；将不智，则三军大疑；将不明，则三军大倾；将不精微，则三军失其机；将不常戒，则三军失其备；将不强力，则三军失其职。"这两段话放在一起，就是说，作为优秀的将领，具有勇敢的品德，则下属和敌人都不敢侵犯，还能为下属树立榜样，这样打仗时军队就非常具有战斗力；将领充满智慧则遇事不会疑惑，做事情就不会显得手忙脚乱，这样下属就会因为领导者沉着有谋略而非常信赖他，遇到很危险的事情也不会心志动摇；将领具有仁爱的品德，就会关心下属，那么下属就会亲近他，愿意跟随他，为他效命；将领讲信用，下属也会效仿，不会欺上瞒下；将领忠心耿耿，下属也就没有二心。反之，如果将领没有见识，军队就会遭遇惨败；将领如果做事不精微，则军队就会失去战机；将领如果不时常保持警惕，军队也会放松戒备；将领做事如果不坚强有力，军队就会变得懈怠、玩忽职守。

很有意思的是孙子提出的五种德行和《六韬》提出的九种德行，其中有三种正好是孔子所提倡的君子之德。《论语》中说"智者不惑，仁者不忧，勇者不惧"。而且三种德行的顺序也一样。为什么对将和君子的要求如此相近呢？其实从管理的视角来看，就不奇怪了，孔子所说的君子之道，实际上就是管理者之道。而将其实也是管理者，君子一般从事的是公共管理工作，将从事的是军事管理工作，但是作为管理者，他们是相同之处多于相异之处。智者不惑，表明智者对面临的问题完全了解，对于所遭遇的情况完全能够掌控，这样不仅不会有疑惑，而且能够使自己充满信心，做到不忧不惧。

孙子把智放在首位是有特别意义的，因为在战争中，如果缺乏智慧，光有仁爱和勇气，那么就会成为妇人之仁、匹夫之勇。此外，将的各种才能如知、谋以及用间等都是建立在"智"的基础之上的，只有智将才能做到先知，并根据信息使用谋略，从而克敌制胜。所以孙子说："知兵之将，民之司命，国家安危之主也。"可见，智在《孙子兵法》中的重要性。当然勇的作用也很重要，如果光有智慧，但没有勇气去实施，再好的战略都是空的，正如克劳塞维茨所说："勇敢能够替理智和知识添翼，此种翅膀越强，也就可以飞得越高，视界也越广，结果也越佳。"

除了智和勇之外，孙子还提出信、仁、严三种德行。这三种德行主要关系到治军。《论语》中提出"民无信不立"，"信"有多种含义，大体上可以解释为信念、信心、信用和信任等，信念和信心之间有着密切的联系，有了坚定的信念，才会不懈地努力，经过不懈地努力积累了足够的实力，做事情才会有信心；信用和信任之间有着密切的关系，一个人讲信用、守信，才会赢得其他人的信任。而任何组织，无论是国家、军队、企业乃至任何团体，如果没有信任，那么这个组织将很难维持。信任是人性和世界的自明事态的本性，没有信任，人将会为各种看起来很小的事情而恐惧苦恼，哪怕是买东西，让对方找零钱，也有一个信任问题，否则我们会担心他收了钱不承认，从而不找零钱，甚至不给你所买的东西。

信念、信心、信用和信任在组织战略管理中都非常重要,组织的领导者如果没有坚定的信念,做事情就会犹豫不决,从而丧失机会,遇到困境时也不能坚持原则和方向;领导者缺乏信心,那么下属也会跟着不知所措,对领导者的能力就会产生疑虑;领导者如果不讲信用,下属也会变得两面三刀;领导者如果不能获取下属的信任,就无法顺利开展工作。可见,"信"对组织领导者的意义。

// 延伸阅读 //

守信的力量

诸葛亮四出祁山北伐时,蜀汉驻前线祁山有20万兵力,但由于后勤保障不足,前线严重缺粮。长史杨仪提出一个建议,将20万兵力分为两班,平日在前线部署10万兵力,每100天轮换一次。这样,既可解决由于运力不足带来的缺粮问题,又可以使得前线士兵保持高昂的士气,不会因长期在边境驻守而产生厌倦情绪。诸葛亮接受了杨仪的建议,下令将全军分为两班,100日一轮换,谁违令就按军法处罚谁。可是,231年早春二月,司马懿派手下大将张郃攻蜀军于卤城。这时,正值前线有4万蜀军到轮换的时间了。而前来接班的蜀军还在汉中路上。杨仪进帐对诸葛亮说,是不是暂时停止轮换?

诸葛亮断然拒绝了这个建议。他说:"不可,吾用兵命将,以信为本。既有令在先,岂可失信?且蜀兵应去者,皆准备归计,其父母妻子倚扉而望。吾今便有大难,决不留他。"他坚持让应该回家的士兵回去休整。当蜀军听说诸葛亮在敌军压境的时候,还让他们按时回家休整的消息,感动到了极点,纷纷要求留下来,打完眼下这一仗再走。全军士气高涨,最后,将张郃射杀在木门道。

"仁"是维持军队战斗力和凝聚力的重要力量,孙子提出:"视卒如婴儿,故可以与之赴深溪;视卒如爱子,故可与之俱死。"意思是说,将领把士兵当成婴儿一样来好好照顾,当成自己的孩子一样来好好爱护,那么士兵就会和将领同生共死,可见仁爱的作用。需要注意的是道兵家提倡的良将应具有的"仁"的品德,是带有智慧的"仁",并非是好好先生,也不是慈悲心肠。是组织成员整体利益至上,不计较个人得失的仁爱与勇敢。千万不要把讲人情、讲关系、心肠软当成"仁"的品质。《史记·淮阴侯列传》中韩信曾经对项羽的素质进行了评论:"项王喑噁叱咤,千人皆废,然不能任属贤将,此特匹夫之勇耳。项王见人恭敬慈爱,言语呕呕,人有疾病,涕泣分食饮,至使人有功当封爵者，印刓敝，忍不能予，此所谓妇人之仁也。"意思是说，项羽作战勇猛，但不善用将，所以是匹夫之勇；项羽对下属关爱有加，但不能给予合适的赏赐，所以是妇人之仁。

"严"是良将的另一个重要品质，要求将领做事严谨，严格执行纪律。战争关系重大，将的责任重大，为将之人一定要严谨，在军中任何事情都要做到无纰漏，因为战争过程往往只要一点小毛病就可能导致严重的后果。将领做事严谨，则管理就会严格，不允许组织规章制度随意被打破。这样组织才有执行力和战斗力。

// 延伸阅读 //

军纪严明的周亚夫

周亚夫是西汉初年名将，周勃之子。周亚夫治军就讲求严格军纪。如他要求，任何人不经允许不得进入军营半步；任何人不经允许不能在军营骑马飞驰；军人在任何时候都要穿戎装等。

一次，汉文帝临时决定到部队视察。当皇帝到来时，周亚夫的军门都尉将皇帝拦了下来。皇帝拿出古代调动军队的符节，让军门都尉转告周亚夫，他要进来慰问官兵。这时，周亚夫才下令打开军营大门。

但是，周亚夫的部下又让皇帝勒住马缰徐徐而行。到了辕门大帐，周亚夫出来，身披铠甲，头戴盔帽，拱手施礼说："臣戎装在身，不能行跪拜礼，仅以军礼相见。"文帝到周亚夫军营所发生的一切，让随行的官员感到震惊，他们认为周亚夫敢如此慢待皇帝，是大不敬，建议对他治罪。

文帝却说："这次出来走了几个军营，只有周将军的军营纪律森严，他的军营严得连我都难靠近，别说匈奴有机会偷袭他了。他才是真将军呀！"文帝死之前，对儿子刘启，也就是后来的景帝说："我死后，国家一旦有紧急军情，周亚夫可担任出征的重任！"

2. 良将应当去掉的各种缺陷

《孙子兵法》告诫将领在自我管理过程中应当注意消除五种不良的德行。"故将有五危，必死可杀，必生可虏，忿速可侮，廉洁可辱，爱民可烦。凡此五者，将之过也，用兵之灾也。覆军杀将，必以五危，不可不察也。"这五种不良的德行，表面上似乎不是坏的德行，甚至和"五德"一致，如"必死"和"勇"，"爱民"和"仁"意思都很相近。但是它们和"五德"还是有重大区别的，这个区别主要表现在"度"上，如"必死"乃是勇敢的表现，但是勇敢过头了，每次作战都冒不必要的风险，那么就很可能落入敌人的圈套而被杀。"爱民"是仁爱的表现，但是过分仁爱，打仗时就因为爱民而受到很多牵制，就容易贻误战机。廉洁是好的德行，但是过分洁身自好，则可能被侮辱所激怒而落入敌人的圈套。还有贪生怕死和情绪容易激动则是不折不扣的必须去除的不良德行。而《六韬》则进一步提出良将应当去除10种缺陷。《龙韬·论将》说："所谓十过者：有勇而轻死者，有急而心速者，有贪而好利者，有仁而不忍人者，有智而心怯者，有信而喜信人者，有廉洁而不爱人者，有智而心缓者，有刚毅而自用者，有懦而喜任人者。勇而轻死者可暴也，急而心速者可久也，贪而好利者可遗（赂）也，仁而不忍人者可劳也，智而心怯者可窘也，信而喜信人者可诳也，廉洁而不爱人者可侮也，智而心缓者可袭也，刚毅而自用者可事也，懦而喜任人者可欺也。"这"十过"，反映了将的诸种德行不是孤立的，而是相互补充、相互融合的，不能仅仅具有某一两个方面，必须兼而有之，而且比例应当协调，不能太过也不能不及，过犹不及。这正是作为将领自我管理应注意的问题，也是君主选拔将领应该注意的问题。

// 延伸阅读 //

先轸之死

春秋时期，秦国和晋国在崤山打了一场大仗，晋军大胜，晋军元帅先轸俘虏了秦军的三名主将。然而晋文公（已死，乃当时晋国国君晋襄公的父亲）的夫人（系秦国君主的女儿）向对晋襄公进言说，秦穆公对战败很恼火，如果我们把三员秦将放回去，秦穆公一定会杀死他们的，我们何必做恶人呢？而且这样做还可以为以后改善秦晋两国的关系留一条后路。晋襄公听了觉得有理，就下令把孟明视等三人放回了秦国。先轸得知消息已经晚了，他非常生气，对晋襄公发了一通脾气，指责其只听妇人的一番话，就把将士们喋血沙场抓来的俘虏轻易纵还，放虎归山。他越说越气愤，竟至啐了晋襄公一口。事情过后，晋襄公对先轸的无礼行为并没有追究。可是，先轸自己却很不自安，认为在国君面前那样意气用事，如果没有受到处罚，就应该自行处罚。同年，根据《左传》记载"狄伐晋，及箕，八月，戊子，晋侯败狄于箕，郤缺获白狄子，先轸曰，匹夫逞志于君，而无讨，敢不自讨乎，免胄入狄师，死焉，狄人归其元，面如生。"《东周列国志》中对此有更精彩的描述："时先轸在中营，闻知白部胡被获，举首向天连声曰：'晋侯有福！'遂索纸笔，写表章一道，置于案上。不通诸将得知，竟与营中心腹数人，乘单车驰入翟阵。……先轸横戈于肩，瞠目大喝一声，目眦尽裂，血流及面。白瞰大惊,倒退数十步。见其无继,传令弓箭手围而射之。先轸奋起神威,往来驰骤,手杀头目3人,兵士20余人,身上并无点伤。原来这些弓箭手,惧怕先轸之勇,先自手软,箭发的没力了。又且先轸身被重铠,如何射得进去?先轸见射不能伤,自叹曰:'吾不杀敌,无以明吾勇;既知吾勇矣,多杀何为?吾将就死于此!'乃自解其甲以受箭。箭集如猬,身死而尸不僵仆。"

先轸有勇有谋,是一个不可多得的将才,然而却存在着廉洁爱名、好勇轻死的性格缺陷。因为一件小事,却用死来证明自己的忠心与勇敢,实在可惜。他的死实为晋国的一大损失。如果晋襄公了解他的性格,预先采取措施,也许就不会发生这样的悲剧了。

3. 良将还应当有高尚的道德,对人民热爱,对君主忠心

忠信,也是《论语》中所提倡的君子在交往过程中应具有的德行。《论语》中多次提到"主忠信"。大体上,忠为下级对上级应具有的品质,信为上级对下级应有的品质。《六韬》提出"二心不可以事君,疑志不可以应敌"来说明为将者必须忠诚。虽然《孙子兵法》从未提到过"忠"字,但是孙子提出"故进不求名,退不避罪,唯民是保,而利于主"却完全是忠于国家、忠于君主的表现,而且这种"忠"不是后世封建社会所提倡的愚忠,这种"忠"更多是出于对人民的仁爱之心,对国家长治久安的深远考虑。

4. 良将应当善于保密

孙子提出"将军之事,静以幽",打仗讲究谋略、运用诡道,因此,将帅必须善于保密,不能让敌人知道自己的意图,不然任何周密的战略计划和深谋远虑都无法成功。此外,孙子要求将经常对某些事情"修之"、"警之",需要将有反思精神。《三略》说,"将谋密,则奸心闭",即将帅的策略如果保密很好,敌人刺探军情的奸细就无从下手;还说:"将谋泄,则军无势;外窥内,则祸不制,财入营,则众奸会。将有此三者,军必败。"意思是,将帅的谋略泄露了,军队就不可能占有优势;敌人刺探到内部的军情,祸患就不可遏制;来路不明的财货进入了军营,奸佞的小人就会勾结在一起。将帅如果不能杜绝这三种情况,所带领的军队必败无疑。

5. 良将要有渊博的知识

《六韬》认为一个优秀的将领应该"将必上知天道,下知地理,中知人事。"《三略》提出,将帅必须懂得政治,熟知历史,应通晓"仁贤之智,圣明之虑,负薪之言,廊庙之语,兴衰之事"。良将知识越丰富,就越有机会获取胜利,就越能够避免一些由意外带来的失败。

延伸阅读

常胜将军陈庆之的失败

南北朝时期，梁朝大将陈庆之，一生几乎从未打过败仗，但是有一次他却全军覆没。《梁书》是这样记载的："魏天柱将军尔朱荣、右仆射尔朱世隆、大都督元天穆、骠骑将军尔朱吐没儿、荣长史高欢、鲜卑、芮芮，勒众号百万，挟魏主元子攸来攻颢。颢据洛阳六十五日，凡所得城，一时反叛。庆之渡河守北中郎城，三日中十有一战，伤杀甚众。荣将退，时有刘灵助者，善天文，乃谓荣曰：'不出十日，河南大定'。荣乃缚木为筏，济自硖石，与颢战于河桥，颢大败，走至临颍，遇贼被擒，洛阳陷。庆之马步数千，结阵东反，荣亲自来追，值嵩高山水洪溢，军人死散。庆之乃落须发为沙门，间行至豫州，豫州人程道雍等潜送出汝阴。至都，仍以功除右卫将军，封永兴县侯，邑一千五百户。"

陈庆之渡到黄河以北，把守北中郎城，三日十一战，杀得敌人毫无招架之力，当敌方主帅尔朱荣正要退兵时，却为一位善观天相者说服，于是绑了木排渡河，攻取洛阳。陈庆之仍未慌乱，结好阵型东返，却遭遇嵩高县颍水泛洪，全军死散。陈庆之只好落发剃须假扮僧人，独身逃回梁都。

陈庆之用兵如神，但是对气象、洪水灾害却缺乏预测能力，这是他失败的主要原因。

上述对良将的要求，不仅是良将自我管理的主要内容，也是明君选择良将的标准。此外，道兵家还提出了选择优秀将领的具体方法。

《六韬·龙韬·选将》中说："武王问太公曰：'王者举兵欲简练英雄，知士之高下，为之奈何？'太公曰：'夫士外貌不与中情相应者十五：有贤而不肖者，有温良而为盗者，有貌恭敬而心慢者，有外廉谨而内无至诚者，有精精而无情者，有湛湛而无诚者，有好谋而不决者，有如果敢而不能者，有悾悾而不信者，有怳怳惚惚而反忠实者，有诡激而有功效者，有外勇而内怯者，有肃肃而反易人者，有嗃嗃而反静悫意者，有势虚形劣而外出无所不至、无所不遂者。天下所贱，圣人所贵，凡人莫知，非有大明，不见其际，此士之外貌不与中情相应者也。'"这段话的意思是说：武王问太公说：帝王起兵想选拔英明而有权略的人为将，并知道他的才能高下，应该怎么办？太公说：士的外表和内情不符的有15种情况：有的外似贤良而内实不肖，有的外似善良而实为盗贼，有的外似恭敬而内实不逊，有的外似谦谨而内不至诚，有的外似精干而内无才学，有的外似浑厚而内不诚实，有的外多计谋而内不果断，有的外似果断而内无作为，有的外似老实而内无信用，有的外似动摇而内实忠诚，有的言行过激而做事却有功效，有的外似勇敢而内心惧怕，有的外表严肃而内实平易近人，有的外貌严厉而内心温和厚道，有的外表虚弱、貌不惊人，但受命出使没有到不了的地方，没有完不成的任务。那些外貌不扬，而内在品质好的人，往往为天下人所看不起，却独为圣人所器重，一般人不知道他们内在的才华，非有高明的见识，是不能看清这些人的实情的。这就是士的外表和内在才华不相一致的情况。

听完姜太公这段话，周武王继续追问，该如何判断真正的人才？姜太公说有八种方法可以判断："一曰问之以言以观其辞；二曰穷之以辞以观其变；三曰与之间谍以观其诚；四曰明白显问以观其德；五曰使之以财以观其廉；六曰试之以色以观其贞；七曰告之以难以观其勇；八曰醉之以酒以观其态。八征皆备，则贤、不肖别矣。"意思是：一是提出问题，看他知道得是否详尽清楚，这可以考察他的语言表达能力和分析问题的能力；二是不停地追问他，来考察他应变的能力；三是派出间谍暗中观察他，看他是否诚实，表里如一；四是明知故问，看他有无隐瞒，借以考察他的品德；五是让他管理财物，考察他是否廉洁；六是用女色试他，看他的操守如何；七是把危难的情况告诉他，看他是否勇敢；八是用酒把他灌醉，看他是否会酒后失态。这八种考验方法都用了，一个人的贤与不贤就能区别清楚了。姜太公所说的这些方法有很重的谋略色彩，但是由于将领关系到整个战争的胜负和国家命运，多方面、多角度地考察他就显得非常必要了。对于企业组织来说，老板选择一个经理人，也是一个对整个企业影响非常重大的事情，老板除了借助当代人才测评手段之外，姜太公所说的八种方法无疑也是值得参考的手段。

有了明君和良将之后，还有一个比较重要的问题，那就是君主和将帅的关系，如果这一点处理不好，将会导致一系列严重的后果。道兵家对这个问题也做了很深刻的论述。

（三）君主与将帅之间的关系

道兵家针对君主与将帅的关系，提出了一些很重要的观点：

1. 将在外，君命有所不受

《孙子兵法》说："故君之所以患于军者三：不知军之不可以进而谓之进，不知军之不可以退而谓之退，是谓縻军；不知三军之事而同三军之政，则军士惑矣；不知三军之权而同三军之任，则军士疑矣。三军既惑且疑，则诸侯之难至矣。是谓乱军引胜。"即国君危害军队取得胜利的情况有三种：不懂得军队不可以前进而硬叫它前进，不懂得军队不可以后退而硬叫它后退，这叫牵制军队；不懂军队的内部事情而干预军事行政，就会使士兵迷惑；不懂得用兵的权谋而干预军队指挥，就会使军队怀疑。军队既迷惑而且怀疑，列国诸侯的祸患就会乘隙而来。这就是所谓乱军心，自找失败。所以《孙子兵法》进一步认为"将能而君不御者胜"。即君主应该放心大胆地让将在战争进行时自由行动，随机应变，充分发挥自己的才能，这样才能取胜。《三略》也有类似的观点："出军行师，将在自专，进退内御，则功难成。"即出兵打仗，将应该具有自行决策的权力，如果前进、后退等各种行动都要受到来自国内上级的控制，则难以建功立业。

作为领导者要完全相信下属、授权给下属是不容易的。《史记·白起王翦列传》和《东周列国志》都记录了这样一件事：战国时秦将王翦率六十万人伐楚，秦王送至灞上。王翦引卮，为秦王寿曰："大王饮此，臣有所请。"秦王一饮而尽，问曰："将军何言？"王翦出一简于袖中。所开写咸阳美田宅数处，求秦王："批给臣家。"秦王曰："将军若成功而回，寡人方与将军共富贵，何忧于贫？"王翦曰："臣老矣，大王虽以封侯劳臣，譬如风中之烛，光耀几时？不如及臣目中，多给美田宅，为子孙业，世世受大王之恩耳。"秦王大笑，许之。即至函谷关，复遣使者求园池数处。蒙武曰："老将军之请乞，不太多乎？"王翦密告曰："秦王性强厉而多疑，今以精甲六十万畀我，是空国而托我也。我多请田宅园池，为子孙业，所以安秦王之心耳。"

领导者担心下属篡夺权力并不是没有道理的，历史上为了权力、利益，为了实现个人野心而推翻甚至杀死上级领导的事例比比皆是。

// 延伸阅读 //

乱世篡权事例多

徐寿辉，元末红巾军领导人，布贩出身，被拥立为帝，国号天完。红巾军先后攻克今湖北、江西、安徽、福建、浙江、江苏、湖南的许多城市和地区。所到之处以"摧富益贫"、"弥勒佛下生"等口号发动群众，得到贫苦人民的广泛响应。

1357年正月，天完迁都汉阳，徐寿辉本人受丞相倪文俊操纵，虚有帝名。次年九月，倪文俊企图杀徐寿辉降元，事败，被部下陈友谅杀死，然而徐寿辉仍然无法掌握实权，实权被陈友谅掌握。1358年夏，陈友谅攻克龙兴（今江西南昌），徐寿辉欲往，陈友谅不从，徐寿辉决心往龙兴，至江州（今江西九江），陈友谅伏兵城外，尽杀其左右部属。陈友谅即以江州为都城，挟持徐寿辉，自称汉王，一揽大权。1360年，徐寿辉被陈友谅杀死于采石。

当时，陈友谅杀死了自己的上级，陈友谅军事上的对手朱元璋为了登基做皇帝，也用诡计杀死了自己的上级韩林儿。

正是考虑到这样一些问题，故《三略》说："豪杰秉职，国威乃弱。杀生在豪杰，国势乃竭。豪杰低首，国乃可久。杀生在君，国乃可安。"意思是，有才干、有魄力的英雄豪杰位高权重，那么君主的威望就会减弱。如果有才干、有魄力的豪杰掌握了国家官员的生杀大权，君主的权力就会荡然无存。只有有才干、有魄力的豪杰对君主恭谨服从，君主才能安稳，国家才不会发生变乱。《三略》所说的也就是人们常说的功高震主的现象，下属太能干了，如果兼功劳大、权力大，那么他的威望和权势就会盖过君主，即使他本来没有野心，也有可能被下属来"黄袍加身"，取君主之位而代之。

法家代表韩非子更是放大了这种危险，认为君主的祸患在于相信别人。太相信别人，就受到别人控制。臣子对于君主，没有骨肉之亲，只是迫于权势而不得不侍奉。所以做臣子的，窥测君主的意图，没有一会儿停止过，而君主却懈怠傲慢地处于上位，这就是世上出现劫持杀害君主事件的原因。即使是儿子也不能相信，君主如果非常相信他的儿子，奸臣就能利用他的儿子来实现自己的私利，所以李兑辅助赵王最终饿死了主父。君主如果非常相信他的妻子，奸臣就能利用他的妻子来实现自己的私利，所以优施帮助骊姬杀死太子申生而改立奚齐。既然即使是像妻子和儿子那样亲近的人还不可相信，其余的人就更没有可相信的了。

看来君主防着下属是有道理的，可是君主如果不相信下属，不充分授权给下属，又会贻误战机，导致失败。一代名将郭子仪有一次打败仗，就是因为受到君主的猜疑和制约。

这个事情发生在公元758年9月，安史之乱时期，唐肃宗命郭子仪与河东节度使李光弼、关内节度使王思礼、北庭行营节度李嗣业、襄邓节度使鲁炅中、荆南节度使季广琛、河南节度使崔光远、滑濮节度许叔冀、兴平节度使李奂共九节度使率领60万军队围攻相州，讨伐安庆绪。皇帝用宦官鱼朝恩为观军容宣慰使。以九节度使的兵力本来可以一举灭敌，但群龙无首，诸将各自为战，互不统属。鱼朝恩是监督和操纵九节度使的最高官职人员，但他根本不懂兵法，不知用兵。安庆绪在史思明的救援下，大败唐军，唐军损失严重，战马万匹只剩三千，刀枪十万几乎全部丢掉。下面是史书中对这次战役过程的描述：

光弼在军中倡议道："思明既得魏郡，尚按兵不进，明明是待我懈弛，恰好来趁我不备呢。为今日计，且由我军与朔方军，同逼魏城，与他一战，我料他鉴嘉山覆辙，必不敢轻出。这边尚有七路大军，足下邺城，邺城拔，庆绪死，再合全师攻思明，思明虽狡，也无能为了。"确是万全计策。

偏鱼朝恩硬来作梗，定要他同攻邺城，说是兵多易下，再击思明不迟。各节度又多模棱两可，没一个出来做主，徒落得你推我诿，势若散沙。自乾元元年十月围邺，直至二年正月，尚未得手。李嗣业，忍不住一腔烦恼，遂亲自扑城，城上箭如雨下，突将嗣业臂上，射中一箭，箭镞有毒，侵入肌骨，霎时间暴肿起来，痛不可忍，乃收兵回营，越宿竟致谢世。

思明煞是厉害，闻邺城危急万分，乃引兵趋救，却又一时不到城下，但遣轻骑挑战，官军出击，便即散归，官军回营，又复趋集，闹得官军日夜不安。思明更选壮士数队，扮作官军模样，四处拦截官军粮运，每见舟车运至，即上前焚掠，官军防不胜防，遂致各营乏食，均有归志。实是号令不专之弊。

思明乃引众直抵城下，与官军决战。李光弼、王思礼、许叔冀、鲁炅中四路兵马，先出交锋，鏖战了两三时，杀伤相当。鲁炅中流矢退还，子仪等乃出兵继进，甫经布阵，忽觉大风卷至，拔木扬沙，霎时天昏地暗，咫尺不辨，官军南奔，甲仗辎重，抛弃无算。

郭子仪和其他几位节度使的这次败仗，完全是因为君主对他们的不信任，派了一个不懂军事的鱼朝恩来当统帅造成的。

企业里也常常面临这样的问题，如当老板让一名重要的下属去独当一面，独立负责一块业务或者一个子公司的时候，领导到底是应当用人不疑，不去干涉，还是应当继续保持控制呢？

// 延伸阅读 //

高路华的陆强华事件

2000年11月，以在家电企业创造"陆氏模式"而闻名的陆强华离开创维加盟高路华时，此时的高路华已经是"重病缠身"：品牌形象难如尽人意、整个彩电业惨淡经营、价格不断缩水……陆强华在到任之际就举行全体干部大会，初步确定组织结构和管理体制，公司运作全面启动。在短短的一年多时间里，新高路华彩电产销达180万台，销售额18亿元，一举闯入世界六强。同时，陆强华抓紧时机，投入生产空调、洗衣机等产品，并初步进行产业布局。在一些局部市场，新高路华的空调和洗衣机等产品，已成为当地主流品牌强有力的挑战者。就在人们对陆强华的怀疑慢慢消去的时候，陆强华却给老板制造了巨大的麻烦。

高路华出现几亿元的财务问题。老板黄仕灵打算对陆强华的财务进行监管，但陆强华竟然拒不提供必要的审计协助，甚至发展到纵容负责财务的亲信"玩失踪"，最后破天荒地发展到动用社会败类进行武装抗审，企图凭借暴力将企业的财会资料用两辆卡车偷运出厂，最后在工厂保安与江门武警的强力干预下，企图才告"流产"。

有迹象表明陆强华正在通过财务和人事等手段架空其老板黄仕灵,甚至将黄赶出高路华,自己取而代之成为高路华的老板。陆强华是一位会计出身的管理者,深通财务上的种种手法,所以不论在创维,还是在高路华,陆强华都特别用心地在财务上编织一个由亲信构成的"关系网",这个关系网被黄仕灵喻为"针插不入,水泼不进"的"独立王国",连老板委派的财务监督人员都被拒之门外,黄仕灵认为,这就是其财务出现几亿元成本黑洞的根源……

可见,领导要完全相信下属是很难的,而且过于相信下属也是比较危险的。对下属进行必要的控制是完全合理的,除非经过长期考察能够肯定这个下属不会背叛自己,才能够减少监督和控制,而这样的人往往只能是领导者的老朋友、老部下或者关系非常密切的亲戚之类的人。在当今信用基础极其薄弱的我国社会中,民企老板所信任并倚重的对象往往也是这样一些人。而西方人所欣赏的职业经理人充其量只是一个"外人","外人"取得老板的信任程度往往更有一定难度。

而且老板亲朋好友的评价往往会左右其对职业经理人的评价。职业经理人在家族式的企业中要拓展自己的生存空间,除了要有职业操守外,还要有胸怀,要用自身的行动来证明:自己是靠得住的。老板在创业过程中,身边会有许许多多的伙伴、朋友。这些朋友经常都是与老板们筚路蓝缕、同启山林的功臣,他们往往与老板有着情同手足的关系。从某种程度上说,职业经理人有时在老板心目中还比不上功臣的地位高。但老板之所以要请职业经理人,往往就是这部分功臣的思维、知识结构跟不上形势的发展了,对于这些功臣,老板是"信任但却不胜任"。而空降到企业中的职业经理人往往是"胜任而不信任"。

2. 君臣双方都应注意树立"德"与"威",建立互信的关系

其实上述两难问题的根本解决之道,还是要提高君臣双方的道德品质,建立互信关系。《三略》说,"大臣疑主,众奸集聚",即大臣对君主不信任,那么他为了消除祸患,就想出各种奸谋来对付君主,这样问题就大了。君臣之间必须做到君主能够让大臣信任,大臣也能够让君主信任。要解决这个问题,《三略》认为君臣双方都要懂得立"威"树"德"。君"无德则臣叛","无威则失权",臣"无德则无以事君","无威则国弱"。同时又指出臣"威多则身蹶"。因而要求臣应多"德"少"威","威"要适可而止,才不会因功高盖主而致祸。

对于这一点,《六韬》的认识是最深刻的。《六韬·龙韬·立将》说:"将既受命,乃命太史卜,斋三日,至太庙,钻灵龟,卜吉日,以授斧钺。君入庙门,西面而立,将入庙门,北面而立。君亲操钺持首,授将其柄,曰:'从此

上至天者，将军制之。'复操斧持柄，授将其刃曰：'从此下至渊者，将军制之。见其虚则进，见其实则止，勿以三军为众而轻敌，勿以受命为重而必死，勿以身贵而贱人，勿以独见而违众，勿以辩说为必然。士未坐勿坐，士未食而食，寒暑必同。如此，则士众必尽死力。'将已受命，拜而报君曰：'臣闻国不可从外治，军不可从中御。二心不可以事君，疑志不可以应敌。臣既受命专斧钺之威，臣不敢生还。愿君亦垂一言之命于臣，君不许臣，臣不敢将。'君许之，乃辞而行。军中之事，不闻君命，皆由将出，临敌决战，无有二心。"这段话的意思是，主将接受任命之后，国君就命太史进行占卜，先斋戒三天，然后往太庙占卜，选择吉日来授权。到了这天，君主进入太庙，西面站立，主将进入庙门，北面站立。君主亲自拿着象征权力的兵器"钺"，把其柄交给将，跟他说："从这里直到天上，一切军务都由将军您定夺。"然后又拿起象征权力的另一件兵器"斧"，把其刃交给将，说："从这里直到地下深渊，一切军务都由将军您定夺。"并进一步交代告诫说："见到敌人虚弱有机可乘就前进进攻，见到敌人强大难以取胜就停止防守。不要因为自己的军队人多势众就轻敌，不要因为任务重大就拼死，不要因为自己身份尊贵而轻视他人，不要固执己见而拒绝众人的意见，不要轻信别人的花言巧语而自以为是。士兵没有坐下，不要先坐下；士兵没有吃饭，不要先吃饭；要和士兵同甘共苦，这样士兵们才会拼死效命。"将接受君主所授予的权力之后，就向君主下拜说："我听说国家大事不可以通过外部干预而处理，军中大事不可以依靠国内指示来处理。怀有二心不可以侍奉君主，心存疑虑就不可以专心对付敌人。我既然接受了权力，就会拼死效力以完成您的重托，但希望您能够答应，我在军队中能够拥有最高权力，不然我不敢接受您的重托。"君主同意后，将就辞别君主，统军出征。军中不再接受君主的命令，一切事务都由将领做主。因此，将士们临敌作战时，都不会有任何疑虑。

可以看出古人利用隆重的仪式和太庙、占卜、斋戒等形式，来让君主和将领都对授权心存敬畏，从而消除君臣双方的疑虑。

3. 战争结束后，君主必须收回兵权

《三略》针对秦汉中央集权制下军事制度的特点，提出"夫高鸟死，良弓藏；敌国灭，谋臣亡"的思想。但是《三略》的"谋臣亡"，并不是要君谋害功臣，而是通过将功臣"封之于朝，极人臣之位，以显其功"；"中州善国，以富其家"；"美色珍玩，以悦其心"等手段"夺其威，少其权"。这是一套全新的政治统治思想，它既可保证君主的权位不受威胁，又可保全功臣的身家性命及功名，对后世影响极大。如宋太祖赵匡胤杯酒释兵权就是对这个思想的应用。宋太祖（宋代第一个皇帝赵匡胤）即位后不出半年，就有两个节度使起兵反对宋朝，宋太祖亲自出征，费了很大劲儿，才把他们平定。为了这件事，宋太祖心里总不大踏实。有一次，他单独找赵普谈话，他说："自从唐朝末年以来，换了五个朝代，没完没了地打仗，不知道死了多少老百姓。这到底是什么道理？"赵普说："道理很简单。国家混乱，毛病就出在藩镇权力太大。如果把兵权集中到朝廷，天下自然太平无事了。"赵普又对宋太祖说："禁军大将石守信、王审琦两人，兵权太大，还是把他们调离禁军为好。"宋太祖说："你放心，这两人是我的老朋友，不会反对我。"赵普说："我并不担心他们叛变。但是据我看，这两个人没有统帅的才能，管不住下面的将士。有朝一日，下面的人闹起事来，只怕他们也身不由己呀！"宋太祖听后默然不语。

过了几天，宋太祖在宫里举行宴会，请石守信、王审琦等几位老将喝酒。酒过几巡，宋太祖命令在旁侍候的太监退出。他拿起一杯酒，先请大家干了杯，说："我要不是有你们帮助，也不会有现在这个地位。但是你们哪儿知道，做皇帝也有很大难处，还不如做个节度使自在。不瞒各位说，这一年来，我没有一夜睡过安稳觉。"石守信等人听了十分惊奇，连忙问这是什么缘故。宋太祖说："这还不明白？皇帝这个位子，谁不眼红呀？"石守信等听出话音来了。大家着了慌，跪在地上说："陛下为什么说这样的话？现在天下已经安定了，谁还敢对陛下三心二意？"宋太祖摇摇头说："对你们几位我还信不过？只怕你们的部下将士当中，有人贪图富贵，把黄袍披在你们身上。你们想不干，能行吗？"石守信等听到这里，感到大祸临头，连连磕头，含着眼泪说："我们都是粗人，没想到这一点，请陛下指引一条出路。"宋太祖说："我替你们着想，你们不如把兵权交出来，到地方上去做个闲官，买点田产房屋，给子孙留点家业，快快活活度个晚年。我和你们结为亲家，彼此毫无猜疑，不是更好吗？"石守信等齐声说："陛下为我们想得太周到啦！"酒席一散，大家各自回家。第二天上朝，每人都递上一份奏章，说自己年老多病，请求辞职。宋太祖马上照准，收回他们的兵权，赏给他们一大笔财物，打发他们到各地去做禁军职务。

《三略》所提出的这个思想，虽然是为封建统治者"存社稷，罗英雄"服务的，但在现代企业战略管理中，其实也存在这样的问题，一旦企业度过了一个发展阶段，某些元老可能不再适合担任企业的一些重要职位，企业老总就需要想办法收回这些职位。

// 延伸阅读 //

奥康的"杯酒释兵权"

奥康集团是一家拥有10亿多元资产，以皮鞋为主业，并涉足房产、商贸开发、生物制药、金融投资领域的全国民营百强企业。公司现有员工 1 万多人，拥有三大生产基地、30 多条国际一流的生产流水线，年产皮鞋 1000 多万双。在全国设立了 30 多个省级分公司、2000 多家连锁专卖店、800 多处店中店。在意大利、西班牙、美国、日本设立了国外分公司。同时，在温州、广州及米兰设立三个鞋样设计中心，每年开发出 3000 多个新品种，保持奥康集团产品始终走在潮流的前列。

2001 年春节前的一天中午，在温州市一家有名酒店的餐厅，奥康集团老板王振滔大摆宴席，召集了和奥康有关系的所有亲戚在这里吃饭。上的菜很特别，更让人想不到的是，他在这里上演了一幕现代版的"杯酒释兵权"。

这顿饭的菜谱也安排得别有用意，像象拔蚌、三文鱼、生吃的龙虾，几乎所有的菜都是生吃的。最后加了一个热菜，馒头。刚开始大家还没有注意到全是生吃，到最后馒头一上来的时候，他们几乎都没笑容了。

在场的亲戚们，心里七上八下地吃完了饭。宴席之后，众人又被王振滔请到了一个会议室。王振滔对亲戚们说，毫无疑问，走过的历程当中我发现很多亲戚是不利于我们企业发展的，影响了我们这个品牌、影响了质量。再这样下去的话，几年以后也许这个品牌就没了，可能就发展不了了。以后只要跟鞋有关系的东西，亲戚这块就不要介入了。除了鞋之外的，其他方面我都可以帮助你们。

所有的亲戚都明白了，王振滔的这次大摆宴席，上演的就是一幕"杯酒释兵权"。王振滔正是通过一顿"生吃"，解除这些亲戚们和奥康的关系。

原来，在奥康，不仅在企业里各个部门到处都是王振滔的亲戚，甚至奥康的皮料、鞋底、包装盒等的供货商，也都是王家的亲戚。亲戚、元老太多，给管理带来了诸多困难。有一次专门负责给奥康供应鞋盒的外甥送来的包装盒印刷质量不够标准，被要求坚决退回，这引来了舅舅的坚决反对。王振滔舅舅过来说，皮鞋做好，包装差一点无所谓，两个人就吵了起来。王振滔没办法只好请母亲帮忙，母亲站在儿子的一边。最终，舅舅家的孩子选择了退出奥康集团供货商的队伍。

这件事之后，王振滔开始检查自己企业里的一些与亲戚们有关的部门，结果让他大吃一惊。原来，所有重要、关键的供货者都是由亲戚们把持着，由于是这样的关系，价格、质量等都让其他外来的员工无法很好地管理。以次充好时有发生。这种情形让王振滔暗暗下了一个决心，于是就有了上述一场生吃宴。

一顿生吃之后，王振滔开始用和三舅舅发生的包装盒事件开始讲起。一件件有违质量标准的事情被拎了出来，下面坐着的亲戚供应商以及在公司工作的亲戚如坐针毡。

这次之后，王振滔的小舅舅缪彦枢彻底退出了奥康的销售主管的位置。外甥徐建亮因为擅长研发，被保留在奥康的研发中心。所有给公司提供原料的也从此不再供货，而是采用招标的方式。从此，奥康集团开始迅猛发展起来。

三、道兵家的治军之道

正如前面所说，当我们谈及兵家的治军之道时，其管理主体主要是将或者企业经理，其管理客体主要是将或者经理所率领的一个团队；兵家治军之道和团队管理之道有着诸多相似之处，理解兵家的治军之道，对于企业领导者管理队伍有着重要意义。著名企业家柳传志曾经说，管理基础就是三件事：搭班子、定战略、带队伍。带队伍其实就是治军，治军之道就是领导者如何训练出一支训练有素的能够打胜仗的优秀队伍。道兵家认为，一支优秀的队伍应该具有以下几个特征：

首先，军队上下统一思想意志，并保持良好的斗志。即所谓的"上下同欲者胜""齐勇如一"；《文韬·兵道》指出："凡兵之道，莫过于一。一者，能独往独来。"一个组织面对激烈的竞争时，最糟糕的不是竞争对手多么强大、形势多么严峻，而是组织内部不统一，相互拆台，内讧，这样用不着对手的攻击，自己就先垮台了。《六韬》中讲一支优秀的队伍应该具有的精神面貌是："故三军之众，闻鼓声则喜，闻金声则怒。高城深池，矢石繁下，士争先登。白刃始合，士争先赴。"意思是说军队士兵们，听到了进攻的战鼓声就非常高兴，听到了后退的鸣金声就生气。遇到高大的城墙和深宽的护城河的阻挡，同时守城的敌人不停地抛石头、放箭下来，士兵们仍然争先恐后地去攻城，短兵相接时，勇往直前。

其次，就是要能够相互之间很好地配合。孙子提出"故善用兵者，譬如率然"，并解释说，率然乃是一种蛇，无论攻击它的头、尾或者中间，它都会用其他没有受到攻击的部位去保护受到攻击的部位。

最后，就是军队行动要迅速、保密。《孙子兵法》说："故其疾如风，其徐如林，侵掠如火，不动如山，难知如阴，动如雷震。"意思是一支优秀的军队，动作迅速时像狂风一样，动作缓慢时像森林一样，攻击敌人时就像火一样，岿然不动时就像山一样，隐藏时就像阴云一样，战斗时就像雷霆一样。

那么怎样才能拥有这样一支军队呢？道兵家提出了一些重要的治军手段。

（一）"务揽英雄之心"——组织管理的关键在于得人才之心

道兵家的重要著作《三略》开篇即提出："夫主将之法，务揽英雄之心，赏禄有功，通志于众。故与众同好，靡不成；与众同恶，靡不倾。"作为一支军队的主将,最根本的就是要赢得队伍中"英雄"人物的心。什么是"英雄"呢?中国古代人才学家刘劭在其著作《人物志》中说,英是"聪明秀出",雄是"胆力过人"。"聪"就是要有创意、要有谋略;"明"就是要善于发现机会并能够准确判断确实是个机会;"胆"就是能够果断决策并能够付诸于实施;"力"就是要力气大,武艺高,这在冷兵器时代非常重要,今天企业人员不必一定要力气大,会武艺,但可以将"力"理解为精力旺盛,专业技术高超。仅仅有英的"聪明"素质,没有"胆"的要素,还不能称为英才,英才必须是"聪能谋始,明能见机,胆能决之"之才;而仅有"胆力"素质,没有"智"的要素的也不能称作雄才,雄才必须是"气力过人,勇能行之,智足断事"之才。

在西方团队管理理论中,对于一个团队中应具有哪些类型的人才这个问题,人们进行了广泛的研究,提出各种理论,各有道理,让人难以取舍。但是一个优秀的团队中肯定不能少"英才"和"雄才"这两种人才,这两种人才是关键而不可或缺的。正如《三略》所说:"英雄者,国之干;庶民者,国之本。得其干,收其本,则政行而无怨。"这两种人才是一支队伍的主干,团队中有了这两种人才,其他类型的人才就容易获得了。

要获取这两种人才之心,《三略》认为主将对"英雄"应该"使贤如腹心",并且要"获城割之,获地裂之,获财散之",依功进行封赏,同时"赏功不逾时";还要和他们同好同恶。不过光有这些其实还不够,关键还在于提高自身素质,如果自身素质太差,就无法驾驭这两类关键的优秀人才,刘劭就认为成大业者必须"一人之身,兼有英雄",方能"役英与雄";"能役英与雄,故能成大业也"。而提高自身素质主要还得依靠将帅的自我管理。

(二)领导身先士卒,起到表率作用

道兵家治军强调领导对下属的模范带头作用,领导应该和下属同甘共苦。《六韬·龙韬·励军》说:"将冬不服裘,夏不操扇,雨不张盖,名曰礼将。将不身服礼,无以知士卒之寒暑。出隘塞,犯泥涂,将必先下步,名曰力将。将不身服力,无以知士卒之劳苦。军皆定次,将乃就舍,炊者皆熟,将乃就食,军不举火,将亦不举,名曰止欲将。将不身服止欲,无以知士卒之饥饱。将与士卒共寒暑、劳苦、饥饱。"作为将领冬天不应该穿贵重的皮衣,夏天不应该让人给他打扇,下雨不应该让人给他撑伞,能够做到这些就是礼将。《三略》也提出了类似的观点:"夫将帅者,必与士卒同滋味而共安危,敌乃可加(与敌交锋)。"具体提出:"军井未达(挖掘出水),将不言渴;军幕未办,将不言倦;军灶未炊,将不言饥。"《三略》认为领导者若做到这些,其部下便能"可合而不可离,可用而不可疲"。

(三)"令素行"——提升执行力

道兵家对如何提升组织的执行力做了深入的探讨,认为提升组织的执行力关键在于平时的培养。《孙子兵法》提出:"令素行以教其民,则民服;令素不行以教其民,则民不服。令素行者,与众相得也。""令素行"就是要平素治理军队时,法令的推行绝不打折扣,必须严格执行命令,久而久之,士兵就会养成服从的习惯。如果法令的推行经常打折扣,在某些人面前能够执行,在某些与将帅有特殊关系的人或者权贵面前法令不能执行,那么就是令不素行,这样老百姓就不能信服,就会造成领导者威信下降,得不到人民群众的拥护支持。只有让任何人都遵守法令,大家才会对法令信服,才会对领导者拥护,产生"与众相得"的良好局面。《六韬》进一步令素行的作用和应用:"将以诛大为威,以赏小为明,以罚审为禁止而令行。故杀一人而三军震者,杀之;赏一人而万人说者,赏之。杀贵大,赏贵小。杀及当路贵重之臣,是刑上极也;赏及牛竖,马洗、厩养之徒,是赏下通也。刑上极,赏下通,是将威之所行也。"也就是说作为一名领导者,应该做到令行禁止,在下属心目中树立威严和明察秋毫的形象,处罚一个人如果能够让大家都感觉到震撼,从而不犯类似的毛病,那么就要坚决处罚这个人,如果奖励一个人能够让大家都感觉到高兴,那么就一定要奖励他。所以,进行处罚应该针对位高权重而违反法令的人,这叫作处罚无所不及,什么人都不能搞特殊化,这样敢于违反法令的人才会少,处罚也会很少。奖赏应该针对身份低微的人,这叫作奖赏无所不到,任何人只要有功劳就可以得到奖赏。这样大家就会努力工作,追求奖励。《三略》指出:"军以赏为表,以罚为里。"尤其强调应把"崇礼"和"重禄"结合起来,指出:"礼者,士之所归;赏者,士之所死。招其所归,示其所死,则所求者至。"《三略》认为:"将之所以威者,号令也。"将帅的权威来自于军令的严格执行,军令绝对不能随意变革,所谓"将无还令,赏罚必信,如天如地,乃可御人"。

(四)"练士"——搞好员工培训

道兵家对于培养组织成员非常重视,他们一般称为"练士之道",也就是如何精选精兵强将,进行严格的训练。《六韬》提出:"军中有大勇、敢死、乐伤者,聚为一卒,名曰冒刃之士。"可见,道兵家对于组织成员培训深有心得,要根据成员的性格特征将他们分类培训,使之成为具有特殊才能的人。《六韬》还提出:"使一人学战,教成,合之十人;十人学战,教成,合之百人;百人学战,教成,合之千人;千人学战,教成,合之万人;万人学战,教成,合之三军之众。大战之法,教成,合之百万之众。"这段话和六西格玛管理培训体系中的绿带、黑带、大黑带层层指导的运作流程,可以说没什么不同。

(五) 搞好分工,建立人才团队

道兵家早就意识到一个组织要获得成功必须要合理分工,形成良好的人才结构和人才团队。《六韬》提出:"命在通达,不守一术。因能授职,各取所长,随时变化,以为纲纪。故将有股肱羽翼七十二人,以应天道。备数如法,审知命理,殊能异技,万事毕矣。"也就是说军队要打胜仗光靠某一个人是不行的,因此将帅应当根据职能和人才特长来进行分工,建立起人才团队,以应付各种情况变化。《六韬》还进一步说明了在军队中比较典型、合理的人才结构的方法:"腹心一人,主赞谋应卒,揆天消变,总揽计谋,保全民命;谋士五人,主图安危,虑未萌,论行能,明赏罚,授官位,决嫌疑,定可否;天文三人,主司星历,候风气,推时日,考符验,校灾异,知人心去就之机;地利三人,主三军行止形势,利害消息,远近险易,水涸山阻,不失地利;兵法九人,主讲论异同,行事成败,简练兵器,刺举非法;通粮四人,主度饮食,蓄积,通粮道,致五谷,令三军不困乏;奋威四人,主择才力,论兵革,风驰电掣,不知所由;伏旗鼓三人,主伏旗鼓,明耳目,诡符节,谬号令,阐忽往来,出入若神;股肱四人,主任重持难,修沟堑,治壁垒,以备守御;通材三人,主拾遗补过,应偶宾客,论议谈语,消患解结;权士三人,主行奇谲,设殊异,非人所识,行无穷之变;耳目七人,主往来听言视变,览四方之事、军中之情;爪牙五人,主扬威武,激励三军,使冒难攻锐,无所疑虑;羽翼四人,主扬名誉,震远方,摇动四境,以弱敌心;游士八人,主伺奸候变,开阖人情,观敌之意,以为间谍;术士二人,主为谲诈,依托鬼神,以惑众心;方士二人,主百药,以治金疮,以痊万病;法算二人,主计会三军;营壁、粮食、财用出入。"具体说来主要有以下几类人员:一是心腹之人,相当于领导的助手;二是谋士,相当于军队中负责内部事务的官员;三是懂得天文地理的人;四是懂得兵法的人;五是负责后勤的人;六是突击部队;七是迷惑敌人的机动部队;八是工程部队;九是思想工作人员;十是参谋人员;十一是情报人员;十二是内部和外部宣传人员;十三是间谍人员;十四是装神弄鬼的人员;十五是医疗人员;十六是财务人员等等。可见,道兵家对于一支优秀队伍的结构是有很深入研究和极其丰富经验的。不过这样的一个人才结构对于军事组织比较具有参考价值,但对于企业来说,还需要根据企业自身特点进行变更。

我们可以把《六韬》的人才团队建设思想和西方的团队角色理论做一个比较,或许能够有更深入的启发。团队成员需要不同角色,如果所有成员都只适合或只愿意扮演一两种角色的话,那么团队就很难成功。Trompennars 认为团队中应该具有九种不同类型的角色。

第一，幼苗：观点的产生者、创新者，团队中只需一两个这样的角色。

第二，塑造者：产品的倡导者；为新观点的实施提供动力，通常是团队的领导，如企业家。

第三，资源调查者：善于发现机会和开发利用新资源的人，他们具有战略眼光和足够的敏感性，然而这种人太多也会分散团队注意力。

第四，协调者：把团队组织在任务周围，安排在工作日程之中的人；他们善于组织工作和任务的分配。

第五，专家：解决产品中技术难题的人；但是他们往往会因为自己的出色技术能力而轻视那些没什么技术的人，而破坏团队精神。同时专家往往对市场不太敏感。

第六，执行者：把观念具体化为产品或服务的人，他们往往非常现实，乐于接受别人的任务，但是往往缺乏想象力和创新精神。

第七，团队工作者：把其他角色凝聚在一起，解决冲突和矛盾，弘扬团队精神的人；但是如果团队中这种人过多，也可能掩盖团队内部矛盾。

第八，监督评价者：善于发现产品或工作中问题和错误的人；这种人过多可能会打击团队士气和团队创新精神。

第九，完工润色者：重视细节的人，他们往往是完美主义者，有时可能会钻牛角尖，过分追求完美而导致失去效率和机会。

英国学者贝尔宾经过多年研究与实践，提出一支结构合理的团队应该由八种人组成，这八种团队角色分别为：

第一，实干家CW：其典型特征是：保守、顺从、务实、可靠。优点是：有组织能力、实践经验、工作勤奋、有自我约束力。缺点是：缺乏灵活性；对没有把握的主意不感兴趣。在团队中的作用是：把谈话与建议转换为实际步骤；考虑什么是行得通的，什么是行不通的；整理建议，使之与已经取得一致意见的计划和已有的系统相配合。

第二，协调员CO：其典型特征是：沉着、自信、有控制局面的能力。优点是：对各种有价值的意见不带偏见地兼容并蓄，看问题比较客观。缺点是：在智能以及创造力方面一般。在团队中的作用是：明确团队的目标和方向；选择需要决策的问题，并明确它们的先后顺序；帮助确定团队中的角色分工、责任和工作界限；总结团队的感受和成就，综合团队的建议。

第三，推进者SH：其典型特征是：思维敏捷；开朗；主动探索。优点是：有干劲，随时准备向传统、低效率、自满自足挑战。缺点是：好激起争端，爱冲动，易急躁。在团队中的作用是：发现团队讨论中可能的方案；使团队内的任务和目标成形；推动团队达成一致意见，并朝向决策行动。

第四，智多星 PL：其典型特征：有个性；思想深刻；不拘一格。优点是：才华横溢；富有想象力；智慧；知识面广。缺点是：高高在上；不重细节；不拘礼仪。在团队中的作用是：提供建议；提出批评并有助于引出相反意见；对已经形成的行动方案提出新的看法。

第五，外交家 RI：其典型特征是：性格外向；热情；好奇；联系广泛；消息灵通。优点是：有广泛联系人的能力；不断探索新的事物；勇于迎接新的挑战。缺点是：事过境迁，兴趣马上转移。在团队中的作用是：提出建议，并引入外部信息；接触持有其他观点的个体或群体；参加磋商性质的活动。

第六，监督员 ME：其典型特征是：清醒；理智；谨慎。优点是：判断力强；分辨力强；讲求实际。缺点是：缺乏鼓动和激发他人的能力；自己也不容易被别人鼓动和激发。在团队中的作用是：分析问题和情景；对繁杂的材料予以简化，并澄清模糊不清的问题；对他人的判断和作用做出评价。

第七，凝聚者 TW：其典型特征是：擅长人际交往；温和；敏感。优点是：有适应周围环境以及人的能力；能促进团队的合作。缺点是：在危急时刻往往优柔寡断。在团队中的作用是：给予他人支持，并帮助别人；打破讨论中的沉默；采取行动扭转或克服团队中的分歧。

第八，完美主义者 FI：其典型特征是：勤奋有序；认真；有紧迫感。优点是：理想主义者；追求完美；持之以恒。缺点是：常常拘泥于细节；容易焦虑。在团队中的作用是：强调任务的目标要求和活动日程表；在方案中寻找并指出错误、遗漏和被忽视的内容；刺激其他人参加活动，并促使团队成员产生时间紧迫的感觉。

西方学者提出的团队角色理论还有很多，通过上述两个例子可以看出西方学者的研究比较细致，但是却不容易记忆和把握要点，适合专业人士学习使用。

四、道兵家的治国之道

道兵家的治国之道，主要体现在《六韬》、《三略》中。道兵家治国思想博大精深，丝毫不亚于那些专门研究治国思想的儒家、道家、法家著作。从某种意义上看，《六韬》、《三略》不仅仅是兵书，也是治国安邦的重要政治著作，其治国思想体系大体上属于黄老道家。

《三略》中描述了治国的四个境界，即皇、帝、王、霸。它说："夫三皇无言而化流四海，故天下无所归功。帝者，体天则地，有言有令，而天下太平。君臣让功，四海化行，百姓不知其所以然。故使臣不待礼赏有功，美而无害。王者，制人以道，降心服志，设矩备衰，四海会同，王职不废。虽有甲兵之备，而无斗战之患。君无疑于臣，臣无疑于主，国定主安，臣以义退，亦能美而无害。霸者，制士以权，结士以信，使士以赏。信衰则士疏，赏亏则士不用命。"意思是，远古三皇为政治理天下，没有什么说教，天下的人心风俗良好。所以，天下的人也不知道将功劳归于他们。这是最高的治国境界。上古五帝为政治理天下，效法自然，既有说教，又立法令，使天下太平无事。君臣相互谦让，没有人争夺功劳，四海之内统一教化、统一风俗，平民百姓也不知道为什么天下如此化一。所以，在当时，驱使臣下，不必礼请，也不必赏赐有功之人，君臣相处，完美和谐，没有丝毫利害关系。这是仅次于前者的伟大治国境界。到了三王时代，用人与人之间相亲的常道来管理天下百姓，人们甘心受法律的约束、服从统一的管理。建立法规以防止世衰民乱，天下诸侯都来朝见天子，这样君主的权力就不会衰落。因此，虽然设有军队武装，但并没有战争之患。君主信任大臣，大臣也不怀疑君主。国家太平，君权也很稳固，大臣以国家利益为重，到时候告老致仕，这也算是一种完美无缺的治国境界了。到了诸侯争霸的时代，君主治国多以权术来驾驭士人，用信誉来团结士人，用赏赐来驱使士人。如果君主不守信用，士人就会疏远他；如果君主赏赐太少，士人就不会听从命令。在道德衰微的世道，能够达到这种治国境界也算不错了。

道兵家认为在世道衰微、人心不古的情况下，"皇"、"帝"的治国境界基本上不太可能达到了，只有先达到"霸"的治国境界，然后再慢慢向"王"的治国境界推行。而要达到"霸"、"王"的治国境界，道兵家提出了非常系统的治国理论。下面我们从治国的依据、基本思路、原则和基本手段等几个方面来谈道兵家的治国之道。

（一）道兵家治国的依据与基本思路

道兵家秉承中国传统的实用理性精神，从考察人性出发，建立了自己的管理理论体系。我们知道人性论是管理理论的起点，任何管理学者都不能不思考这个问题。管理的核心是对人的管理，要对人进行管理，就离不开对人性的认识，人性假设是管理理论赖以建立的基本假设。

西方管理理论在其发展的短短 100 多年历程中，产生了各种人性假设，如经济人假设、社会人假设、自我实现人假设、文化人假设等，几乎每一种人性假设的提出都会同时提出一个新的管理理论。表面上好像西方管理理论发展迅猛，实际上却表明西方管理理论界对人性假设研究尚不成熟。有学者指出，"当前西方管理学中的各种人性假设都在不同程度和不同方式上具有片面性、孤立性、静态性、实体性、超验性和抽象性"。① 西方管理学者们很少吸收哲学界那些博大精深的研究成果去探讨人性假设问题，直到后现代管理理论出现才略有改变。而后现代管理理论更多地被视为一种哲学研究，在西方主流管理学界仍然缺乏足够的话语权。这应该说和西方人过于强调专业分工不无关系。西方管理学家往往哲学造诣有限，而西方哲学家却又很少从形而上的研究中走出来，去关注与实践紧密结合的管理理论。

延伸阅读

西方管理学者对人性的认识概述

西方管理学者对人性的认识经历了一个不断发展、不断深化的过程。

（一）经济人假设与 X 理论

经济人也称为理性经济人，是古典管理理论对人的看法，即把人当作"经济动物"来看待，认为人的一切行为都是为了最大限度地满足自己的私利，工作目的只是为了获得经济报酬。经济人假设源于亚当·斯密（Adam Smith）的关于劳动交换的经济理论。他认为人的本性是懒惰的，必须加以鞭策；人的行为动机源于经济和权力维持员工的效力和服从。对应"经济人"假设的管理观念就是 X 理论，X 理论的基本观点如下：①多数人天生是懒惰的，他们都尽可能逃避工作；②多数人都没有雄心大志，不愿负任何责任，而心甘情愿受别人的指导；③多数人的个人目标都是与组织目标相矛盾的，必须用强制、惩罚的办法，才能迫使他们为达到组织的目标而工作；④多数人干工作都是为满足基本的生理需要和安全需要，因此，只有金钱和地位才能鼓励他们努力工作；⑤人大致可分为两类，多数人都是符合上述设想的人，另一类是能够自己鼓励自己，能够克制感情冲动的人，这些人应负起管理的责任。

根据"经济人"的假设而采取相应的管理策略，可以归纳为以下三点：

（1）管理工作重点在于提高生产率、完成生产任务，而对于人的感情和道义上应负的责任则无关紧要。简单地说，就是重视完成任务，而不考虑人的情感、需要、动机、人际交往等社会心理因素。从这种观点来看，管理就是计划、组织、经营、指导、监督。这种管理方式叫作任务管理。

（2）管理工作只是少数人的事，与员工群众无关。员工的任务是听从管理者的指挥，拼命干活。

（3）在奖励制度方面，主要是用金钱来刺激员工的生产积极性，同时对

---

① 刘友红：《对西方管理学中人性假设误区的文化哲学思考》，《学术月刊》2004 年第 10 期。

消极怠工者采取严厉的惩罚措施，即"胡萝卜加大棒"的政策。

（二）社会人假设

社会人假设是由霍桑实验的主持者梅奥提出的。假设认为人与人之间的关系对于激发动机、调动员工积极性是比物质奖励更为重要的。从"社会人"的假设出发，管理者应采取和"经济人"假设不同的管理措施，主要有以下几点：

（1）管理人员不应只注意完成生产任务，而应把注意的重点放在关心人和满足人的需要上。

（2）管理人员不能只注意指挥、监督、计划、控制和组织等，而更应重视员工之间的关系，培养和形成员工的归属感和整体感。

（3）在实际奖励时，提倡集体的奖励制度，而不主张个人的奖励制度。

（4）管理人员的职能也应有所改变，他们不应只限于制订计划、组织工序、检验产品，而应在员工与上级之间起联络人的作用。既要倾听员工的意见和了解职工的思想感情，又要向上级呼吁、反映。

（5）提出"参与管理"的新型管理方式，即让员工和下级不同程度地参加企业决策的研究和讨论。

社会人假设把管理重心从以工作任务为中心转移到以员工为中心，在管理思想与管理方法上前进了一步。企业实行员工参与管理，满足员工一些需要，在企业中确实起到了缓和劳资矛盾的效果，提高了劳动生产率。

（三）自我实现人假设与Y理论

自我实现人的概念是马斯洛提出来的。马斯洛认为：人类需要的最高层次就是自我实现，每个人都必须成为自己所希望的那种人，"能力要求被运用，只有潜力发挥出来，才会停止吵闹"。这种自我实现的需要就是"人希望越变越完美的欲望，人要实现他所能实现的一切欲望"。具有这种强烈的自我实现需要的人，就叫"自我实现人"，或者说最理想的人就是"自我实现人"。

马斯洛通过对社会知名人士和一些大学生的调查，指出自我实现人具有15种特征，如敏锐的观察力、思想高度集中、有创造性、不受环境偶然因素的影响、只跟少数志趣相投的人来往等。但他也承认，在现实中这种人极少，多数人不能达到自我实现人的水平，是由于社会环境束缚，没有为人们自我实现创造适当的条件。麦格雷戈总结并归纳了马斯洛等人的观点，结合管理问题，提出了Y理论。其基本内容如下：

第一，工作中的体力和脑力的消耗就像游戏休息一样自然。厌恶工作并不是普通人的本性。工作可能是一种满足（因而自愿去执行），也可能是一种处罚（因而只要可能就想逃避），到底怎样，要看可控制的条件而定。

第二，外来的控制和处罚的威胁不是促使人们努力达到组织目标的唯一手段。人们愿意实行自我管理和自我控制完成应当完成的目标任务。

第三，致力于实现目标是与实现目标联系在一起的报酬在起作用。报酬是各种各样的，其中最大的报酬是通过实现组织目标而获得个人自我满足、自我实现的需求。

第四，普通人在适当条件下，不仅学会了接受职责，而且还学会了谋求职责。逃避责任、缺乏抱负以及强调安全感，通常是经验的结果，而不是人的本性。

第五，大多数人，而不是少数人，在解决组织的困难、问题时都能发挥较高想象力、聪明才智和创造性。

第六，在现代工业化社会的条件下，普通人的智能潜力只得到了部分的发挥。

如果对人性持有"自我实现人"假设的话，那么管理方式将有较大的变化：

(1) 管理重点的改变。"自我实现人"的假设把注意的重点放在工作环境上，重视创造一种适宜的工作环境、工作条件，使人们能在这种环境下充分挖掘自己的潜力，充分发挥自己的才能，也就是说能够充分地自我实现。

(2) 管理人员职能的改变。从"自我实现人"的假设出发，管理者的主要职能既不是生产的指导者，也不是人际关系的调节者，而只是一个采访者。他们的主要任务在于如何为发挥人的智力创造适宜的条件，减少和消除员工在自我实现过程中所遇到的障碍。

(3) 管理制度的改变。从"自我实现人"的假设来看，管理制度应保证员工能充分地表露自己的才能，达到自己所希望的成就。

(四) 复杂人假设与超Y理论

复杂人假设是20世纪60年代末至70年代初由沙因提出的。"复杂人"的含义有以下两个方面：其一，就个体人而言，其需要和潜力会随着年龄的增长、知识的增加、地位的改变、环境的改变以及人与人之间关系的改变而各不相同。其二，就群体而言，人与人是有差异的。1970年由美国管理心理学家约翰·莫尔斯（J. J. Morse）和杰伊·洛希（J. W. Lorscn）根据"复杂人"假设，提出超Y理论。该理论认为，没有什么是一成不变的、普遍适用的、最佳的管理方式，必须根据组织内外环境自变量和管理思想及管理技术等因变量之间的函数关系，灵活地采取相应的管理措施，管理方式要适合工作性质、成员素质等。超Y理论基本观点可概述如下：①人怀着各种不同的需要和动机加入工作组织，但最主要的需要乃是实现其胜任感；②胜任感人人都有，它可能被不同的人用不同的方法去满足；③当工作性质和组织形态适当配合时，胜任感是能被满足的（工作、组织和人员之间最好配合能引发个人强烈的胜任动机）；④当一个目标达到时，胜任感可以继续被激励起来，目标已达到，新的更高的目标就又产生。

根据超 Y 理论分析企业中员工需要的复杂性，可分为以下五点：

（1）人的需要是多种多样的，而且这些需要随着人的发展和生活条件的变化而发生变化。每个人的需要都各不相同，需要的层次也因人而异。

（2）人在同一时间内有各种需要和动机，它们会发生相互作用并结合为统一整体，形成错综复杂的动机模式。如两个人都想得到高额奖金，但他们的动机可能很不相同。一个可能是要改善家庭的生活条件，另一个可能把高额奖金看成是达到技术熟练的标志。

（3）在组织中的工作和生活条件是不断变化的，因此会不断产生新的需要和动机。这就是说，在人生活的某一特定时期，动机模式的形成是内部需要与外界环境相互作用的结果。

（4）一个人在不同单位或同一单位的不同部门工作，会产生不同的需要。如一个人在工作单位可能落落寡合，但在业余活动或非正式群体中却可使交往的需要得以满足。

（5）由于人的需要不同，能力各异，对于不同的管理方式会有不同的反应。没有一套适合于任何时代、任何组织和任何个人的普遍的行之有效的管理方法。

而中国古代正好相反，诸如孟子、荀子、韩非子等，他们不仅具有深刻的管理思想，同时也是了不起的哲学家，他们玄妙高远的哲学思想是其管理主张的不竭源泉。这种建立在深刻人性哲学思考基础上的管理理论，是中国传统管理思想能够延续数千年而长盛不衰的根本原因。

道兵家对人性问题也有非常深入的思考，《六韬》提出，"凡人恶死而乐生，好德而归利"，这句话，其思想深刻程度远远超越了它那个时代，胜过西方管理理论中大多数对人性的假设，也胜过孟子、荀子和韩非子。我们知道孟子认为人性善，而荀子认为人性恶，韩非子认为人性自利，他们各有各的道理。

孟子在分析人性的时候认为："恻隐之心，人皆有之；羞恶之心，人皆有之；恭敬之心，人皆有之；是非之心，人皆有之。恻隐之心，仁也；羞恶之心，义也；恭敬之心，礼也；是非之心，智也。仁义礼智非由外铄我也，我固有之也。"他还进一步举例来说明"人皆有不忍人之心"，"今人乍见孺子将入于井，皆有怵惕恻隐之心。非所以内交于孺子之父母也，非所以要誉于乡党朋友也，非恶其声而然也"。就是说，人突然看到小孩要掉到井里去，都会有惊惧和同情的心理。这种同情心，并不是为了讨好这个小孩子的父母，也不是要在乡亲朋友中获得好名声，也不是讨厌小孩子的哭叫声，而完全是从人天生的本性中发出来的，这就是"不忍人之心"。因为人性是善的，所以治国的重点是发展人性，通过弘扬伦理道德来培养人性，这也就形成了我国传统的儒家治国之道。

荀子和韩非子却举出一堆和孟子相反的例子来说明人性恶、自私自利。荀子说："今人之性，生而有好利焉，顺是，故争生而辞让亡焉。""生而有耳目之欲，有好声色焉，顺是，故淫乱生而礼义文理亡焉。"大概意思是说，人性生来就好利，因此，小时候不用学就会争斗，辞让不过是教育的结果；人生来就有各种欲望，喜欢声色犬马，不用学就会，礼仪不过是教育的结果。所以他得出结论，人性本来是恶的，必须通过教育来消除性恶。不然这个世界就会乱套。韩非子则更为理性地认为，人性自私自利是不言而喻的，但不能推导出性恶，他说："故王良爱马，越王勾践爱人，为战与驰。医善吮人之伤，含人之血，非骨肉之亲也，利所加也。故与人成舆，则欲人之富贵；匠人成棺，则欲人之夭死也。非舆人仁而匠人贼也，人不贵，则舆不售；人不死，则棺不卖。"这段话的意思是，之所以王良爱马，越王勾践爱民，就是为了打仗和奔驰。医生善于吸吮病人的伤口，口含病人的污血，不是因为有骨肉之亲，而是因为利益所在。所以车匠造好车子，就希望别人富贵；棺材匠做好棺材，就希望别人早死。并不是车匠仁慈而棺材匠狠毒；别人不富贵，车子就卖不掉；别人不死，棺材就没人买。

因为人性本是自私的，即使看起来似乎"很善良、很公道"的人，也可能在利益的诱惑下做恶事，所以韩非子认为，君主治国就应该依靠严格的法律来约束人，同时，还要学会各种权术来应对各种可能的威胁。而荀子则认为君主治国最好的办法是礼治，即通过一系列的教育和严密的制度来约束人性。荀子和韩非子的观点和西方人有相似的地方。但是荀子、韩非子是站在君主治国的角度上看问题，西方人更多是站在和君主对立的大众角度看这个问题，认为拥有权力的人，遇到机会一定会利用权力来谋求私利。轻易地相信管理者和君主，就会导致专制腐败；就是把权力交到一大群人手里，也有可能导致这群人的结党营私，欺压没有掌权的人。不能轻易相信别人，可是国家又必须靠人来管理，相信什么、依靠什么呢？他们认为只能依靠客观公正的法律制度，只能依靠严密的法律制度来限制人性中自私自利的特点，这也就形成了当代西方社会的法治传统。

道兵家没有拘泥于儒家的性善、性恶说,而是在看到人性自利的事实上,进一步提出人性的阴阳两面结构。即人性有阴的一面"归利",每个人都重视自己的利益,追求自己的利益,这是无可厚非的,与道德无关,但是如果不懂得约束人性这个方面,人就会造恶;同时,人性还有阳的一面"好德",也就是说,每个人都有道德意识,这也是事实,如果能够大力弘扬人性的这一面,人就会行善。可见,道兵家对人性的认识是极为深刻的。《六韬》进一步指出,因为人性好利,故而"擅天下之利者"必定会使得天下人都反对他,"则失天下",而"同天下之利者",把利益拿出来让大家分享的,天下人就会赞同他,"则得天下"。"取天下者,若逐野兽,而天下皆有分肉之心",所以要取得天下,就必须采取迂回的方式,"无取于民者,取民者也;无取于国者,取国者也;无取于天下者,取天下者也",即不直接向人民收取,才能真正从人民收取;不直接谋取国家,才能谋取国家;不直接谋取天下,才能谋取天下。故而"大智不智,大谋不谋,大勇不勇,大利不利。利天下者,天下启之;害天下者,天下闭之"。

根据对人性的认识,道兵家提出自己治国的原则——"无为而治"。《六韬·武韬·文启》中当文王问太公"圣人何守",即圣人依靠什么来治国时,太公道:"何忧何啬,万物皆得;何啬何忧,万物皆遒。政之所施,莫知其化,时之所在,莫知其移。圣人守此而万物化,何穷之有,终而复始。"即不必忧虑什么,也无须抑制什么,天下万物就能各得其所,不去抑制什么,也不去忧虑什么,天下万物就会繁荣生长。政令的施行,要使民众在不知不觉中受到感化,就像时间一样,在不知不觉中推移。圣人治国要遵循这一原则,那么天下万物就会被潜移默化,如此周而复始,无有穷尽。具体而言,君主治国应当"不以役作之故,害民耕织之时。削心约志,从事乎无为",即君主要让老百姓服劳役时,必须考虑到是否会影响老百姓的农活,君主应该减少自己的妄念和过高的理想,实施无为而治,无为乃是君主治国所需遵守的基本原则。《六韬》还把国君能否掌握与推行无为政治视为判断其治国才能优劣的标准,"圣人务静之,贤人务正之,愚人不能正,故与人争;上劳则刑繁,刑繁则民忧,民忧则流亡,上下不安其生,累世不休,命之曰'大失'"。意思是说,最上等的圣人是会运用清静无为的政治思想平治天下的人,那些欲有所作为的统治者只能造成天下的动荡。这充分说明了道兵家对"无为而治"治国原则的推崇。

道兵家治国的基本思路是圣贤的君主,顺应人性和自然规律,选用贤能之人来治理国家。为此,道兵家提出了一套足以和儒家内圣外王学说相媲美的治国战略思想,即"心以启智,智以启财,财以启众,众以启贤,贤之有启,以王天下"。要通过修炼个人心性以获取智慧,通过个人智慧来获取财富,通过财富来获取众人拥戴与归附,从拥戴归附自己的众人中获取贤才,通过贤才来提高自己,这样就成为一个良性循环,遇到一定的时机,就可行动以获取天下。《六韬》强调以道以智治国,在竞争激烈的春秋战国时期,和儒家的以德治国思想相比更具有可行性。

(二) 道兵家治国的原则和基本手段

道兵家提出了很多对于当代管理都有重要意义的治国手段,其中比较重要的有以下几个方面:

1. 选贤用贤

选拔人才、任用人才是道兵家治国最重要的手段。《六韬》提出:"上贤,下不肖,取诚信,去诈伪,禁暴乱,止奢侈。"即治理国家应该大力提拔贤才,罢免无能的官员,形成讲求诚信的官场风气,严禁欺上瞒下、搞政治阴谋的行为,制止奢侈的风气。为了能够真正上贤,应该"将相分职,而各以官名举人,按名督实。选才考能,令实当其名"。研究组织的职能分工,根据组织职能,进行人才的选拔与考核。

同时《六韬》提出了两套识人的手段:一是"六守",即"富之而观其无犯,贵之而观其骄,付之而观其无转,使之而观其无隐,危之而观其无穷。富之而不犯者,仁也。贵之而不骄者,义也。付之而不转者,忠也。使之而不隐者,信也。危之而不恐者,勇也。事之而不穷者,谋也"。二是"八征",即"一曰问之以言以观其辞,二曰穷之以辞,以观其变,三曰与之间谍以观其诚,四曰明白显问以观其德,五曰使之以财以观其廉,六曰试之以色以观其贞,七曰告之以难以观其勇,八曰醉之以酒以观其态。八征皆备,则贤,不肖别矣"。(《龙韬·选将》)大体上,六守是考察下属的方法;八征是选择战将的方法。

《六韬》还从反面分析了会妨碍选贤用贤的六种坏事和七种坏人。即所谓"六贼七害","夫六贼者:一曰,臣有大作宫室池榭,游观倡乐者,伤王之德。二曰,民有不事农桑,任气游侠,犯历法禁,不从吏教者,伤王之化。三曰,臣有结朋党,蔽贤智,障主明者,伤王之权。四曰,士有抗志高节,以为气势,外交诸侯,不重其主者,伤王之威。五曰,臣有轻爵位,贱有司,羞为上犯难者,伤功臣之劳。六曰,强宗侵夺,凌侮贫弱者,伤庶人之业"。"七害者:一曰,无智略权谋,而以重赏尊爵之故,强勇轻战,侥幸于外,王者慎勿使为将。二曰,有名无实,出入异言,掩善扬恶,进退为巧,王者慎勿与谋。三曰,朴其身躬,恶其衣服,语无为以求名,言无欲以求利,此伪人也,王者慎勿近。四曰,奇其冠带,伟其衣服,博闻辩辞,虚论高议,以为容美,穷居静处，而诽时俗，此奸人也，王者慎勿宠。五曰，逸佞苟得，以求官爵，果敢轻死，以贪禄秩，不图大事，得利而动，以高谈虚论，说于人主，王者慎勿使。六曰，为雕文刻镂，技巧华饰，而伤农事，王者必禁之。七曰，伪方异技，巫蛊左道，不祥之言，幻惑良民，王者必止之。"

意思是：所谓六种坏事就是：第一，大臣中若有大修宫室池榭，搞游玩观赏，歌舞行乐的，就会败坏君主德政。第二，人民中若有不从事农桑，意气用事，仿效游侠，违犯禁令，不服官吏教导的，就会败坏君主教化。第三，群臣中若有营私结党，排挤贤智，蒙蔽君主目的的，就会损害君主权威。第四，士民中若有自高自大，气焰嚣张，里通外国，不尊重君主的，就会损害君主威严。第五，群臣中若有轻视爵位，藐视上级，并以替君主冒险犯难为耻辱的，就会打击功臣的积极性。第六，强宗大族争相掠夺，欺压贫弱，就会损害人民生计。所谓七种坏人就是：第一，没有智略权谋，为了获得重赏高官，强横恃勇，轻率出战，企求侥幸立功的，君主切勿用他做将帅。第二，有名无实，当面一套，背后一套，掩人之善，扬人之恶，到处钻营取巧的，君主必须慎重，不能与他共谋大事。第三，外表朴素，衣着粗劣，自称"无为"，实是沽名，自称"无欲"，实是图利，这是虚伪的人，君主切不可亲近他。第四，冠带奇特，衣着讲究，博闻善辩，空谈高论，以此装点门面，处在简陋僻静的地方，专门诽谤时俗，这是奸诈的人，君主切不可宠用他。第五，逸言谄媚，不择手段，以求官爵；鲁莽拼命，不计后果，贪取俸禄；不顾大局，见利就行，高谈阔论，取悦人主，对于这种人，君主切不要任用他。第六，凡从事雕文刻镂、技巧华饰的奢侈工艺而妨害农业生产的人，君主必须加以禁止。第七，用骗人的方术，奇特的技艺，巫蛊左道，符咒妖言，迷惑善良人民的人，君主必须禁止。

《六韬》还总结道："故民不尽力，非吾民也；士不诚信，非吾士也；臣不忠谏，非吾臣也；吏不平洁爱人，非吾吏也；相不能富国强兵，调和阴阳，以安万乘之主，正群臣，定名实，明赏罚，乐万民，非吾相也。"意思是，人民不尽力去务农，就不是好人民；士不忠诚，就不是好士；臣不直谏，就不是好臣；官吏不公平廉洁爱护人民，就不是好官吏；宰相不能富国强兵，妥善处理各项问题，确保君权的稳固，整饬群臣的纲纪，核查名实，严明赏罚，使万民乐业，就不是好宰相。可见，一个人贤与不贤除了自身素质之外，还有就是他的能力、品质要和岗位相适应。

《三略》告诫君主说："千里迎贤，其路远，致不肖，其路近，是以明王舍近而取远，故能全功尚人，而下尽力。""贤臣内，则邪臣外。邪臣内，则贤臣毙。内外失宜，祸乱传世。"君主身边要聚集一批贤才很难，要聚集一批不肖的小人很容易，如果君主亲近贤臣，则身边奸邪的小人就会远离，如果君主亲近小人，那么君主身边的贤臣就会被小人害死，这样祸乱就要产生了，圣明的君主懂得这个道理，所以花大力气去寻求贤才，去亲近贤才。

《三略》提出招募贤才，必须根据人才的特点选用不同的招募方式："清白之士，不可以爵禄得；节义之士，不可以威刑胁。故明君求贤，必观其所以而致焉。致清白之士，修其礼；致节义之士，修其道。然后士可致而名可保。"意思是，廉洁、淡泊名利的人，不可能以官位、俸禄相诱而求得；有节操、讲义气的人，不能以严威、重刑相要挟。所以，英明的君主求贤才，一定要了解他的品性而以不同的方式求得。要招致清廉的人，一定要重修礼节；要罗致重气节大义的人，一定要重修道义。这样，不仅贤士可以招致，而且君主英明的声名也得以保全。

此外，《六韬·文韬·举贤》还特别指出有的君主表面上举贤，但是却不用贤，这样做会导致亡国。"举贤而不用，是有举贤之名，而无用贤之实也。其失在君好用世俗之所誉，而不得真贤也。君以世俗之所誉者为贤，以世俗之所毁者为不肖，则多党者进，少党者退。若是，则群邪比周而蔽贤，忠臣死于无罪，奸臣以虚誉取爵位，是以世乱愈甚，则国不免于危亡。"意思是，君主如果举贤而不用，人们就会发现君主并不懂得贤才，只不过是根据世俗赞誉来判断一个人是否贤才，这样的话，善于拉关系、作秀的人就会得到晋升；而真正有才能但没有关系的人就会被罢斥。这样的话，君主身边就会慢慢聚集一批小人，断绝了贤人晋升之路，真正的忠臣可能因为得罪这些小人而无罪被杀，奸臣却因为身边的小人的齐声赞誉而不断地得到提升，这样国家政治就会乱套，国家就会面临灭亡的危险。《三略》也有类似的观点，"善善不进，恶恶不退，贤者隐蔽，不肖在位，国受其害"。意思是，喜爱的好人却不能进用，憎恶的坏人却不能将他清退，有才德的人隐居不出，无能的人在位当权，国家将要遭受祸害。

还有，道兵家认为任何人都有一定的用处，君主应该知人善任。《三略》说："使智、使勇、使贪、使愚。智者乐立其功，勇者好行其志，贪者邀趋其利，愚者不顾其死。因其至情而用之。"意思是，聪明的人、勇敢的人、贪婪的人、愚昧的人都是有用之才，聪明的人乐于建功立业；勇敢的人乐于表现自己的志气；贪婪的人喜欢计算利益，愚昧的人不怕死。因此，领导者可以根据其特点把他们任用到相应的职位上去。《三略》还进一步分析说："无使辩士谈说敌美，为其惑众；无使仁者主财，为其多施而附于下。"意思是，不要让能说会道的人谈论敌方的长处，因为，那样会迷惑军心；不要让仁慈的人主管财物，因为，他会过多地施与财物而渐渐靠近下边的人。能说会道的人当然是人才，但是如果放错了位置，又缺乏约束，他就可能动摇军心；仁爱的人当然也很好，但是如果让他管理财物就可能出现一笔糊涂账。

可见，道兵家在用人之道方面具有非常深刻的见解。

// 延伸阅读 //

管仲论用人——不近人情者不可用

管仲病重，齐桓公亲往探视。君臣就管仲之后择相之事，有一段对话，发人深省。桓公："群臣之中谁可为相？"

管仲："知臣莫如君。"

桓公："易牙如何？"

管仲："易牙烹其子讨好君主，没有人性。这种人不可接近。"

桓公："竖刁如何？"

管仲："竖刁阉割自己伺候君主，不通人情。这种人不可亲近。"

桓公："开方如何？"

管仲："开方背弃自己的父母侍奉君主，不近人情。况且他本来是千乘之封的太子，能弃千乘之封，其欲望必然超过千乘。应当远离这种人，若重用必定乱国。"

桓公："鲍叔牙如何？"

管仲："鲍叔牙为人清廉纯正，是个真正的君子。但他对于善恶过于分明，一旦知道别人的过失，终生不忘，这是他的短处，不可为相。"

桓公："隰朋如何？"

管仲："隰朋对自己要求很高，能做到不耻下问。对不如自己的人哀怜同情；对于国政，不需要他管的他就不打听；对于事务，不需要他了解的，就不过问；别人有些小毛病，他能装作没看见。不得已的话，可择隰朋为相。"

2. 发展经济

《六韬》提出："大农、大工、大商谓之三宝。农一其乡，则谷足；工一其乡，则器足；商一其乡，则货足。三宝各安其处，民乃不虑。"也就是说治国的工作虽然千头万绪，但是关键还是要抓好农业、工业（当时应为手工业）和商业。抓好了这三项工作，老百姓就能够安居乐业了。这三项工作也就是当代所说的三大产业，抓好这三项工作也就是搞好国家经济发展，使得国家有足够的财富。《六韬》认为："人君从事于富。不富无以为仁，不施无以合亲。

疏其亲则害,失其众则败。无借人利器,借人利器,则为人所害,而不终于世。"在道兵家的治国战略中"财"是实施整个战略的一个非常重要的关键环节。

此外,财富还可以作为武器,武王问太公曰:"予欲立功,有三疑;恐力不能攻强、离亲、散众,为之奈何?"太公曰:"因之,慎谋,用财。"意思是,武王问姜太公,我希望立下功劳,可是有三个疑虑,担心力量不足以攻克强敌,担心亲信不支持,担心众人不拥护。姜太公说,这样的担心是有道理的,需要根据具体情况因势利导,小心谨慎地确定战略和策略,要舍得使用钱财。

治军也需要财富的支持,《三略》说:"军无财,士不来。军无赏,士不往。《军谶》曰:香饵之下,必有悬鱼;重赏之下,必有死夫。"意思是,军队要是钱财粮饷不足,就招不来精兵强将,军队打仗要是没有重赏,就没有人愿意冲锋陷阵;只有在重赏之下,才能招来不怕死的勇士。

另外,发动战争之前,需要做收集情报、派出间谍、收买敌方内部人员为我所用等大量准备工作,这些准备工作都需要花费大量的财富。《六韬》中提出的很多文伐手段,如"阴赂左右"、"厚赂珠玉"等,如果国家没有强大的经济实力的支撑,这些文伐手段就无法实施了。可见,财富不仅是行仁义的重要工具,也是进行情报、间谍以及"文伐"等活动所必需的资源。

战争本身更加离不开经济的支持,《孙子兵法》说:"凡用兵之法,驰车千驷,革车千乘,带甲十万,千里馈粮。则内外之费,宾客之用,胶漆之材,车甲之奉,日费千金,然后十万之师举矣。"意思是凡用兵作战的一般原则,要动用轻车千辆,重车千辆,步卒十万,还要向千里之外运输粮食,那么前方后方的经费,招待国宾使节的费用,维修保养弓箭甲盾所需的胶漆器材的补充,车辆盔甲的补修每天要开支"千金",然后十万军队才能出动。《孙子兵法》还说:"国之贫于师者远输,远输则百姓贫;近师者贵卖,贵卖则百姓财竭,财竭则急于丘役。力屈中原、内虚于家,百姓之费,十去其七;公家之费,破军罢马,甲胄矢弓,戟盾矛橹,丘牛大车,十去其六。"意思是,国家之所以会因军队出动而贫穷的,就是由于远道运输。远道运输,百姓就会贫困。在军队集中的附近地方,东西会涨价,东西涨价,就会使百姓枯竭,财政枯竭就要急于增加税收和徭役。力量耗尽,财富枯竭,国内千里原野,家家空虚。百姓的财产要耗去十分之七;公室的耗费,车辆损坏,马匹疲惫,盔甲、戟盾、矛橹以及运输用的牛和大车,也要损失十分之六。

第三章 道兵家战略管理

// 延伸阅读 //

打仗就是花钱

1991 年海湾战争历时 43 天，美军总共花了 600 多亿美元，约相当于目前的 1000 亿美元。

第二次海湾战争第一天第一轮进攻就发射了 72 枚巡航导弹。一枚博罗克导弹价值约 130 万美元，如果拿 130 万美元乘以 72 的话，那就应该是 9360 万元。可以说，第一天光是导弹美国就打掉将近 1 亿美元。

F17 战斗机每架的成本是 1.2 亿美元，这还不包括它搭载的各种武器。

美国国会两院经济联席委员会曾发表过一份报告说，2002~2008 年，美国在伊拉克战争和阿富汗战争中付出的成本总计将达 1.6 万亿美元，为布什政府迄今为止申请战争费用总额的一倍。

报告说，这 1.6 万亿美元包括直接战争费用、为发动战争向别国借款需要支付的利息、投资损失、军人医疗费用和战争导致油价波动造成的损失等。其中仅伊拉克战争的成本就高达 1.3 万亿美元。如果把两场战争的费用摊到美国老百姓头上，平均一个 4 口之家要负担 2 万多美元。

为此《孙子兵法》提出了解决之道："善用兵者，役不再籍，粮不三载，取用于国，因粮于敌，故军食可足也。"意思是，关于用兵的人，兵员不征集两次，粮秣不运输三回；军需自国内取用，粮食和草料在敌国就地征集，这样军队的粮草供给就可以满足了。同时在打仗过程中，"故智将务食于敌，食敌一钟，当吾二十钟；……是谓胜敌而益强"。意思是，聪明的将帅务求在敌国就地取粮。吃敌粮一"钟"（1"钟"为 640 升）抵得本国的 20"钟"……这就是所谓战胜敌人就越加壮大自己。

3. 搞好法治

《孙子兵法》指出："善用兵者，修道而保法，故能为胜败之政。"又说："道者，令民与上同意也。"在孙子看来，"道"就是使民众、士兵与君主、将领同心同德，"有道"就是取得民众的支持和士兵的拥护；"修道"就是要想民众之所想，急民众之所急，兴民众之所喜，除民众之所恶。通过"修道"而取得民众和士兵的支持，就能在战争中立于不败之地。所谓"法"，包括"曲制、官道、主用"等。"曲制"是组织编制；"官道"是指管理者的职责范围、上下隶属关系；"主用"指的是与经国治军相关的以及有关的各种管理制度。"保法"就是要健全各项规章制度，严明国家法律或军队法令的权威，这样国家政治才能清明，军队才能有强大的战斗力，才能够实现获取全胜战略目标的基础。可见，"修道而保法"是经国治军的基本手段，包括了经国治军的许多方面。"修道保法"的思想完全可以用于企业战略管理，企业在商业竞争中"修道"，就是要了解行业的竞争规律，明白企业竞争优势的来源和获取方法。企业在商业竞争中"保法"，就是搞好内部管理，开发战略资源、培育核心能力，以质优价廉的商品和服务满足消费者的需求。

道兵家同时强调，使用刑罚或者颁布法令应当小心谨慎，《三略》说："一令逆则百令失，一恶施则百恶结。故善施于顺民，恶加于凶民，则令行而无怨。"意思是，一项错误的法令颁布了，将会导致其他许多法令失去作用；错误地执行了一项刑罚，就会产生众多的恶果。所以，对顺服的民众要施行善政，对凶顽的刁民要严加惩处（切不可以疏忽大意处罚良民，放过刁民），这样，国家的法令就会顺利地得以推行而民众也不会有怨恨之言。

道兵家认为执行法令一定要严格，反对儒家的亲亲原则，《六韬》提出："用赏者贵信，用罚者贵必，赏信罚必于耳目之所闻见，则所不闻见者莫不阴化矣。""所憎者，有功必赏；所爱者，有罪必罚。"唯有功过才是其唯一的标准。为了达到"赏一以劝百，罚一以惩众"的效果，《六韬》还提出："将以诛大为威，以赏小为明，以罚审为禁止而令行。故杀一人而三军震者，杀之；赏一人而万人说者，赏之。杀贵大，赏贵小。杀及当路贵重之臣，是刑上极也；赏及牛竖、马洗、厩养之徒，是赏下通也。刑上极，赏下通，是将威之所行也。"意思是，主将以诛杀地位高的人来树立威信，以奖赏地位低的人来体现明察，以严明惩罚来做到所禁必止，所令必行。因此，杀一人能使全军震惊的就杀他，赏一人能使万人欢喜的就赏他。诛杀，重在诛杀地位高的人；奖赏，重在赏赐地位低的人。能诛杀那些有权有势的人物，说明刑罚能及于最上层；能奖赏到牛僮、马夫等饲养人员，说明赏赐能达到最下层；刑罚能及于最上层，这就说明主将的威信能够贯彻上下了。

《六韬》还反对无条件地讲仁义道德，提出"可怒而不怒，奸臣乃作；可杀而不杀，大贼乃发"，该发怒的时候不发怒，就会使奸臣大胆妄为；该诛杀而不杀，就会有乱臣贼子出现。管理要懂得维护领导的权威和管理制度的严肃性。

4. 取得民心

道兵家治理好国家的根本在于得民心。收揽民心，使万民归心，其要在于爱民。爱民具体的要求就在于省刑罚，薄赋敛，轻徭役，宽民力，不违农时，不夺民力，发展生产，使老百姓丰衣足食。《六韬》中当周文王问姜太公"为国之大务"是什么时，太公的回答是"爱民而已"，他说："民不失务则利之，农不失时则成之，省刑罚则生之，薄赋敛则与之，俭宫室台榭则乐之，吏清不苟扰则喜之。民失其务则害之；农失其时则败之；无罪而罚则杀之；重赋敛则夺之；多营宫室台榭以疲民力则苦之；吏浊苟扰则怒之。故善为国者，驭民如父母之爱子，如兄之爱弟，见其饥寒则为之忧，见其劳苦则为之悲，赏罚如加于身，赋敛如取己物。此爱民之道也。"意思是，不使人民失去职业，就是给了人民利益；不耽误农时，就是促进了人民的生产；不惩罚无罪的人，就是保护了人民的生命；少收赋税，就是给了人民实惠；少建宫室台榭，就能使人民安乐；官吏清廉不苛扰盘剥，就能使人民喜悦。反之，如果使人民失去职业，就是损害了他们的利益；耽误农时，就是破坏了他们的生产；人民无罪而妄加惩罚，就是杀害；对人民横征暴敛，就是掠夺；多修建宫室台榭，就会增加人民的痛苦；官吏贪污苛扰，就会使人民愤怒。所以善于治国的君主，统驭人民要像父母爱护子女、兄长爱护弟妹那样，见其饥寒就为他忧虑，见其劳苦就为他悲痛，施行赏罚就像自己身受赏罚一样，征收赋税就像夺取自己的财物一样。这些就是爱民的道理。姜太公还说："敬其众，和其亲。敬其众则合，合其亲则喜，是谓仁义之纪。"这是说，尊重民意，敬爱民众，聚合宗亲，行仁举义，就会受到民众的拥护爱戴。《三略》也指出："上行虐，则下急刻。赋重敛数，刑罚无极，民相残贼。是谓亡国。"即君主施行暴政，则下级官吏就会跟着施行苛政。赋税沉重，苛捐繁复，严刑酷罚，滥用无止，民众因而会相互残杀。如果这样，国家必然灭亡。

  道兵家的这几个治国手段，大致上还存在一种逻辑关系。道兵家认为要治理好国家，第一紧要的事情就是找人才，并使用好人才，有了人才，第二紧要的事情就是大力发展经济；保证了老百姓的生活和国家的正常运作费用之后，就要推行各种法律制度，使社会运作变得规范有序，使国家有了持续发展的制度保障；最后是多关心老百姓，不断提高老百姓的生活水平，争取民心。

  一个国家有人才各得其所，有足够的经济实力，有完善的制度，还有老百姓对政府的拥戴，那么这样一个国家就具备了对外竞争的实力了。下面我们就开始讨论道兵家的竞争战略。

第二节

道兵家战略分析与决策

  为了战胜敌人，获取竞争优势，就要搞好组织的竞争战略管理。按照西方战略管理理论，一般而言，战略管理具有这样一个过程，即战略分析、战略目标的制定、战略决策、战略实施、战略反馈。但是在道兵家的战略管理模式中，很少有西方战略管理理论中的战略目标，因为道兵家认为要达到一个具体的目标，必须根据具体情况才能制定出来，在一开始就提出具体的战略目标是没有多大意义的。重要的是在进行战略分析与决策时要明白战略竞争的理想——"不战而屈人之兵"和战略竞争的基本原则——"胜敌而益强"。此外，道兵家也不突出战略决策，因为道兵家的战略管理模式不是先分析、再决策、然后行动这样机械的流程。道兵家在进行战略分析之后，首先要做的决策是下面这样的决策，即如何根据分析情况，采取相应的各种行动来营造对自己有利的态势，同时等待对手出现漏洞或者想方设法让对手出现漏洞；一旦对手出现漏洞，就立刻行动。所以道兵家的战略决策不仅在战略分析之后进行，更多的是在竞争对手出现明显漏洞之后进行。这样道兵家的战略行动就和战略实施不太一样了，因为战略实施往往是事先有一个详细的计划，然后去实施这个计划，而道兵家在进行战略分析之后，往往没有一个固定计划，而是根据所分析的情况，预期未来的多种可能性，然后随着时间的流逝、事态的发展再拿出行动方案，行动方案随时可以根据具体情况变更。正因为道兵家竞争战略管理模式和西方竞争战略管理模式存在巨大差异，所以本节我们从战略分析、战略决策、战略行动以及战略目标四个方面来分析道兵家的竞争战略管理思想。

战略分析涉及分析的内容、数据信息的获取和分析的方法等问题，兵家思想家对于分析的内容和数据信息的获取都非常重视，但是缺乏分析方法的论述。这和中国传统管理思想中直觉体悟的思维方式有一定关系，中国古人没有借助各种工具模型进行分析的习惯，更多的是靠个人经验、观察进行直觉体悟式的思辨分析。因此，战略分析可以分解为两个子特质，即分析内容和信息的获取方法。

一、战略分析的内容

为了战胜敌人，获取竞争优势，首先需要进行战略分析，道兵家针对发动战争前的战略分析，提出了多种战略分析的模式。不过最完善、最具代表性的当属《孙子兵法》提出的"五事七计"战略分析模型。即"故经之以五事，校之以计，而索其情：一曰道，二曰天，三曰地，四曰将，五曰法"。也就是说，有五个方面是战略分析需要分析的内容。这五个方面分别是：一政治；二天时；三地利；四将帅；五法制。其他道兵家著作提出的战略分析观点，基本上都可以归入这个模型，而且孙子还详细解释了这五个方面又包含哪些具体内容。"道者，令民于上同意，可与之死，可与之生，而不危也；天者，阴阳、寒暑、时制也；地者，远近、险易、广狭、死生也；将者，智、信、仁、勇、

第三章 道兵家战略管理

严也；法者，曲制、官道、主用也。凡此五者，将莫不闻，知之者胜，不知之者不胜。故校之以计，而索其情，曰：主孰有道？将孰有能？天地孰得？法令孰行？兵众孰强？士卒孰练？赏罚孰明？吾以此知胜负矣。"这段话的意思是：政治是讲要使民众和君主的意愿一致，可以叫他们为君主死，为君主生，而赴汤蹈火。天时是讲昼夜、阴晴、寒冬、酷暑等气候季节情况。地利是讲远途近路、险要平坦、广阔狭窄、死地生地等地形条件。将帅是讲才智、诚信、仁慈、勇敢、威严等条件。法制是讲部队的组织编制、指挥信号的编制、指挥信号的规定、将帅的职责、粮道和军需军械的管理等情况和制度。凡属这五方面情况的，将帅都不能不知道。了解这些情况的就能胜利，不了解的就不能胜利。所以，要把敌对双方优劣条件的估计做比较，来探索战争胜负的情势。要看哪一方君主的政治开明？哪一方将帅的指挥高明？哪一方天时地利有利？哪一方法令能贯彻执行？哪一方的军事实力比较强大？哪一方的兵卒较有训练？哪一方的赏罚比较严明？我们根据这些，就可以判断谁胜谁败了。

《孙子兵法》提出了一个具有三个层次的结构战略分析的模式：第一个层次只有一个要素——道的分析，即竞争的基础如何，竞争的基础分析就是分析君主自我管理和治国情况如何，如果这方面做得不好，对外竞争就失去了成功的基本保障。第二个层次是竞争环境分析，包括两个方面四个要素，即内部环境分析：将和法；外部环境分析：天和地。第三个层次是竞争对手和己方的综合情况比较分析，即所谓"七计"，实际上主要也是上述几个方面，但是孙子做了细化。这个战略分析模式可以用图 3-1 表示：

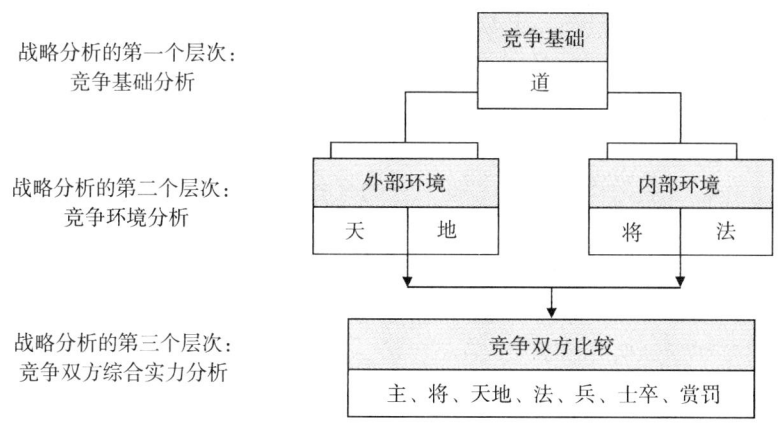

图 3-1 道兵家战略分析模型

我们进一步解释一下这个战略分析模型。

（一）竞争基础分析：道的分析

道在中国文化中是一个常见却又非常难以说清楚的词。"道"的本意是道路，也常常和"德"字联用，表示伦理道德。有时又表示终极存在，特别是在道家经典《老子》中，道是唯一真实的终极存在。它无处不在，却又看不见摸不着。在儒家思想中道又分"天道"和"人道"，在"人道"中道指的是一个人对人生道路的选择，选择了正确的人生道路就是合乎道。儒家说的，"道不同，不相为谋"，这个道不同即指人生观、事业观等系列重大观点的分歧，而导致的人生道路的不同选择；而兵家中，道的上述解释都能够看到，反映出兵家内部对道的认识存在很多分歧。就上述战略分析模型而言，道的内涵没有那么玄妙，主要是政治的清明、人心的相背，这是决定胜利的基本条件。如武王伐纣的战例，周武王继位后4年，率兵车300乘，虎贲3000人（一说还有甲士4.5万人）伐商。商纣王闻周军来袭，仓促武装大批奴隶等，连同守卫国都的军队17万（还有一说是70万，不管如何人数绝对远多于周军），开赴牧野迎战周军，战前周军布阵毕，庄严誓师，史称"牧誓"。武王在阵前声讨商纣罪行，统一战斗动作以保持阵型严整，严申不准杀降。随即命吕望率一部精兵冲击商军前阵。商军中奴隶心向武王，纷纷倒向周军。武王以主力猛烈突击，商军土崩瓦解。纣王仓皇逃回朝歌，登鹿台自焚而死。周军占领商都，商朝灭亡。实力弱小的周军能够战胜强大的商军，根本原因就在于纣王无道，民心尽失，士兵们不愿意为他卖命。由此，我们看到道的作用。

（二）竞争的内部环境分析：将、法的分析

将领是竞争的指挥者，其作用不言而喻，有道是，一将无能累死三军。战国时期著名的长平之战就是因为赵国把指挥长平之战的主帅老将廉颇换成了夸夸其谈的赵括才导致了40万赵军被杀的恶果。而法的作用则容易被忽视，其实看一支队伍的制度和纪律情况，就可以预测其是否能打胜仗。根据《左传》记载，在春秋时期秦国和晋国之间有一场有名的战争——崤之战，中间有一个小故事非常值得我们思考，这场战争的起因是秦国去偷袭郑国，时间是鲁僖公三十三年（公元前627）春天，当秦军经过当时的天子周朝的都城北门时，按照当时的礼仪，秦军应该非常恭敬地向周朝致敬，然后慢慢地有序前进，但是秦军只是象征性地脱下了战盔表示致敬，接着就有300辆兵车没有按顺序行进。这时候周朝的王孙名叫满，看到这种情形，当时满的年龄还很小，就向周王说："秦国的军队轻狂而不讲礼貌，一定会失败。轻狂就少谋略，没礼貌就纪律不严。进入险境而纪律不严，又缺少谋略，能不失败吗？"结果，秦军果然一败涂地。可见，将和法出了问题，很容易打败仗。

(三) 竞争的外部环境分析：天、地的分析

在战争中，天时、地利的作用很重要，为历代兵家所重视，如在第二次世界大战中，最引人注目的是苏联对法西斯德国的卫国战争。在这场战争之前强大的德军通过闪电战已经打败了几乎整个欧洲，德军士气高昂、装备精良，在苏德战争初期，德军也取得了巨大的胜利，占领了苏联大片国土，然而由于苏联具有全世界最广袤的领土，不可能短时间内被全部占领，加上苏联人顽强的抵抗，苏德两军的战斗从夏天一直持续到冬天，尽管德军一直处于优势地位，然而他们却发现前进的步伐越来越艰难，特别是当苏联恶劣严寒的冬天来临以后，水土不服的德军更是遭遇了前所未有的困境。后勤补给也陷入了失控状态。缺吃少穿的德军已经丧失了战斗力，大批的德军没有死于战斗，而是死于冻饿。而此时的苏联红军，却利用地理优势和天生的耐寒能力，对强弩之末的德军发动了声势浩大的反攻战役，最终打败了德军。无独有偶，"二战"100多年前法国天才军事家拿破仑也发动了一场侵略俄罗斯的战争，这场战争和苏德战争惊人地相似，法国人最终也败于俄罗斯辽阔的国土和严寒的冬天。至于地利的作用则更为兵家所关注，中国历史上有很多朝代在西安建都，原因就是西安的地利。西安周围乃是八百里秦川，称为关中，是战国时期秦国疆域，秦国在战国时期很少受到攻击，原因就是其四周都是非常险要的地形。所谓东有崤函之险，即东面是险要的崤山和函谷关，南面是号称蜀道难难于上青天的巴蜀，西面和北面基本上是荒漠和戈壁，只有一些实力较弱，而且相互之间联系松散的游牧民族，基本上都臣服于秦国。所以关中地区进可攻，退可守，要是取得了关中，就能在军事竞争上获得巨大的主动权，历来为兵家必争之地。建都于关中最繁荣的城市西安，能够较好地保证首都的安全。

对于企业来说，市场如战场，也要重视对天时地利的分析。企业要想在激烈的竞争中取胜，必须注意气候与地形对企业经营的影响。气候影响企业经营，最常见的是雨天卖伞、冬天卖大衣、夏天卖冰、台风过后建材大发利市，每年的 5~10 月，阳光明媚，是旅游旺季，交通、饮食、旅馆生意兴隆。企业应该根据气候的变化，适时地调整经营策略。

高度、温度、湿度等是影响产品与设备使用和性能的气候特征。在温带地区使用良好的产品，可能在热带地区就会变质，或需要冷藏，或需要加润滑油才能适当发挥其作用。即使在同一个国家的市场上营销，气候也会有很大差别，需要对产品做很大调整才能使之适应。如在加纳营销的产品，必须既要能在沙漠高温、缺水地区使用，又要能在热带雨林、高湿度的地区使用，这样，才能满足整个市场的需要。

地理条件在一定程度上决定了一个国家的经济特征，影响一个国家的经济

与社会发展，从而更直接地影响到企业的经营管理。

沙特阿拉伯是个年降雨量只有100~200mm，沙漠面积近100万平方公里的国家，也是世界上石油储量最大的国家，已探明的石油储量约占世界石油总储量的1/4。这种特殊的地理条件决定了它的经济是以石油为主的单一经济，工农业生产比较落后，人们的吃、穿、用在20世纪70年代以前几乎全靠进口。由于60年代后石油大幅度提价，国家财富剧增，政府利用雄厚的资金发展生产，引进技术和设备，采用海水淡化来获取人、畜食用水和农业灌溉用水，使工农业生产得到发展，粮食基本能自供。此外，由于历史的原因和地理位置的特殊，经营商业已成为该国人民的主要经济活动。该国的关税较低，甚至如食品之类的还无关税，商品在沙特和其他五个海湾国家之间可互相转口，由于这些原因，世界各国的商人都竭力打入该市场，致使这一市场竞争十分激烈。所有这一切，都给进入该市场营销的企业带来影响。

地理因素还会间接影响一个国家的社会与文化，从而影响企业经营活动。如中国、美国地大物博很少有危机感，日本作为一个岛国，长期形成了一种特殊和脆弱的感觉。这些特点使日本人产生了对外国人的畏惧和憎恨感，日本人认为他们比别国脆弱，与其他发达国家相比更是如此。尽管日本政府面对世界压力勉强做出让步，但他们的市场仍然很难打进去。而新加坡政府和日本类似，也有很大的危机感。

企业在跨国经营中如能详细研究某个国家的地理，就能很好地了解和预见它的许多特色，其经营活动才能做到有的放矢。

如加拿大地域辽阔，冬天酷寒，大雪会突然把像蒙特利尔这样的大城市完全与外部隔绝，所以，在那里建立企业的话，其进货期及安全存货量必须多于预计的额定存货量。此外，还必须考虑到自然障碍对市场开发的影响。海岸城市或靠近航道的城市，运输便利，比内地闭塞城市易于成为贸易中心，如中国上海、美国纽约等。不处于天然交通要道的城市，即便在同一个国家里也往往是彼此隔离的。因此，计划设立分销渠道时，不可认为一个分销点就可供应广大地区。同样的，在企业营运中，如工厂位置、销售网点或运输产品等方面，若能多考虑交通是否便利；腹地的广狭如何？与原料或劳工供应地距离远近以及建厂的地形是否合宜等，也将对企业经营有莫大助益。如美国新兴的电子资讯工业重镇硅谷，为世界驰名的高科技工业区。硅谷系位于旧金山与圣何塞间一块长约30英里、宽约10英里的地区，长年在加利福尼亚州温暖阳光照耀下，气候温和，一边依三藩湾，另一边则有山丘围绕，附近有斯坦福大学支援高科技技术，南端的圣何塞市则供应充裕的劳工，加上旧金山港口及附近铁路、公路的四通八达，使硅谷一直在蓬勃发展中。

总之，企业经营过程中不仅应考虑气候、高度、温度、湿度等对产品的影响，还要研究更复杂的影响，即地理对一般市场特征、生产、营销等状况的影响。

（四）竞争对手和己方的综合情况比较分析："七计"

至于竞争对手之间的比较分析，所要分析的内容和前面基本相似，只不过要进一步细化，然后将双方进行对比，如秦末时期楚汉相争，韩信就曾经对刘邦做过一次这样的分析。

韩信说，项王虽霸天下而臣诸侯，不居关中而都彭城——失地利；有背义帝之约，而以亲爱王，诸侯不平。诸侯之见项王迁逐义帝置江南，亦皆归逐其主而自王善地——失外交；项王所过无不残灭者，天下多怨，百姓不亲附，特劫于威强耳。名虽为霸，实失天下心。故曰其强易弱——失道。

今大王诚能反其道：任天下武勇，何所不诛！以天下城邑封功臣，何所不服！以义兵从思东归之士，何所不散！且三秦王为秦将，将秦子弟数岁矣，所杀亡不可胜计，又欺其众降诸侯，至新安，项王诈坑秦降卒二十余万，唯独邯、欣、翳得脱，秦父兄怨此三人，痛入骨髓。今楚强以威王此三人，秦民莫爱也。大王之入武关，秋毫无所害，除秦苛法，与秦民约，法三章耳，秦民无不欲得大王王秦者。于诸侯之约，大王当王关中，关中民咸知之。大王失职入汉中，秦民无不恨者。今大王举而东，三秦可传檄而定也。

// 延伸阅读 //

战略管理理论中常见的战略分析工具——五力模型与SWOT分析方法

西方战略管理理论中有很多战略分析工具，这些战略分析工具对企业战略管理和企业战略咨询非常有帮助，比较典型的有：SWOT分析方法；内部因素评价法，又称做内部因素评价矩阵（IFE矩阵）；外部要素评价法，又称做外部因素评价矩阵（EFE矩阵）；竞争态势评价法，又称做竞争态势矩阵（CPM矩阵）；波士顿矩阵法（BCG）；等等。我们介绍一下其中最有名的两种分析工具，即五力模型和SWOT分析方法。

（一）五力模型

企业战略分析的外部环境分析，目前最常用的就是迈克尔·波特（Michael Porter）20世纪80年代初提出的五力模型。该模型可以有效地分析客户的竞争环境。五力模型主要分析以下几个方面：

（1）供应商的议价能力。供方主要通过其提高投入要素价格与降低单位价值质量的能力，来影响行业中现有企业的盈利能力与产品竞争力。供方力量的强弱主要取决于他们所提供给买主的是什么投入要素,当供方所提供的投入要素其价值构成了买主产品总成本的较大比例、对买主产品生产过程非常重要或者严重影响买主产品的质量时,供方对于买主的潜在讨价还价力量就大大增强。一般来说,满足如下条件的供方集团会具有比较强大的讨价还价力量:①供方行业为一些具有比较稳固市场地位而不受市场激烈竞争困扰的企业所控制,其产品的买主很多,以至于每一单个买主都不可能成为供方的重要客户;②供方企业的产品各具有一定特色,以至于买主难以转换或转换成本太高,或者很难找到可与供方企业产品相竞争的替代品;③供方能够方便地实行前向联合或一体化,而买主难以进行后向联合或一体化。

(2) 购买者的议价能力。购买者主要通过其压价与要求提供较高的产品或服务质量的能力,来影响行业中现有企业的盈利能力。其购买者议价能力影响主要有以下原因:①购买者的总数较少,而每个购买者的购买量较大,占了卖方销售量很大的比例;②卖方行业由大量相对来说规模较小的企业所组成;③购买者所购买的基本上是一种标准化产品,同时向多个卖主购买产品在经济上也完全可行;④购买者有能力实现后向一体化,而卖主不可能前向一体化。

(3) 新进入者的威胁。新进入者在给行业带来新生产能力、新资源的同时,希望在已被现有企业瓜分完毕的市场中赢得一席之地,这就有可能会与现有企业发生原材料与市场份额的竞争,最终导致行业中现有企业盈利水平降低,严重的话还有可能危及这些企业的生存。竞争性进入威胁的严重程度取决于两方面的因素,就是进入新领域的障碍大小与预期现有企业对于进入者的反应情况。

进入障碍主要包括规模经济、产品差异、资本需要、转换成本、销售渠道开拓、政府行为与政策(如国家综合平衡统一建设的石化企业)、不受规模支配的成本劣势(如商业秘密、产供销关系、学习与经验曲线效应等)、自然资源(如冶金业对矿产的拥有)、地理环境(如造船厂只能建在海滨城市)等方面,这其中有些障碍是很难借助复制或仿造的方式来突破的。预期现有企业对进入者的反应情况,主要是采取报复行动的可能性大小,这取决于有关厂商的财力情况、报复记录、固定资产规模、行业增长速度等。总之,新企业进入一个行业的可能性大小,取决于进入者主观估计进入所能带来的潜在利益、所需花费的代价与所要承担的风险这三者的相对大小情况。

(4) 替代品的威胁。两个处于同行业或不同行业中的企业,可能会由于所生产的产品是互为替代品,从而在它们之间产生相互竞争行为,这种源自替代品的竞争会以各种形式影响行业中现有企业的竞争战略。①现有企业产品售价以及获利潜力的提高，将由于存在着能被用户方便接受的替代品而受到限制；②由于替代品生产者的侵入，使现有企业必须提高产品质量，或者通过降低成本来降低售价，或者使其产品具有特色，否则其销量与利润增长的目标就有可能受挫；③源自替代品生产者的竞争强度，受产品买主转换成本高低的影响。总之，替代品价格越低、质量越好、用户转换成本越低，其所能产生的竞争压力就强；而这种来自替代品生产者的竞争压力的强度，可以具体通过考察替代品销售增长率、替代品厂家生产能力与盈利扩张情况来加以描述。

（5）同业竞争者的竞争程度。部分行业中的企业，相互之间的利益都是紧密联系在一起的，作为企业整体战略一部分的各企业竞争战略，其目标都在于使自己的企业获得相对于竞争对手的优势，所以，在实施中就必然会产生冲突与对抗现象，这些冲突与对抗就构成了现有企业之间的竞争。现有企业之间的竞争常常表现在价格、广告、产品介绍、售后服务等方面，其竞争强度与许多因素有关。

一般来说，出现下述情况将意味着行业中现有企业之间竞争的加剧，这就是：行业进入障碍较低，势均力敌竞争对手较多，竞争参与者范围广泛；市场趋于成熟，产品需求增长缓慢；竞争者企图采用降价等手段促销；竞争者提供几乎相同的产品或服务，用户转换成本很低；一个战略行动如果取得成功，其收入相当可观；行业外部实力强大的公司在接收了行业中实力薄弱企业后，发起进攻性行动，结果使刚被接收的企业成为市场的主要竞争者；退出障碍较高，即退出竞争要比继续参与竞争代价更高。在这里，退出障碍主要受经济、战略、感情以及社会政治关系等方面的影响，具体包括：资产的专用性、退出的固定费用、战略上的相互牵制、情绪上的难以接受、政府和社会的各种限制等。

（二）SWOT 分析方法

SWOT 分析方法是根据企业自身的既定内在条件进行分析，找出企业的优势、劣势及核心竞争力之所在，从而将公司的战略与公司内部资源、外部环境有机结合。其中，S 代表 Strength（优势），W 代表 Weakness（弱势），O 代表 Opportunity（机会），T 代表 Threat（威胁）。其中，S、W 是内部因素，O、T 是外部因素。

SWOT 分析方法从某种意义上来说隶属于企业内部分析方法，即根据企业自身的既定内在条件进行分析。按照企业竞争战略的完整概念，战略应是一个企业"能够做的"（即组织的强项和弱项）和"可能做的"（即环境的机会和威胁）之间的有机组合。著名的竞争战略专家迈克尔·波特提出的竞争理论从产业结构入手对一个企业"可能做的"方面进行了透彻的分析和说明，而能力学派管理学家则运用价值链解构企业的价值创造过程，注重对公司的资源和能力的分析。SWOT 分析就是在综合了前面两者的基础上，以资源派学者为代表，将公司的内部分析与产业竞争环境的外部分析结合起来，形成了自己结构化的平衡系统分析体系。

与其他的分析方法相比较，SWOT 分析从一开始就具有显著的结构化和系统性的特征。就结构化而言，首先在形式上，SWOT 分析法表现为构造 SWOT 结构矩阵，并对矩阵的不同区域赋予了不同的分析意义；其次在内容上，SWOT 分析法的主要理论基础也强调从结构分析入手对企业的外部环境和内部资源进行分析。另外，早在 SWOT 诞生之前的 20 世纪 60 年代，就已经有人提出过 SWOT 分析中涉及的内部优势、弱点、外部机会、威胁这些变化因素，但只是孤立地对它们加以分析。SWOT 方法的重要贡献就在于用系统的思想将这些似乎独立的因素相互匹配起来进行综合分析，使企业战略计划的制定更加科学全面。

二、信息情报的获取方法

战略分析需要在获取各种情报信息的基础上才能进行，道兵家有着丰富的如何获取军事情报的思想。信息的获取方法主要有两种：一是观察，二是用间。

（一）观察：通过观察获取信息情报

《孙子兵法》有一大段详细的描述如何通过观察来获取有用的情报的文字："敌近而静者，恃其险也；远而挑战者，欲人之进也；其所居易者，利也；众树动者，来也；众草多障者，疑也；鸟起者，伏也；兽骇者，覆也；尘高而锐者，车来也……兵怒而相迎，久而不合，又不相去，必谨察之。"《六韬》也多处提到如何进行观察获取信息，如观察敌人的营地"登高下望，以观敌之变动。望其垒，即知其虚实；望其士卒，则知其去来"。又说"胜负之征，精神先见"，认为胜败完全可以通过观察分析来得知。"明将察之，其败在人。谨候敌人出入进退，察其动静，言语妖祥，士卒所告。凡三军说怿，士卒畏法，敬其将命，相喜以破敌，相陈以勇猛，相贤以威武，此强征也。三军数惊，士卒不齐，相恐以敌强，相语以不利，耳目相属，妖言不止，众口相惑，不畏法令，不重其将，此弱征也。"

并且《六韬》强调在观察的基础上进行分析思考，透过现象看本质，从"知、情、意"三个方面考察敌情。即"观察必见其阳，又见其阴，乃知其心；必见其外，又见其内，乃知其意；必见其疏，又见其亲，乃知其情"。

《六韬》列举了需要观察的 14 种情况。即"夫欲击者，当审察敌人十四变，变见则击之，敌人必败。敌人新集可击，人马未食可击，天时不顺可击，地形未得可击，奔走可击，不戒可击，疲劳可击，将离士卒可击，涉长路可击，济水可击，不暇可击，阻难狭路可击，乱行可击，心怖可击"。这些具体观察分析方法对战争非常有用，不过对管理来说意义不是太大，故不作过多分析。不过在企业竞争过程中，善于观察分析，从一些表面上不相关的事情中发现商机和重要情报对于企业来说却是获取竞争优势非常重要的手段。

// 延伸阅读 //

企业情报系统

2003 年 6 月，在美国对中国家电的反倾销案中，海尔的情报人员显得游刃有余，几乎在第一时间给出管理层家电行业反倾销项目的报告，报告的速度和质量都受到了高层领导的肯定。

海尔中央研究院研发部信息科竞争情报系统的负责人王瑞峰说，以前我们碰到这种事情都要加班加点，忙得焦头烂额还完不成报告。这次能够很快做出反应的主要原因是海尔使用了新的情报收集系统。海尔以前收集、准备企业竞争情报工作的一般流程是：人工上网搜索，定期剪报，然后将这些情报素材进行人工分类、整理、分析，形成满足各个部门需求的竞争情报报告。这种情报处理流程不仅收集的情报零散，缺乏系统性，而且不易统一存储，实时性也很差。情报人员 80% 的时间都花在了情报的收集、分类、整理的前期工作上，而最终由人来做判断、分析信息得出结果的后期过程只有 20%。现在海尔收集情报的前期工作由机器来做，收集、整理归类情报大大简化，所需时间只占到总情报处理时间的 20%，情报人员可以腾出剩下 80% 的时间来进行判断、分析，如情报的分析处理和情报产品的制作工作。经过短短 3 个月的运作，目前海尔情报收集系统中已经汇聚了有价值的情报 4000 多条，而这是在处理 20 多万条信息条目的基础之上产生的。通过引入情报收集系统，情报收集与发布的效率都大大提高了。企业情报不再是企业最高层几个管理者才能看到的特权产品了，现在海尔每个事业本部，如海尔冰箱、冷柜、空调、洗衣机等事业本部的中高层负责人都能够看到最新行业信息和相关情报分析。海尔的情报收集系统已经成为海尔内部人员获取竞争对手、外部环境和内部信息的主要渠道，而且情报部门的研究成果在第一时间为各个产品线服务，情报部门的作用和业绩也更加突出。

据相关统计，全球 500 强企业中几乎所有企业都设有专门部门负责竞争情报的收集，其中有 95% 以上的企业已经建立了较为完善的竞争情报系统。

20世纪末,全球竞争情报业的总产值已达700亿美元。国外的企业在竞争情报方面系统化研究已经非常成熟。随着我国市场经济的发展,在竞争比较激烈的行业中,一些大的企业逐渐明确认识到了情报竞争的价值。而要建立一个系统来固化这种智慧,建立一套完整的企业竞争情报工作流,企业首先需要确定采集的竞争情报方向、内容、范围、时限等规划,然后情报人员根据情报规划的要求在互联网、媒体、咨询公司、人际网络等目标信息源中通过各种方式收集所需要的情报素材。当积累了一定量的情报素材之后,情报人员便依据情报规划的目的开始进行素材的选择、过滤、加工、分析等具体情报操作。之后,在规定的时限内,将分析完成的情报报告和相关情报上呈企业决策层,以供决策参考。这时,决策层根据已经完成的情报报告制定下一阶段的竞争情报规划。在这四个阶段中,每个阶段并不是单纯的单向关系,每个阶段都可能产生信息的交互、回转、反馈等,每个阶段都是其他阶段的结果和指导。因此,一个优秀的企业情报系统必须要涵盖这四个阶段所构成的完整的工作流,能够参与和辅助企业竞争情报的全过程。

(二)用间:通过间谍获取信息

《六韬》提出"游士八人,主伺奸候变,开阖人情,观敌之意,以为间谍"认为用间是获取敌情必不可少的方法,而《孙子兵法》则专门用最后一章讨论用间的问题。"故用间有五:有因间,有内间,有反间,有死间,有生间。五间俱起,莫知其道,是谓神纪,人君之宝也。乡间者,因其乡人而用之;内间者,因其官人而用之;反间者,因其敌间而用之;死间者,为诳事于外,令吾闻知之而传于敌间也;生间者,反报也。"孙子首先提出了五种间谍,即因间、内间、反间、死间、生间。因间乃是利用敌方本地人做间谍;内间乃是利用敌方官吏做间谍;反间乃是收买或利用敌方间谍为我所用;死间乃是传递假情报给敌方的间谍;生间乃是能够活着回来报告敌情的间谍。然后孙子对用间提出了相关要求"故三军之事,莫亲于间,赏莫厚于间,事莫密于间,非圣贤不能用间,非仁义不能使间,非微妙不能得间之实"。"无所不用间也。间事未发而先闻者,间与所告者兼死","故明君贤将,能以上智为间者,必成大功。"归纳起来有三点:第一,给予谍报人员优厚的待遇;第二,做好保密工作;第三,选用才智过人的优秀人才做间谍。

用间在现代商业竞争中仍然是一种非常重要竞争手段,可能因为涉及商业伦理问题,西方战略管理理论很少谈到用间问题,但实际上很多企业仍然在使用商业间谍。某些国家在法律上对商业间谍处罚比较严厉,商业间谍可能少一些;某些国家法律上对商业间谍处罚比较宽松,商业间谍可能就会较多。此外，间谍行事要求保密，所以媒体报道也比较少。但是我们不能忽视它的存在。

有调查显示，名列《财富》（Fortune）全球1000强的大公司，平均每家每年发生2.45起的商业间谍事件，损失总数高达450亿美元。其中，位于硅谷的高科技公司首当其冲，发生的窃密案件中，有个别的案件损失高达1.2亿美元。令这些企业惊讶的失窃损失数字，促使它们不得不加紧防范，规定员工不得向外透露企业的情报，如IBM公司更在新员工加入时的宣誓书上，特别注明不要在任何场合谈论技术秘密，参加任何活动不能触及秘密，有人问起必须拒绝，若无法回避问题宁可退出有关活动。有些公司则采取"以其人之道还治其人之身"的方法，以谍制谍，特别聘请反间谍人员入驻公司，宁愿花费每小时50~10000英镑不等的费用，严逮潜伏的商业间谍，防止商业机密外泄而造成惨重的损失。有的公司甚至公开宣称他们设置有刺探情报的部门。第二次世界大战后日本企业高速发展所需要的新技术，很多是依靠用间的手段而获取的，这使得他们能够在最短的时间内，用最少的成本获得世界上最先进的技术。中国有不少高科技企业虽有高科技之名却无高科技之实，往往是把别人的高科技部件进口过来进行组装，获取一点微薄的利润。而很多有利可图的核心技术，国外企业是不可能廉价提供给中国企业的，这些企业要赶超国际企业，只有走自主研发的道路。但是自主研发的道路是漫长而风险巨大的，而运用间谍的获取情报，对于提高企业技术水平、缩短与竞争对手的差距是一条捷径，据说有若干企业在竞争中使用了用间的手段，并获得了成功。不过用间具有一定的风险性且违反竞争伦理，弄不好会使企业受到法律的制裁，信誉败坏，给企业造成严重危害。因此，在现代企业战略管理中应当少用、慎用。

// 延伸阅读 //

巧克力谍战——企业竞争中的商业间谍

世界巧克力食品工业的发展史可以说就是一个典型的用间与反间的商战史。巧克力糖几乎人人爱吃，据说，著名的法国皇帝拿破仑也对巧克力推崇备至。每次出征，他总要随从的副官带上大包大包的巧克力，遇到身体疲乏或者用脑过度时，就往嘴里塞上几块。

制造巧克力的主要原料来自可可树。这种树在中美洲和墨西哥南部最多。将可可树的种子晒干、去皮、磨成粉，便取得了制造巧克力的原料。古时墨西哥的玛雅人把可可树称为生命之树，每出生一个孩子，他们便要栽种一棵可可树，以此祝福新生婴儿健康成长。他们认为，可可树果实象征着人心，用它制成的饮品是血液，能给人以旺盛的精力。

墨西哥人很早就掌握了制作巧克力的技术。印第安人最早吃的巧克力是用可可粉加上玉米、辣椒等搅和制成的一种糊状食物，带苦涩味，后来才加进糖和香草等调味料。

14世纪时，巧克力只是由墨西哥独自拥有和经营，直属国家监管。当第一批西班牙殖民军到达墨西哥时，见当地人都津津有味地喝这种巧克力饮品，有人便尝了一口，刚喝进嘴里就又立即吐了出来，并大声喊叫，这只能喂猪。原来，当时的巧克力还没有加糖和香草。很快西班牙人喜欢上了巧克力，一个叫列戈的西班牙人意外得到了参观巧克力工厂的整个生产过程的机会。列戈利用这个机会窃取墨西哥巧克力生产技术，之后他赶紧溜回西班牙国内。从此，巧克力的生产就在西班牙开始了，并很快成了西班牙新兴的食品工业。许多西班牙人因生产巧克力而发了财，这引起了欧洲其他国家商人们的垂涎，他们纷纷前往，想在西班牙"取经"。无奈，西班牙人对巧克力生产的技术始终守口如瓶。直到1606年，意大利人用重金买通关节，窃取了西班牙巧克力的生产秘方，一举打破了西班牙对巧克力生产的垄断。之后，英国的生产商也不甘寂寞，急起仿效，于1763年偷到生产配方，并大胆加以改进，生产出了奶油巧克力，使英国一跃而成为巧克力大亨。1800年，瑞士工业间谍又如法炮制，窃取到巧克力的生产技术，使自己变成了世界闻名的"巧克力王国"。同时，德国的厂商也偷到了巧克力的生产技术，并把巧克力制成糖出售，和瑞士等国展开了竞争。其后，日本也加入了这场巧克力间谍大战。由巧克力引起的这场间谍战和贸易战断断续续连绵上百年，直到现在还没有休止。

1981年，瑞士超过了联邦德国，向世界上100多个国家出售巧克力28万吨，成为世界上最大的巧克力出口国。在瑞士国内，每个人平均一年要消费巧克力10公斤，居世界第一。为了保持巧克力生产和销售的霸主地位，瑞士吸取了前人的教训，以法律的形式明文规定，凡出卖经济情报（包括巧克力生产的技术）就是泄露国家绝对机密，要以叛国罪论处。但是，尽管法律规定森严，由于金钱的诱惑，当间谍出卖情报的还是大有人在。20世纪80年代初，苏联不断向瑞士派遣产业间谍，想窃取瑞士的巧克力生产技术。1982年，瑞士警方通过长期调查，终于获取了苏联派来的间谍的消息，他们在一家咖啡馆里设下埋伏，一举逮捕了一伙窃取巧克力生产机密的产业间谍，正准备向苏联情报人员出卖40张巧克力配方的瑞士一家著名巧克力食品厂的两名职员当场被抓获。

三、战略决策的原则

进行战略分析的目标是为了给战略决策提供依据。西蒙曾经说过"管理就是决策",指的是组织中各种人员的决策过程组合在一起就形成了管理过程。从这个角度看,战略决策也就是战略管理的核心过程。战略决策是一个复杂的过程,除了要有足够的信息情报之外,领导者的判断力是至关重要的。那么对于道兵家来说,进行战略决策有一些什么样的可以参考的原则呢?

道兵家思想中战略决策的原则主要有庙算原则、利害原则、保密原则、速胜原则等。

(一)庙算原则

道兵家非常重视竞争前的战略分析,反对拍脑袋式的决策和仓促决策。《孙子兵法》对于战略决策是非常审慎的,要求做出决策前进行周密的分析和思考,尽量多收集信息,反对凭借一时冲动做出决策。他提出:"夫未战而庙算胜者,得算多也;未战而庙算不胜者,得算少也。多算胜少算,而况于无算乎!吾以此观之,胜负见矣。"庙算原则要求决策者尽早收集信息,尽量收集信息,即做到比竞争对手先知,比竞争对手多知,做到知己知彼。只有庙算周详,才能克敌制胜。"故曰:知己知彼,百战不殆;不知彼而知己,一胜一负;不知彼不知己,每战必败。"《六韬》也有类似的观点,"善战者,不待张军;善除患者,理于未生;善胜敌者,胜于无形;上战,无与战。故争胜于白刃之前者,非良将也;设备于已失之后者,非上圣也;智与众同,非国师也;技与众同,非国工也。事莫大于必克,用莫大于玄默,动莫神于不意,谋莫善于不失。夫先胜者,先见弱于敌,而后战者也,故事半而功倍焉"。意思是,善于消除祸患的,能够消除祸患于未然;善于打胜仗的,能够取胜于无形之中。最高明的作战是不战而使敌人屈服。因此,经过白刃相交殊死拼搏而取胜的,不是良将;在失败之后再来设置守备的,不是智士;智慧与一般人相同的,不能称为国师;技艺与一般人相同的,不能称为国工。用兵最重要的莫过于所攻必克,作战最重要的莫过于保守机密,行动最重要的莫过于出其不意,计谋最重要的莫过于神妙难测。凡是未战而先胜的,都是先示弱于敌,然后进行决战,这样便可事半而功倍。

(二)利害原则

《孙子兵法》提出:"是故智者之虑,必杂于利害,杂于利而务可信也,杂于害而患可解也。是故屈诸侯者以害,役诸侯者以业,趋诸侯者以利。"这不仅提出了一项重要的战略决策原则,实际上反映了中国传统管理文化的一个基本特征，即谋略化。从某种意义上说，兵家战略思想更多地表现为一种谋略思想。谋略思想是基于一种价值推导性思维方式进行谋划，而西方的战略思想主要是以认知性思维方式进行谋划。谋略作为一种独特的观念文化形态，它在思维性质上与西方文化尤其是现代科学文化有明显的差别。谋略思维方式不同于现代科学思维的逻辑实证，它并不一定依据已有的知识；也不同于具有宗教艺术性思维特征的感悟和超越，因为它有很强的功利性，始终以利害关系推导为基本原则和逻辑的价值推导性思维。这种思维性质使中国传统文化中的管理与今天的科学管理具有很大的差别。《孙子兵法》反映这种基于利害关系的战略决策原则的重要思想还有："故不尽知用兵之害者，则不能尽知用兵之利也。故兵以诈立，以利动，以分和为变者也。故将通于九变之利者，知用兵矣；将不通九变之利，虽知地形，不能得地之利矣；治兵不知九变之术，虽知五利，不能得人之用矣。"等等。

（三）保密原则

《六韬》说："势因于敌家之动，变生于两陈之间，奇正发于无穷之源。故至事不语，用兵不言。且事之至者，其言不足听也；兵之用者，其状不足见也。倏而往，忽而来，能独专而不制者，兵也。夫兵，闻则议，见则图，知则困，辨则危。"意思是，作战的态势要根据敌人的行动而决定，战术的变化产生于敌我双方的临阵对垒，奇正的运用来源于将帅无穷的智慧和思考。所以，最重要的机密不能泄露，用兵的谋略不可言传，况且机密极为重要只能藏于心中而不能表现为议论，军队的部署和运用只能隐秘而不可暴露于敌。倏然而去，忽然而来，独断专行而不受制于人，这就是用兵的原则。敌人听说我军兴兵，就会商议应对之策；敌人发现我军行动，就会设计对我算计图谋；敌人了解我军企图，我军就会陷入困境；敌人摸清我军规律，我军就会遭遇危险。《三略》也说："将谋泄，则军无势；外窥内，则祸不制，财入营，则众奸会。将有此三者，军必败。"意思是，将帅的谋略泄露了，军队就不可能占有优势；敌人刺探到内部的军情，祸患就不可遏制；来路不明的财货进入了军营，奸佞的小人就会勾结在一起。将帅如果不能杜绝这三种情况，所带领的军队必败无疑。

（四）速胜原则

速胜原则是孙子进行战略决策的另一原则。速胜思想的背后是孙子对国家与战争全局的思考，这实际上可以引出"战争的目的"这样一个哲学问题。孙子认为："胜久则钝兵挫锐，攻城则力屈，久暴师则国用不足。夫钝兵挫锐，屈力殚货，则诸侯乘其弊而起，虽有智者不能善其后矣。故兵闻拙速，未睹巧之久也。夫兵久而国利者，未之有也。""故兵贵胜，不贵久"。《孙子兵法》的功利主义色彩很强，认为发动战争乃是为了实现某种利益，而依靠消耗国家实力去争取胜利则违背了战争的根本目的。因此,战争必须追求速胜,反对消耗战。

// 延伸阅读 //

魔方市场速战速决方能发财

众所周知,20世纪80年代初,魔方曾一度风靡全球,这种产品是匈牙利的一位数学家发明的。有一天,一位美国数学家到他的家中做客,发现桌上放着魔方的设计图,美国数学家将它带回美国,进行技术上的研究,透彻了解工艺、消耗、成本、市场需求,进行市场预测,确认形势大好并且有利可图,所以用5万美元向匈牙利数学家买下专利,在美国建立了一家魔术方块公司。

由于该公司经营者对于市场具有正确的分析和预测,果然魔方瞬间在全世界风行起来。他也了解这种玩具的生命周期极为短促,因而采取以降低成本的方法,来延长产品的寿命,仅打算生产几批就获利了结。果然魔方市场几年内就出现饱和现象,但该公司经营者早已赚了几千万美元。

■ 第三节

道兵家的战略行动

在西方战略管理理论中,人们常常把战略行动和战略管理的执行阶段混为一谈,某些情况下也许是正确的。但是当环境变化非常剧烈时,战略管理往往不是一个正式的过程,战略管理者可能无法或者来不及形成一个正式的战略规划,而是根据环境变化随机应变,这样就无所谓战略执行了。此时,战略管理行为就只有战略行动而没有战略的执行了。这也是明茨伯格所谓的战略管理理论中的学习学派和企业家学派所要解释的一种战略管理行为方式。这种战略管理行为方式,在中国企业界恰恰非常普遍。很多中国民营企业家并没有正式明确的战略计划和严格的战略执行,可是这并不妨碍企业战略目标的实现。应该说这种情况和中国传统知行合一的文化是有关系的。

在中国传统文化的影响下,战略行动有着更为特殊的意义。中国有很多企业战略管理缺乏明确的战略计划和战略计划实施或执行,但却并不妨碍这些企业展开各种战略行动。在知行合一的传统下,战略行动实际上包含了战略的分析与决策。因此,战略行动是整个道兵家竞争战略管理思想的精华。道兵家的战略分析的内容方法、战略决策原则等各种战略管理特质,都会体现在战略行动的战略管理特质中。我们分析道兵家的战略行动时,主要分柔性战略行动和刚性战略行动两个方面进行论述，这两个方面和道家的阴阳观念有着内在的联系。

一、柔性战略行动

（一）文伐

所谓"文伐"，就是"以文事伐人，不用交兵接刃而伐之也"。不用战争手段讨伐、征服、战胜敌人，则为"文伐"。可见"文伐"的理想目标是实现不战而胜。不过很多情况下，文伐的理想目标并不能直接达到，因此，文伐的现实目标乃是以"文伐"手段削弱敌人的实力，为"武伐"开辟道路，使在胜利获取过程中破坏性变小，达到以最小的代价战胜敌人的目标。不是所有的敌人都可以用文伐的。"所谓上察天，下察地，征已见，乃伐之。"必须在天时、地利、人和各种条件都具备，实施文伐才能达到最大效果。文伐最基本的原则就是要保密，不能让敌人知道。即"凡谋之道，周密为宝"（《六韬·武韬·三疑》），"勿使知谋，扶而纳之，莫觉其意，然后可成"。文伐行动不是靠武力而是靠谋略，具体执行则主要依靠间谍的活动，因此，必须保密，如果泄密，文伐就无法成功。

《六韬·武韬·文伐》提出了12种"文伐"的方法："文王问太公曰：文伐之法奈何？太公曰：凡文伐有十二节：一曰：因其所喜，以顺其志，彼将生骄，必有奸事，苟能因之，必能去之。二曰：亲其所爱，以分其威。一人两心，其中必衰。延无忠臣，社稷必危。三曰，阴赂左右，得情甚深，身内情外，国将生害。四曰，辅其淫乐，以广其志，厚赂珠玉，娱以人美。卑辞委听，顺命而合。彼将不争，奸节乃定。五曰，严其忠臣，而薄其赂。稽留其使，勿听其事。亟为置代，遗以诚事，亲而信之，其君将复合之。苟能严之，国乃可谋。六曰，收其内，间其外，才臣外相，敌国内侵，国鲜不亡。七曰，欲锢其心，必厚赂之，收其左右忠爱，阴示以利，令之轻业，而蓄积空虚。八曰，赂以重宝，因与之谋，谋而利之。利之必信，是谓重亲。重亲之积，必为我用。有国而外，其地大败。九曰，尊之以名，无难其身，示以大势，从之必信；致其大尊，先为之荣，微饰圣人，国乃大偷。十曰，下之必信，以得其情；承意应事，如与同生；既以得之，乃微收之；时及将至，若天丧之。十一曰，塞之以道，人臣无不重贵与富，恶危与咎，阴示大尊，而微输重宝，收其豪杰。内积甚厚，而外为乏。阴纳智士，使图其计；纳勇士，使高其气。富贵甚足，而常有繁滋，徒党已具，是谓塞之。有国而塞，安能有国？十二曰，养其乱臣以迷之；进美女淫声以惑之；遗犬马以劳之；时与大势以诱之；上察而与天下图之。"

这段话的意思是，文王问太公说：文伐的方法如何？太公说：文伐的方法有12种：一是依照敌人的喜好，顺从他的心愿，使他滋长骄傲情绪必会去做些邪恶的事情，我再巧妙地加以利用，就必能将他除掉。二是拉拢敌君的近臣，以削弱敌国的力量。敌之近臣既然怀有二心，其忠诚程度必然降低。敌人朝中没有了忠臣，它的国家就必定处于危亡的境地。三是贿赂敌国的近臣，和他建立深厚的情谊，他们身居国内心向国外，敌国就必将发生祸害了。四是助长敌国君主过分的享乐行为，扩大他的荒淫意趣。用大量珠玉贿赂他，赠送美女讨好他。言辞卑下，曲意听认。顺从其命令，迎合其心意。这样，他就忘记与我做斗争而放肆发展其邪恶的行为了。五是对敌国的忠臣要尊敬，少给他些礼物。他当使者前来交涉时，要故意拖延他，不要听从他的意见。极力促使敌君改派他人来替代，然后给他透露一些真实情况，表示亲近他信赖他以结友好。如能这样地用不同的方法去对待敌国忠臣与奸佞，就可以谋取他的国家了。六是收买敌国君主左右的大臣，离间他边远的大臣，使其有才干的大臣都帮助外国，再加以外国的入侵，这个国家就很少有不灭亡的了。七是要想使敌国君主对我深信不疑，就必须赠送他大量礼物，收买他左右亲信的大臣，暗中给他们好处，使其君臣忽视生产，造成其国家积蓄空虚。八是赠送敌国君以重宝，进而与他同谋别国，所图谋的又对他有利。由于对他有利，他必然信任我，这就密切了敌国君主与我的关系。关系越密切，敌国君主必为我所利用。他有国而被外国利用，其国必亡。九是用煊赫的名号颂扬他，不让他受到危难，给他势倾天下的感觉，毕恭毕敬地顺从他；以至高无上的名位尊崇他，先夸耀他的功绩显荣，再恭维他德比圣人，这样他必然会狂妄自大而对于国事懈怠废弛了。十是对他要表示恭顺诚信，以取得他的友情和信任；顺承他的意图办事，好像兄弟一般地亲密；既已得到他的友情和信任，就进一步微妙地控制他；时机一到，就像上天叫他灭亡一样而把他消灭了。十一是闭塞敌国君主视听的方法：凡是臣民没有不渴望富贵而厌恶危难与灾祸的，用暗中许给尊贵的官位，秘密送给大量财宝的方法，收买敌国的英雄豪杰。国内积蓄很多，外表却装作穷困。暗中收纳智士以制定谋略；收纳勇士以提高士气。要满足他们取得富贵的愿望，而不断发展壮大，结成自己的党徒，聚集起力量。这样做就能闭塞人的视听而秘密壮大自己了。敌人虽有国家，但耳目已为人所闭塞，哪还能够保住他的国家呢？十二是扶植敌国的乱臣，以迷乱其君主的心智；进献美女淫声，以迷惑其君主的意志；送他良犬骏马，使他沉溺在犬马游猎之中而神形疲惫；又常报以有利的形势，使他高枕无忧；然后，观察有利时机与天下人共谋而夺取他的国家。

| 兵家战略管理 |

文伐12节虽然内容比较复杂，但其主旨却很简单，就是利用敌人的内部矛盾，收买、分化、瓦解、离间、麻痹、削弱敌人。最后，姜太公补充说，"十二节备，乃成武事。所谓上察天，下察地，征已见，乃伐之"。意思是，以上12种计谋能善为运用，就可成全武功。所谓上察天时，下察地利，等到各种有利的征候都已显露时，就可举兵征伐了。可见，文伐实施的条件是有一定的前提的，必须是敌人内部存在可以利用的弱点。此外，文伐一般不单独进行，文伐主要是为武力征讨即武伐开辟道路。

据《史记·齐太公世家》、《淮南子·道应训》、《尚书大传》等历史典籍记载：《六韬》的"文伐"战略在灭商兴周的过程中，应当已经运用、实施过了。周文王被殷纣王拘羑里时，散宜生、闳夭、南宫适三人向姜太公请教、商议救文王之策，姜太公献计以美女、奇物、珍宝等献纣王，使之赦免文王，并纵纣王之欲，使其罪行暴露。纣王果然中计而赦免了文王。文王归国后，实行德政，收归民心，待纣之失，时机已到，兴师讨伐，"乃遂其谋"。文王之谋，乃太公之谋。这是以"文伐"为"武伐"做充分准备，开辟道路。文王得救的策略，与《六韬》的"文伐"、"十二节备，乃成武事"的策略大体相同。

// 延伸阅读 //

违背商业伦理和法律的文伐行为——力拓在中国的文伐行为[①]

2009年8月12日，当"暂停"7天的力拓间谍门重新出现在公众视野中时，包括力拓公司上海办事处胡士泰在内的4名力拓员工也被正式宣布批捕。这一消息不仅意味着力拓员工已经有确凿的证据涉嫌侵犯商业秘密和非国家工作人员受贿罪，而且也表明国内钢铁企业中也将有部分涉案人员浮出水面。

8月12日，当上海检方已经掌握了有关胡士泰等4人涉嫌侵犯商业秘密罪和非国家工作人员受贿罪的确凿证据时，此前就一致坚决否认员工涉案的力拓公司依然"咬紧牙关不放松"。力拓公司首席执行官强调指出：力拓集团将大力支持其雇员对这些指控进行辩护。因为在他看来，"公司员工在中国的业务往来上，其行为是恰当和合乎伦理道德的"。

时间转回到2009年2月初，当中铝集团为力拓提供高达195亿美元近似援助性质的收购时，这家以中国作为最大客户的澳大利亚铁矿石公司就已经实施了一次堪称完美的间谍计划——在雇用了知名国际投资银行担任财务顾问后，中铝集团却依然只能眼巴巴看着力拓公司以不到2亿美元的代价轻松

---

① 节选自栖息谷，http://bbs.21manager.com/dispbbs-235928-1.html。

离场。

显然,其中一个无法忽视的原因就在于同时担任中铝财务顾问和力拓配股承销商的摩根大通,这种不合常理的投资银行"兼职"对于交易结果的影响不言而喻。实际上,即便在开始接受中铝的收购计划时,力拓也并非诚意与中方合作,而这恰恰是中铝始料未及的。

在中铝和力拓双双宣布进行195亿美元的交易后,中铝便积极筹资完成交易,而同期,力拓则一直等待反转的机会。3月,由国家开发银行牵头,中国农业银行、中国银行和另外一家政策性银行中国进出口银行组成银团,终于向中铝提供210亿美元并购贷款时,铁矿石市场也出现了回暖的迹象。

与此同时,受益于中铝的巨额资金,力拓澳大利亚公司股价一度从32澳元/股暴涨至77澳元/股,而英国公司的股价则飙升至31.16英镑/股,累计为力拓公司带来了210亿英镑的浮盈,约合人民币2350亿元。

然而在力拓看来,一旦中铝入股,那么对于公司在未来的铁矿石谈判中多少会产生"不利"的影响。因此,在借助中铝注资计划实现公司形势扭转的同时,力拓却"瞒天过海",选择了与同样是铁矿石公司的必和必拓"暗度陈仓",并于6月宣布正式合作,而双方的合作也直接促成了力拓与中铝集团的"毁约门"。"力拓毁约不仅对中铝造成巨大损失,而且,对于四家国有银行来说也有很大的负面影响,中铝所得的1.95亿美元分手费远远不够赔偿给四大银行。"熟知澳大利亚力拓集团与中国铝业公司战略合作交易的人士对《华夏时报》记者表示。

5月下旬,力拓率先发表公告,宣称已经与日本确定了2009年铁矿石谈判的首发价,粉矿按照33%的降幅执行,而截至2009年3月,铁矿石的现货价格却已经从2008年6月高点下跌了接近60%,33%的降幅显然令需求量大的中国难以接受。

而后,全球第四大钢铁制造商韩国浦项钢铁则出面要求铁矿石降价50%,但在铁矿石供应商的压力下,最终包括韩国的浦项钢铁、我国台湾的中国钢铁和中龙钢铁均无奈地接受了力拓的2009财年铁矿石谈判首发价,也就是降价33%。

这一"远交近攻"的策略无疑让强势要求40%降幅的中国铁矿石谈判陷入被动的局面。更令人意想不到的是,就在铁矿石谈判的关键时刻,力拓又曝出了"间谍门"事件。显然,利用中国钢铁企业内部分化、窃取机密的方式成了力拓在外围市场施压后,再次取得铁矿石谈判胜算的杀手锏。

对力拓来说,即便出现了"间谍门",中国也不可能因此就拒绝购买铁矿石,因为从淡水河谷运来的铁矿石价格要比它们的贵出不少。事实上,就在公司员工宣布被批捕后，力拓依然表示，不仅继续在中国的业务，而且还将维持从澳大利亚出售的高水平铁矿石业务。

而在中国钢协铁矿石谈判的关键时刻，力拓公司则利用公司驻华员工采取不正当手段，通过拉拢收买中国钢铁生产单位内部人员，了解中国铁矿石谈判底线，获取中国钢铁企业原料库存的周转天数、进口矿的平均成本、吨钢单位毛利以及生铁的单位消耗等重要的财务数据，并据此制定对策，与必和必拓联手推高铁矿石现货市场，对中国钢协施压。

统计数据显示，8月12日天津港63%品位的印度粉矿价格达到了870元/吨，较6月底的640元/吨上涨了约36%，仅仅用了不到6周的时间，但是同时有关部门也指出，尽管单月铁矿石进口量创下历史新高，但中国的钢铁总产量却处于过剩的状态。

力拓6年来利用拉拢收买、刺探情报、各个击破、巧取豪夺等各种手段，已经迫使中国钢企在近乎讹诈的进口铁矿石价格上多付出几千亿元人民币的沉重代价，相当于全国钢铁行业同期利润总和的一倍多。

(二) 伐交

道兵家非常重视伐交，《六韬》提出"以弱击强者，必得大国而与，邻国之助"，并且提出了如何获取大国和邻国帮助的手段，"事大国之君，下邻国之士，厚其币，卑其辞，如此，则得大国之与邻国之助矣"，即通过积极主动与大国和邻国结交，多送财物来获取它们的帮助。

// 延伸阅读 //

郭子仪的伐交战略

唐代宗永泰元年（765年）8月，唐叛将仆固怀恩勾结吐蕃、回纥、吐谷浑以及山贼等30万军队，直取长安。京师震恐。代宗急召郭子仪抵御贼兵。郭子仪军仅1万多人，被敌军重重包围在泾阳。他命令部将四面坚守，自己亲率骑兵出没于前后左右侦察敌情。战则必败，退则被歼，如何是好？郭子仪决定智取，放弃力敌。他派牙将李光瓒前去回纥大营游说。回纥王听说他是郭子仪派来的，疑惑地说："令公还活着吗？仆固怀恩说天可汗已经抛弃四海，郭令公也已谢世，中国无主，我们才随同他来的。如果他老人家健在，我们倒要见一见。"

郭子仪决定，亲自到回纥军营走一遭。郭子仪将要出去会见回纥将领，诸将劝谏说："戎狄之心，不可相信，请不要去。"郭子仪说："虏寇有数万之众，今天依靠实力无法相敌，况且至诚能感动神灵，何况是虏寇之辈！"诸将说："请选铁骑500卫从。"郭子仪说："那样适足以招致祸害。"说完只带几名亲随准备上马出发。这时他的儿子急忙赶来，拦住马头哭道："回纥像虎狼一样凶狠，您身为国家元帅，怎么能冒这个危险呢？千万不能去送死！"郭子仪说："现在国家更危险，我以至诚相待，亲说回纥退兵，国家转危为安，别的还有什么可顾惜的。"

回纥首领药葛罗，怕唐军用计，赶紧叫部下摆开阵势，自己也搭弓上箭，准备射击。郭子仪远远看见这一场面，干脆脱下盔甲，把枪也扔了，继续接近回纥。回纥首领看清后，赶忙上前迎接郭子仪。郭子仪两次从安史叛军手里收复两京时，曾经带领过借来的回纥兵，同他们可以说有过并肩战斗的情谊。他在回纥人中有很高的威信，回纥人一向称他为郭令公，表示对他的尊敬。郭子仪来到回纥营寨，他们一齐向他跪拜。郭子仪将他们扶起，与之痛饮叙谈，又派人送来罗锦，欢言如初。

郭子仪对回纥人说："吐蕃本是我朝舅甥之国，朝廷没有辜负他们，而他们到这里，是不再为亲了。如果乘其不备倒戈一击，如拾地芥那样容易。他们的羊马遍野，长达数百里，这是天赐，不可失此机会。今天能驱逐戎兵战胜敌人，与我朝和好而凯旋，不亦善乎！"回纥人遂答应下来。

郭子仪派遣朔方兵马使白元光与回纥会师。吐蕃知道了郭子仪的计谋，当天夜里逃跑。回纥与白元光穷追不舍。郭子仪率大军继其后，在灵武台西原大破吐蕃，斩首5万，生擒上万人，收取他们所掳掠的士女4000多人，缴获的牛羊驼马，300里内接连不断。

企业中也有伐交的行为，当竞争双方势均力敌难解难分时；当一个弱者想与强者抗衡，企图小鱼吃大鱼的时候；当谈判双方陷入僵局，毫无进展时，谁率先赢得第三者的协助，谁就有把握取胜的机会。假如在交易中，有中间人介绍，那么尽量争取他们的合作，必然最后取得圆满的结局。如有个公司所有人A先生经过银行介绍想以200万美元的代价把他的公司卖给B先生。A先生声称：他刚找到一家可以免税的企业，准备全力经营那家企业，只好忍痛割爱把现在的企业卖掉。又对B先生说，经营这家公司极为有利，前景又是如何如何好……B先生经过仔细调查，发现这家企业已摇摇欲坠，他向银行借了很多钱，如果公司卖不成，银行势必倒霉，所以B先生决定让银行做媒介给他施加压力。B先生对银行说："依目前情况，这家公司顶多值50万美元，但A先生不会接受这个价，所以你必须帮助我和他好好谈谈，否则公司破产，你也会跟着遭殃。"银行认为50万美元价格十分公平合理，于是从中撮合，最后生意谈成。一般来说，中间人希望谈判顺利进行，否则他得不到分文佣金，利用这点，可设法从他那里套取消息，让他打先锋，使他成为你的同盟。

// 延伸阅读 //

洛克菲勒通过与铁路部门结盟战胜其他竞争对手

美国石油大王洛克菲勒，起初，财力、物力、人力十分有限，他梦想垄断炼油和销售，可他不是亚利加尼德集团等其他石油公司的对手。洛克菲勒的合伙人佛拉格勒颇有心计，建议道："原料产地的石油公司在需要的时候才用铁路，不需要的时候就置之不理，十分反复无常，使得铁路上经常没生意可做。一旦我们与铁路公司订下合约，每天固定运输多少油，他们一定会给我们打折扣。这打折扣的秘密只有我们和铁路公司知道，这样的话，别的公司只有在这场运价抗争中落荒而逃，整个石油产业界就成了我们的天下。"洛克菲勒选择了铁路霸主之一，贪得无厌的凡德毕特为合作对象，最后双方达成协议：洛克菲勒以每天订60辆车合同的条件换取每桶让7分的利润。低廉的运费带来的销售价下降，进而使销路得到迅速拓宽发展。从此洛克菲勒飞黄腾达，向世界最大的集团经营企业迈进。洛克菲勒身为弱者，如果和亚利加尼德集团面对面竞争，必遭弱肉强食，但他巧妙地借助第三者铁路霸主的力量，以低廉的运价占据运输的优势，挤垮同行的竞争，实现了小鱼吃大鱼、垄断石油经济的愿望。

企业竞争过程中还会形成形形色色的战略联盟。战略联盟是指由两个或两个以上有共同战略利益和对等经营实力的企业（或特定事业和职能部门），为达到拥有市场、共同使用资源等战略目标，通过各种协议、契约而结成的优势互补或优势相长、风险共担、生产要素水平式双向或多向流动的一种松散的合作模式。战略联盟是各企业在追求长期竞争优势过程中为达到阶段性企业目标而与其他企业的结盟，通过相互交换互补性资源形成合力优势，共同对付强大的竞争者。

企业组成战略联盟至少可以为其赢得以下几个方面的战略优势：

1. 创造规模经济

小企业因为远未达到规模经济，与大企业比较，其生产成本就会高些。这些未达到规模经济的小企业通过构建联盟，扩大规模，就能产生协同效应，即"1+1>2"效应，提高企业的效率，降低成本，增加盈利，以追求企业的长远发展。

2. 实现企业优势互补，形成综合优势

企业各有所长，这些企业如果构建联盟，可以把分散的优势组合起来，形成综合优势，也就可以在各方面、各部分之间取长补短，实现互补效应。

3. 可以有效地占领新市场

企业进入新的产业要克服产业壁垒，企业进入新市场也同样要越过壁垒。通过企业间的联盟合作进入新市场，就可以有效地克服这种壁垒。

4. 有利于处理专业化和多样化的生产关系

企业通过纵向联合的合作竞争，有利于组织专业化的协作和稳定供给。如丰田公司只负责主要部件的生产和整车的组装，减少了许多交易的中间环节，节约了交易费用，提高了经济效益。而通过兼并实行联盟战略，从事多样化经营，则有利于企业寻求成长机会，避免经营风险。

// 延伸阅读 //

石油输出国的战略联盟——OPEC

1960年9月，伊朗、伊拉克、科威特、沙特阿拉伯和委内瑞拉的代表在巴格达开会，决定联合起来共同对付西方石油公司，维护石油收入。14日，五国宣告成立石油输出国组织（Organization of Petroleum Exporting Countries，OPEC），简称欧佩克。随着成员的增加，欧佩克发展成为包括亚洲、非洲和拉丁美洲一些主要石油生产国的国际性石油组织。欧佩克旨在通过消除有害的、不必要的价格波动，确保国际石油市场上石油价格的稳定，保证各成员国在任何情况下都能获得稳定的石油收入，并为石油消费国提供足够、经济、长期的石油供应。欧佩克组织的成立不仅使得石油输出国家的收入大大增加，同时还增强了这些国家的国际政治经济的影响力。

1973年10月第四次中东战争爆发，为打击以色列及其支持者，石油输出国组织的阿拉伯成员国当年12月宣布收回石油标价权，并将其积陈原油价格从每桶3.011美元提高到10.651美元，使油价猛然上涨了两倍多，从而触发了第二次世界大战之后最严重的全球经济危机。持续三年的石油危机对发达国家的经济造成了严重的冲击。在这场危机中，美国的工业生产下降了14%，日本的工业生产下降了20%以上，所有的工业化国家的经济增长都明显放慢。

二、刚性战略行动

（一）追求不战而胜的最高目标

一般军事战争主要通过战斗获取胜利。道兵家则认为通过这种手段获取胜利不是最好的，不是"善"的，获取胜利最好的手段是不使用武力，使用谋略和威慑力使得对方屈服,从而实现自己的政治目标。即《孙子兵法》所说的"不战而屈人之兵"的全胜。《孙子兵法》说:"故善用兵者,屈人之兵而非战也。拔人之城而非攻也,破人之国而非久也,必以全,争于天下。故兵不顿而利可全,此谋攻之法也。"所以善于用兵的人,屈服敌人的军队不用硬打,夺取敌人的城堡不用硬攻,毁灭敌人的国家不须旷日持久。一定要用全胜的计谋争胜于天下,这样军队不致受到挫伤,而胜利可以完满取得。这就是谋划进攻的法则。全胜思想呈现出道兵家战略行动追求的最高目标,是道兵家伟大的创见,对当代政治军事界都有重要影响。美国在"二战"后对苏联等社会主义国家逐渐由实施武装对抗政策,走向实施和平演变政策,实际上体现其国家战略目标由追求胜转变为追求全胜。

道兵家在如何不通过武力而获取胜利方面,做了许多具体而深入的阐述。《六韬》说:"行其道,道可致也;从其门,门可入也;立其礼,礼可成也;争其强,强可胜也。全胜不斗,大兵无创,与鬼神通。微哉,微哉!与人同病相救,同情相成,同恶相助,同好相趋。故无甲兵而胜,无冲机而攻,无沟堑而守。"这是说,用兵行道,吊民伐罪,夺取天下的策略,要在政治上争取民心,在军事上不斗全胜。要想不战而胜,就要利用人的心理和感情,与民众共甘苦、同好恶,攻打害民之敌,实现"无甲兵而胜"。《六韬》还提出"善战者,不待张军;善除患者,理于未生;善胜敌者,胜于无形;上战,无与战。故争胜于白刃之前者,非良将也;设备于已失之后者,非上圣也;智与众同,非国师也;技与众同,非国工也。事莫大于必克,用莫大于玄默,动莫神于不意,谋莫善于不失"。也就是说,善于打仗的人,在没有出动军队的时候就开始准备谋划了;善于消除灾祸的人在灾祸还没有发生就开始处理了;善于战胜敌人的人,在没有打仗的时候,就已经获得了胜利的条件;不能事先做好准备的人不是圣贤之人;智慧不能胜过常人的人不能当国君之师;技术不能超过一般工匠者不能当国工。做事情的最高境界是必定成功,最有用的行为是沉默思考,发动战争最重要的莫过于出其不意,最好的计谋在于必定成功。

(二)"致人不致于人"——把握战争主动权

《孙子兵法》非常强调获取战争的主动权,认为获取主动具有极端重要的意义。他提出"善战者,致人而不致于人",保持了主动权,胜利就有了把握,就能立于不败之地。《孙子兵法》认为,要掌握主动权,就要善于调动敌人,牵着敌人的鼻子走,即要主动致人才能"不致于人"。"故迂其途,而诱之以利,后人发,先人至,此知迂直之计者也。"要做到善于调动敌人,就要善于"示形",使敌人发生错觉,以利诱敌,使敌人按照我方的意愿行动,我方就可趁机攻击之。

要做到主动，还要求行动果断，不能犹豫不决。《六韬·龙韬·军势》提出，"善战者，见利不失，遇时不移。失利后时，反受其殃"。果断原则要求战略行动过程中，见到机会坚决不能错过，如果错过机会，失去战机，那么就会失去主动，导致失败。只有行动果断，才能抢占先机，获得竞争的主动权。《六韬》还认为战略行动迅速，能够造成强大的声势，有利于军队获取胜利，即："是以疾雷不及掩耳，迅电不及瞑目。赴之若惊，用之若狂，当之者破，近之者亡，孰能御之？"

比较这两个案例：一个发生在古代，另一个发生在现代；一个发生在中国，另一个发生在西方；一个是军事竞争，另一个是企业竞争。可是当我们分析取胜方的胜利原因时，可以发现它们完全符合《孙子兵法》中所说的"故善战者，致人而不致于人"的道理。

// 延伸阅读 //

前秦和东晋的淝水之战

淝水之战发生于公元383年，当时中国北方的前秦欲灭南方的东晋，双方于淝水（今安徽省寿县的东南方）交战，最终东晋仅以8万军力大胜80余万前秦军。

当时前秦军队紧逼淝水而布阵，东晋军队无法渡过。于是东晋主帅谢玄派使者对秦军主将苻融说："您孤军深入，然而却紧逼淝水部署军阵，这是长久相持的策略，不是想迅速交战的办法。如果能移动兵阵稍微后撤，让晋朝的军队得以渡河，以决胜负，不也是很好的事情吗？"前秦很多将领都不认同，说："我众敌寡，不如遏制他们，使他们不能上岸，这样可以万无一失。"但是秦王苻坚说："只带领兵众稍微后撤一点，让他们渡河渡到一半，我们再出动铁甲骑兵奋起攻杀，没有不胜的道理！"秦军统帅苻融也认为可以，于是就挥舞战旗，指挥兵众后退。谁知前秦的军队一退就变得不可收拾。前秦的军队稍微后撤时，心怀不满早就有意投晋的前秦将军朱序在军阵后面高声呼喊："秦军失败了！"兵众们听到后就狂奔乱逃。朱序乘机与张天锡、徐元喜都来投奔东晋。

于是谢玄、谢琰、桓伊等乘此机会，率领军队渡过河攻击他们。苻融驰马巡视军阵，想来阻止退逃的兵众，没想到战马意外倒地，苻融被东晋杀奔过来的士兵杀掉，前秦的军队于是就完全崩溃了。谢玄等人乘胜追击，前秦的军队大败，自相践踏而死的人遮蔽山野，堵塞山川。逃跑的人听到刮风的声音和鹤的鸣叫声，都以为是东晋的军队将要来到，昼夜不敢停歇，逃亡过程中死亡的人十有七八。

《泰晤士报》和《每日电讯报》的竞争战略

《泰晤士报》和《每日电讯报》都是英国的大报，在1993年以前，《每日电讯报》的日发行量超过100万份，而《泰晤士报》只有其1/3！

1993年9月，《泰晤士报》率先发起了一场价格战，把报纸零售价由45便士降到30便士，两个月后显示，《泰晤士报》的发行量上涨了24%，达到43.9万份，《每日电讯报》下降了1.9%，但仍然保持在100万份以上；到1994年4月，《泰晤士报》是45.4万份，《每日电讯报》102万份；到6月，《泰晤士报》51.5万份，《每日电讯报》则降到了100万份以下。

到了6月23日，《每日电讯报》终于加入了价格战，把报纸的零售价由48便士降到了同《泰晤士报》一样的30便士；《泰晤士报》迅速反应，次日便又将价格降至20便士。

到1995年1月，双方相继又将报纸定价降到5便士的最低点，这时《泰晤士报》的发行量已达57万份，而《每日电讯报》也恢复到102万份。同年7月，两份报纸的价格回升到25便士，到1996年底，各自恢复至价格战前的定价，即《泰晤士报》45便士，《每日电讯报》48便士，《泰晤士报》的发行量达79.2万份，《每日电讯报》达109.8万份。至此，历时3年多的价格战宣告结束！

显然，《泰晤士报》是价格战的大赢家，最后的结果等于在价格不变的情况下把发行量由30多万份提高到79万份，而一直疲于应付的《每日电讯报》却几乎没有长进！

两个案例都是强大的一方和弱小的一方进行竞争，可是强大的一方对自身的特点、优缺点根本不了解，没拟定适合自己的竞争战略，只知道凭借着自己雄厚的实力和对手硬拼，结果惨遭失败。军事竞争过程中胜利不一定属于军队多的一方，企业竞争过程中胜利也不属于资金雄厚的一方，很多情况下，决定胜利的主要因素是双方的战略决策和执行能力的博弈。

要做到把握战争主动权，道兵家还强调对战略要地的控制，如《三略》强调必须要"获固（坚城固地）守之，获厄（险要关卡）塞之，获难（军事要冲）屯之"。秦汉时期，随着国家的统一，战争的规模、战场的范围、参战的人数都较之先秦时期有了很大的发展，出兵动辄数十万人，长途奔袭远达数千里。在这种情况下，战略要地的得失往往会影响整个战争全局的成败。

所以《三略》把这一问题提到了战略的高度。这个观点和战略管理理论中的定位学派是完全一致的。在当代经济全球化的形势下,企业要获取持续竞争优势,展开全球化竞争变成必需的步骤,谁能控制竞争所必需的战略资源,谁就在竞争中处于优势地位。

// 延伸阅读 //

IBM 的 OS/2 与微软的 Windows 之争

在 20 世纪 80 年代,IBM 和微软建立了硬件和软件联盟,IBM 生产 PC 机,微软生产运行于 PC 机上的基本软件 DOS 系统,把当时最大的竞争对手苹果公司打得溃不成军。然而苹果公司后来推出的具有 GUI 图形化界面的 Macintosh 电脑,始终占据着利润丰厚的个人电脑高端客户市场的大部分份额,而且图形化界面极大地方便了用户,明显在新一代个人电脑的发展方面取得优势。于是 IBM 和微软共同研制和推出了 OS/2 这一当时先进的个人电脑上的新一代操作系统。最初它主要是由微软开发的,由于在很多方面的差别,微软最终放弃了 OS/2 而转向开发 Windows(视窗)系统,而 IBM 继续坚持开发 OS/2。

微软为了保证自己在个人电脑操作系统软件上的霸主地位,在和 IBM 分道扬镳不久就匆忙推出了 Windows 系统,尽管 Windows 的早期几个版本问题一大堆,但是还是吸引了一大批用户。到 1990 年,Windows 3.0 发布,由于在界面、人性化、内存管理多方面的巨大改进,终于获得用户们的广泛认同。之后微软趁热打铁,于 1991 年 10 月发布 Windows 3.0 多语版本,为其在非英语母语国家推广起到重大作用。微软不久又推出了 Windows 3.1。Windows 3.1 具备了模拟 32 位操作系统的功能,图片显示效果大有长进,对当时最先进的 386 处理器有良好支持。这个系统还提供了对虚拟设备驱动(VxDs)的支持,极大改善了系统可扩展性,计算机用户再不必在购买 Windows 3.1 时煞费苦心地查证自己的硬件是否可以被系统支持了,因为他完全可以另外安装一个驱动程序。为了帮助厂商和软件公司开发 Windows 应用程序,微软发布了 Software Development Kit(SDK),为 Windows 程序员提供了开发时常用函数和程序调用库,加快了开发速度。在这方面,微软想必深谙"与人方便、与己方便"的道理,与苹果公司特立独行的风格形成鲜明对照。Windows 3.1 还模仿苹果公司 Macintosh 设计,使用了非常漂亮的新图标。

在这场竞争中 IBM 公司反应要比微软慢得多,IBM 在发行了几个不成功的 OS/2 系统版本后,最大规模的发行版本是于 1994 年发行的 OS/2 Warp 3.0。这个系统的各项性能指标都在 Windows 之上,但是用户已经习惯 Windows,想要一下子转移到 OS/2 Warp 3.0 上去还需要时间,微软不会给 IBM

的 OS/2 Warp 3.0 系统时间，1995 年微软就推出了著名的 Windows 95。Windows 95 不仅具有优良的性能、漂亮的外观，而且整合了新版本 MS-DOS 7.0。这样，微软就可以保持由视窗 3.x 建立起来的 GUI 市场统治地位，同时使得没有非微软的产品可以提供对系统的底层操作服务。再加上对 Windows 95 天才的营销策略，在市场上 Windows 95 在它发行的一两年内，成为有史以来最成功的操作系统。

而 IBM OS/2 系统却几乎被人遗忘，后来 IBM 也发行了若干个 OS/2 系统的升级版，但仅仅是小范围的使用。2005 年 12 月 23 日，IBM 宣布不再销售和支持 OS/2 系统，IBM 在操作系统软件领域彻底认输。

（三）"立不败，待可胜"——立于不败之地

《孙子兵法》认为能否打败敌人主要看敌人是否有薄弱环节，故此，主动原则要求将领应当是努力使自己立于不败之地，不让敌人有机可乘，同时积极主动地去寻找敌人的薄弱环节或等待敌人的薄弱环节出现，而不是鲁莽地和敌人交战。"故善战者，立于不败之地，而不失敌之败也。是故胜兵先胜而后求战，败兵先战而后求胜。"意思是，善于打仗的人先使自己立于不败之地，然后注意观察敌人是否露出了可以导致失败的破绽，只要敌人露出来破绽，就一定不能放过。所以常常打胜仗的军队是在发现了胜利的机会之后才出兵攻击敌人的，而常常打败仗的军队是先出兵攻打敌人，然后希望侥幸获取胜利。《孙子兵法》又说："昔之善战者，先为不可胜，以待敌之可胜。不可胜在己，可胜在敌。"意思是，先设法创造有利的战场态势，使自己处于不可战胜的地位，然后来等待敌人可以被己方战胜的时机。要做到不可战胜，关键在于自己创造充分的条件；至于敌人能否被己方战胜，在于敌人是否犯错出现可乘之机。

在主动进攻之前，先要做好防御，立于不败之地，而后抓住打败敌人的机会，这显示了道兵家独特的智慧。要达到目标，并能把自己的损失减少到最低限度，一定要先站在一个稳固的基础之上，这也就是《孙子兵法》中所说的"无死地"，这是战争的最高原则。

// 延伸阅读 //

朱元璋的创业方针

元朝末年，朝廷腐败，污吏横行，民不聊生，百姓纷纷揭竿而起，成立义军反抗元廷的统治和剥削。作为义军的一员，明朝开国皇帝朱元璋在创业

初期处境比较艰难，缺少自己的根据地，缺少自己的直系部队，缺少粮草军备等物资。同时，群雄并起，割地为王，对势单力薄、但充满雄心壮志的朱元璋来说，要想开创一片属于自己的天地，建立名垂千古的丰功伟绩真是难于上青天。

儒士朱升向他献上九字策略："高筑墙、广积粮、缓称王。"所谓"高筑墙"，就是要建立自己的根据地，构筑铜墙铁壁，退可守，进可攻，为开创伟业奠定坚实基础。所谓"广积粮"，就是要扩大粮食种植面积，提高粮食产量，抓好粮食储备，解决民众和军队的粮食供给问题，免除前线打仗和后院起火之忧。所谓"缓称王"，就是要韬光养晦，积蓄力量，壮大自己，不要急于自封为王，成为"出头鸟"，过早引起元廷的注意和围剿，避免与割地为王的其他义军首领发生直接冲突，削弱义军和自己的实力。

朱元璋马上采纳并付诸实施。在随后几年，朱元璋不称王、不出头，稳扎稳打，步步为营，不断扩大地盘；招兵买马，严格训练，不断壮大队伍；鼓励百姓，开屯种粮，不断加强储备。最后，万事俱备，朱元璋把握历史良机，凭借雄厚实力推翻了元朝的统治，建立了大明王朝，成就了一番伟业，实现了心中的夙愿。

以人为鉴，可以知得失；以史为鉴，可以知兴衰。朱元璋在"地狭粮少"，"孤军独守"南京时，没有被暂时的胜利所迷惑。而是选择"高筑墙、广积粮、缓称王"，采取巩固发展战略，先立于不败之地。相反，目前急于称王的企业太多，略有成功，便急于称王称霸，结果成功来得快，失败来得更快。企业经营是否也应该学习一下朱元璋的谋略呢？

企业经营管理何尝不是如此呢？从防御战略开始，"先为不可胜"。企业防御战略主要包括以下几个基本要点：控制现金流的平衡；防止组织失控；防止重大人事动荡；应对突发危机事件。在此基础上完善法人治理结构，组建高效管理团队，建立现代企业制度，提高运营能力。

企业经营要在先为不可胜的基础上，学会运动中进行战略转移，寻找"待敌之可胜"之机。当企业资源处于劣势，市场竞争的白热化使行业利润下降，市场前景不佳时，采用防御型战略；当企业资源处于劣势，但市场环境机会好时，采用巩固发展型战略；当企业有较强的资源优势，市场环境机会好时，采用进攻扩张型战略；当企业有较强的资源优势，市场竞争白热化使行业利润下降，市场前景不佳时，采用竞争转移型战略。

延伸阅读

急于成功，露出破绽的长虹

长虹第一次价格战在1988~1989年。1988年国内彩电严重紧缺，抢购倒卖之风盛行，普通老百姓以高于国家牌价1倍的价格还很难买到彩电。在国家牌价的制约下，出现"百姓多花钱，厂家赚不到钱"的局面。长虹以略高于国家牌价而低于黑市的价格卖给四川省工商银行一批彩电开始自己的价格调整旅程。1989年国内彩电生产厂引进了大量彩电生产线，同时国家开征彩电消费税，彩电市场顿时供过于求，厂家彩电积压严重。光上半年长虹就积压近20万台彩电，占用资金3.2亿元，资金严重紧张。在请示四川省物价局后，1989年8月9日长虹进行自行降价活动，每台彩电降价350元，长虹积压彩电一销而空，同时也提升了长虹在彩电行业的地位。1991年3月，国家统计局公布：长虹1990年首次荣登彩电行业销售冠军。

长虹第二次价格战时间为1996年。1996年，进口品牌在25英寸以上大屏幕彩电市场占有绝对优势，在北京、上海、广州的市场份额更是高达80%以上，但众多合资厂尚未投入规模生产。1996年3月26日长虹彩电凭借"同样的技术、同样的质量"，举起降价大旗，首次向洋彩电宣战。面对铺天盖地的洋彩电，长虹宣布在全国范围内降价18%，带动国产彩电夺取市场份额，由此国产彩电在国内中低端彩电市场占据了绝对主导地位。而长虹的市场占有率由1995年的22%提高到1996年的27%左右，彩电销量比上年同期增长61.96%。长虹在1996年发起的价格战对于国产彩电的翻身功不可没。

长虹第三次价格战时间为1998~1999年。1998年长虹为了遏制对手，从当年8月份起大批量购进彩管，最多时控制了国内彩管70%以上，使应付款项、票据从35.51亿元直线上升到61.9亿元，当年长虹计划生产彩电800万台，但实际销量只有600多万台，到1998年末，长虹库存达到77亿元，比上年增加一倍。1998年上半年长虹的销售费用由1997年同期的1.98亿元上升至3.46亿元，增加了14.75%，而销售收入却下降了14.2%。到1999年，长虹销售业绩同比下滑14.5%，销售成本反而上升25.5%。"囤积彩管"事件不仅使企业不得不承担起70亿元库存的压力，也使TCL、创维、康佳这"三剑客"对抗长虹的联盟更加坚固。其结果是，长虹从习惯先声夺人沦为在频繁的价格战中疲于应招。在这一年，长虹主业收入锐减4亿元。经过1997年和1998年由别人发起的价格战，长虹的彩电霸主地位岌岌可危。为了挽回颓势，1999年4月，长虹彩电开始降价行动。但康佳对长虹降价早有应对，降价幅度超过长虹80~300元。长虹主营利润由1998年的31.6亿元下降到1999年的15.7亿元，净资产收益率仅4.06%，1999年下半年长虹利润仅1亿多元。

进入新世纪之后，长虹还发动了系列价格战：

2000年5月，倪润峰下课，长虹开始强化研发力度。随后，长虹又宣布全面大幅降价，最大降幅达20%，此次价格战的目的是清理库存。

2001年2月，倪润峰又以CEO身份重掌大权。同年，长虹再掀彩电降价狂潮，此后，TCL、厦华等开始跟进，然而这次降价并没有引起购买热潮。随着彩电行业微利时代来临，全行业的平均利润已降至2%~3%。彩电业面临整体亏损。

2003年4月，倪润峰掀起背投普及计划，背投电视最高降幅达40%，但是，国内竞争对手却用等离子彩电与之抗衡，进行差异化竞争。一个月后，长虹在海外被以倾销罪名起诉，其低价策略在国际上受到了质疑。

2004年4月，美国宣布反倾销裁定，美国向几乎所有的中国彩电生产商关上大门。

可以看到长虹在这段时间发动的价格战效果基本上都不太明显。在初期市场运作中取得成功后，长虹一心想一统天下，在第一轮降价成功后，长虹错误估计了自己的实力和国内彩电市场的格局。电视机厂以前都有政策的扶持，进行全国布局，很多地方政府都希望以电视机业带动其他产业发展，对其进行一定的扶持。所以第一轮降价后，各个电视机厂并没有被淘汰，反而开始反攻，长虹的市场份额出现回落。这时，进口品牌采取了先观察、后降价的策略。如飞利浦电视与长虹的价格差在20%左右，长虹降价飞利浦也降。高收入人群比较倾向用进口品牌，所以飞利浦的销量也冲上来了，这就意味着长虹的算盘落空了。在不停的价格战中，消费者的预期在改变，原打算降价后再去购买，但刚买来，发现价格又降了。几轮下来，消费者都在观望，销量上不去，市场停滞起来。对于经销商而言，第一轮降价时，经销商的利润已经开始缩水，长虹只好采用补贴的方式。但后来不断降价，利润更是大幅降低，很多供应商开始拒卖长虹。而且率先降价的企业还面临一个困境，那就是当其他企业发起第二轮降价时，长虹等品牌都必须通过再降价才能销售出去。价格战最终造成了全行业利润大幅下滑，没有资金投入到技术研发上去，影响了整个行业的长远发展。

（四）"兵者，诡道也"——善于权变

权变原则是道兵家竞争战略管理思想的精华中的精华，是道兵家最富有辩证法思想的一部分内容。《文韬·兵道》提出："密察敌人之机而速乘其利，复疾击其不意。"这短短一句话，实际上把获取敌情、捕捉战机、速战速决、因利而动、避实击虚等制敌手段全部都概括了。

孙子提出"兵以诈立"、"兵者，诡道也"，诡诈就是一种权变之术，是以真真假假、虚虚实实等各种手段来迷惑敌人的一种手段。所谓"能而示之不能，用而示之不用，近而示之远，远而示之近"等，实际上都是以"不能"、"用"、"近"等这些表面行为来迷惑敌人。道兵家的权变原则的根本特征可以概括为根据环境变化和竞争对手的特点，运用各种手段欺骗和迷惑对手，使之处于被动地位或落入圈套，从而造成对自己有利的态势，继而击败敌人。该原则作为一种战略管理思想特质可以分成三个子特质，即形势之变、虚实之变、奇正之变。

1. 权变原则子特质一：形势之变

形势是《孙子兵法》中一个比较复杂的概念，以至于专门有人写书讨论"形与势"的含义。《孙子兵法》中关于形势的论述有"激水之疾，至于漂石者，势也"，"故善战人之势，如转圆石于千仞之山者，势也"，"勇怯，势也；强弱，形也"，"故善战者，求之于势，不责于人故能择人而任势"，"任势者，其战人也，如转木石。木石之性，安则静，危则动，方则止，圆则行"，"计利以听，乃为之势，以佐其外。势者，因利而制权也"；等等。根据这些关于形势的论述可见，《孙子兵法》思想中"势"和"形"是密切联系在一起的，"形"是指作为事物状态的形，是一种客观现实的表现和形态，是一切战略活动所必须首先把握的，是制定战略的基础和前提。"势"是由一定的"形"所造成的能量特征。"激水之疾，至于漂石者，势也。"其意为冲击而出的水非常迅猛，以至于能把大石头冲走，这是由于水"势"的强大。这和物理学中势能的定义很相似，放在高处的重物本身不是"势"，但是让重物从高处向下做自由落体运动，这时，其中的势能转变成动能，"势"的力量就表现出来了。在战争和企业竞争过程中也存在这种现象。对立的各方的形均蕴涵着一定的势能，组织领导者要善于强化这种势能，并在竞争时将其释放出来，变成战胜对手的巨大力量。《孙子兵法》说："勇怯，势也；强弱，形也。"《十一家注孙子》解释道"兵得其势则怯者勇，失其势则勇者怯"，强大的军事阵容和实力之形，能够鼓舞全军上下英勇战斗的高昂气势，从而对敌人产生巨大的威慑力量，使得敌人精神意志发生动摇，产生畏惧之心，形成一种怯弱之势。能够改变势的因素有很多，如人数的多少，俗话说人多势众；高昂的斗志，敢于拼搏的意志，能够带来士卒"以一当十"奋勇作战的作用；道义的力量能够鼓舞人的斗志，地理位置的优越能够带来"一夫当关，万夫莫开"的效果；等等。

形势在战略分析时就要考虑，"五事七计"中的"五事"即五种因素综合起来就形成一种大的形势。但是更重要的是在战争过程中对形势的把握，因为形势是会不断变化的，前面所谓"立不败，待可胜"，就是要等待形势变化造成可胜之机会。孙子重视的是在战略行动中把握形势变化，并主动采取各种手段改变形势，而决非静态的去分析形势如何，故此我们把形势列入战略行动的基本原则，而非战略分析的内容，这体现了中国传统管理思想知行合一的特征。即根据形势而采取行动。形势之变要求军队在战斗中根据形势进行变化，利用形势或者制造声势，形成对自己有利的情形。

延伸阅读

形势分析系列案例

案例1：美国贝尔电话公司早就发现锗有半导体的功能，可以取代电子管，也研发成功世界第一台半导体收音机。但美国人认为晶体管成本太高，产出的成品率并不很高，认为只适合用在军事上。然而日本Sony公司透过形势分析，预测出它是棵摇钱树，引进这项技术之后，组织了千人规模的研究所，很快解决了技术问题，成为世界上市场占有率高居第一的厂商。

案例2：20世纪80年代上半期，在中国四川省掀起了一股"西服热"，颇多经营者认为四川省有近亿的人口，预测西服市场必定供不应求，于是纷纷引进外国的西服生产线，导致在1986年积压了600万套西服、1987年第一季度又积压300万套，生产能力超过实际需求量颇大。造成此项失败的要因，乃为掌握信息不够全面；没有进行深入细致的数字分析和调查研究；未能掌握四川人口有80%是低收入的农民，有多少人可以耗费人民币100元来买一套笔挺华丽的西服。

案例3：1983年日本体育器材业者"戈比"研发成功出一种新产品——数字显示体力的室内运动型自行车，可是在试销阶段时乏人问津，因而该公司了解到当时体育运动尚未成为人们的生活需求，必须等到数年之后，形势将会大为改观。于是戈比公司决定退出市场，等待时机。而至1988年日本的经济实力大增，人民生活水平明显提高，体育健康热开始出现，于是该公司顺势推出新产品而一举成功。

2. 权变原则子特质二：虚实之变

《孙子兵法》说："兵之所加，如以石投卵者，虚实是也。"虚实和形势是两对非常接近的概念，一般虚的表现是弱，实的表现是强。而《孙子兵法》说："强弱，形也。"可见，强弱这种虚实状态是以形来表现的；即形中包含了虚实状态。敌我的虚实之形一旦表现出来，那么双方的胜败之势就明确可见了。虚实与形势的区别主要表现在，形势是对战争力量因素的总体认识，而虚实是从敌我对比的角度，从战争各种力量因素比较中来看待问题的。虚实是对立统一的，形势则不然。虚实把形势一分为二，即敌方的形势和己方的形势。并在这种对立比较中，决定自己的战略行动，这个过程就是从形势中辨别虚实寻找虚实的过程。形势是对一个问题采取了两个视角，即既要认识其表象"形"；也要认识其实质"势"，把现象和实质统一起来。而虚实认知的仅仅是实质。运用形势时常常讲"示形"和"造势"。"示形"的结果必然会造就一定的态势，而形中的虚实状态是依据"示形者"的意图来布置的，其产生的势和效果，就是所造之势。这种势是为了克敌制胜，必须和敌方的形势和虚实相符合，必须使敌人毫无觉察。形势的运动变化过程也就是虚实对立变化的过程，敌我双方的形势发展，必然体现为双方虚实对立的各种变化，而认识形势和虚实就是认识敌我双方所拥有的各种战争力量在如何运动变化的问题。

// 延伸阅读 //

避实击虚的系列案例

我国生产的机床在发达国家市场上是无法与美、日、捷等国的高档机床相竞争的，但是在一些技术比较落后的国家，如葡萄牙，我国生产的属于国际中档的机床更适应那里的需要。因此我国把机床输往葡萄牙，就能击败美、日、捷等国机床的竞争，打开该国的机床市场，并在那里取得优势地位。

俄罗斯重工业比较发达，但生产日用消费品的轻工业相对落后。在中俄经济贸易已扩大到民间经商贸易的情况下，我国产品要进入俄罗斯市场，必不能用重工业产品去俄罗斯市场上竞争，而只能遵循"胜于易胜"的原则，用我国发展水平较高、品种丰富的轻工业产品去争取俄罗斯力量薄弱的消费品市场，就能够取得成功。同样，当代美国拥有庞大的小轿车市场，但我国的轿车制造业现在是不可能进入美国轿车销售市场的，原因是美、日等国的汽车制造业比我国的汽车工业强大得多，双方力量对比悬殊。但美国社会虽主要以轿车为代步工具，仍有一些人喜欢骑自行车，自行车工业是为美国所忽视的而又为我国的大宗强项产品，我国自行车出口美国就在市场上容易销售。

20世纪60年代的美国汽车市场是大型车的天下，然而，当大众甲壳虫汽车打出广告案牍"想想还是小的好"后，使得大众甲壳虫汽车迅速占领了汽车市场。在这个案例中，大型车市场饱和是实，小型车市场短缺是虚，大众甲壳虫汽车运用广告策略，避实就虚，终于使产品获得成功。对于很多产品来说，企业为使自己的产品区别于同类企业的产品并创立竞争优势，就要鼎力开展研究和开发工作，努力使产品在质量、式样、造型等方面发生改变，不断推出新产品，满足顾客需要。比如说农夫山泉的广告：农夫山泉，有点甜。使其在整个矿泉水市场中脱颖而出。当所有矿泉水厂商都没想到山泉有点甜的时候，它想到了，从而打造差异化的概念。所以说尚未被此外竞争者发现的市场，确是潜力甚大的市场。人没有我独有，发掘产品本身的与众不同，独特的个性，这就是冲对手之虚，攻其所不守，是容易取胜的商战战术。

3. 权变原则子特质三：奇正之变

奇正是根据敌我双方的形势、虚实比较结果，来使用自己手里的战争力量，以实施避实击虚，战胜敌人的战略行动手段。奇正和虚实构成了一对目的和手段关系，奇正是实现避实击虚目的的手段。

大体上奇正包含三个方面的区别：一是从军队部署上，担任守备的为正，集中机动的为奇。二是从作战方式上看，正面攻击的为正，迂回侧击的为奇；明攻为正，暗攻为奇。三是按照一般作战原则，常规作战方式为正，根据情况采取特殊作战方式为奇。奇正的运用关键在于权变，在于对虚实的认识，虚实改变，奇正必须随之改变。

对此，《唐李问对》有精辟论述："靖曰：先教之以奇正相变之术，然后语之以虚实之形可也。诸将多不知以奇为正、以正为奇，且安识虚是实、实是虚哉！太宗曰：策之而知得失之计；作之而知动静之理；形之而知死生之地；角之而知有余不足之处。此则奇正在我、虚实在敌欤？靖曰：奇正者，所以致敌之虚实也。敌实，则我必以正；敌虚，则我必以奇。苟将不知奇正，则虽知敌虚实，安能致之哉！太宗曰：以奇为正者，敌意其奇，则吾正击之；以正为奇者，敌意其正，则吾奇击之；使敌势常虚，我势常实。"这段话是说，要识别虚实，必须先懂得奇正相生的方法。不懂得以奇为正，以正为奇，就不会了解虚是实实又是虚。懂得了奇正相生，就可以采取主动，用这一方法来调动敌军，从而摸透敌军的虚实，然后用正兵对抗敌军的坚实之处，出奇兵攻击敌军的虚弱之处。敌人以为我是正兵，我就出奇兵攻击它，反之，就用正兵攻击它。这样，就可以达到掌握主动，调动敌人而不被敌人所调动的目的，并最终战胜敌人。

作者在这里全面而又深刻地论述了虚实与奇正、主观与客观的辩证关系，对如何争取用兵的主动权问题作了精彩的阐述。又指出，为保持和提高我军的战斗力，削弱敌军的战斗力，可以采用以近待远，以逸待劳，以饱待饥，以诱待来，以静待躁，以重待轻，以严待懈，以治待乱，以守待攻等方法，来取得作战的胜利。战略行动中要把权变原则和主动原则结合起来，体现的是主动求变，因虚实而变、因形势而变，而变化的两个基本手段就是奇兵与正兵。追求战略行动的变化是为了捕捉对手的弱点并将对方优势转变为劣势。所谓"利而诱之，乱而取之，实而备之，强而避之，怒而挠之，卑而骄之，佚而劳之，亲而离之，攻其无备，出其不意。"同时，"能而示之不能，用而示之不用，近而示之远，远而示之近"，以实现"致人而不致于人"的战略主动，在变化中"以正合，以奇胜"取得最终的胜利，即"水因地而致流，兵因地而致胜，水无常形，能因敌则取胜者谓之神"。

由此可见，形势之变、虚实之变和奇正之变乃是相互关联的范畴，形势之变是对战争进程中各种因素所形成的总体情况和变化趋势的把握过程；虚实之变乃是对敌我双方力量分布动态变化情况的把握过程；奇正之变乃是己方主动改变自己的力量分布，以实现避实击虚的过程。它们共同组成了道兵家最博大精深的权变竞争战略思想体系，这个思想体系是其他兵家派别所无法比拟的。这种思想虽然流传几千年，其精髓仍然没有完全被挖掘，仍然闪烁着辩证法的光芒，对当代企业战略管理理论有着非常深刻的借鉴意义。

从战略手段可能带来的负面效应的大小来看，兵家的伐兵竞争战略相当于企业的价格竞争战略，兵家的伐谋、伐交等战略相当于企业的非价格竞争战略。价格竞争是指企业运用价格手段，通过价格的提高、维持或降低，以及对竞争者定价或变价的灵活反应等，来与竞争者争夺市场份额的一种竞争方式。长期以来，价格竞争一直深受商品生产者、经营者重视。甚至一谈到竞争，就会想到削价。在一定条件下，价格竞争是必要的。但是，把价格看成决定交易成败的唯一因素，难免会造成价格竞争的泛滥。

// 延伸阅读 //

企业伐兵——格兰仕的价格竞争

1996年8月至2000年10月，格兰仕共发动了5次价格战，从而成为世界最大的微波炉厂商。1995年，微波炉在中国还处于消费初期，只有不到2%的城市家庭拥有微波炉。当时微波炉是奢侈品，年销量大约是100万台，利润率高达30%~40%，吸引了众多市场进入者——1995年全国已有28家本土生产企业，1996年则达到116家。

格兰仕1992年进入该市场，到1994年共生产了10万台微波炉，占10%的市场份额。而通过吸引全国各地人才、从日本购买先进的生产线、有效的市场进入战略（如成功进入了中国最重要的微波炉市场上海），以及对市场的快速响应，到1995年，格兰仕的市场份额达到了25%。

当时格兰仕的主要竞争对手是惠尔浦—蚬华，这是1995年由惠尔浦和蚬华合资成立的企业，惠尔浦为控股方。1996年初，格兰仕和惠尔浦—蚬华各占25%的市场份额，远高于其他竞争对手。但相比惠尔浦—蚬华，格兰仕更聚焦市场，拥有高效的决策流程。而惠尔浦在1994年末才进入中国市场，而且它在中国4个城市和当地企业建立了合资企业，生产4个不同的产品——微波炉、空调、冰箱、洗衣机，因此无法心无旁骛地专注于微波炉市场。此外，惠尔浦—蚬华的所有决策都要由惠尔浦中国总部、惠尔浦亚太区和美国总部层层批准，决策流程通常要几个月。

不过，当时大多数格兰仕高管反对价格战，倾向于维持现有的高价模式。当时格兰仕正处于良性发展的轨道上，做出价格战的决定并不容易，不过却有很多支持理由。首先，中国相当一部分家庭正准备厨房现代化，有意购置微波炉，格兰仕估计大幅降价将使销量翻一番。其次，格兰仕为了将来的可持续发展，有意重组行业格局。格兰仕副总裁俞尧昌回忆说，第一次价格战的目的之一就是要将那些规模小、效益差的企业边缘化，同时阻止更多的新进入者。最后，当时格兰仕已在市场上建立了成本优势，价格战可增加格兰仕的市场份额，而销量增加又可使格兰仕在生产、销售、配件采购上实现规模经济，从而降低单位成本。格兰仕自信可使单位成本的下降幅度甚至超过价格下降的幅度。

在实施价格战的前两个月，格兰仕让生产线每天24小时三班倒，以便储备足够的产品。1996年8月，格兰仕发动了第一次价格战，对一些主要产品降价40%，全线产品平均降幅20.1%，有些产品降价幅度比现有的毛利润还大。格兰仕选择8月发动价格战，此时是微波炉销售的淡季，通常微波炉厂商的生产和销售规模都较小。

格兰仕降价之举被媒体广泛报道，零售商对此热烈欢迎，因为这有助于它们提升商店的顾客流量，销售更多的其他产品。价格战期间，许多零售商甚至愿意接受格兰仕产品8%的利润率，而不是通常的20%。竞争对手则对价格战束手无策。大多数小企业没有快速做出反应，它们认为格兰仕只是在以低价倾销过多的库存。而格兰仕的主要竞争对手惠尔浦—蚬华正如所料，反应相当迟缓。

降价的结果超越了格兰仕的预期。1996年底，格兰仕市场份额由25%升至34.5%。降价前，格兰仕的毛利润近40%，降价后，格兰仕销量约增加了200%，平均单位成本约降低了50%，净利润也显著增加。即使是那些降价幅度高于毛利润的产品，由于成本的显著降低，降价后也仍然盈利。

这次价格战的巨大成功让格兰仕相信，精心策划的价格战无论从长期还是短期而言都是可行的。1996年10月至2000年10月，格兰仕又发动了4次价格战，每次降幅均在10%以上，甚至高达40%，结果每次销量均增加了100%~200%，平均成本降幅在30%~40%，因此，格兰仕在市场上越来越占据主导地位。

| 兵家战略管理 |

价格战是企业竞争制胜的重要手段,但是价格战也可能带来许多问题:其一,价格竞争是竞争对手易于仿效的一种方式,很容易招致竞争对手以牙还牙的报复,以致两败俱伤,最终不能提高经济效益;其二,以削价为手段,虽然可以吸引顾客于一时,但一旦恢复正常价格,销售额也将随之大大减少;其三,定价太低,往往迫使产品或服务质量下降,以致失去买主,损害企业形象;其四,价格竞争往往使资金力量雄厚的大企业能够继续生存,而资金短缺、竞争能力脆弱的小企业将蒙受更多不利。因此,在现代市场经济条件下,非价格竞争已逐渐成为市场营销的主流。一般而言,企业在三种情况下可以进行战略性降价:第一种情况是技术进步带来产业整体成本下降;第二种情况是整体实力足以击退竞争者,可以很好地控制营销成本,以成本进行竞争;第三种情况是产品进入衰退期,配合消费者预期进行的降价活动。

综上所述,我们可以总结一下道兵家的战略管理模式如图3-2所示。

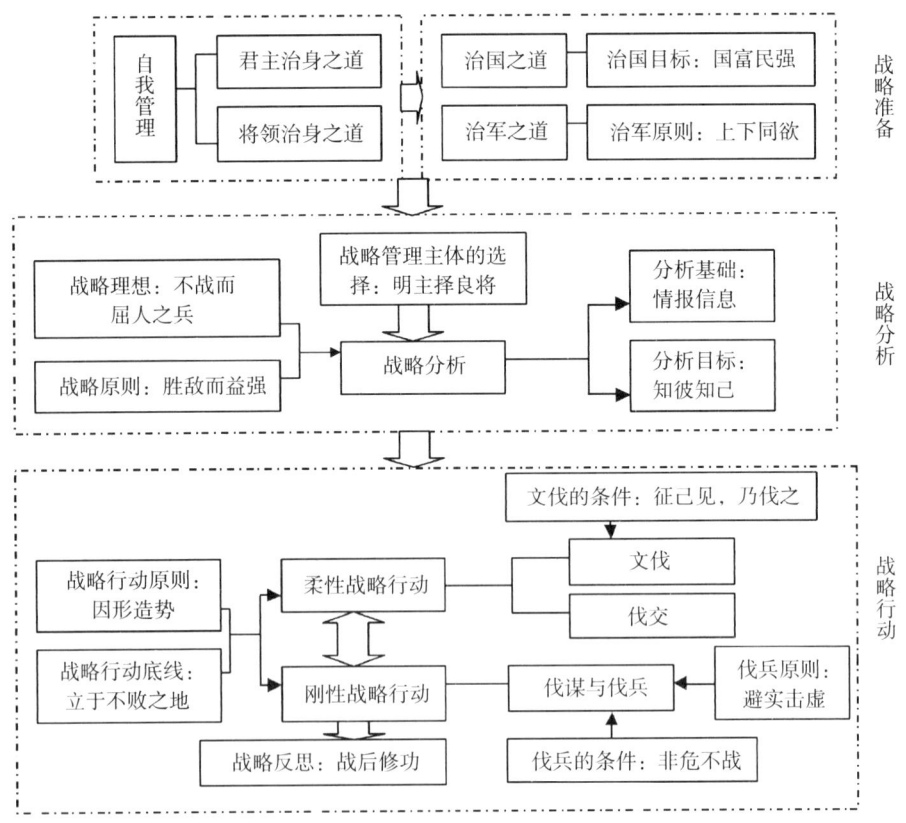

图 3-2 道兵家战略管理模式图

道兵家的战略管理模式是兵家典型的战略管理模式，其他派别的兵家典籍基本上没有超越这个模式的，至多在某些地方有微调。

本章小结

兵家战略管理思想根据其思想倾向，大体上可以分三大派别，即道兵家、法兵家和儒兵家。道兵家是兵家的主流，我国历史上被誉为兵圣的孙子和武圣的姜太公等都是道兵家的代表。本章以《孙子兵法》、《六韬》和《三略》为代表，分析道兵家的战略管理思想。道兵家对自我管理、组织管理和竞争管理都非常重视，善于把三者有机结合。在战略目标方面，道兵家崇尚利益；在战略决策与行动方面，道兵家重视客观事实和对事物规律的分析，其行动以权变、主动为主要特征。

道兵家主要以《孙子兵法》、《六韬》和《三略》等典籍为代表；道兵家是兵家的主流，有着非常丰富的战略管理思想。道兵家秉承了深刻而玄妙的道家思维方式，其战略管理思想强调领导者的个人智慧和对事物发展变化规律的把握。就自我管理思想而言，道兵家不仅全面论述了为君之道和为将之道，而且对君主和将帅之间如何相处也做了深入分析。就经国治军思想而言，道兵家从对人性的全面考察出发，根据国家组织和军队组织的特点，提出治国应无为而治，治军应统一思想，使全军上下成为一个士气昂扬的团队。就竞争战略管理思想而言，道兵家提出了应追求"全胜"的战略理想，做全面而深入的战略分析，本着主动、权变的原则，不断地调整各种资源，使自己立于不败之地，使敌人出现破绽，从而抓住机会攻击敌人的弱点，战胜敌人等重要思想。

延伸阅读

春秋晋楚城濮之战

春秋时期的晋国和楚国的城濮之战，是一次非常经典的战役。通过对城濮之战的分析，可以清楚地看到竞争双方在战略管理过程中充分运用了道兵家的"伐谋、伐交、伐兵"等战略。

（一）战役背景

城濮之战是春秋时代晋、楚争夺中原霸主地位的一次决定性的战役。当时楚国通过侵略扩张，基本上征服了中原地区的各个弱小国家，中原除晋、齐、秦三个大国外，实际已成了楚国的势力范围。正当楚国准备为确立自己霸主地位做最后的努力时，宋国却背叛了楚国，倒向晋国，这既给欲图霸业的楚国当头一棒，又鼓励了晋文公赶走楚国、图霸中原的抱负。这样，晋国和楚国之间的一场争霸之战就不可避免了。

（二）战前伐谋与伐交

伐谋与伐交的第一个回合：楚成王由于宋国背叛，发兵攻打宋国，一直打到宋国首都睢阳，宋国拼死抵抗，因而楚国一时难以攻下，于是楚王就四面用土筑起长长的围墙，想等宋军疲乏饥饿不堪，被迫投降。

面对这种情况晋国制定的策略是：晋国不直接出兵救援宋国，而去攻打楚国最忠实的盟国曹国，打算以逸待劳，引诱楚军前来营救，从而不仅可以解宋国之围，也可以获取战略优势。同时晋国派人和齐国订立友好同盟，以壮大晋军的声势。

事态的发展：由于晋国攻打曹国要经过卫国，于是晋国就向卫国借道，但是和楚国亲近的卫国拒绝了晋国的要求，晋军于是就袭占了卫国重镇五鹿，进逼战略要地敛盂，严重威胁着卫国首都的安全。卫国赶紧派人向楚国告急求援。而晋军占领敛盂之后，又分兵进攻曹国都城，经过一个多月的战斗，攻破曹国都城失陷，俘虏曹共公。

楚国在这个阶段没有意识到晋国战略，但不放弃围困宋国，而是分一部分兵力前去救援曹国。

楚成王忽然听说曹国被攻破，卫国求救，就分派出申、息二镇的军队，留下元帅成得臣和斗越椒、斗勃、宛春等一班将领，和各路诸侯继续围宋；亲自统率芳吕臣、斗宜申等，率中军前去救卫。然而他们还没有到达卫国，卫国就发生内乱，卫国国君被赶走，卫国投降了晋国。

伐谋与伐交的第二个回合：由于楚国不放弃围困宋国，晋国决定首先做好伐交工作，争取秦国和齐国的帮助，并且获得了成功。楚国在这个回合没有动作。

晋军进攻卫、曹，原来是计划引诱楚军解宋围，北上和晋决战，然而楚国继续围攻宋国。宋国再次告急，如果晋文公置之不救，不但不能报答宋襄公过去对自己的恩惠，而且失去宋国将对全局形势不利。然而直接发兵救宋战楚，又违背了引楚军于曹魏之野决战的战略。

这时，晋军新任元帅先轸提出新的对楚战略：一是让宋国重礼贿赂齐、秦，使它们干预宋楚战争，调解一下；二是将曹国、卫国的土地赐给宋国，弥补宋国的损失，激励宋国军民斗志，继续坚守待援。由于曹、卫是楚国的盟国，是楚国的势力范围，楚国是决不会允许齐、秦插手的。这样就会惹恼齐、秦两国，再加上宋给齐、秦送了厚礼，必然会对宋国友好，这时候晋国再派使者去联络齐国和秦国，就一定能够使齐、秦与晋国三个大国结成反楚军事联盟,使楚国陷入更加孤立的境地。这样战胜楚国就有较大的把握了。

后来,事态的发展果然如先轸分析的那样。

伐谋与伐交的第三个回合:楚国发现自己的伐交中已经处于绝对劣势,打算屈服,但是成得臣不同意,他想出了一个挫败晋国伐交战略的策略。然而这个策略被晋国元帅先轸看穿,并且反而中了先轸的计谋。

事态的发展:晋军侵曹伐卫进展迅速,卫降曹破,中原形势突变,楚国失去救援的战机,再继续下去,势必与晋军发生直接冲突。楚国本来不想和晋军直接交战,没有作准备,又听说秦国出兵援晋的消息。楚成王顾虑到秦国从背侧攻击楚国,将不堪设想,决定立即停止进攻,进行战略退却,以待有利时机,再图对晋作战。于是全军转移撤退,同时和齐议和,命成得臣统率的楚军和各路诸侯取消围攻,各自回国。

然而成得臣拒绝执行撤军命令,尽管各路诸侯的将士已返回本国,只剩自己一部分人马,他仍想攻下宋国,并请楚王派兵给他,必要时和晋军决一死战。楚成王对成得臣不执行命令表示不满,同时又存在侥幸取胜心理。因而既没有再坚持让成得臣撤兵,也没有按照成得臣请求的人数派援兵,只派出近千人的贵族兵给他。

这时成得臣和手下将领宛春制定了新的战略:成得臣派宛春到晋营中说:"请复卫侯而封曹,我们楚军也会解宋之围。"先轸看出了子玉的战略,于是私下对晋文公说:"如果我们不答应楚军的这个要求,必然会将三国都得罪,而楚军又获得美名。不如我们私下里允许曹国和卫国复国以离间它们和楚国的关系,同时把楚方的宛春扣压起来,以激怒楚国,采取既战而后图之的策略。"

先轸的意见得到采纳。曹、卫复国,立即和楚断绝了关系;成得臣果然被激怒,撤出围攻宋都的军队后,集结兵力转向曹国境内,准备直接向晋军进攻。楚军撤出围宋部队,正符合晋方救援宋的战略目的。

在楚军全力进攻下,晋军退避三舍,以实践晋文公当年对楚订下的诺言:如果两国交战,晋军先退让三舍。晋军以此达到了取信于诸侯的目的。实践文公在楚避难时的诺言,激励晋军和联军的士气,楚再逼近,只有被迫交战了;而且避开楚军锋锐,选择有利时机、有利地形决战;还可以接近本土,缩短补给路线,可谓一退得先机,占尽了天时、地利、人和的有利因素。

战争一触即发,晋方有晋、齐、秦三大国和宋兵,分成上、中、下三军;而楚方有楚、陈、蔡、郑、许五国军队,分成左、中、右三军。双方在城濮摆开阵势。需指出的是双方的主力部队都是中军,楚国的盟国部队主要在右军、左军。晋国的盟国部队主要在下军、上军。

(三) 战时的伐兵

楚军的伐兵基本战略：占据有利地形，激励士气，以快速突击的方式，打败晋军。

事态发展：楚军到达城濮后立刻就占据了有利地形，然后派斗勃送战书挑战晋军说："请和晋君的战士们戏耍，请晋君一旁坐车观赏，我成得臣陪同。"晋方说，晋军已退避躲让，既然楚军还不肯停战，那只好明天战场上相见了。第二天，楚军元帅成得臣进行战前动员，由于他平时训练有方，士卒们士气高昂地跟着元帅高喊"今日必无晋"口号，于是成得臣命令左右两军分别向晋军进攻。

晋军伐军的基本战略：利用计策首先击败实力较弱的楚军左军和右军，最后三军合围楚军中军。

事态发展：楚右军首先向晋国的盟军秦军发动了进攻，秦军稍事抵抗就立即撤退，栾枝将树枝拖在兵车后飞奔，尘沙飞扬，使楚军看不清晋军后方虚实，以为秦国军队成为溃败之军，失去了战斗力。于是楚右军中的陈、蔡军队为了争功，立刻开始追击秦军。

此时晋军副帅胥臣指挥的大队兵车于战鼓声中突然杀出，马身上都蒙着虎皮，吓得楚右军中陈、蔡军队战车的马惊慌回窜，阵容混乱。反而冲乱了楚军斗勃指挥的右军。晋、秦两军乘机猛攻猛打，击杀了蔡将公子印，斗勃也中箭而逃。楚军右军死伤很多、进攻完全失败，把中军侧面暴露在晋军面前。

楚帅成得臣命楚军左军攻击晋军上军，晋军假装抵挡了一会儿，随即后撤。本来打算诱敌深入，加以围歼，但是楚军士气如虹，且富有战斗经验，没有过分追击上军，全军向着举大旗的晋军指挥车追击前进，撤退的晋上军开始变得惊慌失措。如果指挥官被楚军消灭，那么晋军全盘计划就都崩溃了。

先轸发现上军后退出现了危机，立即改变部署：让祁瞒虚举帅旗，坚守中军阵地，中军主力向右旋回，攻楚左军侧翼。晋中军主力突然从侧翼攻出，把楚左军冲成南北两部分。晋上军立即停止退却，反身参战。中军、上军互相呼应，协同作战，经过一番激战，郑、许两国军队首先溃败，楚军支撑不住，陷于重围。斗宜申率部突围，又遭堵击，楚左军已陷入全军覆灭之境。楚军在左右两军发起进攻后，中军紧接着向晋中军进攻。晋将祁瞒惊慌失措，掌不稳帅旗，几乎波及全军阵势。司马赵衰立即斩杀了祁瞒，才稳住阵脚。过了一段时间，击破楚右军的晋中军回师援助，此时楚的左、右军失败，中军两翼暴露。晋方的上军、下军战斗胜利后，也分别参加了主力会战，对楚军形成合围。

(四) 结局

成得臣见大势已去，在晋军尚未完全形成合围前，下令撤退，经过一番

第三章 道兵家战略管理

拼杀，才冲出包围圈，避免了全军覆没的命运。晋军获得了整个战役的胜利。成得臣未返回楚国，途中受到楚王训责，羞愤自杀，楚方联盟解散，晋文公因此战役而成为春秋一霸。

成得臣其实颇有军事才能，他手下的部队战斗力也很强，曾经取得过多次战役的胜利。在这次战役中，他的表现也算很不错了，伐谋、伐交、伐兵都有一定的筹划，特别是在伐兵过程中，楚国中军表现出来的战斗力胜过晋国中军，如果不是晋国上、下两军取得了胜利前来助战，晋国的中军很有可能吃败仗。而且成得臣发现自己被包围之后，还能够及时地率领军队突围，保存了部队的主力。

只是他的对手非常强大，而且有英明的君主晋文公和一流的战略家先轸，在谋略和实力方面都略胜一等；而成得臣在这次战役中又过于傲慢自大，迷信自己的实力，不听从楚王的命令，坚持出战，最终导致了战役的失败。楚王一时愤怒，责令他自杀，楚国因此损失了一位不可多得的大将之才。成得臣死后，晋文公听到这个消息非常高兴地说："我再也不用担心有人可以伤害我了。"而楚国有识之士也指出，如果能够宽恕成得臣，让他改变傲慢自大的心态，戴罪立功，将来一定可以为楚国报仇雪恨。

// 延伸阅读 //

蓝海战略——避实击虚的企业战略

蓝海战略是由 W. 钱·金和勒妮·莫博涅于 2005 年在合著的《蓝海战略》一书中提出的。该书指出聚焦于红海的战略等于接受了商战的限制性因素，即在有限的土地上求胜，却否认了在一定的商业领域开创新市场的可能。而运用蓝海战略，关注买方需求，跨越现有竞争边界，将不同市场的买方价值元素筛选并重新排序，从给定结构下的定位选择向改变市场结构本身转变。

红 海 战 略	蓝 海 战 略
竞争于已有的市场空间	开创无人争抢的市场空间
打败竞争对手	摆脱竞争对手
开发现有需求	创造和获取新需求
在价值与成本之间权衡取舍	打破价值与成本之间的权衡取舍
按差异化和低成本战略选择协调公司活动	同时追求差异化和低成本协调公司活动

一个典型的蓝海战略例子是太阳马戏团。在传统马戏团受制于"动物保护"、"马戏明星供方砍价"和"家庭娱乐竞争买方砍价"而萎缩的马戏业中，他们把目光从传统马戏的儿童观众转向成年人和商界人士，以马戏的形式来表达戏剧的情节，吸引人们以高于传统马戏数倍的门票来享受这项前所未见的娱乐，从而获得了巨大的成功。

　　构思蓝海的战略布局需要回答四个问题：第一，哪些被产业认定为理所当然的元素需要剔除？第二，哪些元素的含量应该被减少到产业标准之下？第三，哪些元素的含量应该被增加到产业标准之上？第四，哪些产业从未有过的元素需要创造？

　　蓝海战略共提出六项原则，其中四项是战略制定原则：重建市场边界、注重全局而非数字、超越现有需求、遵循合理的战略顺序；两项是战略执行原则：克服关键组织障碍、将战略执行建成战略的一部分。

　　蓝海战略原则之一：重建市场边界。

　　主要有六条路径：

　　第一，跨越产业看市场。

　　红海思维：人云亦云为产业定界，并一心成为其中最优。

　　蓝海观点：一家企业不仅与自身产业对手竞争，而且与可替代（Alternatives）产品或服务的产业对手竞争。

　　实例：日本电信运营商 NTT DoCoMo 于 1999 年推出 i-mode 手机一键上网，将只使用语音服务的顾客变为使用语音和数据服务（音乐、图片、资讯）的顾客。

　　第二，战略集团：跨越产业内不同的战略集团看市场。

　　红海思维：受制广为接受的战略集团概念（如豪华车、经济型车、家庭车），并努力在集团中技压群雄。

　　蓝海观点：突破狭窄视野，搞清楚什么因素决定顾客选择，如高档和低档消费品的选择。

　　实例：曲线美健身俱乐部专为女性服务，剔除奢华设施，小型化社区布点，会员依次使用一组器械，每周三次，每次半小时完成，每月只需30美元。

　　第三，买方群体：重新界定产业的买方群体。

　　红海思维：只关注单一买方，不关注最终用户。

　　蓝海观点：买方是由购买者、使用者和施加影响者共同组成的买方链条。

　　实例：诺和诺德公司是一家胰岛素厂商，将胰岛素和注射笔整合创造出 NovoLet 注射装置，便于病人随身携带使用。

　　第四，产品或服务范围：跨越互补性产品和服务看市场。

红海思维：雷同方式为产品服务的范围定界。

蓝海观点：互补性产品或服务蕴涵着未经发掘的需求，简单方法是分析顾客在使用产品之前、之中、之后都有哪些需要。

实例：北客公司发现市政府并非关注公交车本身价格而是维护费用，通过使用玻璃纤维车身，提高车价却降低维护成本，创造了与市政府的双赢。

第五，功能情感导向：跨越针对卖方的产业功能与情感导向。

红海思维：接受现有产业固化的功能情感导向。

蓝海观点：市场调查反馈的往往是产业教育的结果，企业挑战现有功能与情感导向能发现新空间，如果在情感层竞争，可否去除哪些元素使之功能化？反之亦然。

实例：快美发屋针对男性，取消按摩、饮料等情感元素，以"气洗"替代"水洗"，专注剪发，使理发时间减到10分钟，费用从3000日元降到1000日元。

第六，时间：跨越时间参与塑造外部潮流。

红海思维：制定战略只关注现阶段的竞争威胁。

蓝海观点：从商业角度洞悉技术与政策潮流如何改变顾客获取的价值，如何影响商业模式。

实例：苹果公司通过iPod和iTunes提供正版音乐下载服务，提高海量音乐库、高音质、单曲下载及低费用（0.99美元/首）。

蓝海战略原则之二：注重全局而非数字。

一个企业永远不应将其眼睛外包给别人，伟大的战略洞察力是走入基层、挑战竞争边界的结果。蓝海战略建议绘制战略布局图，将一家企业在市场中现有战略定位以视觉形式表现出来，开启企业组织各类人员的创造性，把视线引向蓝海。

蓝海战略原则之三：超越现有需求。

通常，企业为增加自己的市场份额努力保留和拓展现有顾客，常常导致更精微的市场细分，然而，为使蓝海规模最大化，企业需要反其道而行之，不应只把视线集中于顾客，还需要关注非顾客。不要一味通过个性化和细分市场来满足顾客差异，应寻找买方共同点，将非顾客置于顾客之前，将共同点置于差异点之前，将合并细分市场置于多层次细分市场之前。

非顾客可以分为三个层次：

第一层次：徘徊在企业的市场边界，随时准备换船而走的"准非顾客"。这些"准非顾客"，在找到更好的选择前，只是最低限度地使用现有产品和服务，一旦有更好的选择就会换船而走。如针对上班族无所适从的午餐，英国某快餐厅关注上班族午餐的共同需求：快速、新鲜、健康，提供新鲜美味的成品三明治，免除餐位，将购买行为缩短为90秒，每年在英国得以售出2500万个三明治。

第二层次：有意回避市场的"拒绝型非顾客"。因为市场现有产品或服务不可接受或者超过他们的经济承受能力而不使用。1964年德高广告创造了"街道家具"概念，此前户外广告为公路广告牌和运输工具广告，广告呈现时间很短，德高意识到缺乏市中心固定广告放置点是产业不受欢迎的原因，为此，德高通过向市政府免费提供街道家具及其维修保养，出售广告空间获得高达40%的利润率。

第三层次：处于远离市场的"未探知型非顾客"。"未探知型非顾客"的需求常常被想当然认为属于其他市场，如果企业知道它们丢弃的此类顾客数量之大肯定大吃一惊。如牙齿增白从来被认为是牙医的事儿，当最近口腔护理厂商着眼于这种需求时，市场随之爆炸般膨胀。

蓝海战略原则之四：遵循合理的战略顺序。

遵循合理的战略顺序，建立强劲的商业模式，确保将蓝海创意变为战略执行，从而获得蓝海利润，合理的战略顺序可以分为买方效用、价格、成本、接受四个步骤。

蓝海战略原则之五：克服关键组织障碍。

企业经理们证明执行蓝海战略的挑战是严峻的，他们面对四重障碍：一是认知障碍，沉迷于现状的组织；二是有限的资源，执行战略需要大量资源；三是动力障碍，缺乏有干劲的员工；四是组织政治障碍，来自强大既得利益者的反对，"在公司中还没有站起来就被人按倒了"。

蓝海战略根据威廉·布拉顿领导的纽约警察局在20世纪90年代的变革，提出了引爆点领导法（Tipping Point Leadership），其理论是在任何组织中，当数量达到临界规模的人们以信心和能量感染了整个组织而行动起来去实现一个创意时，根本性变化就会发生。与组织变革理论转变大众为基点不同，引爆点领导法认为转变大众就要把力量集中于极端，也就是对组织业绩有超凡影响力的人、行为和活动之上。

蓝海战略原则之六：将战略执行建成战略的一部分。

执行蓝海战略，企业最终需要求助于最根本的行动基础，即组织基层员工的态度和行为，必须创造一种充满信任和忠诚的文化来鼓舞人们认同战略。当人们被要求走出习惯范围改变工作方式时，恐慌情绪便会增长，他们会猜测这种变化背后真正的理由是什么。员工距离高层越远就越不容易参与战略创建，也就越惶惶不安，不考虑基层思想和感受，将新战略硬塞就会引起反感情绪。要想在基层建立信任与忠诚，鼓舞资源合作，企业需要将战略执行建成战略的一部分，需要借助"公平过程"来制定和执行战略。

"公平过程"来源于社会科学家对心理学的研究，他们研究确认，人们不仅在意结果本身，也在意产生结果的过程公正，当程序公正得以实施，人们对结果的满意度和支持度就会上升。公平过程应该遵守3E原则：邀请参与（Engagement）、解释原委（Explanation）、明确期望（Clarity of Expectation）。邀请参与表达允许发表意见和反驳，表达管理层的尊重；解释原委让所有的相关人等了解最终的战略决策为何如此制定；明确期望是清晰讲述新的游戏规则，如何评价业绩和惩罚不佳。实现公平过程的关键不在于新的目标、期望和责任，而在于人们是否清楚地理解了它们。围绕公平过程的原则组织蓝海战略的制定，一开始就将战略执行建成战略创建的一部分，就能够将政治游说和偏袒减少到最低，使人们集中精力执行战略。

第四章 法兵家战略管理

第一节

法兵家战略管理基础

一、法兵家概述

法兵家是兵家中的一个重要派别，其治国、治军思想主要受到法家思想影响。法兵家战略管理思想主要反映了战国后期诸侯国之间军事竞争的一些重要特点。《尉缭子》一书是法兵家最典型的代表作，该书大体出现于战国末期，内容十分丰富，从战略、战术、军制及教范乃至有关战争基本理论、政治、经济、管理等领域均有所涉及；《尉缭子》书名初见于《汉书·艺文志》，但被分列于兵家（原三十一篇，今存重刑令等十篇）和杂家（二十九篇）两处。隋书与新旧唐书列的经籍志有杂家《尉缭子》五卷传世，兵家则未见著录。至宋神宗时将其纳入《武经七书》之一，自此不见于杂家。而自南宋陈振孙质疑《尉缭子》非先秦兵书后，该书的成书时间便成为一大争议，"见名不见书"、"文气不古"等伪书之说不断。直到1972年山东临沂银雀山西汉古墓《尉缭子》残简出土后，经比对有六篇与今本相合，且亦用秦汉之前的字体书写，故该书起自先秦之说，当无疑问。

《尉缭子》推崇法家的管理哲学，反对把伦理纳入管理，特别是反对孔孟的亲亲原则，主张用严刑峻法治国和治军。就竞争战略管理而言，《尉缭子》崇尚实力竞争，认为建立一支强大而精锐的部队才是竞争制胜的关键，而对谋略竞争方面的论述则远不如道兵家精深。《尉缭子》全书某些思想显得非常残暴，很多地方都可见大量的"诛杀"这样的词汇，并且大力提倡保甲连坐制度，具有浓厚的专制色彩，这正是法家管理的特色。不过有意思的是尉缭却非常推崇儒家，甚至很可能以儒家自命，并且打着仁义的招牌来游说战国时期的君主来接受他的主张。如《尉缭子》提出"兵者，凶器也。争者，逆德也。事必有本，故王者伐暴乱，本仁义焉"，用兵是凶的事物，竞争是违背道德的。任何事情都有本末之分（用兵打仗乃是末），因此，君主出兵攻打残暴、作乱的国家乃是为了仁义。尉缭还告诫君主"杂学不为通儒"，言外之意他的理论才是儒家中最有用的理论。可是，口头上标榜仁义的尉缭，并没有提出任何真正可行的符合仁义标准的方法和手段，可见其谈"仁义"不过是一个贩卖自己学说的幌子。然而需要说明的是，在战国末期，实力成为决定一切的力量，仁义虽然作为传统的意识形态仍然为人们所标榜，但是实际上已经不可能靠仁义道德来维持国际秩序和统一天下了。因此，对仁义道德的表面推崇和对武力、严刑峻法的奉行，实际上表明尉缭对理想与现实之间巨大矛盾的无奈。

二、法兵家的自我管理之道

法家是非常重视自我管理之道的，特别是法家集大成者韩非子，专门针对为君之道问题，提出了一套精妙而阴险的帝王权术。然而法兵家对此却论述不多，其中的原因，一方面可能是尉缭作为一个军事思想家缺乏对纯粹政治问题的兴趣；另一方面也有可能是觉得无法提出超越韩非子的思想。尉缭关注的主要是为将之道。

（一）为君之道——老板的自我管理之道

就为君之道而言，《尉缭子》一书中主要谈了君主的自我管理境界和君主的自我管理手段两方面的内容，没有突出的特色。《尉缭子·治本》提出作为统治者，应当具备几个条件："所谓天子者四焉：一曰神明；二曰垂光；三曰洪叙；四曰无敌。此天子之事也。野物不为牺牲，杂学不为通儒。"意思是，想要成为一统天下的天子，应具备四个素质：一是超人的智慧；二是对民众广施恩惠；三是建立稳定的秩序；四是能够使国家强大无敌；同时要分清什么是有用的治国学说，不要把驳杂无用的学说当成真才实学。

具体到法兵家的自我管理手段，《尉缭子》要君主克制私欲，禁止邪恶。"欲生于无度，邪生于无禁。太上神化，其次因物，其下在于无夺民时，无损民财。夫禁必以武而成，赏必以文而成。"即欲望会在不懂得克制的过程中不断生长；邪念、邪行会在没有禁止的情况下盛行，因此，君主要懂得克制私欲，禁止邪恶。

（二）为将之道——主管的自我管理之道

尉缭在《尉缭子·十二陵》中集中描绘了良将应具有的德行特征以及自

我管理手段。"威在于不变；惠在于因时；机在于应事；战在于治气；攻在于意表；守在于外饰；无过在于度数；无困在于豫备；谨在于畏小；智在于治大；除害在于果断；得众在于下人。"意思是说，良将自我管理应当修这样一些德行，第一是威严，想要具有威严就必须做到意志坚定、始终如一；第二是恩惠，想要给人广施恩惠的感觉，关键在于选择恰当的时机，最好是雪中送炭；第三是随机应变，要想能够随机应变就要学习适应各种情况；第四是作战，作战的关键在于善于激励士气；第五是善于进攻，善于进攻关键在于懂得出其不意；第六是善于防守，善于防守关键在于迷惑敌人；第七是不犯错，不犯错关键在于学会周密思考；第八是避免困境，避免困境关键在于事先做好准备；第九是严谨，严谨关键在于警惕小事情，防微杜渐；第十是明智，明智关键在于能统筹全局；第十一是清除祸害，清除祸害关键在于果断；第十二是得到众人拥护，想要得到众人拥护关键在于礼贤下士。

良将自我管理应当去除一些不良特征。"悔在于任疑；孽在于屠戮；偏在于多私；不祥在于恶闻己过；不度在于竭民财；不明在于受间；不实在于轻发；固陋在于离质；祸在于好利；害在于亲小人；亡在于无所守；危在于无号令。"通过这段话我们可以看到《尉缭子》认为，将领需要消除的不良特质有：第一是后悔，产生后悔的原因在于犹豫不决；犹豫不决就容易丧失战机，以至于后悔。第二是罪孽，产生罪孽的原因在于杀戮太多；将领杀戮太多，就会激起很多人的怨恨；以至于敌人越来越多，弄得难以收拾。第三是偏袒，产生偏袒的原因在于私心过重；将领如果不能做到公正，那么就会失去人心。第四是不祥，产生不祥的原因在于不肯听逆耳忠言；一个人的智慧总是有限的，所谓智者千虑必有一失，只有多听他人的观点，才能尽量减少错误，将领如果听不进逆耳忠言，刚愎自用，在将来就一定会有出错的一天。第五是用度不足，产生用度不足的原因在于耗尽民财；将领如果只懂得考虑前线的战斗问题，而不懂得军事与经济之间的关系，就会导致后劲不足。第六是不明，产生不明的原因在于被人离间。第七是不实在，不实在的原因在于不认真思考就轻易发布命令，导致失去信用。第八是固陋，产生固陋的原因在于看不清事物的本质。第九是灾祸，产生灾祸的原因在于贪图利益。第十是受人谋害，受人谋害的原因在于亲近小人。第十一是灭亡，灭亡的原因在于不知道戒备；将领要懂得居安思危，时时戒备。第十二是危险，产生危险的原因在于没有纪律。

从以上论述可以看出，尉缭对为将之道确实非常精通。

三、法兵家的治军之道

法兵家思想中治国与治军的关系十分模糊,带有浓厚的军国主义色彩,法兵家的很多治国手段都是为军队打仗服务的。这和当时的时代特色是分不开的,大体上儒兵家产生最早,道兵家次之,而法兵家则到了战国中后期才真正出现。法兵家的代表人物——尉缭就主要活动于战国后期,当时各个诸侯国之间的战争变得十分激烈。《东周列国志》记载王翦和秦王论兵,说春秋时期齐桓公有三万军队就可以称霸天下,而且这三万人还轮番使用,一般不会一次全部出动;而后来战争就越来越残酷,被征去打仗的人越来越多,各国都这样干,到了近期连老人和小孩都被拉去打仗,这是没有办法的事。因此,想要消灭楚国就必须把全国能够打仗的兵全部派出去。因此,可以想象,当时凡是想生存和发展的国家往往都不得不走向军国主义,而法兵家思想正好迎合了这一时代特点。在《尉缭子》一书中,我们可以看到他特别强调实力,强调自立自强,"往世不可及,来世不可待,求己者也"(《治本》)。法兵家认为政治、外交谋略等意义都不大,只有搞好国内的经济建设,把经济和军事结合起来,实施军国一体——农战治国的战略,国家才能强大,统一天下的目标才能实现。尽管法兵家偶尔也会谈到仁义道德,但是都比较空洞,没有什么具体内容,而且必要时都得给法令让路。

下面我们从治军境界和治军手段来谈谈法兵家的治军之道。

(一)法兵家治军的境界

从《尉缭子》一书中,可以看出尉缭是吴起的崇拜者,书中多次引用吴起的事例,在治军方面,他和吴起一样都以精兵主义为治军原则,希望建立一支能够有着不怕死、敢于拼命精神的精锐之师。《尉缭子》提出"使三军之众为一死贼"和《吴子》提出"今臣以五万之众,而为一死贼"的治军思想完全一致。《尉缭子》对治军境界做了这样的描述:"使什伍如亲戚,卒伯如朋友。止如堵墙,动如风雨,车不结辙,士不旋踵,此本战之道也",意思是说使同什同伍的人,像亲戚那样互相关心,上下级关系像朋友那样亲密无间,军队驻止下来就像铜墙铁壁一样的坚固,行动起来就像急风暴雨一样的迅猛,战车一往直前,士兵绝不后退,这就是战胜敌人的根本原则。"无天于上,无地于下,无主于后,无敌于前。一人之兵,如狼如虎,如风如雨,如雷如霆,震震冥冥,天下皆惊,胜兵似水,夫水至柔弱者也,然所触丘陵必为之崩,无异也,性专而触诚也。"即指导战争,要做到上不受天时的影响,下不受地形的限制,后面不受君主的制约,前不受敌人的阻抗。万众一心的军队,行动起来就像虎狼般的勇猛，风雨般的急骤，雷电般的突然，声势浩大，行动莫测，使天下惊惧。胜利的军队像水一样，水看起来是最柔弱的，但它所冲击的地方，山陵也会崩塌，这不是别的原因，而是由于水总是流向一个方向，不断冲刷的结果。

（二）法兵家治军的手段

虽然《尉缭子》和《吴子》提出的治军境界基本相同，然而他们在具体治军手段方面却大不相同。吴起比较重视培养士兵的荣辱意识，用物质和精神激励两种手段激励士兵拼死作战；而尉缭则比较重视用严刑峻法和各种约束手段逼迫士兵卖命。之所以二者有这样大的差别，和当时的历史环境是分不开的，尉缭比吴起大致要晚出现50~100年，吴起所处的时代乃是战国初期，周朝所提倡的礼义廉耻观念对人们的影响还比较大，故此，可以用礼义廉耻来激励士兵作战。而到了尉缭所处的时代已经是战国中后期了，战斗变得非常残酷，给人民带来了深重的灾难，人们厌战的情绪非常浓，正如《尉缭子》所言"征役分军而逃归，或临战自北，则逃伤甚焉"，在这种情况下，再想用礼义廉耻等观念来激励人们作战已经变得不可能了。故此，尉缭子提倡用严刑峻法来逼迫人们拼命打仗也不失为一种明智的做法，应当说尉缭子还是比较赞赏仁义道德的，要不然他也不会反复提到要仁义道德，但是迫于形势，不得不使用和他理想所不一致的手段，这种矛盾使得《尉缭子》的治军思想表现出法家的实质，却喊着儒家的口号。为了达到"使三军之众为一死贼"的治军境界，尉缭提出了如下治军手段：

1. 建立完善的制度

法兵家治军对于军队制度的建立和执行都非常重视，《尉缭子·制谈》说："凡兵，制必先定。制先定，则士不乱，士不乱，则刑乃明。金鼓所指，则百人尽斗。陷行乱陈，则千人尽斗。复军杀将，则万人齐刃，天下莫能当其战矣。"意思是，凡是统率军队，必须预先建立各种制度。各种制度建立了，士卒就不会混乱。士卒不混乱，纪律就严明了。这样，命令一经发出，成百的人都尽力战斗。冲锋陷阵时，成千的人都尽力战斗。歼灭敌军时，成万的人都协力作战，这样，天下就没有任何力量能够与它抗衡了。《尉缭子·制谈》说，"吾用天下之用为用，吾制天下之制为制。修吾号令，明吾刑赏，使天下非农无所得食，非战无所得爵。使民扬臂争出农战，而天下无敌矣。故曰，发号出令，信行国内"。意思是，利用天下的财富来充实我们的国力，参考天下的制度来修订我们的制度。整肃号令，严明赏罚，使天下都知道不耕种的人不能得食，无战功的人不能得爵。鼓励民众奋勇争先地投入生产和战斗，这样就可以天下无敌了。所以说，号令一经发出，就必须取信于民而风行全国。

第四章 法兵家战略管理

法兵家对制度建设有非常深刻的论述,《尉缭子·制谈》说:"古者,士有什伍,车有偏列。鼓鸣旗麾,先登者,未尝非多力国士也,先死者,亦未尝非多力国士也。损敌一人而损我百人,此资敌而伤我甚焉,世将不能禁。征役分军而逃归,或临战自北,则逃伤其焉,世将不能禁。杀人于百步之外者,弓矢也;杀人于五十步之内者,矛戟也。将已鼓而士卒相嚣,拗矢拆矛,抱戟,利后发,战有此数者,内自败也,世将不能禁。士失什伍,车失偏列,奇兵捐将而走,大众亦走,世将不能禁。夫将能禁此四者,则高山陵之,深水绝之,坚陈犯之。不能禁此四者,犹亡舟楫,绝江河,不可得也。"意思是古时,士兵有"什伍"的编制,战车有"偏列"的编制。当击鼓挥旗发起进攻时,首先登上敌人城堡的,往往只是那些乐于为国出力的勇士,首先战死的,也往往是那些为国出力的勇士。如果只杀伤一个敌人而我军却损伤100人,这就等于大大地加强了敌人而严重地损伤了自己,平庸的将领不能避免此类情况发生。士兵应征入伍后,刚编入部队就逃亡回家或者刚上战场就自行溃败,这就会出现大量的逃散伤亡,平庸的将领不能加以制止。敌人在百步之外,就应当用弓箭杀伤他们;在五十步之内,就应当用矛杀伤他们。但是将帅击鼓传令时,士兵们却互相吵闹,把箭、矛折断,把戈戟抛弃,面对敌人而畏缩不前,战斗中出现这些情况,就是自己先溃败了,平庸的将领不能对此有所管制。战斗时士兵脱离了队伍,战车脱离了"偏列",机动部队抛弃他们的将领自行逃走,其他士兵也随之溃散,平庸的将领不能加以阻止。将帅如能制止这四种情况发生,那么高山可以攀登,深水可以跨越,坚固的阵地也可以摧破。如果不能防止这四种情况发生,要想战胜敌人,就好比没船只而想渡过江河一样,是不可能达到目的的。

2. 重刑治军

法家通过对人性观察得出了一个重刑治军的观念。《尉缭子·攻权》说:"夫民无两畏也。畏我侮敌,畏敌侮我。见侮者败,立威者胜。凡将能其道者,吏畏其将也;吏畏其将者,民畏其吏也;民畏其吏者,敌畏其民也。是故知胜败之道者,必先知畏侮之权。"意思是,士卒是不会既畏惧敌人又畏惧自己将帅的。畏惧自己的将帅就会蔑视敌人,畏惧敌人就会蔑视自己的将帅。将帅被士卒蔑视,作战就会失败;将帅在士卒中有威信,作战就能胜利。但凡将帅能掌握运用这个原则,军吏就会畏惧将帅;军吏畏惧将帅,士卒就会畏惧军吏;士卒畏惧军吏,敌人就会畏惧我军士卒。因此,要知道胜败的道理,首先就要懂得畏惧与蔑视两者的相互关系。《尉缭子·重刑令》还说:"使民内畏重刑,则外轻敌。故先王明制度于前,重威刑于后。刑重则内畏,内畏则外轻矣。"即要使全军将士对内畏惧重刑,这样他们就会对外蔑视敌人了。所以从前英明的君主，都是首先申明法令，然后使用重刑。刑罚重则人心畏刑，人心畏刑就会坚强对敌了。

// 延伸阅读 //

杨素的治军之道

> 据《隋书·杨素列传》记载，隋朝大将杨素"多权略，乘机赴敌，应变无方"。他治军严整而残酷，其部如有违犯军令者，立斩不赦，而绝不宽容。每次作战前都寻找士兵的过失，然后杀之。每次多者百余人，少也不下十几人。由于杀人过多，以至"流血盈前"，而杨素却言笑自若。两军对阵时，杨素先令一二百人前去迎敌，若取胜也就罢了，如不胜而败逃者，无论多少，全部斩首。然后再令二三百人迎敌，不胜则照杀不误。所以杨素的部下对他极其敬畏，作战时皆抱必死之心，所以战无不胜，称为名将。

杨素的治军之道正是典型的法兵家思想，法兵家代表尉缭在其著作中说"夫民无两畏也，畏我侮敌，畏敌侮我。见侮者败，立威者胜。"（《尉缭子·攻权》）意思就是士兵们不会对敌我双方都畏惧，如果畏惧自己的将帅，就会蔑视敌人，畏惧敌人就会轻慢自己的将帅。被轻慢的将帅用兵就会失败，而能够在士卒心中建立权威，让他们畏惧的将帅就能取胜。

针对重刑治军的政策，法兵家还做了两点补充，一是要把重刑立威和赏罚分明结合起来。《尉缭子·兵教上》说："战胜在乎立威，立威在乎戮力，戮力在乎正罚，正罚者所以明赏也。"即军队能够打胜仗的原因在于能够立威，而立威的关键在于下属肯卖命，下属肯卖命的关键在于刑罚得当，而刑罚得当也包含着奖赏分明。二是要把重刑立威和关爱士兵结合起来。《尉缭子·攻权》说："夫不爱说其心者，不我用也；不严畏其心者，不我举也。爱在下顺，威在上立，爱故不二，威故不犯。故善将者，爱与威而已。"即如果不能以爱抚使士卒悦服，士卒就不会为我所用；如果不能以威信使士卒畏惧，士卒就不会听我指挥。爱抚是为了使下级驯服；威严是为了树立自己的威信。爱抚能使士卒不怀二心；威严能使下级不敢违令。所以善于带兵的人，就要善于掌握爱与威的运用。

可见，尉缭子对于重刑可能带来的负面效应是很清楚的，而他提出的这两个补充手段，对于消除重刑主义可能给士兵带来的不满情绪应该说有较强的缓解作用。

3. 建立保甲连坐制度

这项管理制度是法兵家最有特色的地方。为了有效地推行法家农战政策，法兵家提出了一系列详细的保甲连坐制度。《尉缭子·伍制令》中言道："军中之制，五人为伍，伍相保也。十人为什，什相保也。五十为属，属相保也。百人为间，间相保也。伍有干令犯禁者，揭之免于罪，知而弗揭，全伍有诛。什有干令犯禁者，揭之免于罪，知而弗揭，全什有诛。属有干令犯禁者，揭之免于罪，知而弗揭，全属有诛。间有干令犯禁者，揭之免于罪，知而弗揭，全间有诛。吏自什长以上，至左右将，上下皆相保也。有干令犯禁者，揭之免于罪，知而弗揭之，皆与同罪。夫什伍相结，上下相联，无有不得之奸，无有不揭之罪，父不得以私其子，兄不得以私其弟，而况国人聚舍同食，乌能以干令相私者哉。"意思是，军队的联保制度，是按五人编为一伍，伍内的人互相联保；十人编为一什，什内的人互相联保；五十人编为一属，属内的人互相联保；百人编为一间，间内的人互相联保。伍内如有触犯禁令的，同伍的人揭发了他，全伍免罪，知道而不揭发，全伍受罚。什内有触犯禁令的，同什的人揭发了他，全什免罪，知道而不揭发，全什受罚。属内有触犯禁令的，同属的人揭发了他，全属免罪，知道而不揭发，全属受罚。间内有触犯禁令的，同间的人揭发了他，全间免罪，知道而不揭发，全间受罚。将吏从什长以上到左、右将军，上下都互相联保，凡有触犯禁令的，揭发了的都免于治罪，知道而不揭发的，都与他同罪。同伍同什的人都互相联结，上下之间都互相联保，就没有不能破获的阴谋，没有不被揭发的罪恶。即使父亲也不能够包庇自己的儿子，哥哥也不能够包庇自己的弟弟，何况一般的人呢？既然同吃同住在一起，哪还敢有违犯禁令而私相包庇的呢？

此外，尉缭还把连坐制度从军中推广到了国内，"夫将自千人以上，有战而北，守而降，离地逃众，命曰'国贼'。身戮家残，去其籍，发其坟墓，暴其骨于市，男女公于官。自百人以上，有战而北，守而降，离地逃众，命曰'军贼'。身死家残，男女公于官。"意思是，统辖千人以上的将领，若有作战失败、守城投降、擅离防地、弃军逃跑的，叫作国贼。对这种人要处死抄家，取消他的官籍，挖掘他的祖坟，把尸骨暴露在大街上示众，全家男女收入官府作为奴隶。统辖百人以上的官吏，若有作战失败、守城投降、擅离防地、弃军逃跑的，叫作军贼。对这种人要处死抄家，把全家男女收入官府做奴隶。

保甲连坐制度使得违反法令者和战场上逃亡者、投降者等身败名裂、家破人亡。法兵家要求"父不得以私其子，兄不得以私其弟"完全打破了儒家亲亲原则，逼迫老百姓听从政府的命令，去为实现统治者的野心而卖命。这种做法对于现代社会管理是不足取的，"二战"时期，法西斯国家就因为实施这种做法而臭名昭著。但是，需要明确的是，这种制度确实增强了部队的战斗力，因此，在外部环境极为恶劣的情况下，把连坐制度引入军队管理，也有一定的合理性。

延伸阅读

黄埔军校的革命军连坐法[①]

现在军队,不知节制,所以上下不相联系,以致进前者,徒死而无赏,虽欲赏之,无从查考;退后者偷生而无罚,虽欲罚之,亦无从查考。今定有节制矣:如一班同退,只杀班长;一排同退,只杀排长;一连同退,只杀连长;一营同退,只杀营长;一团同退,只杀团长;一师同退,只杀师长,以上皆然。如此看之,所杀不过三五人,似与兵士无涉,还可退走,然你们要仔细思忖,此法一行,便是百万士兵,一时进前退后,也都有查考。所杀虽只几个人,不怕你百万人,都退不得。听我说这个缘故。比方一团人齐退,必杀团长,团长但见他一团人退时,他决不退,若是他团长一个人不退,必不能够支敌,必要阵亡在前方,我便将他部下三个营长都杀了,来偿你团长之命。营长见团长不退,恐阵亡了团长,就该他自己偿命,便是营长亦不敢退。他的部下连长,见营长不退,恐阵亡了营长,他的连长,怕要偿命,就护着营长,亦不敢退。连长不退,若被阵亡,他部下的排长都该杀;排长怕杀,便不敢退。他部下班长,怕阵亡了排长,必被司令官拿问枪毙,他亦不敢退,就护着排长,站住了。班下士兵,恐怕阵亡了班长,其全班士兵,都该枪毙,便都护着班长,站住不退。如此不是所死的,止于阵亡的部下三五个人,便是百万人也要同心,哪个还敢轻生退走,这个连坐法一行,就是全军之中,人人似刀架在头上,似绳子缚着脚跟,一节一节,互相顾瞻,连坐牵扯,谁亦不能脱身。兵法云:"强者不得独进,弱者不得独退。"又云,"万人一心","万人齐力"。真是要得这个成效,非实行连坐法不可,从今以后,革命军即实行此连坐法,仰各将士奉行无违,勿视此为普通具文也。

条文如左[②]

第一条 本党以完成国民革命,实行三民主义为目的,各官兵应具牺牲精神,与敌交战时,无论如何危险,不得临阵退却。

第二条 本连坐法,即适用于战时临阵退却之官兵。

第三条 连坐法之规定如左:

一、班长同全班退,则杀班长。

---

① 秦孝仪《先总统蒋公思想言论总集序·卷三十六》,1925年1月6日于黄埔军校颁布。
② 当时文字是竖排的,故有条文如左之说。

二、排长同全排退，则杀排长。

三、连长同全连退，则杀连长。

四、营长同全营退，则杀营长。

五、团长同全团退，则杀团长。

六、师长同全师退，则杀师长。

七、军长亦如之。

八、军长不退，而全军官兵皆退，以致军长阵亡，则杀军长所属之师长。

九、师长不退，而全师官兵皆退，以致师长阵亡，则杀师长所属之团长。

十、团长不退，而全团官兵皆退，以致团长阵亡，则杀团长所属之营长。

十一、营长不退，而全营官兵皆退，以致营长阵亡，则杀营长所属之连长。

十二、连长不退，而全连官兵皆退，以致连长阵亡，则杀连长所属之排长。

十三、排长不退，而全排皆退，以致排长阵亡，则杀排长所属之班长。

十四、班长不退，而全班皆退，以致班长阵亡，则杀全班兵卒。

第四条　各级党代表亦适用本连坐法。

第五条　本连坐法自公布日施行。

4. 搞好训练

尉缭非常重视部队训练和管理，即"兵教"的问题。尉缭深知完善的管理与严格的训练对于提高士兵战斗力的重要性，在"兵教上"、"兵教下"两篇中，尉缭提出国家想要在战争中取得胜利，必须要有充分的准备，尉缭子对训练的方法、要求的标准都做了深入探讨。如《尉缭子·兵教上》说："前军绝行乱阵，破坚如溃者，有以也。此谓之兵教。所以开封疆，守社稷，除患害，成武德也。"意思是，前锋部队，能够打乱敌人行列，突破敌人坚阵，就像大水决堤似的不可抵御，绝不是偶然的，这是军队训练有素的结果。训练这样一支军队，目的是为了开拓疆土，保卫国家，消除祸患，成就"武德"。还有，"伍长教其四人，以板为鼓，以瓦为金，以竿为旗。击鼓而进，低旗则趋，鸣金则退，麾而左之，麾而右之，金鼓俱击而坐。伍长教成，合之什长，什长教成，合之卒长，卒长教成，合之伯长，伯长教成，合之兵尉，兵尉教成，合之裨将，裨将教成，合之大将。大将教之，陈于中野，置大表三百步而一。既陈，去表百步而决，百步而趋，百步而鹜，习战以成其节，乃为之赏罚"。意思是，伍长教练伍内四人，用木板代鼓，用瓦器代金，用竹竿代旗。击鼓就前进，把旗放低就快跑，鸣金就后退，指挥向左就向左，指挥向右就向右,金鼓齐鸣就坐下。伍长教练好了,由什长集合教练;什长教练好了,由卒长集合教练;卒长教练好了,由伯长集合教练;伯长教练好了,由兵尉集合教练;兵尉教练好了,由裨将集合教练;裨将教练好了,由大将集合教练;大将率领他们,在野外排成阵势,进行演习。演习时树立三个大标杆,每隔百步树立一个。军队列阵完毕,在距第一个标杆百步时演习决斗,在距第二个标杆百步时演习快步前进,在距第三个标杆百步时演习跑步急进。反复演练使军队完全掌握各种要领,然后根据演练好坏进行赏罚。

四、法兵家的治国之道

法兵家治国的根本目标就是要获得雄厚的国家军事实力,建立一支精锐部队,以便在诸侯国激烈的军事竞争中获取胜利,实现兼并其他国家,继而统一天下的目标。下面我们看看法兵家的治国之道。

(一)法兵家治国的基本原则

法兵家是现实主义者,面对战国时代天下大乱的局面,打败其他国家,最后统一全国是他们的治国现实理想,但是他们也提出了自己的治国最高理想。《尉缭子》一书就表露出希望构建一个人民安居乐业,没有战乱,没有纷争的太平盛世的愿望,如"争夺止,囹圄空,野充粟多,安民怀远,外无天下之难,内无暴乱之事,治之至也。""官无事治,上无庆赏,民无狱讼,国无商贾"。但是这个目标过于远大,《尉缭子》又提出了治国的现实目标:"兵胜于朝廷","并兼广大,威加天下",即内部安定团结,对外能够不断扩张,实现"夫土广而任则国富,民众而治则国治。富治者,民不发轫,车不暴出,而威至天下。故曰:'兵胜于朝廷'"(《尉缭子·兵谈》)。即不用打仗,就能够威至天下。

法兵家治国的基本原则可以概括为"农战"两个字,即要使人民一心务农和打仗,而没有且不可能有其他的想法和欲望。"夫谓治者,使民无私也……善政执其制,使民无私,则为下不敢私,则无为非者矣。反本缘理,出乎一道,则欲心去,争夺止。"(《尉缭子·治本第十一》)从这段话中我们可以体会到法兵家的治国之道,表面上看法兵家似乎和道兵家一样提倡无欲,但是实际上差异很大,因为道兵家倡导的是君主应该清心寡欲,勤勉治国,至于民众是否要这样则不一定。治国的关键在于因势利导,顺应民心;而法兵家的治国基本手段则是要用强制性的办法让民众清心寡欲,一心务农或者打仗。至于君主自己应当做什么却没有描述,只是要求大臣带头。还有人根据《尉缭子》中的一些观点,认为法兵家治国的基本手段可以概括为"文种武植",这和《吴子》的"内修文德,外治武备"非常相似。其实不然,仔细分析就会发现《尉缭子》中对"文"的论述非常少,而且比较空洞。作为文治的主要内容的"仁义道德"在《尉缭子》的理论体系中根本没有立足之地或者说仅仅是一个可有可无的辅助工具。而《吴子》则不然,《吴子》认为"凡制国治军,必教之以礼,励之以义,使有耻也。夫人有耻,在大足以战,在小足以守矣"。仁义道德,特别是"义"乃是比军法更为重要的力量。"武侯问曰:'严刑明赏,足以胜乎?'起对曰:'严明之事,臣不能悉。虽然,非所恃也。夫发号布令而人乐闻,兴师动众而人乐战,交兵接刃而人乐死。此三者,人主之所恃也。'武侯曰:'致之奈何?'对曰:'君举有功而进拘之,无功而励之。'"吴起和魏武侯的这段对话明确表明了在吴起的治军理论中激励比约束要重要得多。而尉缭则明确提出"卒畏将甚于敌者胜","战胜在乎立威,立威在乎戮力,戮力在乎正罚,正罚者所以明赏也"。约束比激励更为重要,虽然尉缭也提倡励士,"励士之道,民之生不可不厚也。爵列之等,死丧之亲,民之所营不可不显也",但不是从道义方面去励士,而是完全从功利的角度去励士。因此,法兵家治国的基本原则应当概括为"农战"而不是"文种武植"。

法兵家还强调,面对激烈而残酷的外部竞争,治理国家应该自立自强,依靠自身实力,而不能依赖外援。《尉缭子·制谈》中说:"今国被患者,以重宝出聘,以爱子出质,以地界出割,得天下助卒,名为十万,其实不过数万尔。其兵来者,无不谓其将曰:'无为天下先战。'其实不可得而战也。"意思是,如今有的国家遇到外患的时候,总是以贵重的珍宝作为礼品,以爱子作为人质,以国土割让给别人,用这些条件去乞求别国派兵援助,而派来的援军往往名为十万,其实不过几万罢了。而且当其出发的时候,他们的国君总是告诉他们的将领说:"不要在别人之前进入战斗。"他们是不可能真正奋力作战的,所以根本靠不住,唯一能够依靠的只能是自己国家的军队和人民。

(二)法兵家的治国手段

具体而言,法兵家的重要治国手段主要有以下几个方面:

1. 要富国

法兵家提出"王国富民,伯国富士,谨存之国富大夫,亡国富食府,所谓上满下漏,患无所救"(《尉缭子·战威》)。意思是,能够称王天下的国家国民富裕,能够称霸天下的国家有才能的人富裕,只能够勉强生存的国家当官的富裕,将要灭亡的国家只有国君的仓廪富裕。上层统治者过分富裕而下层老百姓过分贫穷,那么灾祸就无法避免了。尉缭的这个见解是非常深刻的,它和《论语·颜渊》中所谓"百姓足,君孰与不足?百姓不足,君孰与足?"有异曲同工之处。与道兵家的富国思想相比,道兵家的富国是为了君主广施恩惠做基础，即首先使君主富裕，然后通过君主施惠让老百姓得到好处，因此其富国思想带有谋略色彩；而法兵家直接提出让老百姓富裕，老百姓富裕，国家才能强大，反映了法兵家不重视谋略，重视实力和法治的特点。在法兵家的观念中，内政清明与民生富足是军事行动胜利的根本条件。没有良好的政治基础，就不可能建立强大的军事力量。必先有充足的准备、培养高昂的民心士气，才能在战场上胜过敌人，或是不战而屈人之兵，即"兵胜于朝廷"。故想要保障国家安全，一切高明的政治、外交或军事谋略，都比不上基本国力的充实来得有用。而充实国力的方法，就是以"农"强固基础，以"法"保障国治。

法兵家还提倡节约，要求杜绝浪费，《尉缭子·治本》针对当时的情况提出："今也，金木之性不寒而衣绣饰，马牛之性食草饮水而给菽粟，是治失其本，而宜设之制也。春夏夫出于南亩，秋冬女练于布帛，则民不困。今短褐不蔽形，糟糠不充腹，失其治也。古者土无肥硗，人无勤惰，古人何得而今人何失邪？耕有不终亩，织有日断机，而奈何寒饥？盖古治之行，今治之止也。"意思是，如今，金木本来是不知道寒冷的，却要给它披上锦绣，牛马本来是吃草饮水的，却要喂它粮食，这种做法完全违反了它们的本性，应该建立合理的制度才是。春、夏男子到田里耕种庄稼，秋、冬女子在家里染织布帛，这样人民就不会贫困了。现在人民穿的是粗布短衫，而且还遮不住身体，吃的是粗劣食品，而且还填不饱肚子，这是没有把国家治理好的表现。古时候，土地的肥沃程度同今天没有两样，人民的勤惰同今天也没有两样，为什么古人丰衣足食，而今人缺吃少穿呀？主要是种田的人不能经常耕作，织布的人不能经常纺织，这怎能免于饥寒呢？总的来说，这是由于古代行之有效的耕织制度，到今天已经把它废止了的原因。

但是法兵家的富国思想又有很大局限性，《尉缭子·治本》说："凡治人者何？曰，非五谷无以充腹，非丝麻无以盖形，故充腹有粒，盖形有缕，夫在芸耨，妻在机杼，民无二事，则有储蓄。夫无雕文刻镂之事，女无绣饰纂组之作。木器液，金器腥，圣人饮于土，食于土，故埏埴以为器，天下无费。"意思是，治理民众用什么办法呢？回答是，没有五谷人们就没饭吃，没有丝麻人们就没衣穿。所以要解决吃饭问题靠种粮食，要解决穿衣问题靠纺织丝麻，国中男子从事耕种，女子从事纺织，所有的人们专心从事耕织不受其他事务的影响，国家就有储备了。要让男子不从事奢侈品的雕刻，女子不从事装饰品的刺绣。木制的食器容易渗水，金属的食器带有腥味，圣人的饮食用具都来源于土，因而制作陶土用具，这就可杜绝天下的浪费了。法兵家要让老百姓除了耕织之外，其他的活动一概不要开展，这无疑会大大降低老百姓的生活质量。当然，法兵家富国的目的就是要为战争积累财富，老百姓生活质量自然不在其考虑之内。

2. 要提倡良好的社会道德风尚

《尉缭子·战威》提出"故国必有礼、信、亲、爱之义,则可以饥易饱;国必有孝、慈、廉、耻之俗,则可以死易生。古者率民必先礼信而后爵禄,先廉耻而后刑罚,先亲爱而后律其身"。意思是,一个国家必须有崇礼守信相亲相爱的风气,民众才能忍饥挨饿克服困难。国家必须有孝顺慈爱廉洁知耻的习俗,民众才能不惜牺牲去捍卫国家。古代君王治理民众,必须先以礼信感化他们,然后用爵禄鼓励他们;先以廉耻教育他们,然后用刑罚督促他们;先用仁爱抚慰他们,然后用法律约束他们。可见,法兵家对精神文明建设的重视。同时,《尉缭子·战权》还提出"任正去诈,存其慈顺,决无留刑",即要通过严格执法,弘扬正气,消灭诡诈,保护善良人们的利益,从而建立良好的社会风气。不过,法兵家虽然重视道德建设,提倡"礼、信、亲、爱之义",但和儒兵家的治国理想完全不同。儒兵家重视道德建设,始终以建立"亲亲尊尊"的和谐社会为目的,而法兵家重视道德建设是试图为建立一种秩序提供便利。

法兵家还提出要通过法律管制和教育,让老百姓变得不自私。《尉缭子·治本》说:"善政执其制,使民无私,为下不敢私,则无力非者矣。反本缘理,出乎一道,则欲心去,争夺止,囹圄空,野充粟多,安民怀远,外无天下之难,内无暴乱之事,治之至也。"意思是,好的政治就是坚持法制,教育民众不要自私,大家不敢自私,就没有为非作歹的人了。如果人们恢复淳朴的本性,遵循无私的准则,那么,个人私欲就会打消,争夺行为就会停止,监狱里就会没有囚犯,劳动的人就会遍布田野,生产的粮食就会增多,民众的生活就会安定,四方的民族也会受到关怀,国家没有外患,也没有内乱,这就可以称得上天下大治了。《尉缭子·治本》还说:"夫谓治者,使民无私也。民无私则天下为一家,而无私耕私织,共寒其寒,共饥其饥。故如有子十人,不加一饭,有子一人,不损一饭,焉有喧呼酕醄,以败善类乎?民有轻佻,则欲心兴,争夺之患起矣。横生于一夫,则民私饭有储食,私用有储财。民一犯禁,而拘以刑治,乌在其为人上也。"意思是,所谓良好的政治,在于教育民众不要自私。如果民众不自私,天下就像一家人一样,而不必进行私耕私织,大家都把别人的寒冷当作自己的寒冷,把别人的饥饿当作自己的饥饿。因此,有十个孩子的人,也不加重他的生活负担,只有一个孩子的人,也不减轻他的社会责任,这样人们哪里还会喧喧嚷嚷嗜酒作乐,以致败坏良好的风尚呢?如果民众不安分,私欲就会产生,争权夺利的祸患就随之而起了。如果管理者自私自利,老百姓也就随之变得自私自利,把粮食储藏起来自己吃,把财物储藏起来自己用,这样下去各种犯禁的事情就会大量发生,而民众一旦犯禁,官员就逮捕治罪，这样怎能治理好国家呢？

这种治国思想听上去很有道理，但是实际上却有很大的问题。首先，让人变得不自私是违反人性的。古今中外对人性的研究基本上都承认人会追求利益的，这是人的本性；一个人想要变得不自私，也许可能会做到，但是要让老百姓都变得不自私那就非常困难了，往往只能依靠暴力和洗脑了，而且只能成功于一时，不可能长久。而且法兵家是否对所有人都要求做到无私呢？表面上好像是，尉缭就曾告诫过君主"欲生于无度"，但是我们可以看到他对老百姓和君主的要求是有很大不同的。如何让老百姓不自私，尉缭提出了具体的方法，即使用专制暴力工具和洗脑式的教育让老百姓都不自私，而如何让君主能够克制自己的私欲，他没有提出任何方法，只是提出了一种希望。事实上，前者比较容易做到，后者比较难做到；当老百姓都不自私时，那么难以克制自己私欲的君主就可以利用老百姓的无私来谋取他自己最大的自私。本身法兵家治国追求兼并敌国，扩张土地的战略目标，就是建立在君主的私心和野心的基础上的。

3. 要搞好制度建设

法兵家非常重视制度建设。《尉缭子·原官》说："官者，事之所主，为治之本也。制者，职分四民，治之分也。贵爵富禄必称，尊卑之体也。好善罚恶，正比法，会移民之具也。均地分，节赋敛，取与之度也。程工人，备器用，匠工之功也。分地塞要，殄怪禁淫之事也。守法稽断，臣下之节也。明法稽验，主上之操也。明主守，等轻重，臣主之根也。刑赏明省，畏诛重奸，止奸之术也。审开塞，守一道，为政之要也。下达上通，至聪之听也。"意思是，设置各级官吏，主管各项事务，是治理国家的根本措施。各种官制按职守分管士、农、工、商各个部门，这是治理国家的分工。天官家宰主管授予官爵俸禄必须与其德才相称，这是区别尊卑贵贱的体制。地官司徒掌管表扬好人，惩罚坏人，执行法规，考核、统计人口及其财产，均分土地，减轻赋税，对于民众给予或者索取都要有适度。冬官司空掌管分配工人的任务，供应物资器材，提高工作效率。夏官司马主管划分防区，守备要地，以防止和消灭各种变乱事件。执法严肃，处理果断，这是臣子的本分。制定法令，实行考核，这是君主的责任。明确属下的主管业务，区别政事的轻重缓急，这是各部大臣的职权。奖赏公正，惩罚严格，这是防止坏人活动的手段。认真研究各项改革方案，在变革的同时坚持统一的方针政策，这是治理国家的关键。下情上达，上情下通，这是全面了解情况的方法。

《尉缭子·原官》还说："俎豆同制，天子之会也。游说间谍无自入，正议之术也。诸侯有谨天子之礼，君臣继世，承王之命也。更号易常，违王明德,故礼得以伐也。官无事治,上无庆赏,民无狱诉,国无商贾,成王至正也。"意思是,设置文武官吏分管政治、军事,这是王者治理国家的两种手段。祭祀的制度有统一的规定,这是天子会合诸侯的仪式。不听信游士的邪说和间谍的诡计,这是贯彻正确主张的保证。诸侯谨守天子的礼法,君臣关系,世代相传,这是承受天子之命的前提。如果改换国号变更制度,违背天子的德政,按礼就可以进行讨伐。要做到社会安定,不需官吏去管理,万民勤奋不需上级去鼓励,民众没有纠纷,国家没有商贩,形成最好的政治局面。

4. 任用贤能

法兵家强调,在实践中选用贤能,不能仅仅凭口头考察就确定是否为贤能。《尉缭子·制谈》说:"民言有可以胜敌者,毋许其空言,必试其能战也。视人之地而有之,分人之民而畜之,必能内有其贤者也。不能内有其贤而欲有天下,必覆军杀将。如此,虽战胜而国益弱,得地而国益贫,由国中之制弊矣。"意思是,如果有人说他有战胜敌人的办法,可不能轻信他的空话,必须在实践中考验他。要想兼并别国的土地,统治别国的人民,必须国内有贤才辅佐才行。如果在国内没有贤才辅佐,而想统一天下,必然招致兵败将亡的后果。即使侥幸获胜,国家也会因此而更加衰弱,即使攻占别国的土地,国家也会因此而更加贫困,这些都是由于国家制度有病,不能选贤任能的缘故。

5. 搞好刑罚

法兵家非常重视刑罚,要求刑罚能够公正,不冤枉无辜。《尉缭子·将理》说:"凡将理官也,万物之主也,不私于一人。夫能无私于一人,故万物至而制之,万物至而命之。君子不救囚于五步之外,虽钩矢射之,弗追也。故善审囚之情,不待棰楚,而囚之情可毕矣。笞人之背,灼人之胁,束人之指,而讯囚之情,虽国士有不胜其酷,而自诬矣。"意思是,将帅是掌管刑罚的官吏,也是一切事务的主宰者,不应偏袒任何人。正是由于不偏袒任何人,所以任何事情发生都能公平裁决,任何情况出现都能正确处理。贤德的人总是亲自询问,详察案情,避免错误,秉公审理,即使犯人与自己有深仇宿怨,也不追究前仇。所以善于审案的人,不必施刑拷打,也可以把案情全部掌握。如果依靠鞭打犯人脊背,烧灼犯人两胁,捆夹犯人手指等办法来审讯,就是豪杰之士,也会因经不起这种酷刑,而被屈打成招了。

《尉缭子·将理》还提到当时诸侯国的官吏贪污腐败的情形,说:"今世谚云:千金不死,百金不刑。试听臣之言,行臣之术,虽有尧舜之智,不能关一言,虽有万金,不能用一铢。今夫决狱,小圄不下十数,中圄不下百数,大圄不下千数。十人联百人之事,百人联千人之事,千人联万人之事。所联之者,亲戚兄弟也,其次婚姻也,其次知识故人也。是农无不离田业,贾无不离肆宅，士大夫无不离官府。如此，关联良民，皆因之情也。兵法曰：十万之师出，日费千金。今良民十万，而联于囹圄，上不能省，臣以为危也。"意思是，现今的俗话说："有千金的人，可以免死，有百金的人，可以免刑。"如能听取我的意见，采用我的办法，虽有尧舜的智慧，也不能说一句通融的话，虽有万金的财富，也不能用一"铢"钱行贿。现今审理案件，小案件拘禁不下数十人，中等案件拘禁不下数百人，大案件拘禁不下数千人。而且往往是十人的事牵连百人，百人的事牵连千人，千人的事牵连万人。所牵连的人，首先是父母兄弟，其次是亲属，再次是熟识的朋友。被牵连的农民被迫离开土地，商人被迫离开店铺，官吏被迫离开官府。像这样众多的良民被牵连而关进监狱，这就是当前拘禁囚犯的实际情况。兵法上说："十万大军出征，一日耗费千金。"现在十万良民被牵连入狱，而君王不能明察，我认为是很危险的。

// 延伸阅读 //

上海商业储蓄银行的严格管理传统

上海商业储蓄银行素以纪律严明、执法甚严著称。行员只要犯了行规，就会遭到处分。如行里规定早上9点上班，而行员必须于8点3刻前到行，8点3刻后到者，以旷工半天计，9点以后到者，以旷工一天计，但仍应照常上班，不得借口不上班。如严禁"得罪"顾客，有与顾客吵架者，不问是非曲直一律开除。

上海商业储蓄银行还有一套严格的检查制度。检查员是总行检查处的办事人员，他是持有"尚方宝剑"的"钦差大臣"，被派往各地检查总行各项规章制度的执行情况。检查时间不定，每年一次或两次，也可能几年不检查。检查完全采取突击方式，事先分行经理也不知道。检查不是听取汇报，而是采用听、看、问、查的方法。如对于存款，要逐笔核对账单，对存折则柜面核对；对贷款，除了对账以外，还要分户走访。检查的内容共有100多项，主要包括经营方面的问题、贷款的可靠性、与同业合作情况、服务态度等，甚至行员签到制度执行情况，金库、账库钥匙是否按制度由两人分管，拆阅信件和电报是否由专人负责等，也要一一检查。对于检查结果，由总行来信逐项指出并限期纠正。至于中层干部若有作风不正或贪污舞弊等情况，检查员也通过与普通行员的接触，调查了解，予以揭发，否则就是检查员的失职。碰到这类情况，总行对被检举者的处理一般是训斥、调离或开除。而对一般行员则更严厉，如有贪污零用款项30元者，被查出后立即开除，检查员仅需向总行检查处和人事处报告备案即可。

像银行、金融这样的行业和其他行业相比，有一些非常特殊的特点：一是这类企业的员工面对的是大量资金从自己手上流过，这些资金相对于他们的收入来说，反差很大，因此，他们受到的金钱诱惑很大，并且他们也容易找机会贪污舞弊；二是这样的行业中企业的信誉往往是企业生存发展的生命线，任何内部员工营私舞弊、失职错误都可能给企业的信誉带来巨大的危害。根据这样的特点，实施严格管理就显得很有必要了。上海商业银行的严格管理做法和传统法兵家做法比较相似，应该说，严密的制度化管理对于上海商业银行发展起到了很好的作用。

第二节

法兵家战略分析与决策

我们知道道兵家竞争战略管理思想非常重视"谋略"的作用，而法兵家有所不同，法兵家的竞争战略管理思想是非常务实的，重视实力竞争。《尉缭子》就明确表示"谋略"的作用有限，单靠"谋略"是不能赢得战争的。《尉缭子》说，"胜备相用，犹合符节，无异故也"，即想要击败敌国获取胜利靠的是军事力量的准备。有了充分的准备，胜利就像符节相合一样，没有任何疑问。无疑做好充分的准备是获取胜利的前提，不过《尉缭子》过于强调实力的作用，也就降低了其竞争战略管理理论的深度。总体上法兵家战略分析与决策思想比较简单。

《尉缭子》对战略分析非常重视，主张在进行作战前，事先对天时、地利、人心、敌情进行分析。即《尉缭子·战权》中所言，战前"高之廊庙之论"，从而制订周密仔细的战争计划"安其危，去其患，以智决之"，掌握战争的主动权，使自己立于不败之地。不过和道兵家相比，法兵家的战略分析思想就显得逊色很多了。

《尉缭子·战威》提出了战略分析的五个方面，"刑未加，兵未接，而所以夺敌者五：一曰庙胜之论；二曰受命之论；三曰踰垠之论；四曰深沟高垒之论；五曰举阵加刑之论"。即在军队还未行动，双方还未接触时就能够压倒敌人的条件有五个方面：一是朝廷的决策英明；二是将帅的选拔得当；三是进入敌境的迅速突然；四是本国防务的坚强充实；五是列阵决战的指挥正确。

就如何获取战略分析所需要的信息情报而言，《尉缭子》提出的方法也没有超过道兵家的范围。如《尉缭子·兵教下》提出"凡兴师，必审内外之权，以计其去。兵有备阙，粮食有余不足，校所出入之路，然后兴师伐乱，必能入之","前噪者谓之虚,后噪者谓之实,不噪者谓之秘,虚实秘者,兵之体也"。《尉缭子》还提出"伐国必因其变,示之以财,以观其穷,示之以弊,以观其病,上乖下离,若此之类是伐之因也",这和《六韬》的文伐思想有着异曲同工之处。但总而言之,法兵家在这方面的思想就是观察和试探,没有比道兵家更深刻、更有特色的思想。

法兵家战略决策的思想基本上没有超出道兵家的范畴,大体上也就是决策不能迷信,要遇事先谋,不过其科学理性的决策原则倒是比较有特色。

虽然兵家普遍有着不信迷信鬼神之说的传统。如《孙子兵法》就明确提出:"先知者,不可取于鬼神,不可象于事,不可验于度,必取于人,知敌之情者也。"作为战略决策的基本原则,明确指出,指挥战争不可去求神问卜;不可用类似的事情去做吉凶推测;也不可用夜观星辰(天象)运行的度数去验证作战方案,而必须从了解敌人情况者的口中去取得。但是在先秦时期,由于殷周时期流传下来的巫祀传统影响力仍然非常强大,迷信思想对人们影响很大,墨子就明确认为有鬼神,孔子不能肯定鬼神是否存在,但提倡"敬鬼神而远之"。如《吴子》就有这样的话:"凡料敌有不卜而与之战者八",显然说明当时存在依靠占卜决定是否出战的做法;《六韬》也提出过一些很神秘的决策方法,如"三军齐整,阵势已固,深沟高垒,又有大风甚雨之利,三军无故,旌旗前指,金铎之声扬以清,鼙鼓之声宛以鸣,此得神明之助,大胜之征也。行陈不固,旌旗乱而相绕,逆大风甚雨之利,士卒恐惧,气绝而不属,戎马惊奔,兵车折轴,金铎之声下以浊,鼙鼓之声湿以沐,此大败之征也","凡攻城围邑:城之气色如死灰,城可屠;城之气出而北,城可克;城之气出而西,城必降;城之气出而南,城不可拔;城之气出而东,城不可攻;城之气出而复入,城主逃北;城之气出而覆我军上,军必病;城之气出高而无所止,用兵长久。凡攻城围邑,过旬不雷不雨,必亟去之,城必有大辅,此所以知可攻而攻,不可攻而止"。

特别是到了战国时期阴阳学说开始流行,很多学说都受到阴阳学说影响,当时许多将领也受到了影响,把阴阳术数引进了用兵之道,试图借助阴阳术数获取胜利。《尉缭子·武议》说:"今世将考孤虚,占咸池,合龟兆,视吉凶,观星辰风云之变,欲以成胜立功,臣以为难。"尉缭对这种现象非常忧虑,因此,《尉缭子》开篇就明确提出了战略决策的科学性原则,"非所谓天官时日阴阳向背也","天官人事而已"。尉缭还用了两个例子来说明:"按天官曰:'背水阵为绝地,向阪阵为废军。'武王伐纣,背济水向山阪而阵,以二万二千五百人,击纣之亿万而灭商,岂纣不得天官之阵哉!楚将公子心与齐人战,时有彗星出,柄在齐。柄所在胜,不可击。公子心曰:'彗星何知?以彗斗者固倒而胜焉.' 明日与齐战，大破之。"尉缭可以说是一个不折不扣的唯物主义者，《尉缭子·战威》提出，"举贤任能，不时日而事利；明法审令，不卜筮而事吉；贵功养劳，不祷祠而得福"，"'天时不如地利，地利不如人和.'圣人所贵，人事而已"。一切成就都是靠人的努力，和卜筮等活动无关。《尉缭子·兵谈》还提出"兵起，非可以忿也，见胜则兴，不见胜则止"，要求领导者遇事先谋，小心谨慎，有成功的把握再采取行动。

第三节

法兵家战略行动

法兵家战略行动思想也基本上没有超过道兵家，而且缺乏足够的深度。大体上法兵家战略行动主要有以下一些原则：

（一）做好战略行动前的准备

对于战略行动前的准备工作，《尉缭子·战威》提出了五个方面，他说，"故先王专于兵有五焉：委积不多，则士不行；赏禄不厚，则民不劝；武士不选，则众不强；备用不便，则力不壮；刑赏不中，则众不畏。务此五者，静能守其所固，动能成其所欲"。意思是，古代君王特别注意军事方面的五个问题：粮食储备不充分，军队就难以行动；奖赏待遇不优厚，民众就得不到鼓励；武士不经严格挑选，部队就不会坚强；武器装备不充实，战斗力就不会强大；赏罚不公正，民众就不会畏服。能够注意到这五个方面的问题，防守时就能守必固，行动时就能战必胜。

（二）激励士气

《尉缭子·战威》说："故战者，必本乎率身以励众士，如心之使四肢也。志不励，则士不死节。士不死节，则众不战。励士之道，民之生不可不厚也。爵列之等，死丧之亲，民之所营，不可不显也。必也，因民所生而制之，因民所荣而显之，田禄之实，饮食之亲，乡里相劝，死生相救，兵役相从，此民之所励也。使什伍如亲戚，卒伯如朋友，止如堵墙，动如风雨，车不结辙，士不旋踵，此本战之道也。"意思是，将帅指挥作战，必须用自己的表率行为来激励部队，这样才能像头脑指挥四肢一样的灵活自如。战斗意志不加以激励，士兵就不会为国家效死，士兵不为国家效死，部队就没有作战能力。激励士气的方法就是使民众都过上富裕的生活。官职的等级、死丧的抚恤是民众所追求的，应该有明确的规定。必须根据民众的生活需要制定保障措施，根据民众的功绩给予表彰奖励，使他们在田地俸禄方面得到实惠，起居饮食方面得到照顾，邻里互相鼓励，死生互相帮助，战时携手应征入伍，这就是激励民众的办法。使同什同伍的人，像亲戚那样互相关心，上下级关系像朋友那样亲密无间，军队驻止下来就像铜墙铁壁一样的坚固，行动起来就像急风暴雨一样的迅猛，战车一往直前，士兵绝不后退，这就是战胜敌人的根本原则。

（三）获取道义上的主动

《尉缭子·武议》提出："凡兵不攻无过之城，不杀无罪之人。夫杀人之父兄，利人之财货，臣妾人之子女，此皆盗也。故兵者所以诛乱禁不义也。兵之所加者，农不离其田业，贾不离其肆宅，士大夫不离其官府，由其武议在于一人，故兵不血刃，而天下亲焉。"意思是，凡是用兵，不要进攻无过的国家，不要杀害无辜的人民。杀害人家的父兄、掠夺人家的财物、奴役人家的子女，这些都是强盗的行为。战争的目的是平定暴乱，制止不良行为。对于被讨伐的国家，要使农民不离开他们的土地、商人不离开他们的店铺、官吏不离开他们的机关，因为用兵的目的，只在于惩罚祸首一人，所以能不必经过流血战斗就可得到天下的拥护。当然这些话未必是尉缭的真心话，因为，我们从很多地方都可以看出尉缭本质上并不重视仁义，但他还是不断地提到仁义，这是为什么呢？原因很简单，因为仁义是能够带来利益的。因为施行仁义能够获取老百姓的支持，同时也能够获得诸侯国君主的认同。此外，出兵打仗，兼并对手也需要有一个借口，不能师出无名，必须做到师出有名，军队才有战斗力，才不会激起敌国人民和其他国家的反感。因此，《尉缭子·攻权》还提出，"凡侠义而战者，贵从我起，争私结怨，应不得已。怨结虽起，待之贵后"。意思是，凡是正义的战争，最好由我首先发动，为争私结怨的战争，应是出于不得已。因结怨而引起的战争，最好后发制人。这样的话，就能够得到道义上的主动权。

（四）善于权变

《尉缭子·兵教下》说，"凡兴师必审内外之权，以计其去。兵有备阙，粮食有余不足，校所出入之路，然后兴师伐乱，必能入之。地大而城小者，必先收其地。城大而地窄者，必先攻其城。地广而人寡者，则绝其阨。地狭而人众者，则筑大堙以临之。无丧其利，无夺其时，宽其政，夷其业，救其弊，则足以施天下。今战国相攻，大伐有德，自伍而两，自两而师，不一其令，率俾民心不定。徒尚骄侈，谋患辩讼，吏究其事，累且败也。日暮路远，还有别气，师老将贪，争掠易败"。意思是，兴兵作战，必须详细研究敌我形势的变化，以计划军队的行动。敌我战备的程度，粮食的多少，比较双方进出道路的远近险易，然后出兵进攻，必能顺利攻入敌境。敌人地大而城小，必先占领广阔的土地。城大而地窄，必先攻占它的城市。土地广阔而人口少的，就要控制它的枢纽要害；城市狭小而人口稠密的，就构筑土山攻城。对敌国不要损害其民众的利益，不要耽误民众的耕种，废除苛刻的法令，安定人民的生活，拯救民众的疾苦，这就是施恩于天下了。现今各国互相攻伐，往往仗恃强大，攻击施行德政的国家。军队从"伍"到"两"，从"两"到"师"，命令不统一，军心不安定。崇尚骄奢，惹是生非，官吏忙于处理这些事情，徒劳精力，招致战败。成功无望，还师罢军，挫伤士气，久战疲惫，将帅贪功，士卒劫掠，这就很容易被战败了。《尉缭子·兵教下》说："凡将轻、垒卑、众动，可攻也。将重、垒高、众惧，可围也。凡围必开其小利，使渐夷弱，则节吝有不食者矣。众夜击者，惊也。众避事者，离也。待人之救，期战而蹙，皆心失而伤气也。伤气败军，曲谋败国。"意思是，凡是敌人将帅轻浮、营垒低矮、军心动摇的，就可以进攻它。将帅稳重、营垒高大、军心恐惧的，可以围困它。围困敌人，必须给它展示一线希望，使它斗志逐渐削弱，时间一久，即使敌人节约粮食，也会陷于饥饿了。敌方士兵夜间自相攻击，是军队惊恐不安的表现。士兵不听指挥，是上下离心离德的表现。等待别国救援，会战前局促不安的，是信心丧失，士气沮丧的表现。士气沮丧，军队就会失败；谋略错误，国家就会败亡。

（五）不轻易变更命令

这是法兵家非常有特色的一个观点。《尉缭子·战威》说："善用兵者，能夺人而不夺于人。夺者，心之机也。令者，一众心也。众不审则数变，数变则令虽出，众不信矣。故令之法，小过无更，小疑无申。故上无疑令则众不二听；动无疑事则众不二志。未有不信其心而能得其力者，未有不得其力而能致其死战者也。"意思是，善于用兵的人，能压倒敌人。而不为敌人所压倒。压倒敌人，在于将帅的机智。号令是用来统一军队行动的，对军队情况不了解，号令就会经常变更，经常变更的号令，纵然下达了，大家也都不会相信。因此，下达号令的原则是，有小的缺点不必变更，有点不明确也无须重申。所以，上级没有可疑的命令，大众也就不会无所适从；行动没有犹豫不定的事情，大众就不会三心二意。从来就没有不取得大众衷心信任，而能得到他们自愿效力的，也没有不取得大众自愿效力，而能使他们拼命作战的。《尉缭子·攻权》还说："故众已聚不虚散，兵已出不徒归。求敌若求亡子，击敌若救溺入。"即兵员一经集中，就不能随便解散，军队一经出动，就不能无功而返。寻求敌人要像寻找丢失的孩子那样志在必得，进攻敌人务像抢救落水的人那样奋不顾身地迅速行动。

（六）把握主动权

《尉缭子·战权》提出："权先加人者，敌不力交；武先加人者，敌无威接。故兵贵先，胜于此，则胜彼矣。""权"在此指谋略的运用，故此这段话的意思是先运用谋略治敌，敌人就没有力量交战；先利用威势慑服敌人，敌人就没有威势抵挡。因此，用兵贵在获取主动，能够做到主动，就能够获取胜利，不能够做到主动，就不能获取胜利。

（七）保持专一原则

法兵家对于参战人数的多少不太关注，而是强调精兵主义，同时强调专一。专一原则还要求，军队行动过程中，沉着冷静，从将帅到士卒统一思想，上下一心。《尉缭子·攻权》说："兵以静胜，国以专胜。力分者弱，心疑者背。夫力弱，故进退不豪，纵敌不禽。将吏士卒，动静一身，心既疑背，则计决而不动，动决而不禁。异口虚言，将无修容，卒无常试，发攻必衄，是谓疾陵之兵，无足与斗。将帅者心也，群下者支节也。其心动以诚，则支节必力，其心动以疑，则支节必背。夫将不心制，卒不节动，虽胜幸胜也，非攻权也。"意思是，军队以沉着冷静制胜，国家以统一团结制胜。部署分散力量就会削弱，决心动摇，士气就会涣散。力量薄弱，就不敢大胆进退，即使有好的战机也可能放走敌人。将吏士卒，一动一静，都像人的身体一样，如果决心动摇思想混乱，就是计划决定了，也不能立即行动，行动起来了，又不能加以控制。军队中众说纷纭，空话连篇，将帅没有严肃的态度，士兵没有正规的训练，这样发动进攻，必然要导致失败，这就是颓废无用的军队，这种军队是不能同敌人战斗的。将帅好比人的首脑，部属好比人的四肢，首脑的决心坚定，四肢的动作必然有力，首脑的决心犹豫，四肢的动作必然迟疑。如果将帅指挥军队，不能像首脑控制四肢那样灵活自如，士兵不能像四肢那样按首脑的指挥行动，这样的军队，即使取得胜利，也是侥幸的胜利，而不是正确指挥的结果。

本章小结

本章重点分析法兵家的战略管理思想。主要以法兵家的代表作《尉缭子》为核心进行分析。首先分析法兵家的自我管理之道，然后分析法兵家经国治军思想，最后探讨法兵家的战略分析、决策与行动思想。总体而言，法兵家的经国治军思想最有特色，提倡残酷严格的制度化管理，其他思想比较普通。

法兵家是兵家出现比较晚的一个派别。其治国、治军思想具有浓厚的法家色彩，反映了战国后期诸侯国之间军事竞争的一些重要特点。《尉缭子》是法兵家的代表作。

法兵家关注组织内部能力的提升，提倡严刑峻法来治理国家和军队，把治国和治军密切结合起来，实行军国一体的经国治军方略。法兵家的管理手段严厉甚至残酷，如保甲连坐制度就是其典型的管理手段，这种管理手段和当代企业战略管理的现实相去甚远。但是法兵家提倡实力竞争，把组织发展战略和竞争战略密切结合，重视法治等这些思想都和现代企业战略管理思想是一致的。总体上来说，法兵家的部分管理手段和管理原则，对于当代企业战略管理还是具有相当的参考价值的。

// 延伸阅读 //

秦国的农战战略

战国中后期，著名政治家、法家代表人物商鞅在秦国变法，提出并推行了明确的"农战政策"，即所谓"国之所以兴者，农战也"；"国待农战而安，主待农战而尊"。农战政策的主要内容有：

第一，由国家掌握调控土地资源，实行国家授田制。按一夫百亩的标准授予民众土地，授定之后设立阡陌封疆，不许私自更动，每个农户所授土地相同，负担同等的国家赋税，即所谓"为田开阡陌封疆而赋税平"。通过授予民众土地并设立阡陌封疆，承认和保护民众的权益来发展农业生产。为了很好地实现这一目标，又颁布了户籍法和什伍连坐法。户籍法规定"四境之内，丈夫女子，皆有名于上"，"举民众口数，生者著，死者削"。什伍连坐法规定"令民为什伍，而相牧司连坐。不告奸者腰斩，告奸者与斩敌首同赏，匿奸者与降敌同罚"，同时规定"使民无得擅徙"，对民众进行强制性的人身编制、组织管理和地域控制。授田制、户籍法、什伍连坐法相互配套，协同推行，实现了国家对土地资源和广大民众的直接控制管理，实现了土地资源和劳动力资源的直接结合，势必会促进农业发展。

第二，发布垦荒令，鼓励垦荒务农。商鞅认为"夫地大而不垦者，与无地同"；"故为国之数，务在垦草"。孝公三年（前359年），商鞅建议秦孝公颁布《垦草令》，推出了鼓励民众垦荒种田的20多种办法，激励力度很大。荒地得到垦辟，耕地面积扩大，无疑是发展农业生产的有效途径。

第三，免役轻税，保护农业。商鞅主张对农业轻税，反对重税，认为"禄厚而税多，食口众者，败农者也"。也反对大兴徭役，认为"农逸则良田不荒"，"征不烦，民不劳，则农多日。农多日，征不烦，业不败，则草必垦矣"，农业就能得到发展。商鞅变法明确规定："僇力本业，耕织致粟帛多者，复其身。"僇力，意即努力；本业，即农业；复其身，就是免除本身徭役（包括劳役和兵役)。意思是，凡勤恳务农生产粮食布帛多的人，免除其本身的徭役。这是一种很有力的鼓励措施，因为按照当时秦朝的制度，爵位在五大夫以上的人才有资格免除徭役。商鞅变法还规定，把100方步（长宽各100步）为一亩的周代亩制，改为240方步（长宽各240步）为一亩，并按照新的亩制纳税，但税率不变。这样，农民的纳税负担实际上就减轻了一大半，自然会激励农业生产。

第四，将按田亩数征收军赋改为按人口数征收军赋。战国时各国征收军赋，均依据田亩数为计算单位，即"因地而税"，根据需要不定期征收，田亩多者要多交，这实际上不利于垦荒生产。商鞅发现了这一弊端，"舍地而税人"，将秦国军赋改为按人口征收，开始实行定额、定期、按人（包括男、女）征收军赋的办法。与"因地而税"相比，这样做在提倡开荒时，解除了增加垦地会加重军赋负担的顾虑，有利于促进人们扩大耕地面积，对发展生产有积极作用。

第五，想要获得官爵，除农战别无他途。商鞅变法规定，秦国民众晋爵标准非农即战，别无他途。《商君书·农战》载："凡人主之所以劝民者，官爵也……善为国者，其教民也，皆从一空（孔）而得官爵。是故不以农战，则无官爵。"这就是说，要想获得官爵，只有依靠务农或作战。依靠务农而获得官爵，称为"入粟拜爵"，具体方法是："民有余粮，使民以粟出官爵。官爵必以其力，则农不怠。""出官爵"意即捐得官爵。意思是，民众有余粮可以向政府捐献，政府根据捐粮的多少授予级别有差的官爵。依靠军功而获得官爵称为"军功入爵"，规定"有军功者，各以率受上爵；为私斗者，各以轻重被刑大小"。军功爵共有20级，一级曰公士，斩得一个甲首，即可被授予，并得到实际利益："爵一级者，益田一顷，益宅九亩，益除庶子一人"，不但田宅得以扩大，还可得到一个没有爵秩的人为自己服定额无偿劳役，即所谓"庶子"。从第一级公士到第五级大夫，依此递增。从第六级爵官大夫到第二十级爵彻侯，可按照等级食邑食税，"有功者显荣，无功者虽富无所芬华"。这种制度之所以有威力，关键在于它是由国家不断进行财产和权力再分配的基本形式，各级爵位的实际利益是落实在土地、赋税、徭役的分配以及个人身份升降等之上的。

第六，提高粮食价格，保障务农者获利。《商君书·外内》载："欲农富其国者，境内之食必贵"；"食贵则田者利，田者利则事者众"，通过提高粮食价格来保障农民利益，来激励农民生产的积极性，增加务农人数，从而巩固农业生产。

第七，采取强硬措施惩罚妨碍农业生产的行为。商鞅在第一次变法时，明确规定"事末利及怠而贫者，举以为收孥"。"事末利"指从事工商业经营;"怠而贫"指由于怠惰而致贫致穷;"举以为收孥",是加以纠举,并将其自身连同其妻子、儿女籍没为官府奴隶。惩罚是相当严厉的。商鞅变法还规定,"民二男以上不分异者,倍其赋",规定一个家庭有两个或者两个以上的儿子,成年后必须分财别居,自立门户,各自耕种生产,否则要加倍征收其军赋。其目的在于划小生产规模,确立以小家庭为单位的农民经济,鼓励各自谋生,努力从事生产。《商君书·垦令》还明确禁止声色娱乐下到各县,以保障农民心志专一地务农;禁止怠惰之民游手好闲,妨害农事;禁止雇用佣工;禁止大兴土木;禁止官吏扰民;等等。

农战政策涉及土地政策、赋役政策、爵秩政策等众多领域,多为强制性法令,强力推行,不容讨论。农战政策之下,肆力农耕和勇敢杀敌都可以获致较高的社会地位和政治经济利益,使秦国民众"喜农而乐战",极大地调动了民众务农和作战的积极性,使秦国"民以殷盛,国以富强",增强了国家经济实力和军事实力,崛起于六国之上,"其后卒并六国而成帝业",实现了富国强兵、一统天下的核心目标。

农战政策把重农与重战统一起来,亦重农亦重战。但重战又为核心,重农服务于重战,为重战奠定坚实的物质基础,重战才是要实现的核心目的。这种政策内部的偏重,势必将农业经济纳入到为战争服务的轨道,势必使社会经济军事化,使秦国变成了一个大兵营,出现了全民为兵、全民重战的极端化情形,当时即被视为"虎狼之国"。此外,秦军虽然战斗力很强,可是老百姓生活却很不幸福,民脂民膏都被国家的军事机械榨干了,以至于其他国家割让土地或者被秦国占领土地之后,当地的人民都宁愿背井离乡迁走,也不愿意留下当秦国人。秦国这种采取暴力和行政强制手段推动社会经济沿着军事需要、统治需要的方向发展的做法,从短期来看,有助于达到一定的政治军事目的。但从长期来看,势必会扭曲社会经济发展的道路,极大地伤害了社会经济发展和社会稳定,直至政权因经济崩溃和矛盾激化而被推翻。秦王朝建立后短命而亡,证明了农战政策和抑商政策的巨大危害。

// 延伸阅读 //

微软与网景之争

1975 年,当微软诞生的时候,比尔·盖茨只有 19 岁,他的员工只有 3 个,当年的营业收入仅为 1.6 万美元。让微软腾飞的"决定性产品",便是比尔于 1985 年推出的 Windows(视窗)操作系统,这种由微软开发和设定的

"图形用户界面"成为全球电脑必用的操作系统,它占有了90%以上的市场份额,形成名副其实的寡头优势。到1995年,微软已成为一家巨型高科技公司,拥有员工1.78万人,年收入高达130亿美元。

也是在这一年,比尔·盖茨做了两件事:一件是他推出了Windows 95,在价格固定不变的前提下,增加了文件管理、图形处理、网络浏览等多种功能,其卓越的价格性能比使微软取得了竞争对手望尘莫及的领先优势;另一件便是他做出了一个判断,当时,随着电脑技术的突飞猛进和互联网的崛起,Internet浏览器技术方兴未艾,而比尔·盖茨认为,决定未来计算机世界命运的,仍是"视窗"技术而不是浏览器技术。因此,他仅仅在新推出的Windows 95中增加了一个网络浏览功能,而并没有进行浏览器技术开发的计划。也正是比尔·盖茨的这个决定,让硅谷里的一间名叫网景的小公司看到了微软帝国巨大阴影下透漏出来的一丝阳光。在随后的两年内,网景专注于浏览器技术的开发。很快,伴随着NC、JAVA等技术标准的提出,一种基于Internet而首次与微软无关的新的软硬件体系形成了。以网景为首的一批互联网技术公司应声崛起,迅速构成了一股隐然可以与微软分庭抗礼的新力量。一个显而易见的事实正在生成:如果网景在浏览器市场上取得垄断性优势,它就完全有可能也有实力推出一套新的操作系统以替代微软的Windows。

"微软错了。未来的世界不是PC,而是Internet。"比尔·盖茨很快就意识到,他犯下了一个足以让微软走向毁灭的错误。这时候,很多人也仿佛听到了微软帝国大厦发出的可怕的"吱吱"声,全世界都在嘲笑和注视着比尔·盖茨。网景的CEO巴克斯德得意地对《时代》周刊记者说:"互联网是一个不宽容错误的地方。如果这次微软错了,它就永远也找不到正确的道路了。"

那么比尔·盖茨是怎样躲过这场灾难的?他首先与网景谈判。微软表示,如果网景不与它竞争,两家公司可以形成一种互惠合作的战略伙伴关系。当时,网景正准备推出一个新的可替代Windows的"领航员"浏览器,比尔·盖茨前所未有地示好说,如果网景同意不推出这一浏览器,那么,微软可以在其他所有的操作系统平台方面做出让步。

这是微软仅有的一次"屈膝"。可是,已经取得了战略先机的网景又岂会就此买微软的账。巴克斯德的梦想并不是在微软帝国大厦的旁边盖一间附生的楼房,而是直接取而代之。谈判破裂,微软只好走上对抗之路。在短短的一年时间里,微软投入20亿美元,通过购买、兼并和开发等多种手段,迅速地推出了一个浏览器产品IE2.0。为了彻底摧毁网景,比尔·盖茨决定将这一产品免费开放。

第四章 法兵家战略管理

免费开放的 IE 一下子就把浏览器市场的游戏规则给冲乱了。在此之前，网景浏览器的收费标准为 45 美元，而 IE 的功能与之相近却分文不收，无疑让包括网景在内的所有公司和消费者都目瞪口呆。

半年后，比尔·盖茨又使出另一记"杀手锏"，微软宣布将 Windows 95 与 IE 捆绑销售。这一招等于是微软利用其垄断优势而进行的市场攻击，全球 85% 的电脑装了 Windows 95，微软便是利用这一事实上的垄断去创造另一个新的垄断。同时，微软还发挥它的强权能力，与网络浏览器发行和使用的两个主要渠道——原始设备制造厂家及网络服务提供商签署了一系列的协议，其核心内容仅一条：将 IE 而不是网景的"领航员"作为他们向消费者推荐的首选浏览器。

一连串组合攻势的推出，使微软渐渐挽回了颓势。1998 年，微软的 IE 已占有网络浏览器市场的半壁江山，一举夺回了 3 年前被网景的"领航员"浏览器抢去的主导地位。1998 年 6 月，微软更进一步推出 Windows 98，将浏览器中崭新的 Web 页面设计思路引入到 Windows 中，使视窗变得更为生动和实用，并真正成为了一个面向互联网的桌面系统。也正是在这样的竞争和攻击中，微软完成了公司的战略转型：由一家 PC 软件系统的技术提供商转型为以 Internet 为基础的服务提供商。这一年，微软的股价暴涨了 72%。在微软的步步逼迫之下，曾经雄心万丈的网景公司被迫放弃浏览器市场，并公布了源代码。微软与网景的浏览器之争，算得上是互联网世界最为惨烈的一役。

在这场竞争中，微软和网景都看到了互联网的巨大潜力，都希望能够在这个潜力无限的市场上抢占先机，应该说网景公司比微软公司先行一步，因而相对于微软取得了较大的竞争优势，于是网景拒绝了微软抛来的橄榄枝，打算独霸互联网。如果说微软公司只是一家和网景一样以网络为主要业务的公司那就罢了，可是网景忽视了微软真正的实力。在残酷的竞争中，如果竞争对手双方都不是糊涂蛋，那么就是靠实力说话了。高手对决的时候，谋略的重要性就下降了，所谓狭路相逢勇者胜，拼的就是快、准、狠、强！这不正是法兵家强调的吗？

第五章 儒兵家战略管理

第一节
儒兵家战略管理基础

一、儒兵家概述

儒兵家典籍主要代表是《司马法》，另外《吴子》也有很强的儒兵家倾向。《司马法》流传至今已2000多年，亡佚很多，现仅残存五篇。它保存了西周与春秋时期的军制、军礼、军法等思想，为人们研究那个时期的军事思想提供了重要的资料。儒兵家继承了周朝传统的王官兵学，阐释了春秋时期兵家主流的观点，在大战略层面和军事战略层面提出了很多有创见的思想，可以说是兵家中的古典学派。儒兵家提倡周朝的战争伦理和"礼"精神，主张义战，不重视或者说不赞同道兵家以利害原则决定战争行为的观点。它推崇"以礼固，以仁胜"，认为只有这样才能够"既胜之后，其教可复"，获得长治久安，"是以君子贵之"，至于运用谋略相对于"仁"来说，只不过是"末"。所谓"凡大善用本，其次用末。执略守微，本末惟权。战也"，也就是说仁义才是治国安邦、战胜敌人之本，打仗的时候没有办法只好本末兼用。

儒兵家的战争观和春秋时期的时代特点是分不开的。春秋时期和战国时期完全不同，周王朝"天下共主"的地位还在，人们对于周朝初期建立起来的诸侯国之间血缘宗法关系还比较认同。当时，诸侯国之间的战争被认为是解决家族内部纠纷、维护家族秩序所采用的一种特殊手段，战争的目标往往只是让对方屈服而不是占领和兼并。因此，诸侯国面临的环境是一种既合作又竞争的国际环境，在这种情况下，儒兵家的战略观念可以说是最适合当时情况的。如果说以《孙子兵法》为代表的道兵家关注的是零和博弈竞争的战略管理问题，那么以《司马法》为代表的儒兵家关注的就是合作竞争的战略管理问题。从某种意义上说，现代市场经济条件下，企业面临的基本上是合作竞争的环境，因此，对于现代企业战略管理来说，以《司马法》为代表的儒兵家战略管理思想可能会比以《孙子兵法》等兵书为代表的道兵家战略管理思想更具有启发意义。

儒兵家和道兵家有一个很重要的差异需要注意，儒兵家和道兵家典籍中都常常出现"仁"、"义"二字，然而两个学派对这两个字的认识却又存在非常深刻而隐晦的分歧。在儒兵家看来，道兵家所标榜的"仁义"，根本不是真正的仁义，而是一种基于利益计算的仁义，当"仁义"原则和"利益"原则冲突时，道兵家会毫不犹豫地选择"利益"，而放弃"仁义"。

以《孙子兵法》为例，《用间篇》说："凡兴师十万，出征千里，百姓之费，公家之奉，日费千金；内外骚动，怠于道路，不得操事者，七十万家。相守数年，以争一日之胜，而爱爵禄百金，不知敌之情者，不仁之至也，非人之将也，非主之佐也，非胜之主也。"孙武在这里所指斥的"不仁"，显然不是一个道德的范畴，而是在计算利益得失之间的差距。通篇所铺垫和计算的兴师所费之巨，无非在渲染因小失大的这种"不仁"之甚。将孙子的这番话，通俗地翻译过来，就是吝啬爵位、俸禄和金钱，不重用间谍，不能察知敌情，使得耗费巨大人力、物力的战争丧失胜机，这种因小失大显然是极为不明智的，这是置国家、百姓的利益于不顾。我们再看孙子的另一段观点："故三军之事，莫亲于间，赏莫厚于间，事莫密于间，非圣贤不能用间，非仁义不能使间，非微妙不能得间之实。微哉微哉！无所不用间也。间事未发而先闻者，间与所告者兼死。"这段话的意思是，在军队中，没有比间谍更亲信的，奖赏没有比间谍更优厚的，事情没有比间谍更秘密的。不是高明智慧的将领不能利用间谍；不是仁爱的指挥官不能指使间谍；不是用心微妙的将领不能取得间谍的真实情报。微妙呀！微妙呀！无所不可以利用间谍啊！间谍的工作尚未进行，先已传泄在外，那么间谍和听到秘密的人都要处死。一方面说仁爱的指挥官要对间谍厚待亲信；另一方面一旦泄密，就要把泄密的人和间谍一起诛杀。这不是自相矛盾吗？可见，孙子的仁义完全是基于利益计算的仁义。

再看孙子的另外两段论述："凡为客之道，深入则专。主人不克，掠于饶野，三军足食。"意思是，进入敌境，则专心一致，使敌方不能抵抗；在丰饶的田野上掠取粮草，使全军得到足够的给养。"故其疾如风，其徐如林，侵掠如火，不动如山，难知如阴，动如雷震。掠乡分众，廓地分利，悬权而动。"意思是，军队的行动迅速起来像疾风，舒缓的时候像森林，攻击和掠夺起来像烈火，不动的时候像山岳，难以窥测像阴天不见日月星辰，一动起来像迅雷不及掩耳。占领敌方的乡村城镇，扩张领土，分配掠夺来的资源和俘虏，衡量利害得失，然后决定行动。从这两段话可以看到孙子主张进入敌国之后实施抢劫政策，以此来满足军需。从这里我们也可以看出孙子所说的实施"仁义"的对象是不包括敌国百姓的。

而儒兵家所说的"仁义"是最高原则，是不分敌我的，高于利益原则的。正如《司马法》所说："杀人安人，杀之可也；攻其国，爱其民，攻之可也；以战止战，虽战可也。"战争的目的不是为了利益，而是为了安人，为了爱民。所以，战争过程中军队行动也必须有道德，不能不择手段，要善待俘虏，要保护无辜百姓的生命安全和财产安全，无辜的百姓并不仅仅是自己国家的百姓，也包括敌对国的百姓。儒兵家和道兵家、法兵家的分歧，在下面的章节中，我们将会一一给予揭示。

二、儒兵家的自我管理之道

（一）为君之道——老板的自我管理之道

君主自我管理的目标是成为明主。要成为明主，儒兵家代表作《司马法》开篇就提出："天子之义，必纯取法天地而观于先圣。"即想要成为明主，就应当效法天地，并且观察古圣先贤的行为进行自我管理。如何效法天地呢？《易经》有云"天行健，君子以自强不息"，"地势坤，君子以厚德载物"。发扬天刚健、自强不息的积极进取精神，效法大地承载万物的德行，这是君主自我管理的总纲。在这个总纲下，儒兵家还提出了很多君主如何进行自我管理的方法，其中主要有以下几个方面：

1. 树立居安思危的意识

《论语》有云"人无远虑，必有近忧"，忧患意识是中国传统思想文化的一大特色，哈佛大学的江忆恩认为"居安思危，有备无患"是中国传统战略文化的中心思想。《司马法》说："故国虽大，好战必亡；天下虽安，忘战必危。天下既平，天下大恺，春蒐秋狝，诸侯春振旅，秋治兵，所以不忘战也。"意思是，国家虽然强大，好战必定灭亡；天下虽然太平，忘掉战争准备，必定危险。即使天下已经平定，全国欢腾，每年春、秋两季还是要用打猎来进行军事演习，各国诸侯也要在春天整顿军队，秋天训练军队，这都是为了不忘战争做准备。居安思危的思想在《吴子》中也同样表现得非常明显，吴起在和魏文侯对话时说："夫安国家之道，先戒为宝。今君已戒，祸其远矣。"并且进一步提出"战胜易，守胜难"的思想。并认为"五胜者祸，四胜者弊，三胜者霸，二胜者王，一胜者帝。是以数胜得天下者稀，以亡者众"。可见，虽然吴起打过很多仗,并保持了不败的纪录,但他并非好战分子,他时刻保持着对战争的谨慎心态,要求君主在和平时期就要"简募良材,以备不虞"。

2. 修四德

《吴子》说:"夫道者,所以反本复始。义者,所以行事立功。谋者,所以违害就利。要者,所以保业守成。若行不合道,举不合义,而处大居贵,患必及之。"按照吴起的观点,"道"指的是事物的规律;"义"指的是激励人积极行动、建功立业的制度和文化;"谋"指的是做事情的过程中用来创造机会、抓住机会和避开威胁的谋略;"要"指的是获得成功后能够保持进取心。在企业战略管理中,把握"道、义、谋、要"四大原则,就是企业领导者要认真学习,提高自身能力,使得自己能够按照事情的规律做事,同时能用制度和文化激励他人和自己一起去完成事情,并且在做事情的过程中懂得运用谋略创造机会、抓住机会和避开威胁。在获得成功后,领导者还要能够保持进取心,继续获得更多的成就。

3. 善于纳谏

在人治传统下,君主的行为是决定国家兴亡的关键,君主如果刚愎自用,则很有可能给国家带来灾难性的后果,而进谏是唯一可能对君主行为进行制约的方法,君主如果善于纳谏,那么就有可能对自身一些不合理、不正确的行动进行纠正,防止产生消极影响。

4. 善于积聚人才

《吴子》说:"世不绝圣,国不乏贤,能得其师者王,得其友者霸。"君主身边如果多有贤才,不仅能帮助君主提高才德,少犯错误,而且为君主治国安邦进而实现王霸之业,提供最坚实的基础。

(二)为将之道——主管的自我管理之道

和道兵家一样,在儒兵家的观念中,成为良将也是将领的自我管理目标,不过对良将的要求,儒兵家和道兵家还是有不少区别。

良将是一个将领应当追求的理想境界,对于这种境界,儒兵家有如下描述:"必足以率下安众,怖敌决疑。施令而下不敢犯,所在而寇不敢敌。得之国强,去之国亡。是谓良将。"(《吴子》)

这样的良将应具有什么样的行为特征?儒兵家认为这个问题并不简单,因为良将在国内和在军中的行为是不一样的。

良将在国内应具有以下行为特征:"在国言文而语温,在朝恭以逊,修己以待人,不召不至,不问不言,难进易退。"(《司马法》)即在朝廷上说话要温文尔雅,在朝见君主时态度要恭敬谦逊,严于律己,宽以待人,国君不召不来,不问不说,朝见时礼节隆重,辞退时礼节简单。

良将在军中应具有以下行为特征："在军抗而立,在行遂而果,介者不拜,兵车不式,城不上趋,危事不齿。"即在军队中要昂首直立,在战阵中要行动果断,穿着铠甲不跪拜,在兵车上不行礼,在城上不急走(以免惊扰士众),遇危险不惧怕(以免惑乱军心)。

良将总体上应该给人这样的感觉:"居国惠以信,在军广以武,刃上果以敏。居国和,在军法,刃上察。居国见好,在军见方,刃上见信。"即在国内要施恩惠讲信用,出兵打仗要宽厚且威严,临阵要果断而敏捷。在国内要上下和睦,出兵打仗要法令严明,临阵要明察情况。这样,在国内就能为人民所爱戴,治军就能为士卒所敬重,临阵就能为全军所信赖。

从《司马法》对良将的描述中,我们可以发现《司马法》所述的良将颇有儒家的君子之风,特别是良将在平时的情形"在国言文而语温,在朝恭以逊,修己以待人",这简直就是在描绘孔子。可见《司马法》治国思想和先秦儒家特别是孔子的主张是非常接近的,主要原因在于他们都羡慕先王之道,都继承了周朝的王官之学,是传统文化的继承者。综合孔子的君子之道和《司马法》的为将之道,我们可以管窥周朝的政治、军事和文化。

要想成为儒兵家心目中的良将,则应该从多个方面对自我进行管理。儒兵家关于良将自我管理方法的论述主要有:

1. 良将应当具有诸多德行

《吴子》提出良将应当具有"四德"。所谓"四德",指的是将领应当具有"威"、"德"、"仁"、"勇"四种品德,才能达到"足以率下安众,怖敌决疑。施令而下不敢犯,所在而寇不敢敌"。其中"勇"被放在四德之末,吴起认为"勇"不是将领最重要的素质,"夫勇者必轻合,轻合而不知利,未可也",将领过于勇猛反而有害。《司马法》提出了良将应该具备五种德行,即"仁、义、智、勇、信",并分析了这五种德行具有的重大作用。"故仁见亲,义见说,智见恃,勇见方,信见信。"即是说,行事合乎仁义可以获得人们的亲近,行事合乎道义可以说服别人跟随,行事显示出智慧可以让人感觉可以依赖,行事表现出勇敢可以让人感到有原则、意志不可动摇,行事坚守信用可以让人感觉到可以相信。这和《孙子兵法》中的为将之道仅仅相差一个字。

2. 良将应当注意去除多种个性缺陷

《司马法》提出:"上同无获,上专多死,上生多疑,上死不胜。"即作为领导者,如果一味追求大家意见相同,那么就不能获取胜利;如果领导者过于专断独行,刚愎自用,那么就有可能被杀死;如果领导者贪生怕死,那么行动就会迟疑不决;如果领导者带有一种亡命之徒不怕死的观念去打仗,也同样无法获取胜利。这个论述表明《司马法》的一个重要思想,即为人处世要遵守中庸之道，要做到恰到好处，领导者既不能专断独行，也不能一味追求民主，这和我们党的民主集中制完全吻合，实践证明民主集中制非常适合军队管理。

（三）君主与将帅之间的关系

在道兵家部分我们讲到过，君主和将帅之间的良好关系是很不容易建立的。因为，作为领导者的君主要想方设法来防止下属欺上瞒下、对自己不忠，盲目信任下属是非常危险的。为此需要道兵家提出一系列方法来解决这个问题。而儒兵家认为领导者在管理过程中如果能够做到"以仁为本"，行事处处遵循仁爱原则，使得下属亲近、爱戴自己，那么君臣的关系就很好处理了，根本不需要想特别的方法防止下属对君主不忠诚。《司马法》说："心中仁，行中义，堪物智也，堪大勇也，堪久信也。让以和，人以洽，自予以不循，争贤以为人，说其心，效其力。"意思是，心里要充满仁爱，行为要合乎道义，处理事务要靠智慧，制服强敌要靠勇敢，长久地赢得人心要靠诚信。谦逊而和蔼，上下因而融洽，自己承担错误，而把荣誉让给别人，就能使士卒悦服、乐于效力，这样的话，君臣之间的关系就很好处理了。对于君主如何防止下属欺上瞒下的这个问题，司马迁在《史记·滑稽列传》中对此有一个非常有名的论述："'子产治郑，民不能欺；子贱治单父，民不忍欺；西门豹治邺，民不敢欺。'三子之才能谁最贤哉？辨治者当能别之。"

这就是著名的三不欺的故事，讲述的是子产、子贱和西门豹三位著名的政治家的事迹。子产是春秋时著名的政治家，名叫公孙侨，子产是他的字，曾经担任郑国的相。他接手国相位置之初，郑国还是一派"上下不亲，父子不和"的混乱局面。然而没过多久，他就把郑国治理得"门不夜关，道不拾遗"。孔子极其推崇子产，赞扬他"其养民也惠，其便民也义"。子产去世时，郑国百姓悲痛得不得了，"丁壮号哭，老人儿啼"。孔子也哭了，边哭边说："子产，古之遗爱也。"认为他确有古人的高尚德行。据说，子产在郑国当政的时候，事无巨细，亲力亲为，鞠躬尽瘁，死而后已。并且子产非常聪明，对事情明察秋毫，奸诈的人在他面前根本没有办法隐瞒造假，所以司马迁称赞他为政"民不能欺"。

子贱是孔子的学生，名叫宓不齐。《吕氏春秋》载，他在单父为官，一天到晚躲在房里"弹琴"，但奇怪的是他"身不下堂而单父治"。孔子感到不解，子贱解释道，别看我表面上整天弹琴，实际上我很讲究用人，"所父事者三人，所兄事者五人，所友者十有二人，所师者一人"，这些人都是单父的贤人，我务求使他们人尽其能，治理单父便绰绰有余了。听完子贱的介绍，孔子总结道，这是"求贤以自辅"，同时为他感叹："惜哉不齐所治者小，所治者大则庶几矣。"认为以子贱的工作方法，倘若治理更大的地域，同样会卓有成效。子贱治单父，为政以仁为本，任用贤才，关爱下属，不扰民众，虽身不下堂，然而却让下属和老百姓对他感恩戴德，故"是人见思，不忍欺之"。所以，司马迁称赞子贱为政"民不忍欺"。

西门豹是战国时魏国邺地的"令"，即执政官。他一到任，首先调查研究，"会长老，问之民所疾苦"。百姓告诉他当地的漳河经常泛滥，地方一些官员就和巫婆、神棍们勾结起来，谎称得经常为河伯找老婆来安抚他不要发怒。他们随意把百姓家的漂亮姑娘挑选出来，弄到河里活活淹死；而每这样折腾一次，还要"收取其钱得数百万"，"婚礼"的费用"用其二三十万"，余下的则进了他们的腰包。西门豹知道后，主动要求为新娘送行，就在那次的仪式上，他以姑娘容貌不佳，请人通报河伯择日另娶为名，当着几千观众的面，接连把巫婆及其三个弟子并一名官员相继投入河中，令"吏民大惊恐"，从此"不敢复言"。此后，西门豹即"发民凿十二渠，引河水灌民田"，使邺的百姓"皆得水利，民人以给足富"。西门豹治邺，"以威化御俗"，对舞弊贪赃、愚弄人民的人毫不留情。故此，司马迁称赞西门豹为政"民不敢欺"。

在这个故事中，子贱防止下属欺瞒自己的方法是儒家的仁爱；西门豹防止下属欺瞒自己的方法是法家的严厉；而子产防止下属欺瞒自己的方法则更多地流露出道家的睿智。儒兵家、法兵家和道兵家也是如此。儒兵家用仁义来对待下属，使得下属不忍心欺骗上级，欺骗上级就是不仁不义的行为，为良心所不耻。而且儒兵家领导在选择干部时非常重视德行，下属各种品质中"仁义"德行放在首位，这样选拔出来的下属一般也不会欺上瞒下；同时，儒兵家领导在管理过程中也非常重视"礼法"的作用，懂得运用礼法去约束下属，这样，下属对上级就不能欺骗。可见，对上级担心下属忠诚的问题，儒兵家主要是让下属对上级"不忍欺"和"不能欺"；而道兵家和法兵家更多的是让下属对上级"不能欺"和"不敢欺"。

三、儒兵家的治军之道

儒兵家的治军目标和其他兵家差不多，也是希望建立一支攻无不克、战无不胜的军队。儒兵家认为最优秀的军队应该是"凡胜，三军一人"，即整个军队在战争过程中能像一个人一样灵活机动，这样军队才能迅速抓住机会，克敌制胜。《吴子》对治军的理想目标做了两次描述：第一次，"居则有礼，动则有威，进不可当，退不可追，前却有节，左右应麾，虽绝成陈，虽散成行。与之安，与之危，其众可合不可离，可用而不可疲，投之所往，天下莫当"。第二次，"是以一人投命，足惧千夫。今臣以五万之众，而为一死贼，率以讨之,固难敌矣"。可见,儒兵家治军的理想境界是整个军队内部团结得像一个人一样,能够患难与共,对外则都像亡命之徒,没人敢于抵挡。即"投之所往,天下莫当","士以尽死为荣,退生为辱矣"。

为了建立这样一支军队,儒兵家提出了非常丰富的治军思想,下面我们从治军的依据、原则和基本手段等方面来谈儒兵家的治军之道。

(一) 儒兵家治军的依据

儒兵家非常有针对性地从战争的角度讨论了人性问题,提出了自己治军的依据。《司马法》说:"凡人,死爱,死怒,死威,死义,死利。凡战,教约人轻死,道约人死正。"这段话虽然很简短,但是其寓意却非常深刻,在古代战争中,士兵如果能够发挥主动性,拼死作战,那么军队的力量会增强很多。① 那么如何才能让士兵拼死作战?儒兵家总结历代战争的经验,仔细分析了这个问题,提出激励士兵拼死作战的原因主要有五个:第一,士兵会为其所爱的东西或者人而去拼死作战;第二,士兵会因为愤怒冲昏头脑而不顾生命安全而拼死作战;第三,士兵会因为畏惧某些非常可怕的东西或者人而不得不去拼死作战;第四,士兵会为实现自己的理想、维护心中的道义而去拼死作战;第五,士兵会为自己的利益而去拼死作战。在此基础上,儒兵家得出结论,治军就是要教导士兵看轻死亡,引导他们为了正义而死。故此,治军可以从获取官兵的热爱,激发官兵的同仇敌忾的怒气,建立军法在官兵心中的威严和将领在官兵心中的威信,大力向官兵宣讲道义,为去打仗的官兵提供厚利重赏等多个方面去激励官兵拼命作战。

儒兵家的这个思想,如放在企业竞争中,实际上分析的就是如何激励员工努力工作的问题。想要员工努力工作用利益激励仅仅是一个方面。在西方管理理论中,一直对利益比较关注,激励员工往往更重视运用金钱的激励,金钱的激励确实有效果,但是根据马斯洛的需求理论,员工对于金钱的需求达到一定程度的时候,其激励效果就不足了,而当代美国仍然大量使用用高薪激励企业高管的方式。美国高管的薪酬高得令人咂舌,但是其激励效果却并不见得很好。

另外,即使员工对于低层次的需求尚未满足,非常需要金钱来改善自己的生活条件,爱、愤怒、道义等非经济激励因素的作用仍然能够发挥巨大的作用。如飞夺泸定桥是在红军长征时期,关系到红军生死的一场战役。

---

① 当然在现代战争中,由于各种武器出现,士兵个人拼死作战的精神对于战争胜利的影响变得不再重要,但是在企业竞争中,员工的努力拼搏精神,仍然是企业在激烈的市场竞争中制胜的重要因素之一。

| 兵家战略管理 |

// 延伸阅读 //

飞夺泸定桥

  1935年5月北上红军向天险大渡河挺进。大渡河水流湍急，两岸都是高山峻岭，只有一座铁索桥可以通过。这座铁索桥，就是红军北上必须夺取的泸定桥。国民党派了两个团防守泸定桥，后来又调了两个旅赶去增援，妄图把红军消灭在桥头上。5月28日早上，红四团接到上级命令："29日早晨夺下泸定桥！"时间只剩下20多个小时了，红四团离泸定桥还有240里。敌人的两个旅正在对岸向泸定桥行进。抢在敌人前头，是战胜敌人的关键。红四团翻山越岭，沿路击溃了好几股阻击的敌人，到晚上7点钟，离泸定桥还有110里。战士们一整天没顾得上吃饭。天又下起雨来，把他们都淋透了。战胜敌人的决心使他们忘记了饥饿和疲劳，他们冒着雨，踩着泥水继续前进。忽然对岸出现了无数火把，像一条长蛇向泸定桥的方向奔去，分明是敌人的增援部队。红四团的战士索性也点起火把，照亮了道路跟对岸的敌人赛跑。敌人看到了这边的火把，扯着嗓子喊："你们是哪个部队的？"我们的战士高声答话："是碰上红军撤下来的。"对岸的敌人并不疑心。雨越下越猛，把火把都浇灭了。对岸的敌人不能再走，只好停下来宿营。红四团仍旧摸黑冒雨前进，终于在29日清晨赶到了泸定桥，把增援的两个旅的敌人抛在后面了。

  当时百余米的泸定桥已被敌人拆去了80余米的桥板，并以机枪、炮兵与大渡河连于东桥头高地组成密集火力，严密地封锁着泸定桥桥面。中午，红四团在沙坝天主教堂内召开全团干部会议，进行战斗动员，组织了由连长廖大珠、指导员王海云率领的夺桥突击队。下午4点，夺桥突击队的23名勇士冒着枪林弹雨爬着光溜溜的铁索链向东桥头猛扑。3名战士在王友才的率领下，紧跟在后，背着枪，一手抱木板，一手抓着铁链，边前进边铺桥板。当勇士们爬到桥中间时，敌人在东桥头放起大火，妄图以烈火阻击红军夺桥。勇士们面对这突如其来的烈焰，高喊："同志们，这是胜利的最后关头，鼓足勇气，冲过去！莫怕火，冲呀！敌人垮了，冲呀！"廖大珠一跃而起踏上桥板，扑向东桥头，勇士们紧跟着也冲了上来，抽出马刀，与敌人展开白刃战。此时政委杨成武率领队伍冲过东桥头，打退了敌人的反扑，占领了泸定桥，迅速扑灭了桥头大火。整个战斗仅用了两个小时，便奇绝惊险地飞夺了泸定桥，粉碎了蒋介石南追北堵、欲借助大渡河天险将红军变成第二个石达开的美梦。

  这场战役极度危险，事先并没有说明给予任何报酬，而且以当时红军的条件，也无法期望有很高的报酬。可是参战士兵却个个神勇无比，九死一生，最终取得了胜利。据说，战争的指挥官林彪给予飞夺泸定桥的勇士们的奖励仅仅是每人一套衣服和一支钢笔。是什么在激励红军勇士呢？无疑是对共产主义的伟大理想的向往和信仰，是对旧社会的愤怒与仇恨，是对红军组织和领袖的爱戴，当然也是对红军严格的军纪的畏惧。

（二）儒兵家治军的原则

儒兵家治军的原则可以概括为法德治军，也就是以法治军，融合道德手段，法治与德治相结合。法治是治军的基本原则，德治是必要、不可缺少的重要原则。

对于以法治军，在《司马法》中主要有以下几个方面的论述：

1. 根据人们的心理，制定军法

"凡人之形，由众之求。试以名行，必善行之。若行不行，身以将之。若行而行，因使勿忘，三乃成章。人生之宜，谓之法。"（《定爵》）这段话包含以下几层意思：各种具体规章制度的设立要征求大家的意见，通过民主的程序出台的规章制度才容易推行。然后进行试点，小心谨慎地逐步推行。如果出现了难以推行的情况，领导应该仔细思考是否需要修改，如果肯定不需要修改，那么将帅就要带头遵行，以树立榜样。如果成功推行，那么就要让下属们牢记这些规章制度；反复实践证明此规定可行，才可以固定下来，成为正式的规章制度；符合人的心理要求和实际能力的规矩才能叫作法。

2. 军法要有威严

"凡战之道，位欲严，政欲栗……"（《严位》）即士兵的作战位置要严格规定，号令要森严。《司马法》提出"凡战，正不行则事专，不服则法。不相信则一，若怠则动之，若疑则变之，若人不信上，则行其不复。自古之政也"。意思是，进行战争的时候，如果用正常的方式不能解决问题，那么就要使用专断独行的方式，正如现代军队中执行任务一样，理解要执行，不理解也要执行。如果谁敢不服从，就军法制裁。如果官兵不能相互信任，那么就要统一安排各项任务，不要指望他们主动配合；如果军心发生了懈怠，那么就要进行整训；如果军心动摇就要改变计划；如果下级不信任上级，那么军队的行为就无法预期了。

3. 以法治军的境界

《司马法》对于以法治军提出了三个境界："凡军，使法在己曰专；与下畏法曰法；军无小听，战无小利，曰成；行微，曰道。"① 第一个境界是把自己的命令作为法令，这叫作专制；第二个境界是制定各种法令，自己和下属都

---

① 这段文字在有的版本里是"军无小听，战无小利，曰成；行微，曰道。"本书认为不合理，所以采用正文的版本。

遵守法令，不敢随便违反法令，这才叫法治；第三个境界是军队在法令的治理下，思想统一，军心稳定，没有各种小道消息，打仗时，士卒严格遵守军纪，不会受到眼前利益的诱惑，这就叫作治军有所成；第四个境界是军队的法令深入人心，哪怕是在最细微的方面都能够被士卒严格遵守，这就叫作治军有道。

《司马法》认为以法治军固然非常重要，但是同时也要注意以德治军，赏罚和道德手段都很重要。《司马法》提出"荣利耻死，是谓四守"。利和死乃是指法治手段，即赏罚。荣耻乃是指德治手段，即教化。"容色积威，不过改意"，教化过程中无论是和颜悦色教导士兵还是威武严厉批评士兵，都是为了教化他们，使他们能够改变态度，成为可用之材。赏罚同样是一种教育手段，赏罚的目的是劝人行善远恶。"赏不逾时，欲民速得为善之利也。罚不迁列，欲民速见为不善之害也。"（《天子之义》）这种劝善惩恶是通过人内心的变化而实现的，因而重心服，通过心服而达到遵守法纪的目的。赏罚不是目的，而是要尽量减少惩罚，即"约法省罚"，为了达到这个目的，惩罚必须严厉，从小处着手。"小罪乃杀。小罪胜，大罪因。"（《定爵》）小罪就要制止，犯小罪如果得逞，大罪也就跟着来了。同时赏罚还要有时效性，即"赏不逾时，罚不迁列"，让人速见为善之利和为恶之害，以便调整自己的行动等。《司马法》还提到了临战前德治和法治手段的应用，"执戮禁顾，噪以先之。若畏太甚，则勿戮杀，示以颜色，告之以所生，循省其职"。即临阵打仗时要用法治赏罚，特别是诛戮的手段来禁止士兵畏缩不前，左顾右盼，同时大声喝令士卒冲锋陷阵。但是如果士卒的畏惧心理太严重，就不能用诛戮的方法，而应当用德治教化的方式和颜悦色地告诉他们杀敌求生的方法，促使他们各尽其职完成任务。

儒兵家除了上述基本治军原则之外，还提出了一些重要的治军原则，比较有特色的有两个：

4. 中庸原则

儒家推崇中庸之道。《司马法》也推崇中庸之道。《司马法》提出："师多务威则民诎，少威则民不胜。"也就是说如果治军过分严厉，那么就会压抑士气，如果治军过分宽松，就会导致战斗力不足。显然治军不能过分严厉也不能过分宽松，必须在严厉和宽松之间寻找一个平衡点。这无疑也是典型的中庸之道。

5. 精兵主义原则

吴起认为军队的价值不在于人数的"众寡"，而在于"益于用"。他认为"若法令不明，赏罚不信，金之不止，鼓之不进，虽有百万，何益于用"，认为少数精锐部队可以以一当十甚至当百。吴起为魏国建立了"武卒"制度，魏国考选"武卒"，要求能"衣三属之甲，操十二石之弩，负矢五十个，置戈其上，冠带剑，赢三日之粮，日中而趋百里。"（《荀子·议兵》）吴起正是依靠"武卒"这样的精锐之师实现"与诸侯大战七十六，全胜六十四，余则均解。辟土四面，拓地千里"的丰功伟绩。《吴子》还记载了吴起率领五万人打败秦军五十万人的事迹。"'今臣以五万之众，而为一死贼，率以讨之，固难敌矣。'于是武侯从之，兼车五百乘，骑三千匹，而破秦五十万众，此励士之功也。"

（三）儒兵家治军的基本手段

为了建立一支精锐之师，儒兵家提出以下重要的治军手段：

1. 精选士卒

儒兵家要求认真挑选士卒，给予他们极高的待遇和荣耀以激励士气，同时进行艰苦训练，提高战斗力。"选而别之，爱而贵之，是谓军命。其有工用五兵、材力健疾，志在吞敌者，必加其爵列，可以决胜。厚其父母妻子，劝赏畏罚，此坚陈之士，可与持久，能审料此，可以击倍。"（《吴子·料敌》）

2. 进行教育与激励

儒兵家提出"故用兵之法，教戒为先"，"必教之以礼，励之以义，使有耻也"，"举有功而进拘之，无功而励之"等系列观点，要求治军过程中要重视对士兵的教育和激励。吴起认为"夫人有耻，在大足以战，在小足以守矣"。《论语》说"见义不为，无勇也"，可见义是激发勇气的重要力量。对于那些有一技之长、英勇善战和为国捐躯的将士，要实行"加其爵列"及重赏优待其父母妻儿等方法来激励他们发挥出最大的主观能动性，以达到"一人投命，足惧千夫"的效果。

3. 建立严格的纪律，赏罚严明

《尉缭子》记载："吴起与秦战未合，一夫不胜其勇，前获双首而还。吴起立命斩之。军吏谏曰：'此材士也，不可斩！'起曰：'材士则是也，非吾令也。'斩之。"儒兵家认为要使用军队必须先训练军队，要使得军队"居则有礼，动则有威，……其众可合不可离，可用不可疲，投之所往，天下莫当"。而要做到这些，就必须要对士卒"进有重赏，退有重罚"，并强调"行之以信"。

企业要应对激烈的市场竞争也应当有严格的纪律，由于商业竞争和军事竞争的差别，企业要有严格的纪律，不是要求员工像士兵一样绝对服从上级命令，而是要求组织中不能出现员工自由散漫、任意违反规章制度的现象。

4. 重视改良军队武器装备

《司马法》提出"见物与侔，是谓两之"，"侔"是指效仿的意思，即发现敌人使用新式武器就要效仿制造。

5. 治军要把握"四机""五慎"

《吴子》提出治军要把握"四机"和"五慎"。所谓"四机"指的是"气机、地机、事机、力机"。把握"气机",就是要求领导者能够在组织中建立严格的纪律和统一高效的行政体制。把握"地机",就是要领导者能够及时把握环境变化和机会,占据有利的位置。把握"事机",就是要求领导者能够根据实际情况,运用谋略了解对手,扰乱对手,根据对手的行动决定应对战略等。把握"力机",就是要求领导者能够不断改进内部管理,培育组织能力,同时激发下属的主观能动性。所谓"五慎"指的是"理、备、果、戒、约"。对于一个组织来说,"理"要求领导者要懂管理之道,对组织治理有方。"备"要求领导者平时要多学习,不断提高自己的素质。"果"则要求领导者遇事要果断,敢于冒一定的风险,不畏首畏尾。"戒"要求领导者保持高度的戒备之心,善于把握组织外部的机会与威胁。"约"就是要求领导者做事高效务实,不做表面文章,不搞花架子,做到精兵简政。

四、儒兵家的治国之道

儒兵家的治国思想和儒家思想一脉相承,都是夏商周三代以来最正统的和主流的治国思想。《司马法》用了很多篇幅论述有虞氏、殷、周时代先王治国的特色,由衷赞叹羡慕之情,简直和言必称尧舜的孟子相似。《司马法》认为随着时代的发展,人们的道德水准在不断地下降,因而治国难度不断地加大,治国的手段也不得不变得多样。而治国的终极目标应该是努力提高人们的道德水平,回到上古时期的尧舜那个时代,"诸侯说怀,海外来服,狱弭而兵寝,圣德之治也"。即建立一个国内无人犯罪,国外没有战祸,各个诸侯国(当时也可能就是部落)之间和谐相处的乌托邦式的太平盛世。

《司马法》把上古时期舜帝、夏朝、殷朝和周朝的情况相比较,说"古者贤王,明民之德,尽民之善,故无废德,无简民,赏无所生,罚无所试。有虞氏不赏不罚,而民可用,至德也。夏赏而不罚,至教也。殷罚而不赏,至威也。周以赏罚,德衰也"。意思是,古代贤明的君主,弘扬人民的德行,培养人民的善心,所以没有违背道德的事情,没有不遵纪守法的刁民,故此用不着使用赏罚。虞舜时代,没有赏赐也没有惩罚,可是人民却乐于为君主效命,这是通过道德熏陶力量所达到的最理想的治国境界;到了夏朝,使用奖赏来激励人民,人民也愿意为君主效命,这是次一级的治国境界,是通过教化的力量所能够达到的最佳治国境界;到了殷商时代,没有奖赏,只有惩罚,这是更次一级的治国境界,是运用强大威慑力所能够达到的最好治国境界;到了周朝,君主想要人民效命,必须赏罚兼施,这说明此时的道德已经衰微,治国境界更低。从中可以看到《司马法》的作者对上古尧舜时代的羡慕之情。

当然,《司马法》的作者也知道这个终极目标是很难达到的。因此,他又提出了一个现实目标,即"内得爱焉,所以守也;外得威焉,所以战也。"(《司马法》)即治国目标应当使得国内老百姓爱戴政府,发生战争时会和政府同心同德,抵抗敌人侵略;同时获得令国外敌人畏惧的雄厚实力,发生战争时足以应对。另一位儒兵家人物吴起也有类似的观点,"百姓是吾君而非邻国,则战已胜矣"。(《吴子》)吴起还分析说:"民知君之爱其命,惜其死若此之至,而与之临战,则士以尽死为荣,退生为辱矣。"在儒兵家看来,一支得到人民拥护的军队就是无坚不摧的军队,因而治国的现实目标就是要获取民心。《史记·孙子吴起列传》中还有一个故事很能说明儒兵家的治国观念:"武侯浮西河而下,中流,顾而谓吴起曰:'美哉乎山河之固,此魏国之宝也!'起对曰:'在德不在险……若君不修德,舟中之人尽为敌国也。'"可以看到,儒家亚圣孟子所倡导的"天时不如地利,地利不如人和"和"仁者无敌"的思想,在儒兵家中也得到了充分的体现。

要达到这个治国目标,儒兵家提出了非常系统的治国理论。下面我们从治国的基本原则和基本手段等方面来谈儒兵家的治国之道。

(一)儒兵家治国的基本原则

儒兵家治国的基本原则,可以从两个方面概括:

1. 以仁为本,以义治之

仁义是儒家思想的核心,也是儒兵家治国思想的核心。《司马法》开篇《仁本》就提出"以仁为本,以义治之之谓正。正不获意则权。权出于战,不出于中人",即治国必须以仁义为本,这样治国才是正道,只有当仁义道德不能达到目标时,才使用其他的方法。其他的治国方法主要是针对战争的,而不是针对老百姓的。不能为了应付战争,而搞军国主义。《吴子》也说,"是以圣人绥之以道,理之以义,动之以礼,抚之以仁。此四德者,修之则兴,废之则衰"。认为治国的基本原则就是要把握好"道、义、礼、仁"四德,"仁"、"义"统一于道,"礼"则是"仁"、"义"的形式。可以说《吴子》进一步明确了《司马法》的观点。在管理中修四德就是要求领导者把握事物的规律,在组织中建立高瞻远瞩、英明神武的形象,将组织成员团结在自己的身边,形成强大的组织凝聚力。一方面,建立完善而严格的制度用"礼"来约束组织成员、训练组织成员,以提高其纪律性和能力;另一方面,积极关心组织成员的生活,让他们感受到集体的温暖,用"仁"心和"义"行来激发组织成员的主观能动性。

| 兵家战略管理 |

// 延伸阅读 //

胡庆余堂的"戒欺"横匾

  参观胡庆余堂中药博物馆可见里面的招牌、匾额众多，大都是朝外挂的，唯独有块横匾却是朝里的，朝着坐堂经理的面向挂的，这就是营业大厅后高悬的"戒欺"横匾。匾上文字为当年胡雪岩亲笔所书："凡百贸易均着不得欺字，药业关系性命，尤为万不可欺。余年心济世，不以劣品戈取厚利，惟愿诸君心余之心，采办务真，修制务精，不致欺于以欺世人，是则造福冥冥。谓诸君之善为余谋也可，谓诸君之善自为谋也亦可。"胡雪岩为什么安置这块"戒欺"匾呢？

  胡庆余堂开张后的第二年，一位采购员误将大批豹骨当作虎骨买了回来。一位心术不正的副经理知道后自以为有了晋级的机会，于是不通过经理，直接向胡雪岩汇报。说将豹骨配制药物，就会大大降低药效，在顾客中造成严重影响。胡雪岩听后问他向经理汇报过没有，副经理说没有，又说这事是经理经手拍板的。

  胡雪岩当即到药库查看了这批药材，确认之后立即召集全体职工开会，命令将全部豹骨销毁，并当众写下这篇"戒欺"文，嘱刻在匾上。从此，这块"戒欺"横匾就挂在了胡庆余堂人的心头。

  负责进货的经理看到由于自己工作失误，给企业带来了巨大的经济损失，非常羞愧地递了辞呈。不料，胡雪岩却温言相劝："忙中出错，在所难免，以后小心就是。"但对那位自以为举报有功、等着奖赏的副经理，胡雪岩却给了他一张辞退书。

  直到今日，胡雪岩所制定的这些经营规则，胡庆余堂仍然在认真地遵守着，这为保持胡庆余堂的声誉和今后的发展奠定了坚实的基础。胡雪岩本人也因此赢得了"江南药王"的美誉。

  从这个故事中我们可以看到胡雪岩用人最看重的是德行，如果一个人德行有亏即使做了有利于公司的事情或者很有才能，都不能使用。在胡雪岩看来，身为副手的副经理发现伪药不及时向进货经理汇报已是渎职，背后打"小报告"更是心术不正，继续使用此人，将来一定会造成组织内部管理团队的隔阂与内讧，因此，必须将这个害群之马清除出管理团队。

  2. 尊重道德，尊重传统

  儒兵家非常重视传统道德和传统文化在管理中的作用。《司马法》说，"凡事善则长，因古则行"，即做事情如果尊重道德、遵循道德的原则，那么

第五章 儒兵家战略管理

就能够长久，做事情如果尊重传统、遵循传统的方式，就能够比较好地推行。《司马法》的这个观点，可以说是一个非常了不起的见解。在战略管理过程中，涉及各种政策的推行，即战略的执行。很多组织往往制定出了完美的战略，可是却难以执行，各项政策总是受到下级的抵制或者消极怠工。直到今天，如何提升组织的执行力仍然是人们关注的一个热点问题。《司马法》的观点无疑给了我们重要的启示。领导者推行一项政策时，应该尊重道德、尊重传统，这样才能保证组织的执行力。

在社会变革中，尊重道德、尊重传统就显得更加重要。在相对稳定的社会环境里，传统的思维逻辑方式使人们在一定的历史时期内有了大众公认的行为准则、道德规范。在这样的时期，传统的流变是较温和、较缓慢的，较容易被大众所认可、所遵循，它与社会各阶层的生存和利益也基本吻合、互相适应。因而符合传统的政策总是比较容易推行。在历史上，我们常常可以看到，改良主义的政策很少导致流血、牺牲，对国家经济发展和社会稳定的影响也很小。

然而，在历史剧烈的变革时期来临时，传统中墨守成规的一面便格外引人注目地显现出来，并无可逃脱地受到人们特别是各历史时代一些先觉者的怀疑、质问和挑战，甚至是摒弃、鞭挞。人们对待同样一种传统的心理态度，会因为时代的不同而不同。人们既安于现状又思弃旧图新的双重性格，导致了我们对传统的矛盾心理，并使社会的变革充满激烈的内在机制冲突和人事冲突。传统和现实又可比作新旧文化的"两代父子"。这"两代父子"虽在文化理念上有势如水火之处，但却凝结着千丝万缕的血缘关系与难解难分的恩怨。

传统是必然的社会条件，人们不可能脱离传统而生活。人们创造着自己的历史，但每一代人都不能凭空地创造，都不是从零开始，而是总要在前人创造成果的基础上，从一个既定的条件出发去创造。对于后来的人们，既有的文化不仅成为他们生存的环境条件、发展的前提和基础，而且赋予了他们生命本身的社会含义，决定了他们全部生活的起点，也影响着他们思想感情的特征。前一代人的创造和进化成果，从技术、经济、价值观到语言文字、思维方式再到遗传基因，都有形无形地进入到后人的气质、品格和生存方式中去，深入到人们的灵魂深处，成为他们的思维习惯、价值观念和行为习惯，成为他们做人做事的方式。可以说，任何人本身都是一定文化传统的产物和体现。所以，人们不可能没有传统，问题只是谁的、什么样的传统。如中国历史上激烈的反传统主义者，却从来都与传统保守主义者一样，身上带有（甚至有时比后者更深的）传统烙印。他们往往是以最具传统特色的方式去反对传统。与之相反，那些并非站在中国文化传统立场上的外国观察者，当与自己利益不相冲突时，却常常表现得对中国的传统文化有更多的宽容、理解甚至欣赏的态度。这恰好说明，传统本身也是多面的。传统主义和反传统主义常常是同一硬币的两面。生活在一定文化环境中的人，即传统的主体之人，不论其对本民族的传统是爱是恨、态度如何，因为他正是在这一传统的母体中发育的，所以都并非是或者很难能够外在于、超越于传统的人。而真正与某一传统相外在、相背离的，却只能是与它本不相干、对它来说属"非传统"或其他传统体系的人。

延伸阅读

近代的反传统思潮[①]

1915年，陈独秀创办《青年杂志》，第二年，改名为《新青年》，这是当时先进的文化系统检讨传统文化、批判旧传统、提倡新文化的大本营。与此同时，章士钊在日本创办《甲寅杂志》，鼓吹现代政治思想。1917年俄国十月革命成功，又打开了新的思考方向。同年，蔡元培出任北京大学校长，聘请陈独秀担任文科学长，不久胡适也应蔡先生之邀到北大任教。1917年，胡适的《文学改良刍议》和陈独秀的《文学革命论》相继在《新青年》发表，大力提倡白话文、反对文言文，提倡新道德、反对旧礼教，新文化运动轰轰烈烈地开展起来。

他们的方法之一，就是以西方文化作为参照系，来检讨、反思、批判中国传统文化。他们对传统的检讨是无所顾忌的；他们的反思是不怕揭丑的；他们的批判是不留情面的。而且五四精英们在批判传统的时候为了矫枉，不惜过正。原来不是讲中国传统文化历史悠久吗？现在则讲尧、舜、禹根本没有其人，"禹不过是一条虫"。家庭和家族不是传统社会的核心结构吗？现在说"家庭是万恶之源"。儒家思想不是传统社会占统治地位的思想吗？现在说儒家思想是最要不得的思想，应该"打倒孔家店"。本来用白话取代文言，已经是重大的文学革命的举措了，但还是有人（钱玄同）提出应该废掉中国文字。尽管蔡元培说，这是用石板条压驼背的办法，其向传统挑战的态度也是够激烈、激进的了。

其中最激烈的是鲁迅，他在1918年5月号《新青年》上发表的《狂人日记》，提出几千年的中国历史是"吃人"的历史。他说："所谓中国的文明者，其实不过是安排给阔人享用的人肉的筵宴。所谓中国者，其实不过是安排这人肉筵宴的厨房。"《京报副刊》请他给青年开一个必读书目，他的建议是："我以为要少——或者竟不——看中国书，多看外国书。"五四时期形成

[①] 参考刘梦溪的新浪博客文章，有删改。

的反传统的潮流,其锋芒之锐利、规模之宏阔、对传统打击之沉重,为中国历来所未有,也为世界历史所少见。

对本民族的文化传统进行检讨和批判本是传统更新的必不可少的步骤。中国的魏晋时期、明末清初都曾有过知识人士检讨传统、批判传统的举动。但五四精英们想做的却是要彻底和传统决裂,以便顺利走上一条全新的路。他们认为西方文化可以引导中国走向这条全新的路。欧洲文艺复兴以来的理性主义、工业革命以来的科技成果、18世纪的启蒙学说、德国的社会主义学说以及哲学上的实证主义、政治上的无政府主义等等,都成为当时的先进人士检讨和批判中国固有传统的参照系、理论武器和实施的药方。陈独秀说:"吾人倘以新输入之欧化为是,则不得不以旧有之孔教为非;倘以旧有之孔教为非,则不得不以新输入之欧化为是,新旧之间绝无调和两存之余地(《答佩剑青年》)。"胡适说:"新文化运动的根本意义是承认中国旧文化不适宜于现代的环境,而提倡充分接受世界的新文明。"后来他又直截了当地说:"我是主张全盘西化的。"

五四新文化运动高高举起的两面旗帜是民主主义和科学主义。直到今天,我们仍然需要民主和科学的精神。但"五四"之后的20世纪中后期以至于后来,科学主义形成一种普遍的思潮,走出理工研究,进入社会人文研究,继而侵入人们的日常生活,形成一种泛科学主义,什么事情、什么问题都要冠以科学的名义才能得到认同。人们对科学的局限性视而不见。其实科学只能回答"是什么",却不能告诉我们"应该怎样",在伦理道德、艺术等领域,科学是无能为力的。

科学主义对传统文化和文化传统也是有相当杀伤力的。孔子、老子、庄子、王阳明等人的思想,都谈不上什么科学性。朱子提倡的读书方法,是"虚心涵泳、切己体察"八个字,也不好用科学来衡量。中医望气切脉,至今科学难以解释得通。20世纪的许多学者都不相信中医,但中医的治疗效果却是不容置疑。完全用科学来解释传统文化有时难免遇到困难。

以西方文化为主要参照系的反传统思潮和科学主义的盛行,使得中国的文化传统不断流失。当今的中国,我们中国人身上保留的本民族传统文化的痕迹是越来越少了。香港中文大学校长金耀基先生在谈到中国文化的现代命运的时候有一句名言:"20年代不想看,80年代看不见。"确实如此。

龙应台写过一篇文章《紫藤庐和星巴克之间》说:"'现代化'是很多发展中国家追求的目标;'全球化'是一个正在急速发生的现实,在这个现实中,发达国家盘算着如何利用自己的优势,发展中国家在趁势而起,同时暗暗忧虑'自己不见了'的危险。那么,'国际化'是什么呢?按照字义,就是使自己变得跟'国际'一样，可是，谁是'国际'呢？变得跟谁一样呢？"龙应台的追问可以让我们变得清醒。她以前长期住在德国，为欧洲传统保护得完好感到震撼。她说自己满以为会到处看见欧洲人"现代"成就的骄傲展现，但是不断撞见的却是贴近泥土的默不作声的"传统"。

下面我们看两个案例，从中可以看到道德和传统在企业战略管理中的重要性。

// 延伸阅读 //

可口可乐的营销战略

1941年12月7日，日军偷袭美国海军基地珍珠港，美国被直接卷入了世界大战的旋涡。紧张的战事使可口可乐的经营陷入困境。国内销售情况不佳，国外的销路更是一筹莫展。可口可乐的第二任董事长罗伯特·伍德鲁夫焦虑万分。

正在"内交外困"的时候，伍德鲁夫的老同学班塞从战区给他打来电话。伍德鲁夫说："难道你还想着我吗？"班塞说："我不是想你，我是天天在想你的可口可乐。"班塞的一句话使伍德鲁夫的心情豁然开朗：如果前线的将士都能喝到可口可乐，那么当地的人自然也可以喝到这种饮料，这样销路还用发愁吗？

次日，伍德鲁夫发表特别声明："不管我国的军队在什么地方，也不管本公司要花多少成本，我们一定让每个军人只花5分钱就能买到一瓶可口可乐。"为此，可口可乐公司印刷了取名为《完成最艰苦的战斗任务与休息的重要性》的小册子。小册子强调：由于在战场上出生入死的战士们的需要，可口可乐对他们已不仅是休闲饮料，而是生活的必需品了，与枪炮弹药同等重要。

可口可乐公司本想把装瓶的可口可乐直接出口，但是，尽管他们有特权，却还是没有办法享受军事船运的优先权。伍德鲁夫设计了另一套计划：仿照美军使用脱水食物的方式，把可口可乐浓缩液装瓶输出，并设法在驻区设立装瓶厂。可口可乐公司一共派遣了248人随军到国外。而后，这批人随军辗转，从新几内亚丛林到法国里维拉那的军官俱乐部，一共卖了100亿瓶可口可乐。除了南北极以外，可口可乐在战时建立了64家装瓶厂。为了方便，美国军方授予这些可口可乐代表"技术观察员"的假军职。把可口可乐工人与修理飞机坦克的军人相提并论，的确有些不可思议。但士兵以及军官们却都对这些技术观察员感激有加，因为正是这些人在他们大战激烈时送来了难忘的家乡美味。

为了这5分钱一瓶的可口可乐,可口可乐公司也付出了沉重的代价。技术观察员同军人一样承受着危险、死亡的恐惧。据说,也有不少技术观察员献出了生命。

可口可乐派出了大量随军技术观察员,但是可口可乐还是供不应求。曾有一封美军士兵由意大利写给弟弟的家书,这样写道:"我不得不写信告诉你,今天是我们的特别节日,因为每个人都领到了可口可乐。在海外待了20个月的战士,双手捧着可口可乐的瓶子贴在脸颊,像瞻仰圣灵一样望着这暗褐色的可爱的精灵,没有人开怀畅饮,因为喝完了就看不到了。"

可口可乐激发了美国士兵的士气,同时也紧紧抓住了每一个士兵的心。据说巴顿把一地窖可口可乐当作必需品,无论他转战何处,都要技术观察员跟着搬迁装瓶厂。还有,据说1945年6月艾森豪威尔从战场凯旋归来,美国人为他们的英雄准备了一桌丰盛的午宴。在午宴之后,有人问艾森豪威尔将军是否还要点什么。"给我来杯可口可乐好吗?"艾森豪威尔笑容满面地脱口答道。一饮而尽后,艾森豪威尔严肃地说:"我还有一个要求。"侍者肃立恭听,结果传入耳朵的却是:"我还要一瓶可口可乐。"

可口可乐利用战争把自己的品牌和国家联系起来了。喝可口可乐几乎成了一种爱国的行为。1948年,美国政府对退役军人的一份调查统计数据表明:63.37%的人最喜欢可口可乐,当时,可口可乐销售毛利润达1.26亿美元,纯利3500万美元。

// 延伸阅读 //

可口可乐的新配方

1886年问世而雄踞碳酸饮料市场霸主地位一代人之久的可口可乐,在20世纪60年代曾面临百事可乐的严峻挑战。在一段时间内,"百事"销量节节上升,而"可口"却呈相对衰减态势。"可口"与"百事"的销售量在50年代为5:1,到了60年代已拉近为2.5:1。

可口可乐公司技术部门的主管罗伯杜认为,应战"百事"的最好办法是推出新配方的可口可乐。总裁戴森也相信,推出新口味是面对"可口"市场地位被蚕食的必要决定。从市场调查开始,"可口"费时两年半,耗资400万美元,开展了规模空前的品味测试。第一次测试的样本规模竟然多达20万人。

在"盲眼测试"(不标明品牌)的情况下,人们从品尝过的三四种饮料中挑选出自己所喜爱的一种。结果表明,调查对象中有60%的人偏爱新配方,而不喜欢旧配方；52%的人偏爱新可口可乐而不是百事可乐。这似乎意味着推广新口味的可口可乐，胜券在握。

1985年，迷信市场调查逻辑结论的可口可乐公司，信心十足地把新配方可口可乐推上市场。广告中，"天才老爹"向人们强调："Coke is it."（这就是可口可乐！）

新配方可口可乐较甜，辛辣味没有那么浓，刚推出时，人们还觉得有点新鲜。但是，没过多久就销量锐减。可口可乐像捅了马蜂窝，公司总部每天1500多个电话和成袋成袋的信件，消费者抗议再喝不到正宗的可口可乐了。许多人指责可口可乐公司："你怎么可以把我从小到大的伙伴就这样抛弃了呢？"更令人震惊的是，一个名叫"旧COKE饮用者"的组织，走上大街游行示威。他们挥舞T恤衫，声言除非可口可乐公司恢复旧配方，不然就集体上诉，控告公司违反消费者的意愿，强迫他们接受新配方的行径。

三个月后，可口可乐公司恢复旧配方的生产并称为"古典可乐"（COKE CLASSIC），与新可口可乐同时出售，这才平息了一场危机。尽管可口可乐公司把新可乐视为"旗舰"，但销售结果则表明这是"单恋"，消费者并不买账。1985年底，古典与新配方可乐在超级市场的销售量是2∶1；1987年，新可口可乐只占到2%的市场份额。

百事可乐针对"可乐"新配方的市场失利，趁机推出讽刺性的广告挖苦"可口"。这则广告中的小女孩故作不解地发问："'可口'既然宣称它是真正的可乐，那为什么还要改变口味呢？"小女孩的提问直指1970年"可口"的广告主题："Coke, it's a real thing."（可口可乐，真正的可乐）当小女孩喝了一口"百事"后，笑着说："现在我知道为什么了。"

原本想用新口味可乐把百事可乐压下去，结果事与愿违，"可口"与"百事"的销量差距不仅没有扩大，反而由20世纪60年代的2.5∶1缩小到1985年的1.15∶1。几百万美元、几年心血却落得洒向人间都是怨。这不仅值得可口可乐公司深思，也值得所有营销者和广告策划者深思。

当可口可乐公司决定改变配方时，所犯的一个错误是他们将"COCA-CO-LA"看成是一个产品，从工艺和产品改进的角度来处理问题，而根本忽视了可口可乐是一个与消费者有长期、强劲关系的品牌，一笔抹杀了这一品牌与消费者之间的难以替代的感情，根本没有考虑消费者使用和接受可口可乐的日常感受、想法、态度和心理需求。

一位叫W.怀特的美国报纸编辑说："可口可乐代表美国所有的精华，喝一瓶可口可乐就等于把这些美国精华灌注于体内，'可口'瓶中装的是美国人的梦。"改变可口可乐的"正宗"口味就意味着惊醒某些美国人的梦，丢开他们多年的老伙伴，能不遭到反对吗？

可口可乐公司花大代价做市场调查，结果仍然决策失误，说明它落入"陷阱"：局限于市场调查的逻辑结论，而没有充分思考品牌的意义和品牌的力量，没有注意消费者整体的文化背景和人文因素，忽视了可口可乐在消费者心目中的心理含义。事实上，任何市场调查都是有一定局限性的，其结果的有效性也都是有限的。特别是对纯逻辑、纯实证性的市场调查不可过分迷信，尽管它是必要的。

如何才能建立一个具有持久影响力的品牌，这无疑是企业家需要思考的问题。很多企业把自己的产品和爱国主义联系在一起，利用人们的爱国心来推销自己的产品，这是一种非常有效的营销战略。如长虹以产业报国；克莱斯勒的艾克卡通过激起人们的爱国心而获得政府帮助。

但是最成功的应该属可口可乐，从第一个案例中我们可以看到，可口可乐公司把可口可乐送到前线，不仅是在营销，更重要的是在实践一种崇高的爱国主义精神，这种道德精神得到了美国人民的广泛认可，从而牢固地树立了可口可乐的正面形象；从第二个案例中我们可以看出，美国人是真的把可口可乐看成了美国文化的象征，看成了一种民族传统。如果改变可口可乐原来的配方就是损害了美国的文化传统，难怪可口可乐的新配方会失败。

而像中国国内有的公司虽然也强调自己爱国，以产业报国，可是仔细观察，它们却没有什么实际行动，只有道德口号，却没有道德实质。这种公司和可口可乐公司相比，一个是为利益而宣称爱国，可能也会采取些行动来向顾客表明自己不是空喊口号；一个是真的爱国，顺便推广一下自己的产品，从而获得利益。我们从这里可以看出，道兵家战略管理理念和儒兵家战略管理理念的差别。两种理念都帮助企业获取利益，可是哪种理念更能够帮助企业长久地获得利益？答案应该是很清楚的。

3. 顺应人性，塑造风俗

《司马法》提出尊重道德、尊重传统之后，又进一步提出"人方有性，性州异，教成俗，俗州异，道化俗"。意思是，人因地域的不同而具有不同的秉性，不同地方的人具有不同的性格特征；人们从小受到的教化可以造就一定的风俗习惯，不同地方的人们接受的教化不同，因而风俗也不同，只有合乎道、合乎德的东西才能改变风俗。实际上儒兵家在告诉我们组织变革之道，组织变革应该尊重传统，但是尊重传统并不意味着传统不可以改变，想要改变传统必须仔细分析传统的特点，根据不同地方的传统特点和不同人的性格特征来设计具体的变革方案，而设计变革方案的根本原则就是必须合乎道、合乎德。只有合乎道、合乎德的东西才有生命力，才能取代或改变传统中原有的不合乎道、不合乎德的风俗，而推行变革的主要方法是教化，因为"教成俗"，传统就是一种风俗。想要改变传统就是要改变一种风俗，改变风俗靠行政力量是不行的，唯一可行的方法就是不断地教化，而且教化的内容必须符合道、符合德。

此外，儒兵家针对治国问题还提出了很多原则，其中比较重要的应是《司马法》中提出的治国七大原则："凡治乱之道，一曰仁，二曰信，三曰直，四曰一，五曰义，六曰变，七曰专。"即仁爱、诚信、公正、统一、道义、权变、专业。扩展起来就是治理一个国家要有仁爱之心，行事公正无私，建立人们对政府的信任，使得整个社会充满诚信和仁爱的风气；要统一指挥，遵循道义，根据实际情况运用不同的管理方法，任用专业人士进行专业部门的管理。用现代的眼光来看，也是非常了不起的组织管理的原则，完全可以和法约尔著名的十四条管理原则相提并论。

(二) 儒兵家的治国手段

儒兵家提出了很多对于当代组织管理有重要参考意义的治国手段，其中比较重要的有以下几点：

1. 建立带有伦理特征的管理分工体制

《司马法》提出："必立贵贱之伦经，使不相陵。德义不相踰，材技不相掩，勇力不相犯，故力同而意和也。"即要建立组织内部完善的伦理管理制度，这种制度要保证人们各司其职，正式的道德规范和人际间的义气不相冲突，有才能的人不会被埋没，勇猛刚强的人不会相互争斗，这样所有人都能够做到情投意合，力气往一个方向使。儒兵家的这个思想和《荀子》的群分理论基本一致。儒家提倡的等级制度常常被视为一种糟粕，其实儒家的等级制度更多的是和社会分工相关的。从现代中国社会来看，尽管一方面提倡"领导是人民的公仆"、"领导和群众只有分工的不同而没有地位的不同"这类观念，但实际上，贵贱差异的等级思想还是存在于人们心中的。如果不能改变这个事实，那么就接受它、适应它可能是更好的选择。对于现代企业管理来说，建立分工体制已经成为基本的管理工作，其重要性是不言而喻的，但如何才是一个完善的分工体制？儒兵家的观点无疑可以作为一个有价值的参考答案。

2. 提倡谦虚、谦让的道德

《司马法》提出"上贵不伐之士，不伐之士，上之器也，苟不伐则无求，无求则不争"，"让以和，人以洽，自予以不循。争贤以为人，说其心，效其力"。中国传统管理思想一向提倡谦让的精神，俗话说"谦受益，满招损"，《易经》中只有谦卦的爻辞是六爻全吉。这种精神在儒兵家思想中也得到了充分的反映，儒兵家认为具有谦虚品质的人，才是上等的人才。因为谦让能够带来和谐,能够使得人们之间的关系融洽;谦让的人能够主动承担过错,能够把功劳归于他人,这样就会使得他身边的人都能够心情愉悦,从而为他效力。这样的人最适合做领导者,因而是上等的人才。

此外,《司马法》还举例子具体分析了谦虚、谦让精神的作用,"大捷不赏,上下皆不伐善。上苟不伐善,则不骄矣,下苟不伐善,必亡等矣。上下不伐善若此,让之至也。大败不诛,上下皆以不善在己,上苟以不善在己,必悔其过,下苟以不善在己,必远其罪。上下分恶若此,让之至也"。即当军队打了大胜仗时,不要进行过多的褒奖,这样军队就不会邀功请赏。如果军队领导者不邀功请赏,那么就不会骄傲自满,如果下属官兵不邀功请赏,那么就不会相互攀比。如果全军上下都能这样,那么就是到了谦让的极致。当军队打了大败仗时,不要进行严厉的惩罚,这样军队领导者就可能会把过失揽到自己身上,就会对自己的错误铭记在心,从而改进。而下属官兵也可能会把过失往自己身上揽,这样就会下决心不再犯错。如果全军上下都能够这样勇于承担责任,那么就到了谦让的极致了。

3. 对老百姓以及军队进行教育

儒兵家非常重视教育的作用,《司马法》提出"故虽有明君,士不先教,不可用也",明确指出教育是搞好国家和军队管理的前提,没有良好的教化,各种治理国家的政策与法令都无法推行。那么具体应该对民众进行哪些方面的教育?针对这个问题,儒兵家和儒家的观点是一致的,对民众主要还是应该以德行教育为主。《司马法》提出了教化的内容为"六德"。① 六德包括"礼、仁、义、信、勇、智",所谓"六德合时而教,以为民纪之道也",也就是要在合适的时候进行教育,把这六种德行融入人们的风俗习惯中去。

《司马法》中还用古人的军事行动特点,说明了古人是如何通过实际行动对人们进行教育的。"古者,逐奔不过百步,纵绥不过三舍,是以明其礼也。不穷不能而哀怜伤病,是以明其仁也。成列而鼓是以明其信也。争义不争利,是以明其义也。又能舍服,是以明其勇也。知终知始,是以明其智也。"即古时候打仗时,胜利的一方不过分追击败退的敌人,败退的敌人也不会逃得太

---

① 值得注意的是上面分析《司马法》为将之道时,我们提出了将应当修五种德行,这五种德行加上"礼"则正好是六德,为何为将之道比治国之道少一种德行?出现这种情况有两种可能:一是可能缺失了两个字,"礼见";二是礼和其他几种德行不在同一个层面上,礼属于组织层面的德行,其他几种德行属于个体以及个体之间的德行。我们认为后一种可能性更大,"仁、义、信、勇、智"都属于个体品质,而"礼"则是组织层面的德行,故此应当区分。儒家的礼治实际上包含了对君主或者说管理者的"仁、义、信、勇、智"诸方面德行的要求。五德和六德的相似,反映了儒兵家治国、治军之道是由自我管理之道扩展而来的逻辑。

远，这就是为了告诉人们打仗要遵循礼；战斗过程中不过分逼迫丧失战斗力的敌人，怜悯受伤的人，这是为了告诉人们要有仁慈的心；等到敌人布置好阵势再进攻，这是为了告诉人们要守信用；为了道义而不是为了利益而发动战争，这是为了告诉人们要见义勇为；战后能够赦免投降的敌人，这是为了告诉人们要勇敢；战前能够预先知道成败，这是为了告诉人们要崇尚智慧。《司马法》还提出了教化的要求，"事极修，则百官给矣，教极省，则民兴良矣，习惯成，则民体俗矣，教化之至也"。要求教化必须简单易行，这样才比较容易接受，一旦人们把教化的内容融入到风俗习惯中，就算是达到了教化的最高境界。"教百姓而亲万民"，"劝善禁恶"，"必谨君臣之礼，饰上下之仪，安集吏民顺俗而教"。国君治国应当花大力气，对百姓进行教育，以达到劝善禁恶的目标，并且使得老百姓亲附。

4. 解决老百姓生活问题和老幼抚养问题

儒兵家对于老百姓的生活问题也非常重视。俗话说"民以食为天"，君主要驱使老百姓去打仗，就要重视提高老百姓的生活水平，保证老百姓的温饱，使得"民安其田宅，亲其有司"，以解除战士们的后顾之忧，使其一心为国战斗。

综合上述，我们可以看到儒兵家提出的几种治国手段和儒家"礼治"几乎没什么不同。因此，我们可以把儒兵家的治国思想概括为"以礼治国"。

故此，我们可以把儒兵家的经国治军战略管理思想表示为图5-1。

（三）儒兵家对治国与治军关系的论述

儒兵家认为治国之道与治军之道是有重大区别的。《司马法》认为作为治国的领导者——君主和治军的领导者——将领要能够明确分工，相互配合，做到"国容不入军，军容不入国"。要清醒地认识到治国和治军两者虽都沾着一个"治"字，但彼此的差异性却是客观存在的，千万不可任意混淆趋同。儒兵家认为国家、朝廷的那一套礼仪规章万万不能搬用于军队。同样的道理，军队的法令条例也不能移作治国的工具，因为两者各有不同的特点和要求。如果违反这个原则，就会出现"军容入国则民德废，国容入军则民德弱"。也就是说，如果把军队的管理方法应用于国家、朝廷，民众就会变得暴戾刚狠，温情脉脉的礼让风气就会废弛；反之，倘若将国家、朝廷的礼仪规章贯彻于军队，军人就会变成一群温驯的绵羊，尚武勇迈的精神就会被削弱乃至消失。应该说，《司马法》的这一观点完全符合军队建设与管理的规律与特点，因此受到后人的高度重视。西汉时期的名将周亚夫整肃军容，严明军纪，以致细柳营军门挡住汉文帝的车驾，就是借鉴"国容不入军"的思想、并运用于治军实践的显著事例。治国追求的是组织发展，因此治国之道强调的是德治，治军追求的是竞争胜利，因此治军之道强调的是法治。治国和治军相分离才能"德义

第五章 儒兵家战略管理

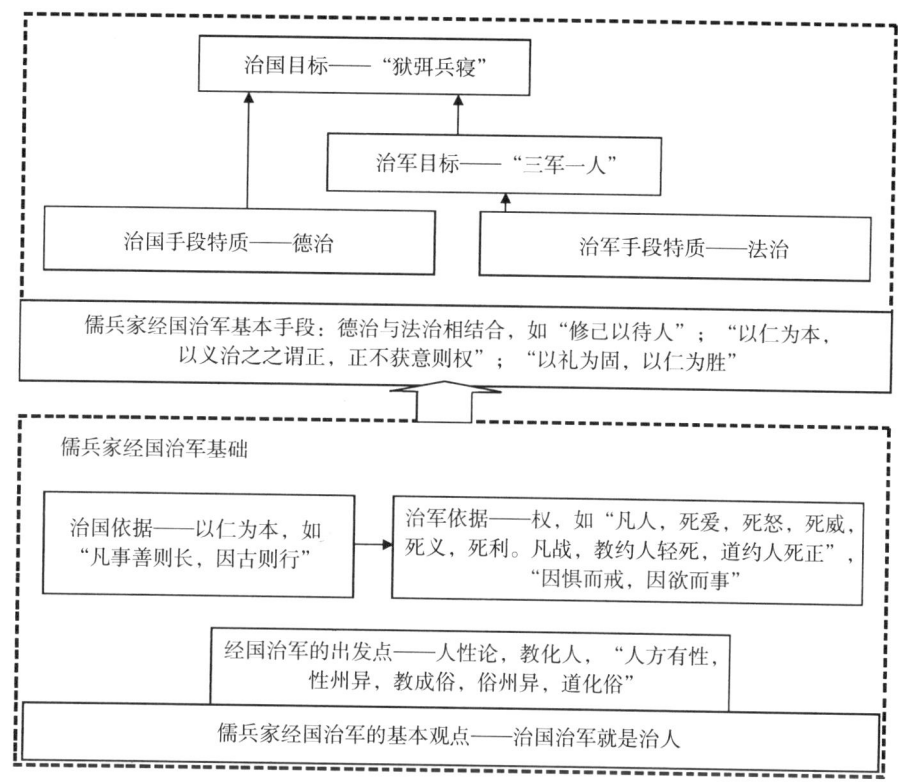

图 5-1 《司马法》经国治军战略管理思想

不相踰"，保持"贵贱之伦经"。

这一点和当代战略管理理论完全吻合，我们知道组织战略管理具有发展战略和竞争战略两个层面，发展战略关注组织的长远目标和利益，而竞争战略关注组织应对中、短期的竞争压力和利益。尽管竞争战略隶属于发展战略，但是二者在战略目标、战略手段以及战略决策与行动等多个方面都具有差异。如果混淆二者的差异，那么组织在发展战略和竞争战略两个方面都可能遭遇严重的失败。

但是儒兵家进一步又认为治国和治军虽然有很大的区别，但是二者又是密切联系的：在外部竞争非常激烈的情况下，治国和治军必须密切结合。这在《吴子》一书中有鲜明的体现，《吴子》提出，"凡制国治军，必教之以礼，励之以义，使有耻也。夫人有耻，在大足以战，在小足以守矣"。"礼"和"义"是治国的重要手段，同时也是治军的重要手段，因为人们接受"礼"和"义"的教化就会懂得什么是耻辱，就会为了道义而去努力工作或者拼死作战。《吴子》一书很多地方给人一种感觉，即当时吴起所在的魏国政治有军国一体、全民皆兵的特点。当然这和吴起本人思想中带有法兵家的思想特色有关，但更重要的是这种情况正好反映了战国时期的特征，战国时期强大的国家几乎都带有某种军国主义特征，如秦国，老百姓想要升官发财，除了去打仗没有别的路可以走。吴起在魏国建立的魏武卒制度，也是为了激励老百姓打仗，生活在两个诸侯国边境的老百姓平时是农民，一有战事，就成为军人。据《韩非子·内储说上·七术》记载："吴起为魏武侯西河之守。秦有小亭临境，吴起欲攻之。不去，则甚害田者；去之，则不足以征甲兵。于是乃倚一车辕于北门之外而令之曰：'有能徙此南门之外者，赐之上田、上宅。'人莫之徙也。及有徙之者，遂赐之如令。俄又置一石赤菽于东门之外，而令之曰：'有能徙此于西门之外者，赐之如初。'人争徙之。乃下令曰：'明日且攻亭，有能先登者，仕之国大夫，赐之上田上宅。'人争趋之。于是攻亭，一朝而拔之。"

吴起专门讨论了如何把治国和治军联系起来的问题，《吴子》第一篇就提出："明主鉴兹，必内修文德，外治武备。故当敌而不进，无逮于义矣；僵尸而哀之，无逮于仁矣。"指出"以仁为本，以义治之"的治国之道，不能僵化，在外部竞争环境比较恶劣时，必须"内修文德，外治武备"，把政治与军事两者紧密结合，才能保证国家的生存和发展。搞好内部政治和提高军事实力两者相辅相成，不能偏废，他指出"昔承桑氏之君，修德废武，以灭其国。有扈氏之君，恃众好勇，以丧其社稷"。

对于企业战略管理来说，要搞好一个企业，同样也有"内修文德，外治武备"两方面的工作。这表现在企业面对激烈的市场竞争时，不仅要培育自身的核心竞争力，同时也要保证组织的凝聚力，使得员工的能力能得到充分的发挥。这就要求企业领导人努力学习提高自身素质，努力掌握企业发展、行业演化以及战略管理等规律，积极做好企业领导团队建设，学会如何激励员工努力工作，努力提高员工素质。同时不断创新企业制度和文化，使得企业能够适应环境的变化，并在企业发展过程中学会运用各种战略、战术手段创造机会、抓住机会和避开威胁。在取得成功后企业领导团队能保持进取心，继续努力保持企业竞争优势。

第二节

儒兵家战略分析与决策

儒兵家竞争战略管理思想不如以《孙子兵法》为代表的道兵家丰富，这主要是因为儒兵家对于战争的认识和道兵家完全不同。儒兵家对战争的认识和

第五章 儒兵家战略管理

周朝的王官兵学一脉相承，周朝统治者认为由宗族和姻亲关系维持的诸侯国政权之间不存在根本的利害冲突，只要固有的君臣宗法能这样保持下去，便可以"纵马于华山之阳，放牛于桃林之虚；偃干戈，释兵振旅，示天下不复用也"。（《史记·周本纪》）故此，在这样的政治背景下形成的周朝王官兵学，除了有着以往人们对战争规律的宝贵认识和一些切实可行的经验外，还包括了大量的战争伦理观和仁义、道德、礼让等道德说教。

儒兵家战争观念大体上有以下几个方面：第一，发动战争是天子的专有权力。《论语》有云"天下有道，礼乐征伐自天子出"，"诸侯之义，非天子之命，不得动众起兵，诛不义者"。（《白虎通义·诛伐》）第二，认为发动战争必须以维护道义为根本理由。其实这些道义有很大一部分是维护周王朝统治的要求。第三，发动战争行动不得违背礼仪、天命，不得破坏老百姓正常的生活和生产。第四，战争的目的是为了劝善禁恶，而不是消灭敌人，只要敌人能够改过或屈服，一般就应当结束战争。第五，反对攻灭诸侯国，提倡在铲除罪人的基础上，存亡国，继绝祀，安抚国人。这些观点在道兵家著作中几乎看不到，可见儒兵家关注的是合作条件下的竞争问题。儒兵家的竞争战略管理思想和道兵家的竞争战略管理思想具有不同的前提和分析视角。

正因为儒兵家的战争观和其他兵家存在巨大的不同，所以，儒兵家追求的战略目标也比较独特。对于儒兵家来说，取得胜利不是目标，甚至道兵家所津津乐道的极高的全胜境界也不是追求的目标。① 儒兵家的战略目标乃是"以战止战"，即儒兵家的战略目标乃是制止战争、消灭战争。儒兵家认为，如果要发动战争必须是维护和平与道义的行为，而不是争夺利益的行为。《司马法》说"杀人安人，杀之可也"，杀死少数人是为了大多数人的幸福与安定；"攻其国，爱其民，攻之可也"，攻打别的国家是为了解救该国的人民。

所以儒兵家的战略目标是以战止战，吊民伐罪，除暴安良，最终实现"诸侯说怀，海外来服，狱弭而兵寝，圣德之治也"的终极理想。可见，儒兵家是从政治和伦理的视角来看待战略管理问题的，这和道兵家、法兵家有着明显的差异。下面我们来具体分析儒兵家的战略分析、决策与战略行动思想。

一、战略分析的内容

儒兵家的战略分析比道兵家的战略分析更为细致。主要从两个方面来考

---

① 因为孙子的全胜是以利害关系为指导的，所谓不战而屈人之兵是因为敌人意识到打不过，为了避免更大的损失而屈服，己方因此能够从敌人屈服中获取利益。

虑：一是组织内部能力分析，二是组织外部环境和竞争对手情况分析。

（一）针对组织内部能力分析，儒兵家主要提出了以下观点

首先，战略分析要考虑五个基本方面——"五虑"。《司马法》所说，"顺天、阜财、怿众、利地、右兵，是谓五虑。顺天奉时，阜财因敌。怿众勉若。利地，守隘险阻。右兵，弓矢御、殳矛守、戈戟助。凡五兵五当，长以卫短，短以救长"。意思是，顺应天时，广集资财，悦服人心，利用地形，重视运用兵器，这是作战必须考虑的五件事情。顺应天时就是要利用天候季节，因时制宜地行事；广集资财就是要利用敌人物资以增强我之实力；悦服人心就是要顺应大众意志以勉励士卒杀敌；利用地形就是要控制隘路、险要、阻绝等地形；重视运用兵器就是战斗中要用弓矢掩护、殳矛抵御、戈戟辅助。

《司马法》说，"凡战，有天，有财，有善。时日不迁，龟胜微行，是谓有天。众有有，因生美，是谓有财。人习陈利，极物以豫，是谓有善。人勉及任，是谓乐人"。凡是作战，应该有天，有财，有善。遇着好时机不要错过，占卜有了胜利的征兆就机密行动，这就叫"有天"；民众富足，国力充沛，这就叫"有财"；士卒训练有素，阵法熟练，物资器材预有准备，这就叫"有善"；人人都能尽力去完成战斗任务，这就叫"乐人"。这些都是战略分析要考虑的事情。

吴起则从另一角度提出战略分析要分析是否存在"四不和"。即不和于国不可以出军；不和于军不可以出陈；不和于陈不可以进战；不和于战不可以决胜。

（二）针对组织外部环境和竞争对手情况分析，儒兵家主要提出了以下观点

首先，对竞争对手领导者的才能和个性进行分析。吴起提出"必先占其将而察其才"。如果对手非常聪明能干，那么就避免和他发生冲突；如果对手无能，那么就不要放过机会，大胆出击打败他。吴起还举了例子："其将愚而信人，可诈而诱。贪而忽名，可货而赂。轻变无谋，可劳而困。上富而骄，下贫而怨，可离而间。进退多疑，其众无依，可震而走。"

其次，对军队特点的分析。吴起提出军队"以治为胜"，并根据当时的情况分析各国军队的特色。"夫齐性刚，其国富，君臣骄奢而简于细民，其政宽而禄不均，一陈两心，前重后轻，故重而不坚。击此之道，必三分之，猎其左右，胁而从之，其陈可坏。秦性强，其地险，其政严，其赏罚信，其人不让，皆有斗心，故散而自战。击此之道，必先示之以利而引去之，士贪于得而离将，乘乖猎散，设伏投机，其将可取。楚性弱，其地广，其政骚，其民疲，故整而不久。击此之道，袭乱其屯，先夺气，轻进速退，弊而劳之，勿与战争，其军可败。燕性愨其民慎，好勇义，寡诈谋，故守而不走。击此之道触而迫之，陵而远之，驰而后之，则上疑而下惧，谨我军骑必避之路其将可虏。三晋

者,中国也,其性和,其政平,其民疲于战,习于兵,轻其将,薄其禄,士无死志,故治而不用。击此之道,阻陈而压之,众来则拒之,去则追之,倦其师。此其势也。"(《吴子·料敌》)大意是,齐国人性情刚强,国家富足,君臣骄奢,忽视民众利益,政令松弛而待遇不均,一阵之中人心不齐,兵力布署前重后轻,所以阵势庞大但不坚固。打它的方法是把我军分为三部,各以一部侧击其左右两翼,另以一部乘势从正面进攻,它的阵势就可以攻破了。秦国人性情强悍,地形险要,政令严格,赏罚严明,士卒临阵争先恐后,斗志旺盛,所以能在分散的阵势中各自为战。打它的方法是以利诱之,当其士卒因争利而脱离其将领掌握时,就趁其混乱打击其零散的部队,并设置伏兵,伺机取胜,它的将领就可以被擒获。楚国人性情柔弱,领土广大,政令紊乱,民力疲困,所以阵势虽然严整但不能持久。打它的方法是袭扰它的驻地,挫败它的士气,然后突然进击,突然撤退,使其疲于应付,不要和它决战,这样就可打败它的军队。燕国人性情诚实,行动谨慎,好勇尚义,缺少谋略,所以善于固守而不善于机动。打它的方法是一接触就攻击它,打一下就撤走,并奔袭它的后方,这样,就会使它上下疑惧,再将我车骑埋伏在敌人撤退必经的道路上,它的将领就可被我俘虏。韩赵是中原的国家,其民性温顺,其政令平和,其民众疲于战祸,久经战争,轻视其将帅,不满其待遇,士兵不会拼死作战,所以,阵势虽然整齐但不中用,打它的方法是用坚强的阵势迫近它,敌众来攻就阻击它,敌人退却就追击它,这样来使它的军队疲惫。这是六国的大概形势。

针对组织外部各种不同竞争环境的分析,儒兵家也有丰富的论述。如吴起根据自己丰富的实战经验,把有把握取胜的情况分为八种,没有把握取胜的情况分为六种。"凡料敌有不卜而与之战者八。一曰,疾风大寒,早兴寤迁,刊木济水,不惮艰难。二曰,盛夏炎热,晏兴无间,行驱饥渴,务于取远。三曰,师既淹久,粮食无有,百姓怨怒,妖祥数起,上不能止。四曰,军资既竭,薪既寡,天多阴雨,砍掠无所。五曰,徒众不多,水地不列,人马疾疫,四邻不至。六曰,道远日暮,士众劳惧,倦而未食,解甲而息。七曰,将薄吏轻,士卒不固,三军数惊,师徒无助。八曰,陈而未定,舍而未毕,行阪涉险,半隐半出。诸如此者,击之勿疑。"(《吴子·料敌》)"有不占而避之者六。一曰,土地广大,人民富众。二曰,上爱其下,惠施流布。三曰,赏信刑察,发必得时。四曰,陈功居列,任贤使能。五曰,师徒之众,兵甲之精。六曰,四邻之助,大国之援。凡此不如敌人,避之勿疑。所谓见可而进,知难而退也。"(《吴子·料敌》)意思是,判断敌情,不必占卜就可与其交战的,有八种情况:一是在大风严寒中,昼夜行军,伐木渡河,不顾部队艰难的;二是在盛夏炎热,出发很迟,途中不休息,行军急速,又饥又渴,只顾赶往远地的;

三是出兵已久，粮食用尽，百姓怨怒，谣言屡起，将领不能制止的；四是军资耗尽，柴草不多，阴雨连绵，无处可掠夺的；五是兵力不多，水土不服，人马多病，四邻援军未到的；六是路远日暮，部队疲劳恐惧，困倦未食，解甲休息的；七是将吏无威信，军心不稳定，三军屡次惊慌，而又孤立无援的；八是部署未定，宿营未毕，翻山越险只过了一半的。遇到这类情况，都应迅速进击，不要迟疑。不必占卜而应避免和敌人作战的情况有六种：一是土地广大，人口众多而且富足的；二是统治者爱护老百姓，恩惠普及的；三是赏罚严明，行动及时的；四是论功叙位，任用贤能的；五是军队众多，装备精良的；六是有四邻帮助，大国支援的。凡是这些条件都不如敌人时，就应避免和它作战而不必迟疑，这就是所谓见可而进，知难而退。

二、战略分析所需信息获取的方法

儒兵家在这方面的论述没有道兵家深刻，主要提出了以下三个方法：

（一）观察

《吴子》中记载，吴起非常善于观察，他见魏文侯时，发现魏文侯说话言不由衷，就很坦率地告诉魏文侯自己善于"以见占隐，以往察来"，并说出了魏文侯内心真实的想法，从而获取了魏文侯的赏识与信任。在治敌过程中，吴起更是强调通过观察获取信息，认为根据观察到的各种现象可以捕捉到获胜的战机。如"敌人之来，荡荡无虑，旌旗烦乱，人马顾，一可击十必使无措。诸侯未会，君臣未和，沟垒未成，禁令未施，三军匈匈，欲前不能，欲去不敢，以半击倍，百战不殆。""敌人远来新至，行列未定，可击。既食未设备，可击。奔走，可击。勤劳，可击……"等等。

（二）试探

有些情况下通过直接观察难以获取信息，吴起提出可以通过试探的方式获取敌方的信息。如"令贱而勇者，将轻锐以尝之。务于北，无务于得，观敌之来，一坐一起，其政以理，其追北佯为不及，其见利佯为不知，如此将者，名为智将，勿与战矣。若其众谨哗，旌旗烦乱，其卒自行自止，其兵或纵或横，其追北恐不及，见利恐不得，此为愚将，虽众可获"。

（三）用间

如果直接观察和试探都没有效果时，还有一个获取信息的重要方法就是用间。吴起说："敌人若坚守以固其兵，急行间谍以观其虑。"吴起非常强调用间，他把用间列为将必须拥有的才能之一，即四机之一。提出"善行间谍，轻兵往来，分散其众，使其君臣相怨，上下相咎，是谓事机。"

三、战略决策的原则

对于战略决策，儒兵家提出了一个很有特色的原则，即果断的原则。"用兵之害，犹豫最大；三军之灾，生于狐疑"，这个观点实在是"千古名言，对于古今中外任何指挥官都是永久的忠告"。这个观点也只有久经沙场的战将才能体会。对于企业战略管理也是如此，面对稍纵即逝的市场机会，企业领导者必须能够果断做出决策，迅速采取行动，如果因为害怕风险、害怕失败而犹豫不决，那么不仅无法把握现有机会，还会失去其他的机会，给企业带来重大损失。

■ 第三节

儒兵家战略行动

一、战略行动前的准备

在进行完战略分析、做了战略决策之后，就要进行战略行动前的各项准备工作了，儒兵家非常重视战略行动展开前的准备工作。儒兵家认为战前的准备工作包括以下几个方面：

（一）战前的组织调整

《司马法》认为虽然军队在平时不打仗时，也有一定的管理制度，但是一旦要发动战争了，军队还得做一些重要的调整，这些重要调整包括，"凡战，定爵位，著功罪，收游士，申教诏，询厥众，求厥技，方虑极物，变嫌推疑，养力索巧，因心之动"。意思是，打仗前，要把平时训练的体制转为战斗体制，分配好不同职位，明确这次战役过程中如何进行奖赏和惩罚，让部队将领进入战时状态；收录各方游士，防止情报信息被这些游走四方的人泄露；向士兵们申明军令，让他们进入战时状态；询问有特殊才能的人，向他们寻求那些在战斗时可能用得上的特殊技术，充分发挥部队人才的优势；反复思考推断事情发展的来龙去脉，搞清可能存在的疑点。一方面让士兵们积蓄力量，另一方面和谋士们制订优化的战略。这些都是将帅在战前心中需要想到的事情。

至于如何进行组织调整，《司马法》也做了说明，"大小、坚柔，参伍，众寡，凡两，是谓战权"。即军队声势的大小、力量的强弱、编制情况、人数的多少等，这些都是组织在展开战略行动之前需要权衡考虑的东西。

此外，《司马法》还从反面提出了可能导致组织战略行动出现挫折甚至失败的"战患"和"毁折"。即组织在展开战略行动前，要分析组织是否存在这样一些不良现象："不服、不信、不和、怠、疑、厌、慑、枝、拄、诎、顿、肆、崩、缓，是谓战患。骄傲、慑慑、吟旷、虞惧、事悔，是谓毁折"，即不服从、不信任、彼此不和睦、怠忽职守、互相猜疑、厌恶作战、畏惧敌人、军心涣散、互相责难、委屈难伸、疲劳困顿、肆无忌惮、分崩离析、纪律废弛，这些都是作战的祸患。骄傲、恐惧、吵闹、忧愁、后悔，这些都是损兵折将的原因。

这些现象都反映了组织能力的缺乏，说明组织存在着弱点，而这些弱点会削弱组织的战斗力，甚至最终导致竞争战略的失败。当然这种分析也可以用于竞争对手，如果对手具有这些不良现象，就可以利用这些弱点击败它。

（二）战前的其他准备工作

《司马法》说"凡战，固众，相利，治乱，进止服正，成耻，约法，省罚，小罪乃杀，小罪胜，大罪因"。意思是，即将开始作战前，应该巩固军心，明辨利害，治理纷乱，进止有节，服膺正义，激发廉耻，简约法令，少用刑罚，小罪就要制止，犯小罪的如果得逞，犯大罪的也就跟着来了。

（三）战前进行动员

《司马法》还提出了在战略行动前进行动员的思想，"誓作章，人乃强，灭厉祥"。意思是，战前应该对士兵进行动员，可以考虑组织士兵一起宣誓，这样士气就会旺盛，动员时要让士兵知道，我们是去讨伐有罪的、残害人民的暴戾敌人，我们消灭他们是替天行道，因此，我们的行动一定会得到上天的庇佑而大吉大利。

在军事战争过程中，几乎每场重要的战役都能够看到部队领导干部给士兵做战前动员，战前动员对于激发士兵的士气具有重要的作用。其实，不仅是军事战争，几乎所有带有竞争性的活动都可以看到竞争前的动员行为，如抗洪救灾会进行出发前的动员、体育代表团参加奥运会比赛会进行战前动员，乃至学生参加高考，教师也可能会进行考前动员。企业也是如此，企业中形形色色的动员大会并不罕见。

一旦进入战前动员阶段，《司马法》提出，要"书亲绝，是谓绝顾之虑"。即不允许和后方通信，后方的信件也送不进来了，这样以保证士兵旺盛的士气；接下来就是要"选良次兵，是谓益人之强"。即要精心挑选优秀人才，配备良好的武器装备，以提高军队的战斗力。

(四)战前命令的发布

《司马法》对于如何向作战部队发布战前命令也做了论述:"凡战之道:既作其气,因发其政。假之以色,道之以辞。因惧而戒,因欲而事,蹈敌制地,以职命之,是谓战法。"意思是,一般作战的原则,已经鼓舞了士气,接着就要颁布作战指令。指挥官要摆出一副非常严肃而庄重的样子,用慷慨激昂的言辞来让下属接受命令。同时,对于下属在执行作战方案时可能遇到麻烦的细节上要告诫他们,让他们到时候能够注意,同时激发他们的欲望而使得他们能够尽力完成任务。战前的命令主要就是两类:一是直接攻击敌人;二是控制战略要地。要根据将士的职位和特点来给他们分派任务,这就是战法。下达命令还要有严格的时间要求,"凡三军:人戒分日;人禁不息,不可以分食。"意思是,三军之中:对小部队下达的号令,半天以内就要执行;对个别人员下达的禁令,要立即执行,甚至不等吃完饭就要执行。命令一旦下达,军队开始行动了,就要"弃任节食,是谓开人之意"。即各种制度开始转为战时制度,变得非常严厉,不允许士兵有丝毫违反,就连吃饭也有规定,不可以违反,这是要让士兵一直保持作战意识。

(五)战斗前的行军与排兵布阵

《司马法》非常重视战斗前的排兵布阵,"凡战之道,位欲严,政欲栗,力欲窕,气欲闲,心欲一"。意思是,作战一般的原则,战斗队形中士卒的位置要严格规定,号令要森严,行动要敏捷,士气要沉着,意志要统一。《司马法》对于将要遇到敌人,对敌发起战斗前的排兵布阵也有详细的论述,"凡陈,行惟疏,战惟密,兵惟杂,人教厚,静乃治。威利章,相守义,则人勉。虑多成则人服。时中服厥次治。物既章,目乃明。虑既定,心乃强。进退无疑见敌无谋,听诛。无诳其名,无变其旗"。意思是,战斗前的排兵布阵应该做到:军队的阵型在行进时要求疏散,以便于长时间行军保持队形;战斗时则要求密集,以便于相互配合战斗。各种兵器(或者兵种)要配合使用,以便扬长避短;士卒要训练有素,要沉着镇静,阵型才能保持严整。威令鲜明准确,上下遵守信义,就能让士兵们人人奋勉。谋划屡次成功就能使人信服。人人心悦诚服,事情就能依次办好。行军打仗过程中,旗帜要鲜明,部队才看得清楚。作战计谋既经确定,决心就应坚定。对那些进退不定、遇敌无谋的人,应予以惩罚。临阵的时候,不要随意乱用金鼓,不要轻易改变旗号,以免引起错觉和迷乱。《司马法》还对排兵布阵过程中可能遇到的一些问题进行了分析,"立进俯,坐进跪。畏则密,危则坐。远者视之则不畏，迹者勿视则不散。位，下左右，下甲坐，誓徐行之，位逮徒甲，筹以轻重。振马躁，徒甲畏亦密之，跪坐、坐伏，则膝行而宽誓之。起、躁，鼓而进，则以铎止之。衔枚、誓、糗、坐，膝行而推之。执戮禁顾，嚣以先之。若畏太甚，则勿戮杀，示以颜色，告之以所生，循省其职"。意思是，采用立阵时前进要弯腰，采用坐阵时移动用膝行，军队有畏惧心理时，队形要密集。情况危急时，要用坐阵。对远处的敌人观察清楚了就不会惶恐；对近处的敌人，要目中无敌，就会集中精力，进行战斗。士卒在布阵中的位置，按左、右、行、列分布。屯兵驻止时用坐阵。从容下达命令，要规定每个步卒、甲士的具体位置，兼顾各种兵器使用的轻重缓急，如果车震马躁，士卒畏惧，就应靠拢使队形密集，采用跪阵或坐阵，将领膝行前去用宽和的言辞告诫他们，使他们镇定下来。如果要转入进攻就起立，高声呼喊，擂鼓前进。如果要停止，就鸣金。当士卒衔枚、受命或吃饭时，都应坐下实施，必须移动时，用膝行移动。在战场上要用杀戮来严禁顾盼不前，并高声喝令他们前进。如果士卒畏惧太甚，就不要再行杀戮，而应和颜悦色地把立功求生的办法告诉他们，使之各尽其职，完成任务。

二、战略行动的原则与方法

儒兵家认为战略行动必须遵循两个基本原则：一是"义"；二是"权"。《司马法》说："灭厉之道：一曰义。被之以信，临之以强，成基一天下之形，人莫不就，是谓兼用其人。一曰权。成其溢，夺其好，我自其外，使自其内。"意思是，消灭暴戾敌人的方法主要有两个：一是义。也就是要用诚信来感化敌人，用强大的武力来慑服敌人，造成一统天下的形势，使得人们纷纷仰慕追随，这叫作争取敌国民众为我所用。二是权。也就是运用谋略，使得敌人变得骄傲自满，从而麻痹大意，然后就攻击敌人的要害，夺取关键的资源和地利，在用强大兵力从外部打击敌人的同时，从内部破坏敌人的团队，瓦解敌人的斗志。

// 延伸阅读 //

晋文公守信降原

原乃周卿士原伯贯之封邑，原伯贯兵败无功，襄王夺其邑以与晋，伯贯见在原城，恐其不服，所以必须亲往。颠颉至攒茅，栾枝至温，守臣俱携酒食出迎。

第五章 儒兵家战略管理

却说魏犨至阳樊，守臣苍葛谓其下曰："周弃岐丰，余地几何！而晋复受四邑耶？我与晋同是王臣，岂可服之。"遂率百姓持械登城。魏犨大怒，引兵围之，大叫："早早降顺，万事俱休！若打破城池，尽皆屠戮！"苍葛在城上答曰："吾闻'德以柔中国，刑以威四夷。'今此乃王畿之地，畿内百姓，非王之宗族，即王之亲戚。晋亦周之臣子，忍以兵威相劫耶？"魏犨感其言，遣人驰报文公。

文公致书于苍葛，略曰："四邑之地，乃天子之赐，寡人不敢违命。将军若念天子之姻亲，率以归国，亦惟将军之命是听。"因谕魏犨缓其攻，听阳民迁徙。苍葛得书，命城中百姓："愿归周者去，愿从晋者留。"百姓愿去者大半，苍葛尽率之，迁于轵村。魏犨定其疆界而还。

再说文公同赵衰略地至原。原伯贯绐其下曰："晋兵围阳樊，尽屠其民矣！"原人恐惧，共誓死守，晋兵围之。赵衰曰："民所以不服晋者，不信故也。君示之以信，将不攻而下矣。"文公曰："示信若何？"赵衰对曰："请下令，军士各持三日之粮，若三日攻原不下，即当解围而去。"文公依其言。到第三日，军吏告禀："军中只有今日之粮了！"文公不答。

是日夜半，有原民缒城而下，言："城中已探知阳樊之民，未尝遭戮，相约于明晚献门。"文公曰："寡人原约攻城以三日为期，三日不下，解围去之。今满三日矣，寡人明早退师。尔百姓自尽守城之事，不必又怀二念。"军吏请曰："原民约明晚献门，主公何不暂留一日，拔一城而归？即使粮尽，阳樊去此不远，可驰取也。"文公曰："信，国之宝也，民之所凭也。三日之令，谁不闻之？若复留一日，是失信矣！得原而失信，民尚何凭于寡人？"黎明，即解原围。

原民相顾曰："晋侯宁失城，不失信，此有道之君！"乃争建降旗于城楼，缒城以追文公之军者，纷纷不绝。原伯贯不能禁止，只得开城出降。

从上述案例我们可以看出春秋时期诸侯国之间的竞争主要不依靠暴力，而是强调德行和威势，以争取人心为基本原则。子曰："仁者安仁，智者利仁"，做事情遵循道德原则，不仅能够带来心灵的安宁，而且也能够带来巨大的利益，这正是儒兵家的大智慧。

总体而言，儒兵家的战略行动思想没有道兵家深刻和丰富，但是其中也有一些非常具有特色的思想。

（一）仁义原则

仁义原则是儒兵家战略行动的基本原则，儒兵家任何战略决策与战略行动都必须贯彻仁义原则。《吴子》说："城邑既破，各入其宫，御其禄秩收其器物。军之所至,无刊其木、发其屋、取其粟、杀其六畜、燔其积聚,示民无残心。"(《吴子·应变》)对待失败的竞争对手也应当善待,"其有请降,许而安之"。(《吴子·应变》)[①]《司马法》认为战争的目的是为了维护和平与道义,保障人民利益,而不是争夺利益。故此"杀人安人,杀之可也",即杀死少数人是为了大多数人的幸福与安定;"攻其国,爱其民,攻之可也",即攻打别的国家是为了解救该国的人民,吊民伐罪,除暴安良,最终实现"诸侯说怀,海外来服,狱弭而兵寝,圣德之治也",即各个属都心悦诚服,远在海外的国家都来朝贡,监狱没有了犯人,兵器封存不再使用,这才是伟大君主治国的理想境界。根据这样的观念,《司马法》提出了"战道:不违时,不历民病,所以爱吾民也;不加丧,不因凶,所以爱夫其民也;冬夏不兴师,所以兼爱其民也"。即打仗有几个基本原则:不可以违背农业耕作的时节,不可以让老百姓负担过重,因为根据以仁为本的原则,我们应当爱护我们的民众;不可以趁着敌国有丧事时去攻打,也不可以趁着敌国遇到了自然灾害时去攻打,因为根据以仁为本的原则,我们应当爱护敌国的民众。

《司马法》认为战斗过程中也必须遵循"以仁为本"的原则,提出"古者,逐奔不过百步,纵绥不过三舍,是以明其礼也。不穷不能而哀怜伤病,是以明其仁也。成列而鼓是以明其信也。争义不争利,是以明其义也。又能舍服,是以明其勇也。知终知始,是以明其智也。六德以时合教,以为民纪之道也,自古之政也"。即古代打仗,追击败退的敌军不超过100步,打了败仗后退不超过90里,这就是军队懂礼的表现;不过分羞辱无能的敌人,怜悯受伤生病的敌人,这是军队将士心中仁的表现;摆好了战阵才击鼓进攻,这是军队有信用的表现;战争的目的是为正义而不是为了利益,这是军队有道义的表现;能够宽恕屈服的敌人,这是军队勇敢的表现;懂得战争的产生原因,明白终结战争获取胜利的方法,这是军队将帅有智慧的表现。军队将帅根据不同的时机把这种德行向人民宣传教化,使得人民的德行符合道,这是古代治国治军的基本原则。

《司马法》还提出"入罪人之地,无暴圣祇,无行田猎,无毁土功,无燔墙屋,无伐林木,无取六畜、禾黍、器械,见其老幼,奉归勿伤。虽遇壮者,不校勿敌,敌若伤之,医药归之"。也就是说,当军队到达敌国时,不可以侵犯祭祀的庙宇,不可以随便打猎,不可以毁坏庄稼,不可以烧房屋,不可以随

[①] 有的学者认为《吴子·图国》提到"有此三千人,内出可以决围,外入可以屠城矣",因而认为吴起对待竞争对手是十分凶残的,故此《吴子》不能算儒兵家。但是仔细分析可以看出这里只是吴起对于其训练的锐卒所具有的强大战斗力的一种形象的描绘,并不表示吴起赞同屠城。本书认为总体上《吴子》还是以儒兵家的思想为主。

便砍伐林木，不可以拿当地民众的牲口、粮食、器械等，遇到了老人和小孩应当把他们送回家，切不可伤害他们，就算是遇到了年轻力壮的人，只要他不和我们对抗，就不可以伤害，敌人如果受伤了，应该及时派人救治。可见，《司马法》坚持把伦理道德和战略行动结合起来，仅仅把有罪之人作为攻击的对象，重视对人民的生命财产的保护。

企业竞争过程中也是如此，必须遵守一定的伦理道德。不择手段的竞争虽然可以得逞于一时，却可能给企业带来巨大的损害。

延伸阅读

微软过分打压网景公司，招来诸多不满[①]

1997年，微软和网景公司在互联网浏览器领域展开了激烈的竞争。微软为抢占市场份额，将其"探索者"浏览器与视窗95捆绑出售，从而使网景的市场份额从近90%跌至50%，微软份额则猛增至36%。这一举动招致网景公司强烈不满，也引起司法部的注意。

1997年10月，美国司法部向哥伦比亚地方法院递交了上告微软的诉状，认为应对微软科以巨额罚款。12月，哥伦比亚地方法院驳回这一要求。

1998年5月18日，司法部与美国19个州及哥伦比亚特区，对微软提出反垄断指控。10月19日，美国联邦地区法院法官汤姆斯·杰克逊就这桩备受瞩目的"微软不正当竞争案"开庭审理。11月5日，杰克逊公布了长达207页的事实认定书，认为微软在个人电脑操作系统占据了垄断地位。

2000年1月13日，被诉讼弄得狼狈不堪的比尔·盖茨辞去微软首席执行官一职，由史蒂夫·鲍尔默接任。6月，杰克逊判定微软违反反垄断法，应将其一分为二，一家主营个人电脑的操作系统，另一家经营"探索者"浏览器、办公应用软件等。微软公司不服，立即提出上诉。

2001年2月26日，微软案进入上诉程序的法庭辩论阶段。6月28日，美国哥伦比亚特区上诉法院由7名法官组成的审判团一致同意，推翻折分微软的初审裁决，但同时表示微软公司的确存在不正当竞争行为，并指定了一个新的初审法院重新审理此案。

微软公司超越底线的竞争行为，给自己带来了巨大的麻烦。如果它能够在维护自己利益的同时，也本着仁义的原则，给竞争对手一条活路，也许就不会

[①] 微软和网景公司的竞争情况可以参见第四章最后的企业案例。

有后面的官司缠身了。

（二）轻重原则

轻重战略行动原则是儒兵家非常有特色的一个观点，这个观点主要出自《司马法》。《司马法》提出："凡战：以轻行轻则危，以重行重则无功，以轻行重则败，以重行轻则战，故战相为轻重。凡马车坚，甲兵利，轻乃重。"钮先钟认为此处轻重应解释为兵力弱和兵力强，黄朴民、陈济康和吴建华等人也持类似观点，因此这段话一般都被解释为，"用小部队对付敌人小部队会有危险，用大部队对付敌人大部队就难以成功，用小部队去对付敌人大部队就会导致失败，用大部队对付敌人小部队就可以决战。所以说，作战是双方兵力的对比和较量"。这样的解释当然不能说有错误，但是我们认为不是很妥当。因为这样解释的话，《司马法》无疑提出一个根据常识也可以知道的毫无特色的观点。再参考《司马法》中其他地方对轻重的论述，如"甲以重固，兵以轻胜。上烦轻，上暇重。奏鼓轻，舒鼓重。服肤轻，服美重。凡马车坚，甲兵利，轻乃重"等。大多数《司马法》的研究者对于这些关于轻重的论述都是根据上下文逻辑关系和字面意思进行解释，只要解释得通就行，丝毫不理会其中的内在逻辑。这样就导致了一个后果，即"轻重"二字在《司马法》中有很多含义，而且这些含义各不相干。这对于一部流传千古的著作，实在是不可原谅的事。比较《论语》中对"仁"的思想的论述，虽然"仁"有很多不同层面的含义，但是这些含义之间存在着内在的逻辑关系，故而构成了孔子关于"仁"博大精深的思想体系。

我们认为，轻重不应解释为兵力弱和兵力强，"以轻行轻则危"，前一个"轻"当作装备差，后面的"行轻"指的是行动快。即武器装备差，实力不足，但行动敏捷或者擅长迂回战略，长途奔袭的军队容易遇到危险。"以重行重则无功"，前一个"重"当作装备好，后面的"行重"指的是行动慢。即武器装备好，实力雄厚，但行动迟缓的军队往往劳而无功。"以轻行重则败"，即武器装备差，但行动也迟缓的军队则一定会失败。"以重行轻则战"，即武器装备好，行动也敏捷的军队才可以出战，获得成功。"故战相为轻重"，所以作战要考虑权衡轻重问题。"凡马车坚，甲兵利，轻乃重"，也就是说，在战略行动过程中要做到行动迅速，同时又保持防御力和强大的攻击力，这就是轻重兼备。无疑这是一支理想的军队，是治军应达到的目标。

《司马法》中关于轻重的论述还有两条比较重要：

1. "奏鼓轻，舒鼓重"

"奏鼓"可以引申为大造声势，"舒鼓"可以引申为不动声色。这样"奏鼓轻"可以解释为"敌人大张声势的行为背后的真实意图可能是要运用奇兵奔袭"。《六韬·龙韬·奇兵》提出"鼓行喧嚣者，所以行奇谋也"，正是同样的观点。历史上著名的战例——韩信"明修栈道，暗度陈仓"可以说是"奏鼓轻"战略原则运用的典范。"舒鼓重"可以解释为"敌人不动声色的行为背后的真实意图可能是要养精蓄锐，等待时机，准备正面作战"。秦国统一战争中王翦攻打项燕时，曾经长时间地养精蓄锐，不和项燕交战，使得项燕认为王翦只不过是为了自保而已，故而发生懈怠，最后被王翦一举打败。从这个角度来看，"奏鼓轻，舒鼓重"可以说是中国古代兵法中两项非常伟大的战略思想。

2. "上烦轻，上暇重"

有的学者把"上烦轻，上暇重"解释为"将帅急躁烦乱就会行事轻率，将帅雍容沉着就会遇事持重"。认为上烦轻指的是主将心烦意乱；上暇重指的是主将气定神闲，胸有成竹。那么就内含有认为"重"好与"轻"不好这种的判断了，这种解释把轻重关系简单化了，没有认识到轻重的辩证关系。"轻""重"作为一对需要权衡的对立统一范畴，无所谓哪个好，哪个不好，在无法做到轻重兼备时，只能根据具体情况灵活选择。因此，此处应结合轻重的概念，进行引申。参考《司马法》中另一个提到了"烦"的地方，即"寡利烦，众利正"。这段话一般解释为"军队人数少时适合用迂回繁复的战略，军队人数多时适合用正面进攻的战略。"可见，"烦"可以解释为繁复的战略，相应的"暇"则可以解释为简单的战略。这样"上烦轻"，上通尚，含义即为用兵崇尚繁复、迂回称为轻。"上暇重"，含义为用兵崇尚简单，直接称为重。结合"兵以轻胜"等战略思想，可见《司马法》提出了两种不同的用兵风格。第一种用兵的风格是"轻"，如果用兵的特点偏于轻，那么往往敢于冒险，追求出奇制胜，即具备这种用兵特点的将军往往善于运用迂回战略，进行长途奔袭。这种用兵风格需要将领进行全面思考，运筹帷幄。如红军长征时毛泽东率领红军四渡赤水，红军装备差、辎重少而行动迅速，正合乎"轻"的特征，并使用了"上烦"的战略，取得了胜利，可以说这个战例正是《司马法》中"兵以轻胜"的典范。第二种用兵的风格是"重"，如果用兵的特点偏重，那么要小心谨慎，步步为营，追求正面进攻，靠实力取胜，因而具备这种用兵特点的将军往往不喜欢冒险，不善于迂回战略，一般都按照军事常规行动，因此其战略往往比较简单，显得暇。这里的暇应当指的是战略思考方面的暇。如国民党进攻井冈山革命根据地，发动第五次"围剿"时，其实力雄厚，但是对地形不熟悉，战略能力不如红军，所以所使用的战略就是堡垒主义，步步为营。

（三）力气原则

力气原则可以视为轻重原则的一个补充。《司马法》认为打仗要想持久就要靠力气，力气乃是两个词，力是指军队实力，气是指军队士气。"凡战，以力久，以气胜。以固久，以危胜，本心固，新气胜"，"新气胜"《武经七书新译》中译作朝气蓬勃才能取胜，《兵法经典新解》中译作锐气勃发才能够取胜，本书根据《左传》中曹刿论战所谓"一鼓作气，再而衰，三而竭"，认为一鼓作气乃是新气，也就是说激励士卒作战最好每次作战只激励一次，若多次进行激励鼓舞，那么士气就很难如第一次那么旺盛了。《司马法》强调新气胜和春秋时期崇尚正面进攻的战术密切相关。故此，这段话的意思是打仗时，军队实力强才能够持久，士气旺盛才能够取胜；军队防御坚固才能够持久，军队敢于冒险才能够取胜；军队一心求战，心无杂念才能够持久，一鼓作气就能够获胜。因此，战略行动过程要保持军队的力气和士气，即"养力索巧"。而要保持力气，战略行动时就要做到"舒"。《司马法》提出"军旅以舒为主，舒则民力足。虽交兵致刃，徒不趋，车不驰，逐奔不蹸列，是以不乱。军旅之固，不失行列之政，不绝人马之力，迟速不过诫命"。即使仗打得很激烈，仍然保持队伍不乱。而在临战前就要做到"力欲窕，气欲闲"，这样才能保证军队有力气和旺盛的士气。《吴子》说："凡行军之道，无犯进止之节，无失饮食之适，无绝人马之力。"打仗是一件非常辛苦的事情，虽然必要的时候命都可以不要，但是为了保持良好的战斗力，在不需要拼命时，需要注意保持力量。

《司马法》针对行军过程中如何把握好养力的度也有精辟的分析，"凡战，先则弊，后则慑，息则怠，不息亦弊，息久亦反其慑"。即打仗的时候，先行动容易使得兵力疲劳，后行动则容易受到敌人威胁压制，休息容易造成懈怠，不休息就会疲惫不堪，休息久了则会产生怯战心理。那么怎么办呢？只有靠将领根据自己的经验把握行动的先后和强度，休息时间的长短和时机。

要提升军队实力，《司马法》提出"大军以固，多力以烦"的要求，并解释道"轻车轻徒，弓矢固御，是谓大军"，"密静多内力，是谓固陈"，"因是进退，是谓多力"，"上暇人教，是谓烦陈"。意思就是说，战车行动轻快，步兵行动敏捷，弓箭防御坚固，称为实力强大防守坚固，要做到这一点，就要平时经常对军队进行休整使其保持旺盛的战斗力，战时能够集中兵力；军队能够根据具体情况，而采取正确战略行动，并且进退自如，称为战斗力强，要做到这一点，就要求将领沉着冷静，士兵训练有素。

这个原则对于现代企业管理也是有意义的，企业采取战略行动应当量力而行，如果目标过于远大，不知道节制，不停地催促员工努力，其结果只能是欲速则不达。

(四) 权变原则

权变原则同样是儒兵家的重要原则，尽管儒兵家缺乏《孙子兵法》中诸如形势、虚实、奇正等精妙的理论，但是儒兵家却同样抓住了权变原则的要点，即避实击虚。吴起提出"用兵必须审敌虚实而趋其危"，做到"因形用权"，那么久能事半功倍，"不劳而功举"。

《司马法》提出因敌而动的观念："凡战，设而观其作，视敌而举。待则循而勿鼓，待众之作。攻则屯而伺之"。意思是，一般作战，先摆好阵势，不忙于作战，看敌人怎样行动，再采取相应的行动。如果发现敌人已准备好圈套，等待我方去中它的计，为了适应这种情况，就暂不发起进攻，而等待观察敌人主力的行动。如果敌人进攻，就集中兵力看准敌人的破绽去打击它。这个观点和《孙子兵法》的主动原则似乎有冲突，但实际上因敌而动，绝不是被动，而是以静制动，是一种特殊形态的主动。

此外《司马法》还提出"凡战，众寡以观其变，进退以观其固，危而观其惧，静而观其怠，动而观其疑，袭而观其治。击其疑，加其卒，致其屈。袭其规，因其不避，阻其图，夺其虑，乘其惧。"意思是，一般作战，应使用或多或少的兵力去试探敌人，以观察它的变化；用忽进忽退的行动，以观察它的阵势是否稳固；迫近威胁敌人，看它是否恐惧；按兵不动，看它是否懈怠；进行佯动，看它是否疑惑；突然袭击，看它阵容是否整治。在敌人犹豫不决的时候打击它，乘敌人仓促无备的时候进攻它，使敌人战斗力无法施展。袭击敌人并打乱它的部署，利用敌人冒险轻进的错误，阻止它实现企图，粉碎它既定的计划，乘它军心恐惧时歼灭它。

吴起在与魏武侯的对话中还列举了根据各种不同情况，权变治敌的策略。如"其将愚而信人，可诈而诱。贪而忽名，可货而赂。轻变无谋，可劳而困。上富而骄，下贫而怨，可离而间。进退多疑，其众无依，可震而走。士轻其将而有归志，塞易开险，可邀而取。进道易，退道难，可来而前。进道险，退道易，可薄而击。居军下湿，水无所通，霖雨数至，可灌而沈。居军荒泽，草楚幽秽风飙飙数至，可焚而火。停久不移，将士懈怠，其军不备，可潜而袭"。

三、战略行动之后的工作

儒兵家非常重视战争可能带来的后果,不仅不希望战争带来后遗症,给自己惹来麻烦,也不希望给人民带来痛苦。儒兵家是要真正消灭战争,消灭仇恨。《司马法》说:"以礼为固,以仁为胜,既胜之后,其教可复,是以君子贵之也。"意思是,以礼制为规范,军队就能巩固,用仁爱为宗旨,就能战胜敌人。这样取得的胜利不会造成敌国人民的仇恨,因而在胜利之后,使敌人改过自新或者诛戮敌人兼并敌国之后对敌国的人民实施教化,使他们归顺就很容易。这样胜利就可以稳固,可以长久保持。因此,君子以之为贵。可见,儒兵家并不是不知道运用诡诈的谋略和暴力方式也可以取胜,而是儒兵家敏锐地发现那种胜利会激起对方的强烈仇恨,敌人即使一时低头,也会伺机报复,敌国老百姓也不会归顺。

具体而言,《司马法》要求,"既诛有罪,王及诸侯修正其国,举贤立明,正复厥职"。即战争结束之后,惩办了有罪之人之后,天子和诸侯们还要帮助整顿好那个国家,选用贤能,另立明君,调整、恢复其各级官职,使得那个国家的人民能够早日过上安定幸福的日子。而对于自己国家的民众,在经历了出征之苦之后,《司马法》要求,"古者戍军,三年不兴,睹民之劳也;上下相报若此,和之至也。得意则恺歌,示喜也。偃伯灵台,答民之劳,示休也"。意思是,对于出征打仗的军人,三年内不再征调他们,这是看到他们太辛苦了。上下这样地互相体恤就是最团结的表现。打了胜仗就高奏凯歌,表达喜庆的心情。结束战争后,高筑"灵台"集会,慰劳民众,表示从此开始休养生息。

如果一次战略行动结束之后,目的尚未达到,战争还未结束,儒兵家认为部队上下级之间都应该谦虚谨慎,不争功,不诿过,认真检讨战略行动中的各种问题。《司马法》说:"大捷不赏,上下皆不伐善。上苟不伐善,则不骄矣,下苟不伐善,必亡等矣。上下不伐善若此,让之至也。大败不诛,上下皆以不善在己,上苟以不善在己,必悔其过,下苟以不善在己,必远其罪。上下分恶若此,让之至也。"意思是,大胜之后不颁发奖赏,上下就不会夸功,上级如果不夸功,就不会骄傲了;下级如果不夸功,就不会向上比了。上下都能这样不夸功,这是最好的谦让风气。大败之后不执行惩罚,上下都会认为错误是在自己。上级如果认为错误在自己,必下定决心改正错误,下级如果认为错误在自己,必下定决心不再犯错误。上下都像这样争着分担错误的责任,就是最好的谦让风气。

第五章 儒兵家战略管理

综上所述，我们可以总结一下儒兵家的战略管理模式，如图 5-2 所示：

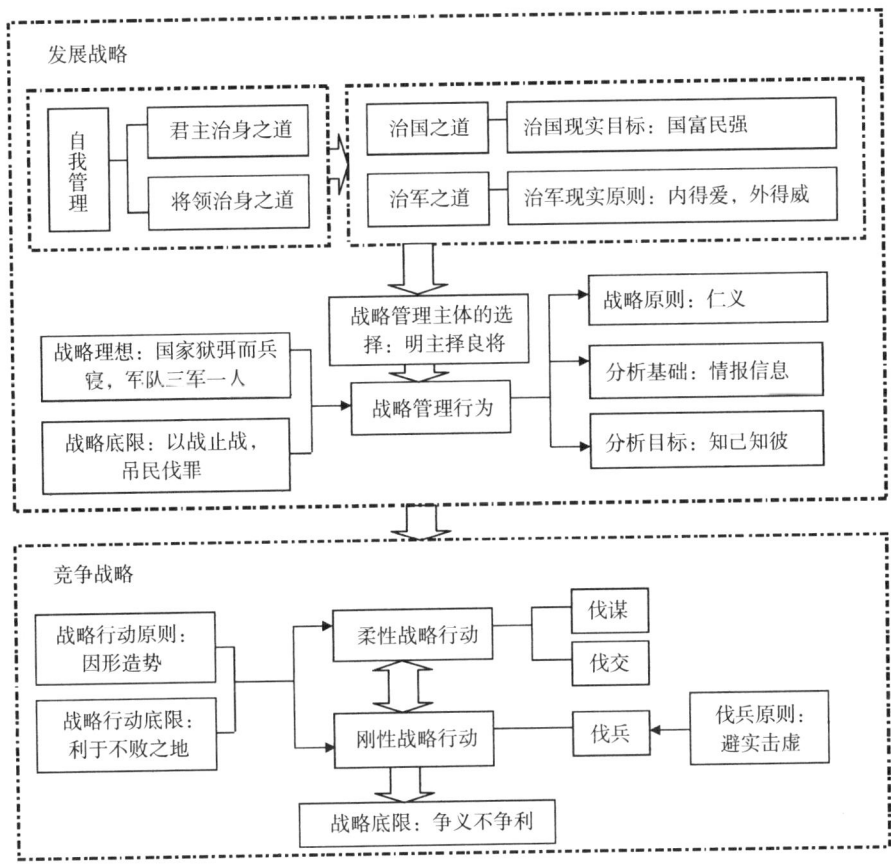

图 5-2 儒兵家的战略管理模式

如果说道兵家战略管理模式接近西方战略管理理论中的企业家学派，关注外部竞争环境的变化，那么儒兵家战略管理模式则接近西方战略管理理论中的学习学派，关注内部核心能力的培养。

===== 本章小结 =====

本章重点分析儒兵家的战略管理思想。主要以儒兵家的代表作《司马法》一书的思想为核心进行分析，同时补充了具有浓厚儒兵家倾向的《吴子》一书中的一些重要思想。首先，分析儒兵家的自我管理之道。其次，分析儒兵家治军之道和治国之道。最后，探讨了儒兵家的战略分析、决策与行动思想。总体而言，儒兵家战略管理思想和道兵家、法兵家战略管理思想有着巨大的差异，儒兵家有着独特的战略目标，即主张战略目标应该是消灭战争、仇恨和暴乱。为了实现这一战略目标，儒兵家提倡遵循伦理原则的管理之道，重视战略管理主体德行的修养和被管理者的德行情况，强调教化的作用和德行的价值，应该说儒兵家这样一些特点使得儒兵家的战略管理主张更加切合企业战略管理实践。

儒兵家的战略管理思想主要体现在《司马法》一书中，另外《吴子》也带有比较浓厚的儒兵家色彩。儒兵家非常重视伦理在管理和竞争中的作用，提出了世界上最早的竞争伦理，诸如"以仁为本，以义治之"、"吊民伐罪"等思想直到今天仍然为人们所熟悉。在当代政治、经济竞争日益白热化的今天，走出针锋相对的狭隘思维，重温儒兵家的观点，对建立当代的市场经济秩序乃至国际政治经济秩序都会有很多重要启示。

儒兵家重视战略管理主体德行的修养和被管理者的德行情况，强调教化在管理中的作用，认为对人们道德的管理乃是最高境界的管理。这些观点对于一些优秀企业如何进一步提升战略管理水平具有重要的参考意义。

儒兵家还具有深刻的辩证思想，认为德行本身具有重大的价值，提出关注利益的战略管理短期之内比较有效，但是其长期效果很难保证；而关注德行的战略管理不仅可以保证短期效果（当然，可能效果会比前者差些，花的力气也会比前者多些），而且可以保证长期效果。因而，道德是非常值得战略管理主体去关注的一项重要内容。

// 延伸阅读 //

齐桓公的霸业

在大名鼎鼎的"春秋五霸"中，晋文公被评价为"谲而不正"，楚庄王在当时中原人眼里算是"非我族类"，宋襄公则傻得有些可笑，而秦穆公功业偏于一隅，唯独齐桓公才是货真价实的一代霸主。以至孔子称道他"正而不谲"，孟子讴歌他"五霸桓公为盛"。为什么齐桓公能够得到孔、孟两位圣贤如此高的评价呢？究其根本原因在于，齐桓公争霸系列行动是典型的儒兵家战略管理行为，从根本上合乎中国传统儒家伦理文化。齐桓公的战略管理行为完全遵循了《司马法》中的"以仁为本，以义治之"，"权出与战，不出于中人"的战略原则，他用合乎道义的方式成功实现了自己的战略目标。概括起来齐桓公的争霸战略主要有以下三个方面：富国安民的治国战略、亲邻结盟的外交战略和尊王攘夷的军事战略。

（一）齐桓公治国战略

富国安民是桓公争霸战略的基础。桓公继位伊始，就向管仲请教"圣王之治天下"的安民大计。管仲提出"成民之事"与"定民之居"两项措施。

"成民之事"是使国内士、农、工、商四民各有处所，不要杂居。使士就清净之地，讲求道艺学术；工就官府，讲求肆业技术；商就市场，讲求贸易生利；农就田野，从事耕作稼穑。固定的居处可使四民子弟继承父兄的事业，收到"其父兄之教不肃而成，其子弟之学不劳而能"的功效。

"定民之居"是实行"参其国而伍其鄙"制度。在国郊以内编制二十一乡：工商六乡，士乡十五。在国郊以外的鄙野，编制邑、卒、乡、县、属各级行政单位，共编五属，设五位属大夫管理。工商六乡，专门从事工商业活动；鄙野五属，专门从事农业生产。

而在十五士乡则实行"作内政而寄军令"的行政与军事双重编制法："五家为轨，故五人为伍，轨长帅之；十轨为里，故五十人为小戎，里有司帅之；四里为连，故二百人为卒，连长帅之；十连为乡，故二千人为旅，乡良人帅之；五乡一帅，故万人为一军。五乡之帅帅之。"其轨、里、连、乡，就是居民行政编制单位；伍、小戎、卒、旅，就是士兵军事编制单位。而轨长、里有司、连长、乡良人，就是一身兼行政与军事两任的首长。五乡编为一军，十五乡共编为三支大军。这就是齐桓公赖以建立霸业的基本武力。

齐桓公霸业的成功还在于他有一套发展经济的战略。管仲所实行的"参国伍鄙"制度，促进了齐国农业、手工业和商业的进一步分工与发展，造就了齐国"百姓富、牺牲不略、牛羊遂"的欣欣向荣局面。桓公还"通齐国之鱼盐于东莱，使关市几而不征，以为诸侯利"，这就为齐桓公的霸业奠定了坚实的经济基础。

（二）齐桓公的外交战略

齐桓公的外交战略主要是针对周朝分封的各个诸侯国，特别是中原华夏国家。不包含少数民族国家，正如管仲所说："戎狄豺狼，不可厌也；诸夏亲，不可弃也。"在当时的华夏诸国中，以宋、鲁两国最重要、最有影响。齐桓公就从争取鲁、宋两国入手做"亲邻"工作。但在当时王权衰落、列国纷争的形势下，要把华夏诸侯团结起来，殊非易事，特别是鲁国。齐桓公的父亲齐襄公曾杀鲁桓公。齐襄公死后，鲁庄公又支持公子纠与齐桓公争夺齐国国君的位置，两家因而结下深仇大恨。齐桓公为称霸大局，毅然捐弃前嫌，与鲁庄公会盟，修怨结好，还返还过去侵占鲁国的棠、谱等地。鲁庄公二十二年，齐以公女许嫁庄公，鲁、齐重结婚姻。这就建立起了巩固的齐、鲁联盟。

鲁庄公十二年秋，宋国发生弑君之乱。次年春，齐桓公会诸侯于北杏，平定宋乱。这年冬，宋背北杏之盟，桓公率诸侯征讨，迫宋与齐讲和结盟。为巩固这一联盟，齐桓公先后为宋讨伐郳、郑二国，"宋自是与齐为一，宋亲而中国诸侯定矣"。

在齐桓公团结华夏诸侯的战略中，郑国占据重要地位。郑紧邻王畿，与宋并为中原屏障。正当齐桓公图霸之时，南方的楚国势力也伸延到了北方。汉阳诸地被它蚕食殆尽，蔡国也落入它的掌握之中，郑、许、陈三国则不断受到它的侵扰，郑国首当其冲。郑国如果加入齐桓公的联盟，那么中原华夏国家就能在一定程度上保持和平与安宁的局面；反之，它们就会面临南方楚国的强大军事威胁。齐桓公为了争取郑国，采取了以斗争求团结的策略。鲁庄公十六年，齐联合宋、卫伐郑，郑顺服了齐。后来楚国多次侵袭，企图迫使郑国加入自己的军事同盟。齐桓公为解决楚国北上争郑问题，统率中原八国军队南下攻楚，迫楚与诸侯缔结召陵之盟，挡住了楚军北进争郑的势头。后来，周惠王怂恿郑伯拒绝参加齐桓公倡导召开的首止之会，背叛齐国。桓公于僖公六、七年连续对郑用兵，从此终齐桓之世，郑国不敢再叛。

为贯彻"亲邻"战略，桓公还出兵解救受戎狄侵扰的燕、卫、邢三国。此举使"天下诸侯称仁焉。于是天下诸侯知桓公之非为己动也，是故诸侯归之"。"亲邻"既是政治战略，也是外交战略，因为外交斗争是政治斗争的组成部分。从桓公对宋、鲁、郑、邢、卫、燕的关系看，他团结华夏的"亲邻"战略获得了巨大成功，齐桓公成为中原华夏诸国的盟主。

（三）齐桓公军事争霸战略

春秋时，周王室的地位虽然一落千丈，但天子名号尚存，传统势力和政治影响力很大。所以齐桓公把"尊王攘夷"确定为基本战略目标，而这也就使他取得了号令华夏诸侯的一面大旗。

据《左传》记载，齐桓公的"尊王"事迹有以下数端：第一，鲁庄公十七年，郑不朝王，齐逮捕郑执政大夫郑詹。第二，鲁庄公二十七年，齐桓公接受周惠王所赐"侯伯"之命，次年伐卫，大败卫师"数之兴王命"。第三，鲁僖公五年，桓公率诸侯在首止会见王太子郑，安定王室。第四，鲁僖公八年，齐桓公率诸侯在洮地会盟，安定周襄王王位。第五，鲁僖公九年，齐桓公在葵丘大会上尊崇王室，宣布"壹明天子之禁"，襄王派宰孔赐桓公为"九命上公"。桓公降阶参拜，升堂受命。第六，鲁僖公十二年，桓公派管仲为王室和戎人讲和。

第五章 儒兵家战略管理

尊王使齐桓公获得了"侯伯"封号，可以代天子行使征伐大权，成为名正言顺的诸侯"伯主"（即霸主）。此外，齐桓公为了巩固霸主的地位，还打退了四周少数民族政权的进攻、消除南方楚国的军事威胁。

春秋初，蛮、夷、戎、狄交侵中国。《公羊传》僖公四年概括当时形势是"南夷与北狄交，中国不绝若线"。南夷指的是楚，北狄指的是戎狄。针对北方戎狄祸急但较楚为小，南方楚祸缓但为害大的形势，桓公攘夷采取了先北后南、先小后大，政治斗争与军事斗争相结合，有打有和的军事战略。

鲁庄公三十年山戎侵燕，桓公率大军"北伐山戎，（击）令支、斩孤竹而南归"。并向鲁国献戎捷。

鲁闵公元年，狄人伐邢，桓公依据"戎狄豺狼，不可厌也，诸夏亲，不可弃也"的政治原则，发兵救邢，迁邢于夷仪。次年，狄人大举攻卫，灭卫杀卫懿公。齐桓公又出兵救卫，重新封卫于楚丘。对北方的戎狄，桓公采取的是军事进攻的战略。

当北方局势稳定以后，桓公即掉头南下，对付强楚。春秋初，楚国一路北进，灭吕、灭申、灭息，独存蔡不灭，留作北上门户。所以齐桓公"攘楚，必先有事于蔡"。鲁僖公四年，齐桓公率齐、鲁、宋、陈、卫、郑、许、曹八国大军侵蔡，蔡不支而联军遂挺进楚国。最终，齐、楚双方达成妥协，缔结了召陵之盟。召陵之盟虽未能在军事上重创楚国，但收到了"不战而屈人之兵"的功效，挫败了楚国北进的锋芒，是齐桓公争霸政治战略的一个胜利。这也是一次非常经典的儒兵家战略管理思想的应用典范。下面我们详细谈谈这次战役。

当时楚国君主楚成王，任用贤才斗子文当令尹（宰相），国家得到了很好的治理，内政清明，老百姓安居乐业，国家经济实力也得到了巨大的提升，于是楚成王有志争霸天下。他听说齐桓公救邢存卫，人人称颂齐桓公的德行，很不高兴，对他的宰相子文说："齐桓公沽名钓誉，现在天下人心都归向他。我们地处偏远，不为中原人所知，没有人赞赏我们的德行，没有人害怕我们的军威，我深以为耻！"子文说："齐桓公经营霸业，于今将近三十年了。他以尊王为名，使得天下诸侯都愿意归附他，这是道义的力量呀，我们没有办法图谋。不过，大王如果您希望和他比一个高下的话，可以考虑先争取让郑国臣服我们，郑国正好居南方和北方之间，是我们势力进入中原的必经之路，如果郑国臣服我们，我们就可以进一步争霸中原了。"

于是成王派大夫斗章征讨郑国，很快楚军就打败郑军，生擒郑国大将聃伯。于是郑国国君赶紧派人向齐国请救兵。管仲听到这个消息，马上向齐桓公进言说："大王您这些年做了很多深得民心的事情，各个诸侯国都对您非常敬佩，现在正是您称霸天下的机会。您可以利用这个机会，号召诸侯国一起去伐楚救郑，这是非常符合道义的。同时，楚国是大国，依靠一国之力很难打败它，因此，您号召诸侯国一起去伐楚救郑也是必要的，我想诸侯国不能不积极响应，这样您就顺理成章地成为诸侯国领袖了。"

齐桓公很高兴，但是又有疑虑："楚国也有很强的实力和号召力，有很多诸侯国一贯听从楚国的号令，我们号召诸侯国一起和楚国对抗，我们一定能够打胜仗吗？"管仲说："我们不要直接去救郑国，而应该攻击楚国本土，这样楚国对郑国的围困就解了。而且我还有一个计策，蔡国是楚国最重要的盟友，而且曾经得罪过您，楚蔡接壤，我们不如先以大肆宣扬要讨伐蔡国为您报仇，然后乘胜再攻打楚国，楚国来不及防备，一定会失败，这就是《兵法》所谓的'出其不意'呀！"

齐桓公说："我听说江国和黄国两个国家近来受到楚国欺负，因而派遣使者来和我国通好，我想和它们结盟，等到攻打楚国之日，让它们作为内应，从后方攻击楚国，您觉得怎样？"管仲说："江、黄两国地理位置远离齐国，而靠近楚国，一向以来都是楚国的附庸。如果我们和它们结盟的话，楚国知道后一定会攻打它们，到那个时候，我们想救这两个国家，会因为道路遥远而远水救不了近火；可是不救，又损害同盟国的义气。我们中原这么多诸侯国，把它们整合起来力量足以对付楚国，何必借助江、黄两个小国？"桓公说："可是，我觉得也不好不和它们结盟呀，这样的话它们会很失望，而且远方其他的国家看到这样的事情，也会很失望，我们就会失去人心。"管仲说："您的担心也是有道理的，我们虽然不能和江、黄两个小国公开结盟，但我们可以秘密和它们结盟，把这利害关系告诉它们，它们也会理解的。"于是，齐桓公就和江、黄两国的国君盟会，秘密结盟，商议了一起攻打楚国的日期，大概定在第二年春季正月。两位小国国君建议说："舒国人一向跟着楚国欺凌其他国家的人民，天下把它们合称为'荆舒'，如果您打算对付楚国，可以考虑先收拾舒国，这样楚国就少了一个重要的帮手。"

齐桓公认为有道理，于是决定先对付舒国，不过舒国离齐国距离较远，长途奔袭成本太大，也不一定能成功。齐桓公想到了一向和自己亲近友好的盟国徐国离舒国很近，于是写了一封密函给徐国的君主，请徐国派兵偷袭舒国，徐国君主收到密函后，按照约定率军袭击舒国，打败了舒国。此时，鲁国又派遣使者来通好，齐桓公乘机把鲁国也拉进了抗楚联盟。

这时候，楚军正猛攻郑国，郑国国君郑文公再次派遣使者向齐国求救。于是齐桓公定下战略，首先派人大肆宣扬，齐国的救兵马上就到，一方面迷惑楚国，另一方面也坚定郑国抗击楚军的决心；然后遍约宋、鲁、陈、卫、

第五章 儒兵家战略管理

曹、许等盟国的军队，一起起兵讨伐蔡，继而攻打楚国。周惠王十三年，春正月，齐桓公命管仲为大将，率领隰朋、宾须无、鲍叔牙、公子开方、竖貂等出车三百乘，甲士万人，汇集诸国兵马，分队进发，攻打蔡国。

没想到蔡国国君听说这么多国家一起来讨伐他，吓得连夜逃走，去向楚王求救。楚王于是传令整顿军队，准备作战，同时，召回攻打郑国的军队，一起来对付齐国率领的多国部队。

楚王派出大夫屈完，出使齐国军队，打探消息，屈完见到齐桓公说："您住在北海，我住在南海，真是风马牛不相及，不料您却来到我的土地上，这是什么缘故？"管仲代表桓公回答说："从前召康公曾命令我先君太公说：五等诸侯，九州伯长，如有罪过，你都可以讨伐，以便辅佐周王室。他还给我先君指定了管辖的区域：东到大海，西到黄河，南到穆陵，北到无棣。你们应该贡献的'包茅'不按时送来，不供应周王祭祀的用品，没有渗酒的东西。这是我要向你征询的；还有，昭王南巡而未能返回，这也是我要向你质问的。"楚使屈完回答说："贡品没能按时进献，这是我们国君的罪过。至于昭王南巡没有返回，这不关我们的事。"齐桓公说："我用这么多的军队去打仗，谁能抵挡得住！我用这么多的军队去攻城，哪一座城攻不下来！"屈完回答说："您若用恩德来安抚诸侯，谁敢不服从？您若想依仗武力，我们楚国就将以方城山作为城墙，以汉水作为护城河。您的军队虽然众多，也是无济于事的。"于是很生气地回去了。

管仲对齐桓公说："楚人倔强，不可以靠言辞来吓唬他们，我们可以进逼楚军。"乃传令八军同发，直至隆山。离汉水不远，管仲下令："就此屯扎，不可前行！"盟国代表都过来询问："我们的军队已经深入楚国境内了，干吗不渡过汉水，和楚国人决一死战？逗留在这里干吗？"

管仲说："楚国既然已经派遣使者前来，想必已经有了准备，兵法里讲究出其不意、攻其不备，楚国已经有了准备，想要打败它，就一定会有一番恶战，那么双方都会有很大的死伤。这样的话，彼此的怨恨就无法化解了，两国的无辜老百姓也会因而深受战乱之苦。现在我们屯兵于此，声威浩大，楚国人已经害怕了，他们一定会再次派遣使者来，我们让他们低头认错，这样不是也很好吗？"

果然，楚王又派屈完前来拜见齐桓公，屈完说："您率领军队前来，责备我们君主没有向天子进贡，我们君主已经知道自己的过错了，他派我来向您表示歉意。如果您能够退兵三十里，我们一定会按照您的要求，尽快向天子补上我们应进贡的东西。"齐桓公很高兴地说："你们既然愿意改过，遵守既有的礼制，我怎么还会为难你们呢？"屈完称谢而去。之后，齐桓公果然退兵三十里，在召陵驻扎。

楚王也如约派遣屈完带着八车金帛和一车茅草，前往召陵，以八车金帛犒劳齐桓公率领的盟军。并把准备向天子进贡的一车茅草和表张，让齐军过目，然后送往周天子处进贡。

当时，齐桓公、盟军其他七国代表与楚国代表屈完在召陵举行仪式，齐国和楚国相互示好，化解前嫌，终止各个相关国家的敌对状态，维护天下和平。这就是著名的齐桓公召陵会盟。

楚国兵锋咄咄北上，成为中原诸侯的巨大威胁，"南夷与北狄交，中国不绝若线"。在这种情况下，齐国当缩头乌龟是不成的，保护不了中原中小诸侯国，称霸中原的理想也就落空了。但同实力雄厚的楚国打一场硬仗，又不一定能够胜利，倒是很有可能会两败俱伤。最好的办法是组织起一支多国部队，兵临楚境，给其施加巨大的政治、军事、外交压力，迫使对手做出一定的让步。于是，齐桓公与楚国方面在召陵联袂上演了一场妥协大戏。楚国承认不向周天子进贡"包茅"的过错，表示愿意承担服从"王室"的义务，让齐桓公有了使楚国屈服的巨大声威和荣耀；齐桓公也达到了阻遏楚国北进，消除自己称霸中原的一个巨大障碍的目的。

// 延伸阅读 //

缺乏伦理的乳业竞争[①]

1999 年 12 月 5 日，《国务院关于进一步加强产品质量工作若干问题的决定》颁布，其中包括食品质量免检制度的内容。随后几年，伊利、蒙牛等多家著名乳业品牌纷纷成为国家质量免检产品。

2001 年，在西安蒋家寨村，有人观察到了畜牧业的发展热潮，开始筹备成立机械化奶站。1 年多后，蒋某建成了当地第一所奶站。他当时正在这个朝阳产业上踌躇满志。他是最早投资奶站的一批人之一。当时建奶站跟"修房子"一样简单，不需要工商执照，也不需要卫生许可证之类的行政审批，只要有资金、设备，就能开业。直到"三鹿"事件爆发前，奶站的监控管理并没有改善。蒋某觉得，甚至更加混乱了，"像我这样不掺假的人很少"。当时，像他这样的奶站并不多。"主要是奶贩子收奶，再加上企业自己建点收奶。"蒋某回忆说。

---

① 选自《南方周末》，http://www.infzm.com，有删改。

第五章 儒兵家战略管理

2002年,中国奶业正处在飞速发展的辉煌时期。2001~2006年5年间,中国奶牛存栏增长率、牛奶总产奶量年均递增长率、奶类总量年均递增长率、人年均占奶量年均递增长率都呈两位数增长,几大项指标的综合年均递增长率达到了23%,是前50年年均增长率的3倍。

令业界咂舌的是蒙牛发展的"航天速度"。"蒙牛速度"成了中国企业界的一个传奇故事:开创前三年,蒙牛平均每天超越一个同类企业,5年间销售额增长了200倍。某企业管理者说:"那时候,我们年销售额是以200%的速度递增,蒙牛是1000%多的增长,消息登出来的时候大家都不相信,以为弄错了。"

这种膨胀发展已经引起了一些业内人士的担忧。当时就有人提出来,这样高速发展会留下隐患,必定会出问题,应该自己建设奶源基地,发展养殖小区,加强监控。但是企业忽视了,政府也没有很好地引导。

蒋某与伊利的合作正处在蜜月期。在1年多时间里,他的奶站从最初的2个发展到了50多个,日收奶量从2吨多变成了30多吨,收奶地域除了当地乡镇,还辐射到周边9个县区近百个农村。《农业科技报》报道他的新闻标题为《一个牵着牛头奔跑的人》,而他也被无序发展的中国奶业牵着走。

2002年底,被称为"中国奶业第一炮"的广州市奶业协会理事长王某开始在一些公开场合呼吁重视问题。在第一届广东奶业高层论坛上,他以一个普通消费者的名义指出当时奶业存在的两大问题:一是企业大量进口奶粉,还原成牛奶后,当成"鲜奶"销售;二是牛奶中添加香精。这些都是业内公开的秘密了。"这就是一张纸,到底捅不捅破它?"他在会上质问政府部门和乳品加工企业。

2003年初,有媒体对王某的观点进行了报道,这可能是最早揭露奶业内幕的新闻报道。当时王某还心存顾忌,担心企业矛头都对准他。"我对媒体说,多找几个人一起上新闻。"王某回忆说。

奶业的辉煌时代似乎必然走入这样的结局:2005年,蒋某突然意识到:"奶太多了。"那年6月,另一个事件严重打击了奶业市场的消费信心。河南电视台报道了光明乳业郑州子公司将过期奶回炉并销售的消息,光明"回炉奶"在全国闹得沸沸扬扬。随后郑州市质监、卫生、工商、农业、工会共同成立联合调查组着手调查。最终光明乳业在郑州的相关负责人被免职。牛奶需求量几乎同时开始萎缩。2005年乳制品产量为2443万吨,增长率仅为约3%,比起2004年的25%增长率几乎微不足道,奶粉消费量下降了7.8%,液态奶和酸奶只有小幅增长。

在陕西,伊利对奶站"限量撤点"。作为收奶大户,蒋某的感触颇深。

"以前是企业求奶站,有奶就是娘。现在是奶站求企业,有奶就是孙。随便一个大企业的小职工过来都可以跟你要钱,因为他可以给你多报收奶指标。"蒋某知道有奶站主开始暗地里送钱了,他也不能免俗:"比如某大奶制品企业一个职工打电话给我说,蒋总和我在这里吃饭,钱不够,借点钱。我送过去的时候心里很不舒服,钱都是有去无回。"

奶站管理依然混乱。"政府几乎没有管理,都是靠奶站老板的良心。"蒋某说:"奶站不景气了,不掺假造假的奶站几乎没有利润。"

在"三鹿"事件之后,一份发表于中国奶协官方网站上的调查报告称,目前中国奶源主要有三种:一是企业自建的规模化奶牛场,没有中间流通环节,质量管理最好,但只占总奶源的10%~15%。二是奶牛养殖小区和奶站,奶源质量受到从业人员素质的影响,占25%左右。三是散养的农户,质量和卫生条件无法保障,占到了60%以上。

在一些专家眼中,原本应该注重奶源地建设的时候,乳品企业依然醉心于抢占市场,形成了企业之间的内耗战。2004年,在武汉召开的中国乳制品工业协会年会就散发出了火药味。

当时山东一家乳品企业老总上台演讲,一开始照着稿子宣读,后来他把文稿合上,当着蒙牛、伊利两家与会代表的面,语气激动地指责"两家上市公司"到该企业的奶源基地抢奶,每公斤牛奶比当地企业多一两毛钱,奶农"哗哗"地走了。另一位企业负责人说:"投资几个亿的基地还不如几毛钱的利润。"当时老总们的风度都没了,冲动地鼓掌,有的拍手听不到了,直接站到凳子上拍桌子。有人甚至认为蒙牛、伊利两家企业的大肆扩张导致了奶源地市场混乱,是"罪魁祸首"。

奶业已经进入了多事之秋。2004年爆发了阜阳劣质奶粉事件,引发了一场席卷全国的行业整顿,婴幼儿配方奶粉三项强制性国家标准正式实施。2005年,"雀巢"奶粉被浙江省工商局列入碘超标食品目录,再次打击了消费市场。行业内也正在进行一场持续两年的争论:中国奶业协会和中国乳制品工业协会为牛奶能否标"鲜"大打口水战,但却最终变成虎头蛇尾的闹剧。

2007年,奶业被迫自律。6月,各大乳品企业在南京召开中国奶业协会年会,签署并发布了"乳品企业自律南京宣言",宣称:要推行合同收奶,反对争抢奶源,限量收奶,压级压价,拖欠奶资,切实维护奶农利益;要开展公平竞争,反对捆绑销售、特价销售等低于成本价销售的恶性竞争行为。"捆绑销售、特价销售是最直接的原因。"几大企业在全国的促销策略让地方企业疲于应付。据媒体报道,2006年我国奶业市场的全部利润为55亿元,因促销和捆绑销售造成的奶业损失高达 50 亿元。

5 月在天津召开的一次行业会议上，就已形成草案。"南京宣言"是牛奶业内轰轰烈烈的一件大事，各大媒体都高调宣传报道，7 月 23 日开始在北京、哈尔滨试点实行。然而从一开始就有评论断言，不出三个月，"南京宣言"形成的价格联盟必然破产。

7 月 23 日那天，北京媒体刊登一则新闻《乳品销售禁捆绑逼出"末日疯狂"》，描述了一些超市里牛奶的销售镜头："最后一天，明天就没有赠品了。"

然而只到了 10 月初，北京媒体就已经发现，超市里又出现了"买八赠一"、"买五赠一"的牛奶捆绑销售。其他企业没有办法，只有跟进。促销大行其道之际，牛奶掺假造假已成了业内公开的秘密。在"三鹿"事件扩展到全国时，业内人士已经料到，内蒙古可能会被波及。"掺假造假不是某个企业的问题，而是整个行业的问题；而且不是现在的问题，而是五六年前的事情了。"

甚至出现了专门的"调奶师"，针对不同指标的牛奶添加配料。"脂肪低了，就加脂肪粉；细菌超标了，就加抗生素；浓度低了，加乳清粉；发酸了，就加碱面中和。"蒋某说。

在许多奶农眼里，奶业早已过了幸福时光。在"企业—奶站—奶农"的奶源模式下，奶农没有定价权。而且 2007 年饲料价格上涨，许多奶农破产。中国奶协一位官员在一次奶协会议上称，40% 的奶农处于亏损状态，奶农大量宰杀奶牛。老周在 2004 年与其他养牛户合资成立了一家养殖公司，有近 300 头奶牛。2007 年养殖公司就变成了屠宰场，杀了 56 头；2008 年又杀了 16 头。家家如此，他估计有 50 多户奶农破产了，占村总数的 1/6。"三鹿"事件没有直接波及欣康村，但奶农的日子已经不好过了。"现在我是在挣扎，每天挤奶没有赚钱，能赚的就是产牛犊，也就是一两千块钱。"老周说。

2008 年 9 月 7~9 日，中国奶业协会年会及奶业高层论坛在哈尔滨召开，会议的主题是构建奶业持续健康发展的长效机制。会上公布了欣欣向荣的数据：2007 年全年奶牛存栏达到 1300 多万头，奶类总产量达到 3600 多万吨，我国已成为世界第三大产奶国。随后在官方网站上，发表了一篇"中国奶业协会 2008 年会胜利召开"的消息。

当时的三鹿董事长田文华没有参会，小道消息已悄悄传开。"这是心照不宣的事情，大家都有预感，这个事情早晚会暴露。"一名与会代表说。时隔两天，三鹿公开承认，部分批次的婴幼儿奶粉受到三聚氰胺污染，这个行业的"锅盖"揭开了。

| 兵家战略管理 |

竞争中"义"和"利"的关系是对立统一的。军事竞争中，很多情况下通过"义"可以获得"利"，义利兼得是最理想的，也是儒兵家比较推崇的原则。但是由于军事竞争往往涉及生死问题，当义利发生激烈冲突时，做出取利舍义的选择也是可以理解的，这是道兵家和法兵家常常做的事情。但是在企业竞争中，"义"就是长期的"利"，企业决不能唯利是图，否则将会失去持续发展的基础，通过上述案例，我们可以看到儒兵家的竞争伦理在商业竞争方面具有非常重要的意义。中国企业应该好好学习儒兵家那种"以仁为本"的竞争伦理。

第六章　兵家战略管理思想与企业战略管理理论的比较

第一节

兵家战略管理与西方企业战略管理理论的主要差异

兵家战略管理思想和西方企业战略管理理论既有众多相似之处，更有许多重要差异。对比两种思想体系，把握二者之间差异的实质和要点，不仅对于理论研究者创建本土化战略管理理论是十分必要的，而且对于实践操作者来说，更可以防止对兵家思想在战略管理领域的误用，这种误用有时候会对组织发展产生致命的打击。

兵家战略管理思想和企业战略管理理论之间差异产生的根本原因在于中西思维方式的不同。由于文明发展的历程不同，中西战略思维方式上的差异是非常明显的。就军事领域而言，古希腊、古罗马时代记述战争的著作，如《伯罗奔尼撒战争史》、《高卢战记》、《内战记》等，对于战争场面、战争进程、技术战术、兵力伤亡等具体的理论都做了详尽的描述和记载，而对于交战双方的战争谋划、决策过程、外交斗争等则很少提及。与此相反，大体同一时期的中国战争史著作，如《左传》、《战国策》等则满篇都是战略上的决策谋划，外交上的纵横捭阖，对于作战则往往用"克之"、"大破之"之类的文字一笔带过，至于双方的参战兵力、技术战术、伤亡数字甚至行军路线、战场环境等更是很少提及。如牧野之战是周灭商的战略决战，史书上对于其战略谋划、决策过程的记载可谓详之又详，但战斗到底如何激烈，双方伤亡情况如何，却找不到任何记载。

比如《左传》中的《崤之战》，杞子自郑使告于秦曰："郑人使我掌其北门之管，若潜师以来，国可得也。"穆公访诸蹇叔。蹇叔曰："劳师以袭远，非所闻也。师劳力竭，远主备之，无乃不可乎？师之所为，郑必知之，勤而无所，必有悖心。且行千里，其谁不知？"公辞焉。召孟明、西乞、白乙，使出师于东门之外。蹇叔哭之，曰："孟子！吾见师之出而不见其入也！"公使谓之曰："尔何知！中寿，尔墓之木拱矣！"蹇叔之子与师，哭而送之曰："晋人御师必于崤。崤有二陵焉：其南陵，夏后皋之墓也；其北陵，文王之所辟风雨也。必死是间，余收尔骨焉。"秦师遂东。

三十三年春，秦师过周北门，左右免胄而下，超乘者三百乘。王孙满尚幼，观之，言于王曰："秦师轻而无礼，必败。轻则寡谋，无礼则脱。入险而脱，又不能谋，能无败乎？"及滑，郑商人弦高将市于周，遇之，以乘韦先牛十二犒师，曰："寡君闻吾子将步师出于敝邑，敢犒从者。不腆敝邑，为从者之淹，居则具一日之积，行则备一夕之卫。"且使遽告于郑。

郑穆公使视客馆，则束载、厉兵、秣马矣。使皇武子辞焉，曰："吾子淹久于敝邑，唯是脯资饩牵竭矣。为吾子之将行也，郑之有原圃，犹秦之有具囿也，吾子取其麋鹿，以闲敝邑，若何？"杞子奔齐，逢孙、杨孙奔宋。孟明曰："郑有备矣，不可冀也。攻之不克，围之不继，吾其还也。"灭滑而还。

晋原轸曰："秦违蹇叔，而以贪勤民，天奉我也。奉不可失，敌不可纵。纵敌，患生；违天，不祥。必伐秦师！"栾枝曰："未报秦施而伐其师，其为死君乎？"先轸曰："秦不哀吾丧而伐吾同姓，秦则无礼，何施之为？吾闻之：'一日纵敌，数世之患也'。谋及子孙，可谓死君乎！"遂发命，遽兴姜戎。子墨衰绖，梁弘御戎，莱驹为右。夏四月辛巳，败秦师于崤，获百里孟明视、西乞术、白乙丙以归。

崤之战是春秋时期一场非常重要的战役，这场战役非常激烈，然而在《左传》中对战斗过程的描写只有最后一句话。充斥全篇都是对战争结果的预期、对军队的分析、对是否发动战争的决策以及实施战略行动过程中各方的策略和行为。

这一思维方式的差异，对于兵学乃至于整个中国传统文化都有着十分重要的影响。从本书涉及的一些兵家重要典籍的内容来看，明显具有这种思维特点，几乎所有典籍讨论都是宏观层次上战略与管理问题，很少有对微观细节问题的分析。这也正是我们认为兵家思想更多地体现为战略管理思想而不仅仅是管理思想的原因。

兵家的这种思维方式对于当代的战略管理研究是非常有意义的，因为战略管理本身乃是超越各种具体的职能管理之上的宏观层面的管理，需要有一种宏观的、联系的思维方式，才能把握企业整体层面上的问题；战略管理不仅是一门单独的学问，更是一门如何把人力资源管理、财务管理、营销管理、组织理论、文化理论等相关各门学科融会贯通的学问。只有把企业各方面的相关理论用一个完整的逻辑结构全部联系起来，战略管理才能具有最雄厚的根基。而西方战略管理学界仍然采取割裂的方式进行战略管理研究，把自己局限于组织理论中，甚至连组织理论的成果都没充分借鉴，这无疑会造成其研究的局限性。

中西思维方式的差异导致了中西管理观念的巨大差异，人们在管理要素和管理活动等管理基本方面的认知都存在巨大差异，具体而言，兵家战略管理思想和西方战略管理理论的差异主要有以下几点：

（一）管理观念层面，西方企业战略管理理论秉承西方传统技术经济理性，关注管理客体；而兵家战略管理思想秉承中国传统的实用理性，关注管理主体

从西方管理理论和实践发展过程来看，大体上可以分为科学管理、行为科学、现代管理等不同的发展阶段。在这些管理阶段的演变过程中，其理论和实践基本归纳为两方面：一是强调技术经济理性管理；二是强调人性管理。关于技术经济理性管理和人性管理的划分已经基本形成统一范式，即认为技术经济理性管理的实质是强调用科学的方法和手段去管理每一生产活动。技术经济理性管理侧重于管理制度、管理方法和管理行为的规范化。技术经济理性管理观念和人性管理观念都遵循二元对立思维方式，关注管理客体。早期技术经济理性管理将管理对象视为"经济人"，"经济人"的假设还认为人生来就是厌恶劳动、追求享受的，如果管理者不通过各种严格与科学的制度和手段去约束工人的行为，工人们将可能采取消极的甚至是对抗的行为。因此，必须用强硬的管理办法严格监督和控制工人。然而随着时间的推移，人们逐渐意识到了这个假设的局限性，从而使得人们开始重视人性，反思"经济人"假设。此后，麦格雷戈从人性管理的角度提出了和 X 理论完全不同的 Y 理论，大内借鉴日本企业管理的成果，提出了 Z 理论。而西蒙在从技术经济理性管理的角度，提出了"有限理性"假说，指出经济活动当事人在决策时不仅面临复杂环境的约束，而且还面临自身认知能力的约束，即使一个当事人能够精确地计算每一次选择的成本收益，也很难精确地做出选择，因为当事人可能无法准确了解自己的偏好时序。心理学家卡尼曼（Kahneman）和特维斯基（Tversky）通过吸收实验心理学和认知心理学等领域的最新进展，以效用函数的构造为核心，把心理学和经济管理学有机地结合起来，提出了一种更为精确的人性论。可见，理性管理和人性管理这两种管理观念表面上虽然有较多差异，但实际上在西方管理理论中它们是相互融合的，归根结底技术经济理性推动着对"人性"认识的不断深化，从而使得人们能够提出更为接近现实情况的管理理论。几乎所有的西方管理理论都注意到理性与人性的问题，即使是被人们视为强调技

| 兵家战略管理 |

经济理性的泰罗，也提出"科学管理的实质是在一切企业或机构中的工人们的一次完全的思想革命——也就是这些工人在对待他们的工作责任，对待他们的同事，对待他们的雇主的一次完全的思想革命。同时也是管理方面的工长、厂长、雇主、董事会在对待他们的同事、他们的工人和所有的日常工作问题责任上的一次完全革命"，即科学管理是要消除阶级对立，达到管理者和被管理者之间的和谐，从而提高效率。而行为科学在研究过程中则关注运用理性精神去审视人的行为，从而设计符合人性的管理制度和方法。可见，人性管理其实乃是技术经济理性作用于作为管理客体的"人"的一种表现形式，而一般我们所说的科学管理、管理工程乃是技术经济理性作用于作为管理客体的"物"上的一种表现形式，它们二者都统一于西方二元对立的理性思维方式。技术经济理性通过对作为管理客体的"人"和"物"认识的不断深化，而提升了管理理论的解释能力和指导作用。然而问题是西方管理理论关注的只是作为管理客体的人，而几乎没有作为管理主体的"人"的地位，即使是领导理论也是把领导者或者说管理者作为客体进行研究。这样就使得知与行始终处于分离状态，知识总是在不断的发展过程中逼近现实，然而又不断地为新的现实所否定。

而兵家战略管理思想则以中国传统的实用理性为指导，重视管理主体的作用。李泽厚在他的《中国古代思想史论》和《中国现代思想史论》中曾提出："实用理性"是中国传统文化的基本精神，中国的辩证法是"行动的"而非思辨的。他进一步把"实用理性"概念化为就是关注现实社会生活，不作纯粹抽象的思辨，也不让非理性的情欲横行，事事强调"实用"、"实际"和"实行"，满足于解决问题的经验论的思维水平，主张以理节情的行为模式，对人生世事采取一种既进取又清醒冷静的生活态度。它由来久远，而以理论形态去呈现在先秦诸子的理论中。李泽厚还提出实用理性具有三个基本特征：其一，它不崇拜任何抽象的理念、信仰和思辨，但仍能保持一种冷静的、以理节情的生活态度；其二，它本质上是一种讲究实用、实际和实行的经验论的思维方式；其三，它在中国文化传统中古已有之。可见，中国传统文化中的实用理性首先指的是一种理性精神或理性态度，这种理性具有极端重视现实实用的特点，认为不必要去进行纯思辨的抽象，而更应该注重在现实生活中如何妥善地处理问题。从兵家战略管理特质分析的结果来看，兵家思想具有明显实用理性特征，兵家明确提出"天官不如人事"、"先知者，不可取于鬼神，不可象于事，不可验于度，必取于人，知敌之情者也"等观点，表明他们不崇拜任何理念、信仰，只关注实际的经验。《孙子兵法·火攻》提出："非利不动，非得不用，非危不战。主不可以怒而兴师，将不可以愠而攻战。合于利而动，不合于利而上。怒可以复喜，愠可以复说，亡国不可以复存，死者不可以复生。故明主慎之，良将警之。此安国全军之道也。"要求君主和将领用理性控制情绪，根据利害关系而展开行动，这正反映出实用理性要求以理节情，讲究实用的基本特征。基于实用理性的管理，关注人的作用，把人作为管理的出发点和归宿，认为管理是一个从人为到为人的过程，任何管理手段或战略都紧紧围绕着人而展开。

这种思维方式对于现代企业战略管理是非常具有启发性的。以西方企业战略管理过程模式来看，技术经济理性使得在西方的企业战略管理过程中，对人缺乏关注，尤其是缺乏管理主体的位置。现代西方较为流行的战略管理理论是将战略管理分为三个步骤：战略分析、战略选择、战略实施。每一步都提供了理性地完成这一步的各种技术和方法。这些步骤和方法使得管理者有章可循，有利于战略管理的科学性，但却时常受到现代企业环境瞬息万变及管理者与组织行为复杂性的挑战。而以《孙子兵法》为代表的兵家战略管理思想没有指明战略管理的任何步骤，更没有相应于步骤的操作方法，但是却能对各种复杂性的环境应付自如。《孙子兵法》不同于科学理论，不是由概念、推理判断和命题组成，它没有对客观世界进行科学抽象的分析，而是充分发挥直观体悟的作用；《孙子》中随处可见"形"、"势"二字，然而却找不到关于"形"、"势"的定义，只能找到一些解释性的句子，这和中国传统意象型的思维方式是密切相关的。这种思维方式强调的是物质的属性或意蕴，所谓得意忘形，而非具体的物质，强调对事物整体的直觉把握。整体直觉的思维方式和把握客体的方式使孙子的理论避免了现代管理学所面临的两难问题：要么用抽象静态的分析工具试图对动态的具体的管理过程进行描述，从而难以对综合的、复杂的、艺术性强的管理活动作有力指导；要么否定理论，陷入经验主义。

（二）从管理要素层面来看，西方战略管理理论和兵家战略管理思想在目标、组织、环境等方面存在较大差异

战略管理理论产生于西方企业管理实践，其目标是实现企业使命，获取长期利润和各个利益相关者的认同，以实现企业竞争优势。波士顿咨询公司的奠基人亨德森认为战略的本质是企业独特的竞争优势，并且在其1980年所著的《战略与自然竞争》一书中，从生存条件、竞争者力量对比、冲突频率、竞争变量与竞争者数量关系、环境与生存能力要求以及市场进入这六个方面提出战略的假设以论证其战略本质的观点。而兵家关注的是国家和军队组织在激烈的政治军事竞争环境中的竞争优势或者胜利的获取问题，其目标是消灭敌人或使敌人屈服，最终实现称霸或者统一天下的理想。二者在追求的目标和所面临的竞争性环境等方面有相似之处，但是兵家关注的是政治军事组织，战略管理理论关注的是经济组织，这两类组织的性质完全不同。

（三）管理活动层面上，西方企业战略管理理论和兵家战略管理思想在具有较多的相通性的同时，更有明显的区别

根据西方管理理论，企业战略管理一般可以分为公司战略和业务战略两个层面，公司战略关注的是企业组织发展的问题，而业务战略关注的是企业竞争的问题。而对于兵家战略管理思想来说，也存在大致相对应的两个层面：自我管理、治国、治军乃是发展战略层面的问题；治敌乃是竞争战略层面的问题。但是我们知道，自我管理、治国、治军如果对应企业活动，就应该包括领导者自身素质的提升、企业运营、企业文化和企业团队建设等多个方面，这些内容远远超出了公司战略的研究范畴。也就是说兵家战略管理思想在组织（公司）发展战略层面要分析和讨论的内容非常广泛。

就竞争战略层面而言，企业战略管理更多地体现为一种合作竞争，需遵守商业伦理和行业规则。不择手段的竞争行为不仅会遭到人们的一致谴责，而且可能违反法律，遭到法律的制裁。因此，企业战略管理主要依靠科学规范化的运营管理开发企业资源，以获取企业能力，同时运用各种科学工具和理论制定、执行和调整战略以适应环境变化，把握市场机会，最终战胜竞争对手，获取竞争优势。而兵家战略管理思想更多地体现为一种对抗性的竞争，强调根据利害关系、运用法令强制手段和伦理道德感化等手段使得内部团结一致，运用谋略和武力，在环境、自身和对手三者之间动态变化过程中，把握机会，战胜对手。

对于军事竞争过程中的伦理道德问题，兵家分裂成两派：一派是以《孙子兵法》为代表的道兵家和法兵家，主张不考虑伦理道德，为了胜利往往可以不择手段，提出了抢夺敌人的粮食，利用敌将的爱民之心攻击敌人等观点。这些观点是不适合现代企业竞争的，正如我国在市场经济体制尚不完善的情况下，有少数企业为了自己的利益而使用一些不正当的竞争手段，打击竞争对手和欺骗消费者，虽然短期能够为其带来利益，但是随着我国市场经济体制的逐步完善，这种行为将越来越失去其生存空间。

另一派是以《司马法》为代表的儒兵家，《司马法》有着强烈的儒家色彩，重视战争伦理，反对为了胜利而不择手段，追求竞争过程中的合作与妥协，和现代企业战略管理具有更多的相通性，值得特别重视。如《司马法》中对天子与诸侯的关系的描述，"王霸之所以治诸侯者六：以土地形诸侯，以政令平诸侯，以礼信亲诸侯，以礼力说诸侯，以谋人维诸侯，以兵革服诸侯。同患同利以合诸侯，比小事大以和诸候"，这和寡头竞争市场中寡头之间的关

第六章 兵家战略管理思想与企业战略管理理论的比较

系与行为非常相似,行业老大的任务不是吞并其他企业,搞完全垄断,而是要保持一种伦理秩序,使得自己能够始终处于领导地位。这段话对于现代企业建立战略联盟也非常具有启发性,一个稳定的战略联盟往往表现出"同患同利",联盟中的龙头企业如果能够做到"比小事大",战略联盟往往会比较稳定。但是儒兵家的竞争伦理思想长期以来没有受到兵家思想研究者的重视,甚至被一些实用主义学者讥笑为迂腐、过时。

兵家战略管理思想与企业战略管理理论的主要差异可以归纳为表6-1。

表6-1 兵家战略管理思想与企业战略管理思想的主要差异

		西方企业战略管理	兵家战略管理思想
管理观念层面	理性形式	西方管理文化——技术经济理性	中国管理文化——实用理性
	管理认知	对企业的管理,重视管理客体,遵循组织理论的研究范式	对人的管理,重视管理主体,遵循修己以治人的逻辑
	思维性质	是一种以逻辑实证为基础的认知型思维	以利害关系推导为基本原则和逻辑的价值推导性思维
	思维形态	主流战略管理理论具有明晰性和理论性,重视分析和思辨,可以形成客观知识形态	具有灵活性和经验性,重视体悟、直觉的形态特征
管理要素层面	目标	实现企业使命、获得利润和各利益相关者的认同,获取竞争优势	消灭敌人或使敌人屈服,实现称霸或统一的目标
	组织	企业组织	军事组织
	环境	市场环境	政治军事环境
管理活动层面	特点	竞争与合作共存,非对抗性,遵守商业伦理和市场规则	对抗性竞争,破坏性极大,为了胜利可以不择手段
	层次	公司管理层面(发展战略)业务管理层面(竞争战略)	自我管理层面、国家和军队管理层面(发展战略)和军事竞争层面(竞争战略)
	手段	主要依靠科学规范化的运营管理开发企业资源获取企业能力,同时运用各种科学工具和理论制定、执行和调整战略以适应环境变化	依靠利害关系、伦理道德等手段使得内部团结一致,运用谋略和武力等手段,在环境、自身和对手动态行动变化中,把握机会,战胜对手

延伸阅读

管理知识的层次和高水平的本土研究的原则[①]

海外华人管理学家徐淑英曾经提出了管理知识的三层次论,并在这个观点的基础上,进一步指出了进行高水平本土研究的基本原则。这些思想对于指导我们进行中西管理知识的比较与融合研究具有重要的参考意义,下面简单介绍一下这些思想。

管理知识体系有三个层次:第一层次是针对具体情境的理论或知识;第二层次是受情境制约的理论或知识;第三层次是超越具体情境的具有普遍意义的理论或知识。长期以来占据着世界管理学界话语权的是在西方文化传统下发展起来的一套管理思想体系,它可能包含第三层次的管理知识,但是其发挥全部作用的前提是西方文化情境。离开了西方文化情境,就会有相当一部分管理知识失去用武之地。因此,任何具有较强文化传统的民族都应当努力建立本土化的管理理论,任何生搬硬套别的民族的管理思想的做法,都会造成理论与实践的脱离,给民族的精神文明建设和物质文明建设带来严重的不良后果(见图6-1)。

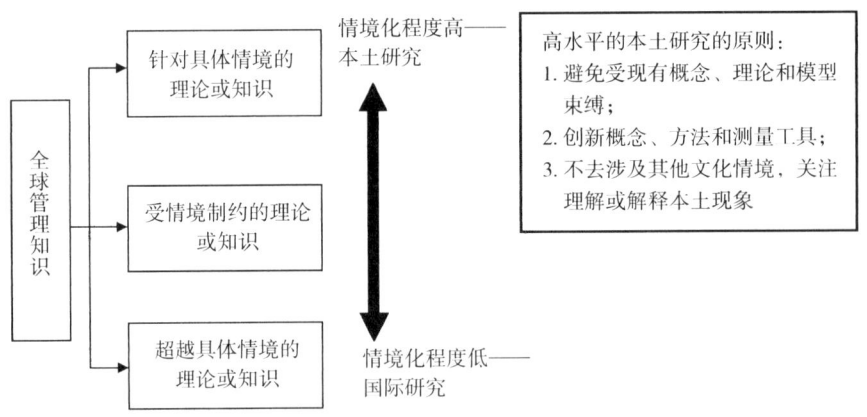

图6-1 管理知识的三个层次和高水平本土研究的原则

高水平的本土研究不是简单地检验西方理论或模型的适用性。尽管从现有理论入手对现象进行初步分析是必要的,但学者不能受到现有的理论框架

[①] 徐淑英、张志学:《管理问题与理论建立:开展中国本土管理研究的策略》,《南大管理评论》,2005年第7期。

制约，从而忽视现有概念框架之外的东西。

进行高水平的本土研究的首要原则是，现有知识或理论只能作为研究的出发点，对现象本身进行观察和思考，而不要让已有的理论框架指导、制约自己的观察和思考。

高水平的本土研究不是用来证明用欧美以外的样本进行研究的正确性或合理性的。它应该关注这些样本的独特之处，以及这些特征对所研究现象的影响。本土研究不是现有测量的简单翻版。研究者们可以把已有的测量方法当作起点，但必须保证那些指标在新情境下同样适用。

最后，高水平的本土研究不是比较研究或跨文化研究。比较或跨文化研究至少要包括两个国家或两种文化，而本土研究旨在理解一种特定情境中的某些现象，因此，它不要涉及在某些未知维度上可能有所不同的两种情境。

第二节

兵家战略管理思想的结构与特征分析

我们已经对兵家思想三大派别的代表典籍中的战略管理特质进行了分析，可以看到这些典籍各有特色，有些内容甚至有冲突。为了更加全面地了解兵家战略管理思想的结构与特征，我们需要从宏观整体视角进行研究，正所谓"不识庐山真面目，只缘身在此山中"，只有跳出对某一本兵书和某一个派别的思想的关注，从历史的、文化的视角去考察整个兵家战略管理思想，才能把握其结构与特征。

一、构建兵家战略管理特质群结构的基础

要分析整个兵家战略管理特质群的结构，仅仅依靠前面的战略管理特质分析还不够。因为，兵家的每一典籍都各有自己的特色，不仅思想倾向性、观点各不相同，而且语言表达上也有差异，为此，我们引入管理文化理论来帮助剖析兵家战略管理特质群的结构。兵家战略管理思想乃是中国传统管理文化的组成部分，必然蕴涵着有关中国传统管理文化的一些基本观念。通过管理文化视角，我们可以找到兵家战略管理思想中一些处于核心和基础地位的特质。

（一）管理文化视角的兵家战略管理特质群

中国传统文化对于世界的认识强调直觉体悟，认为语言是有限的，执着于外在的语言形式就难以得其真意，越是本质的东西，往往越是只可意会不可言

传。然而语言又是体验的工具，我们需要从语言入手理解兵家战略管理思想的真义。兵家思想所用的语言和现代管理语言是不一样的。从现代管理理论的视角看，兵家典籍中无疑充斥着大量似是而非的词汇，如"道"、"奇正"、"虚实"、"形势"、"仁义"等。对于这些词汇，兵家典籍中往往没有概念的界定和严密的逻辑推理。因此，使用西方的科学研究方法来分析兵家战略管理思想，往往会得出一些支离破碎的片断，而无法真正理解兵家战略管理思想。要解读兵家的战略管理思想，就必须先了解中国传统管理文化的基本内容——"天人合一"。

"天人合一"是中国人对世界的基本体验，管理只是这种体验的一种表象，战略也是如此。"天人"并不是现代常说的人与自然的概念，尽管人与自然的关系是"天人"关系的重要组成部分。在中国上古时期，由于缺乏文字记录，也难以研究，商代文字成熟，根据甲骨文和《尚书》的记录，殷人非常迷信，崇拜上帝和祖先，任何重大的事情都要向祖宗卜问，从而建立了神权政治。到了周朝，出了一位伟大的思想家——周公，周公把殷商的迷信思想改造成为天命思想，为周朝的政权提供了合法性基础。中国的哲学思想史一般都把周公视为可以追溯的最早的一位代表人物。周公认为天的权威是不可动摇的，但是君主不是天的化身，只有延续先王的德行，才能不失去"天命"，天和人的连接在于德，有德者，受天命就可以得到天下；无德者，失天命也就失去天下。天命通过民心来表现。"天"的含义在春秋战国时期以后进行不断的融合和转化，诸子争鸣，出现了"道"的思想。葛兆光认为："所谓天人合一，其实就是说'天'（宇宙）与'人'（人间）的所有合理性在根本上建立在同一个基本的依据上，它实际上是古代中国知识与思想的决定性的支持背景。"

"天人合一"对管理的影响表现在以下几个方面：第一，"天人合一"影响并决定了人们的管理认识，传统中国的管理并不是建立在一个管理主体与客体完全分离的认知基础上的。管理者和被管理者形态上的分离是管理的条件，但管理活动却受人们对管理的认识影响，古代中国人的管理世界中，主体与客体若即若离，无法将被管理的对象物化、客体化，人们通过自身体验直观地感受宇宙秩序在人世间的存在，形成管理之道。第二，由于认识论上的独特性使得社会管理的基本思维方式崇尚直观体验和整体变易。人们往往是整体直观地认知客观事物，在具体的应用过程中把握管理之道。第三，"天人合一"不仅形成了直观的管理认知方法，也形成了管理的核心内容——对人管理。"人道"在传统文化中乃是指人的道理，人生存发展的道理，人并非个人而是群体中的人，人道与天道相呼应，对人的管理的合理性在于对"天"的体验。

第四,"天人合一"所体现出来的整体和谐与包容力量使得传统管理思想在历史的发展中不断融合成为一个巨大、复杂和动态的思想体系,在这个思想体系中不仅有儒家的德治之道,也有法家的权治之道,更有兵家的智治之道,以至于还融合了佛教、阴阳五行等思想来调节社会秩序与人们的行动。第五,"天人合一"到"王天下"的管理具体化过程,在小农经济条件下形成和强化了管理集权,管理的责任落到了一个人身上。

"天人合一"集中体现在"道"的思想上,葛荣晋认为道的本意是人行之路,具有一定方向性的路,称为"道",引申出天和人所必须遵循的轨道或规律。也就是说,道不仅仅是真理和规律,更重要的是道不能离开天人关系,"天命谓之性,率性谓之道,修道谓之教。道也者,不可须臾离也,可离者非道也。"(《中庸》)按照今人的理解,天道应指世界的存在及其存在的形式;人道则是指人、人的价值、伦理道德、人的认识以及历史的观点,包括客体、主体以及主体对客体的认知。潘承烈、虞祖尧则认为"道"是中国古代管理思想体系中最重要、最基本的范畴;周三多则把"道"作为中国传统管理思想九大要点之首,可见"道"与管理关系之密切。先秦诸子几乎都把"道"作为自己思想体系的核心范畴之一,兵家也不例外。兵家非常关心"道",几乎所有的典籍都涉及了"道",无论治身、治国、治军还是治敌都与道有关,都离不开"道"。《六韬》认为"凡人恶死而乐生,好德而归利",故而提出"能生利者,道也";《吴子》提出"夫道者,所以反本复始",把"道"作为根本的规律。《司马法》中的"道",主要是指"仁义"。"凡治乱之道,一曰仁,二曰信,三曰直,四曰一,五曰义,六曰变,七曰专"。《孙子兵法》中提出"道者,令民于上同意"。《尉缭子》提出"反本缘理,出乎一道"。从这些论述中我们可以看到,兵家认为各种有效的治身、治国、治军以及治敌手段都由"道"而生,各种导致失败的缺陷都是由于背离了"道"。"道"贯穿整个兵家战略管理特质,治身思想的精髓乃是治身之道;治国思想的精髓乃是治国之道;治军思想的精髓乃是治军之道;治敌思想的精髓乃是治敌之道。故此,"道"可以作为建构兵家思想战略管理特质群结构的基础。

(二)兵家核心战略管理特质的寻找

"天人合一"和"道"的观念衍生出天道与人道的观念,中国古人非常关注人道,认为天道要通过人道体现,离开人道谈天道意义不大,正所谓"天道远,人道迩"(《左传》),先秦诸子关注的焦点都是人道问题。从兵家治身、经国治军和治敌等几部分的内容来看,治身显然是对人的治理,治理国家、军队和战胜敌人说到底也是对人的治理,而对人的治理关键是应用顺应天道的人道。因此,必须依靠人——作为管理者的君主和将帅,运用人道来治理人——

民众和士卒。崇尚先知和权变的《孙子兵法》提出"九地之变,屈伸之力,人情之理,不可不察也","先知者,不可取于鬼神,不可象于事,不可验于度,必取于人"。崇尚实力的《尉缭子》借助黄帝的话提出"'先神先鬼,先稽我智。'谓之天官人事而已"(《天官》);《六韬》提出"圣人之在天地间也,其宝故大矣","圣人之德,诱乎独见"。圣人乃是掌握了天道和人道的人。同时《六韬》还强调顺应人心,"天下非一人之天下,乃天下之天下也。同天下之利者,则得天下;擅天下之利者,则失天下。天有时,地有财,能与人共之者,仁也。仁之所在,天下归之。免人之死,解人之难,救人之患,济人之急者,德也。德之所在,天下归之。与人同忧、同乐、同好、同恶者,义也;义之所在,天下赴之。凡人恶死而乐生,好德而归利,能生利者,道也。道之所在,天下归之"。

人乃是列出的所有关键词中出现最多的。可见,兵家充分重视人的作用。人乃是兵家治理之"道"的出发和依据,完全可以说兵家思想具有"以人为本、以人治人"的特点。人治传统使得管理者的治身活动处于各种管理活动核心的地位,一切治国、治军乃至治敌行为都离不开管理者的治身行为,掌握了管理者的治身之道,才能进一步掌握治国、治军以及治敌之道。故此,要分析兵家战略管理思想的结构,首先需要找到治身思想的核心战略管理特质,然后就可以根据以人治人的治道逻辑,利用这些核心战略管理特质去寻找治国、治军的核心战略管理特质,再运用核心特质之间的关系构建兵家战略管理特质群的结构。

综合各部兵家典籍战略管理特质分析的结果,我们发现治身思想中论述最多的是将所具有的各种德行,可以说兵家治身思想的核心内容就是关于将应具有的德行的描述,把握了这些德行,就能够把握兵家的治身思想。如《孙子兵法》中将为将的治身之道归纳为"智、信、仁、勇、严"五德;《吴子》中将为将的治身之道归纳为四德"威、德、仁、勇"和五慎"理、备、果、戒、约";《司马法》中将为将的治身之道归纳为"仁、义、智、勇、信";《六韬》中将为将的治身之道归纳为"勇、智、仁、信、忠、明、精微、常戒、强力"诸德;《尉缭子》中对为将的治身之道没有清晰地归纳,但大体上可以总结为"宽、清、威、惠、机、谨、智、得众"等。那么在诸多德行中是否存在着处于核心地位的德行呢?这些德行是否能够形成一种结构呢?显然这两个问题是相互关联的,只有找到最重要的、处于核心位置的德行,我们才能依据它们构建治身思想战略管理特质群的结构。

仔细考察这些德行,我们发现这些论述当中某些德行并非基本的德行,而是可以通过其他类似的德行推导出来,如《孙膑兵法》提出将应当具有"敢

第六章 兵家战略管理思想与企业战略管理理论的比较

去不善"的德行,这种德行其实和其他兵法中的"勇"、"清"之德行基本差不多,表示将应当具有一种大公无私、正义凛然的德行。借助中国传统哲学中"体"和"用"的范畴,如果我们把"勇"和"清"看作将的德行之体,那么"敢去不善"就是将的"勇"、"清"德行之用。也就是说可以从"勇"、"清"的德行中推导出"敢去不善"的德行,一位勇敢且清廉的将领,遇到"不善"之人或"不善"之事必定会坚决处理。同样,"仁"、"惠"、"得众"也是描述差不多的德行,一般有仁心就会有惠行,有惠行往往就能够得到众人的拥护,因此,"惠"和"得众"可以从"仁"这个德行中推导出来。"智"、"明"、"精微"也具有相近的意思,如果有智慧,那么看问题就能明,如果智慧特别高,经验又丰富,就能给人一种精微的感觉。"勇"和"强力"也大体上具有相近的意思,勇者一般都表现出强力。看来应当存在一些处于核心位置的德行,那么到底哪些德行才是处于核心位置的德行呢?

《论语》似乎可以给我们一个启发。我们知道兵家并不以治身为自己的关注焦点,缺乏各种德行的相关论述,真正深入探讨各种治身德行和治身之道的是孔子,并且孔子的论述不仅影响了那个时代而且影响了后来几千年。因此,我们可以考虑借助《论语》中关于德行的论述,来帮助把握这些兵家典籍中相关的各种德行中最核心的德行。孔子在《论语·宪问》中提出了一个非常重要的命题:"子曰:'君子道三,我无能焉:仁者不忧,知者不惑,勇者不惧。'子贡曰:'夫子自道也。'"君子往往被解释为是有德行的人,其实在古代君子主要是指做官的人,只不过自孔子之后中国传统思想文化都提倡有德行的人做官,所以君子才被视为有德行的人。在《论语》中这两个层面的含义都有,做官其实就是从事公共管理活动,那么君子之道完全可以解释为管理之道了。所以孔子这句话的意思可以理解为管理者应当具备三种素质,即"仁、知、勇",孔夫子认为这三种素质乃是管理者最重要、最核心的德行。在《论语·子罕》中还提到了这句话"子曰:'知者不惑,仁者不忧,勇者不惧'",仅仅是"知"和"仁"顺序换了一下。关于这三种德行很多学者做过研究,朱熹认为,"明足以烛理,故不惑;理足以胜私,故不忧;气足以配道义,故不惧"(《四书集注》)。荀悦说:"君子乐天知命,故不忧;审物明辨,故不惑;定心致公,故不惧"(《申鉴·杂言下》)。南怀瑾认为"知"在中国文化中并不是知识,也不是聪明,而是一种大智慧,他从佛教的观点提出这种大智慧是超越一般的知识和聪明的,类似于般若。钱穆在《论语要略》中说:"知当知识,仁当情感,勇当意志。而知情意三者之间,实以情为主。情感者,心理活动之中枢也。真情畅遂,一片天机。"李泽厚认为"仁"乃是某种精神愉悦的胸怀心境,并进一步提出"为"(道)—"情"—"境"(人生境界)之体验和寻求,乃是中国哲学重心所在,而不在性理、心、气等范畴之干枯讨论。从儒家经典《论语》、《孟子》、《荀子》等看"仁"的本质,"仁"包括了三方面:即忠恕、克己复礼和力行。忠恕是由内心以推己及人;克己复礼则是以社会的行为规范约束自己;而忠恕与克己复礼皆以力行为基本;"仁"是最高层次的品德,在"仁"的统领下,孔子构建了一系列做人的道德规范,它包括忠、恕、孝、悌、温、良、恭、俭、让以及义、直、信、敬、宽、敏、惠、笃等。

根据钱穆的论述,结合心理学研究(即西方心理学一般将个体品质分为"知、情、意"三个方面)"知(智)、仁、勇"确确实实应当是管理者应具备的最核心最基本的德行。再回过头来看,兵家思想对"知(智)、仁、勇"的论述,我们可以看到《孙子兵法》、《司马法》和《六韬》中在论述良将应具有的德行时都直接提到了这三种德行。而《吴子》的四德中虽然不包括"智",但是他在论述为将五慎"理、备、果、戒、约"以及治国之道时提出了"道、义、谋、要"等思想中的"理、谋"等都是智的表现;《尉缭子》直接提到了"智",同时它所谓的"清"、"威"离不开"勇"的德行,"得众"则离不开"仁"的德行;由此可见,六部兵书都非常重视"知(智)、仁、勇"三大德行。三大德行可以衍生出其他德行,故此,我们把这三大德作为将进行自我管理的核心战略管理特质。

我们结合人们对"道"的理解,就可以很好地理解"知、仁、勇"三大德行的内涵。"知"乃是对"道"的体悟和把握所产生的智慧;"仁"则是对人实践道过程中产生的一种情感体验和人生境界,即所谓"乐天知命"的情感体验和境界;这种情感体验扩展开来,从个体走向群体就形成了"义",所以孟子提出"居仁由义"的学说;而礼则是仁义在社会组织层面上的外化形式。故此形成了儒家以"仁—义—礼"为核心治国之道的逻辑思路;"勇"则是实践"道"的意志。可见,"知、仁、勇"是属于个体品质的德行,如果我们承认中国传统管理思想包括兵家思想管理之道乃是从个体走向群体组织,那么"知、仁、勇"就是兵家管理思想的逻辑点,它们都统一于"道",都在实践"道"的过程中展开。当然对于"道"各部兵家典籍有不同观点,但是无论如何离不开天道和人道,大体上具有黄老道家色彩的《六韬》、《孙子兵法》更关注根据"天道"进行管理,重视自然规律和社会规律的作用,不太注重伦理道德的作用。而具有儒家色彩的《司马法》、《吴子》则更关注依据"人道"进行管理,比较重视伦理道德的作用。具有法家色彩的《尉缭子》也关注根据"人道"进行管理,但强调对人的控制。然而天道与人道又是不分离的,重视根据"天道"进行管理,最终还是要结合人道才能实行,因此,所有的兵家典籍都重视对人的分析和管理。从个体管理出发,"知"为管理主体提供了行动的依据,"勇"为管理主体提供了行动的动力,而"仁"则为管理主体的行动指明了方向。

结合前面的分析,我们发现把兵家治身之道的关键界定在修"知"、"仁"、"勇"三种德行(这三种德行常常被古人称为三大德)是非常合理的。治国之道主要在于发扬三大德中的仁之德,实行德治;治军之道在于发扬三大德中的勇之德,实行法(权)治;治敌之道主要在于发扬三大德中的知之德,实行智治。兵家治身之道的三大德,拓展开来就是治国之道、治军之道和治敌之道的关键,统一起来就是兵家的"治道"。可见,三大德乃是兵家战略管理思想的核心特质。从兵家主要典籍的词频分析的情况来看,① 在兵家主要的六部典籍中三大德出现的频率也远高于其他德行出现的频率,"智"出现46次,"知"出现230次,"仁"出现40次,"勇"出现76次。可见它们的重要性,这也在一定程度上证明了我们的观点是合理的。

(三)核心战略管理特质的扩展:由治身走向治国、治军

我们已经认定"知、仁、勇"三大德乃是治身思想的核心特质,通过这三种德行的拓展,君主和将帅实现了治国、治军、治敌的任务。但是这个过程是如何实现的我们还不清楚,但是可以确定的是这个扩展过程必定还涉及其他一些非常重要的战略管理特质。

《司马法·仁本》中有一段论述:"故仁见亲,义见说,智见恃,勇见方,信见信。"就是说,行事合乎仁义可以获得人们的亲近,行事合乎道义可以说服别人跟随(或者解释为让人感到喜悦),行事显示出智慧可以让人感觉到可以依赖,行事表现得勇敢可以让人感到意志不可动摇,行事坚守信用可以让人感觉到可以相信。可见"知、仁、勇"三大德的实践过程就是管理主体获取被管理者的信赖,建立威信的过程。"知、仁、勇"三大德向群体及组织扩展的过程中还需要发展"信、义"两种重要的德行,通过词频分析"信"出现76次,"义"出现54次,超过"智"和"仁",可见其地位的重要。

"信"一般认为是信任,信任是组织产生的基本前提。《司马法》认为光有"仁"还不足以管理群体,即"有仁无信,反厥其身",可见,"信"乃是群体管理过程中管理主体必备的素质。没有这种素质,人们就无法建立合作关系,行为也难以预期,也就不可能实现由治身而走向治国、治军。《吴子》则把"信"作为获取胜利的关键因素之一,提出"武侯问曰:'进兵之道何先?'起对曰:'先明四轻、二重、一信。'曰:'何谓也?'对曰:'使地轻马,马轻

---

① 钟尉:《先秦兵家思想战略管理特质研究》,河海大学2007年博士论文。

车，车轻人，人轻战。明知阴阳，则地轻马；刍秣以时，则马轻车；膏锏有余，则车轻人；锋锐甲坚，则人轻战；进有重赏，退有重刑，行之以信，令制远，此胜之主也'"。"信"在西方社会学和管理学中，也越来越受到重视，人们普遍认为信任能够给组织管理和雇佣关系等方面带来多种积极影响。如在领导理论研究中，变革型领导和魅力型领导区别于传统领导行为的重要方面在于他们能够让下属建立信任；研究者认为组织内信任能够有效地降低监督成本，促进组织成员之间的协作行为，支持组织成员的创新，为组织带来不可模仿的竞争力，使组织受益；信任还是领导成员交换理论的核心概念，在建立信任后的上下级之间容易建立起高质量的人际关系。难怪《孙膑兵法》中当齐威王问："令民素听，奈何？"孙膑很明确地回答说"素信"，并在后文进一步提出"吾闻素信者昌"，可见，兵家早就发现了"信"的重要性。

"义"现代的解释一般指道义、激励。但在古代，还有其他更深层面的内涵，《管子·心术上》说："义者，谓各处其宜也"，"义出乎理，理因乎宜者也"。此处"理"即道的意思，也就是说义乃是由道理衍生的，它使人们处于合适的位置。《吴子》提出"义者，所以行事立功"，没有"义"人们就失去了进取的动力。《六韬》提出"战必以义者，所以励众胜敌也"。《司马法》提出"以义治之之谓正"，《孙膑兵法》提出"卒寡而兵强者，有义也"，"战而无义，天下无能以固且强者"。可见，义是能激励和影响人们行为的基本力量，应当指出的是各部典籍对义的作用认识相同，但是对义的本质认识有差异；具有儒家色彩的《司马法》所谓的义主要是仁义之义，"争义不争利，是以明其义也"，不同人具有不同的义，最高的义是天子之义，最基本的义是士庶之义，要使得两种义统一起来，就需要对老百姓进行教育。故而提出"天子之义必纯取法天地而观于先圣。士庶之义，必奉于父母而正于君长。故虽有明君，士不先教，不可用也"。而具有黄老道家色彩的《六韬》则主张"义、利"统一，提出"与人同忧、同乐、同好、同恶者，义也"，"大义发而万物皆利"，即顺应民心，就是义。

综上所述，"义"乃是产生合作行为的重要动力，"信"则是产生合作行为的前提基础，这样通过"信"和"义"两个重要的战略管理特质，管理主体就能够把个人德行推广到群体，实现从自我管理走向组织管理。

然而，兵家面对一个竞争性的管理环境，为了完成管理好组织的目的，还需要另一种重要的个体品质，即"戒"。《吴子》提出"夫安国家之道，先戒为宝。今君已戒，祸其远矣"，"戒者，虽克如始战"，把"戒"作为明主和良将的重要品质。"戒"可以视为具有"知、仁、勇"的管理主体在面临竞争性环境时衍生出来的一种重要德行和行为。因此管理主体"知"，知道竞争性的

第六章 兵家战略管理思想与企业战略管理理论的比较

环境中的危险才能"戒",而要保持"戒"做到"常戒"那么就需要"勇"的德行了。《司马法》在论述了诸德之后,把它们总结为"爱"与"威"提出"内得爱焉,所以守也;外得威焉,所以战也",这和《尉缭子·攻权》"故善将者,爱与威而已"的观点完全相同。将对于"爱"的作用,孙子做了详细的论述:"视卒如婴儿,故可以与之赴深溪;视卒如爱子,故可与之俱死",对于"威"的作用,孙子认为"厚而不能使,爱而不能令,乱而不能治,譬若骄子,不可用也","卒未亲而罚之,则不服,不服则难用。卒已亲附而罚不行,则不可用"。从他们的论述中我们得到了一个启发,即治身目标是为了在组织中获取爱与威,二者缺一不可,获取了这两项,那么就有了"人和",就有了胜利的基本保证。所谓天时不如地利,地利不如人和。这样我们就有一个具有内部结构的核心特质群了,即"道"—"知、仁、勇、戒"—"信、义"—"和"。

二、兵家发展战略管理特质群结构

兵家发展战略管理包括兵家自我管理思想和兵家组织管理两部分内容。通过上述,我们可以试着构建兵家自我管理特质群的结构。兵家思想中有两类结构,第一是 A 产生 B 的结构;第二是 A 与 B 互为对偶的结构。

A 产生 B 的结构乃是西方管理思想中最常见的结构。皮亚杰指出结构有三个要素:整体性、具有转换规律或法则、自身调整性,所以结构就是由具有整体性的若干转换规律组成的一个具有自身调整性质的图式体系。结构存在的模式要在各个研究领域里才能精确说明。根据"治身、治国、治军、治敌"的逻辑,"道"乃是整体性转换规律的总和。在兵家思想中,"道"之体包括天道与人道,其用为治道,治道又可以分解为治身之道、治国之道、治军之道、治敌之道。这四种治道形成了三种转换规律,即从治身之道转换为治国之道,从治身之道转换为治军之道,从治身、治国、治军总体之道转换为治敌之道。这样形成一个兵家认识发生的结构,显然这是一个皮亚杰结构。

在 A 与 B 互为对偶的结构中,A 与 B 相对相反,相伴相生,乃是中国传统管理思想中独特的结构。郝大维、安乐哲在《孔子哲学思微》中提出中国传统的世界观乃是一种两极性的世界观,与西方"二元论"把组成世界的要素视为分离、独立的看法完全不同。他们根据对孔子思想的研究,指出这种世界观认为"世界上一切事物都是相互依赖的",因而在构成世界这个有机体中,"不存在任何一个可以超越其他因素或方面的因素或方面,世界上的每一个因素都是相互关联的,一切因素都'相互依存'"。作为认识世界的解释原则,"所谓两极性是指两个事件之间的一种关系,每一个事件都把另一个事件作为自身存在的必要条件"。因此,两极性需要相互关联的术语组成"两极",用来解释相关联的事件。"两极性"的显著特点是每一极都只有通过另一极才能得到解释。如"上"依赖于"下","有"依赖于"无","经"依赖于"权"等。"两极性"在人们思想中的表现就是"概念的两极性"。"概念两极性"在"要求有意义的互相联系的概念之间的对称相关性,即一个概念的阐明有赖于另一个概念的阐明"之外,同时还要求概念的共通内在性,即处于对称相关、互相阐明的概念之间的互相转变,"它们的存在都在一个只有程度差异,而没有类别差异的连续的统一体之中,所以他们之间的区别就是性质上的差别"。概念的两极性深深根植于先秦诸子的思想中,兵家处处存在着这种两极性概念,如"形"与"势"、"轻"与"重"、"奇"与"正"、"虚"与"实"、"德治"与"法治"、"文"与"武"、"攻"与"守"、"爱"与"威",等等。这些概念都有"各自"的含义,但是如果把它们分开单独解释则会丢失很多重要的东西,以至于无法理解兵家思想的真实内涵,只有在共同存在、相互阐明与相互转变中才能真正揭示出概念所反映事物的深刻本质。

根据前面的论述,我们可以把两种结构融合在一起,形成兵家治身与经国治军思想结构图。治身思想战略管理特质群的结构图如图6-2所示。

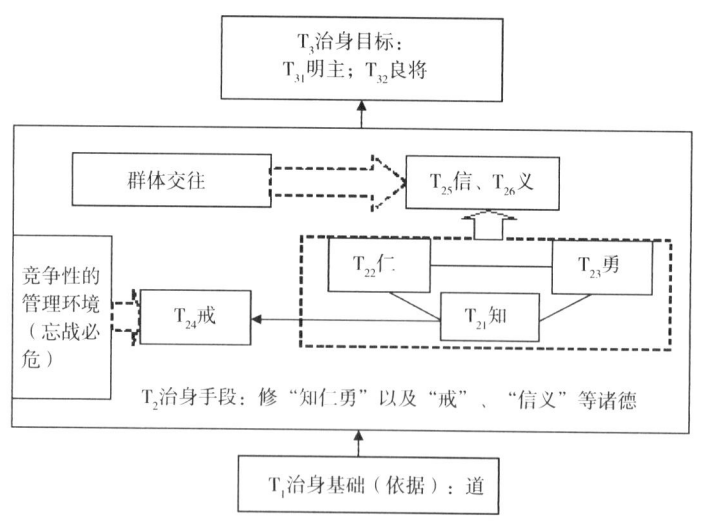

图6-2 治身思想战略管理特质群的结构

经国治军思想战略管理特质群的结构图如图 6-3 所示。

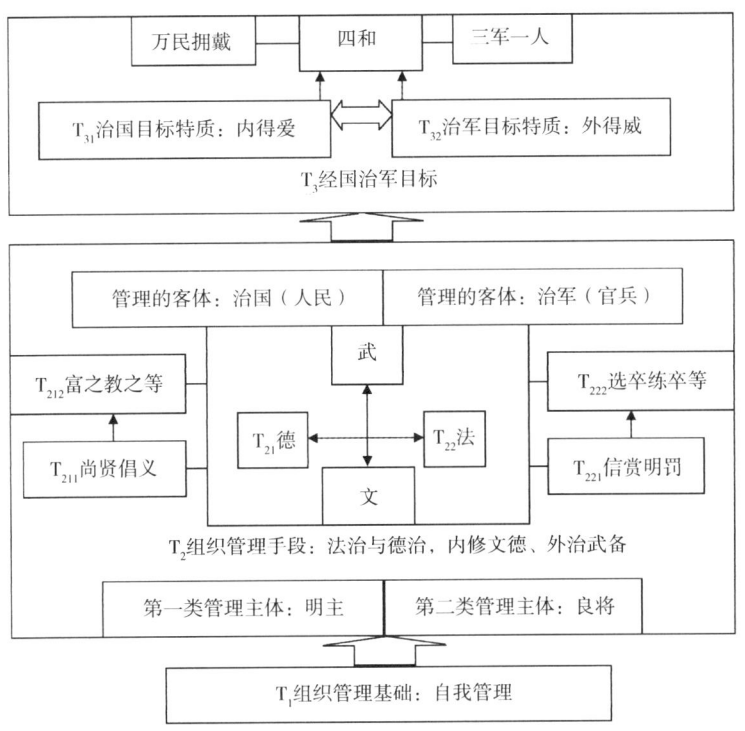

图 6-3 经国治军思想战略管理特质群的结构

三、兵家竞争战略管理特质群结构

治身、治国和治军为治敌提供了必要的实力基础，而治敌就是运用这种实力去战胜敌人的过程。兵家关于治敌目标的论述虽然有胜、全胜、道胜、主胜、将胜等多种说法，但是仔细分析其实就是两个：一个是不使用或不直接使用武力获取胜利；另一个是使用武力获取胜利。我们可把前者概括为全胜、把后者概括为力胜，二者存在一种相关联的关系，全胜是追求最高目标，力胜是现实目标。全胜以获得力胜的巨大可能性为基础，力胜用追求全胜的谋略开辟道路。

几乎所有的兵家典籍都提出了一大堆治敌手段，如力气、轻重、伐谋、伐交、形势、虚实、奇正等，这里是否存在某种核心的手段呢？无疑只有找到了治敌的核心手段，我们才能进一步依据核心手段，找出其对应的治敌思想的核心战略管理特质,从而建构治敌思想战略管理特质群的结构。从整个兵家思想来看,关于治敌手段的论述最精深的莫过于《孙子兵法》,其他几部兵书除了《六韬》的文伐思想,没有超出《孙子兵法》的。故此,我们可以从讨论《孙子兵法》的治敌思想入手,来分析兵家治敌思想的战略管理特质群的结构。陈学凯在分析《孙子兵法》战争制胜的基本规律时说"避实击虚是一切具体制胜技巧的必然归宿,而一切战争制胜的具体技巧和手段,说到底都是对避实击虚一般原则的灵活变化和应用,背离了避实击虚的一般规律和原则,将不会获得战争的胜利,同时也不会出现一个完全不同于或者与避实击虚截然相反的制胜原则,因为那都是违背对抗过程中的力学原则的"。所谓力学原则其实就是在面对面的竞争或对抗过程中,力量大的总是会战胜力量小的一方。兵家提出的各种治敌手段,包括形势、奇正、分合、攻守、致敌、气势、轻重等都是为了造成一个敌虚我实的态势,使得一旦某个战斗正式打响时己方的力量能够超过敌方力量,从而战胜敌人。可见,虚实乃是兵家治敌思想中最为关键的概念,它构成了治敌手段的客观基础,而避实击虚则是兵家治敌行为最一般的规则。有关各种战争行为以及各种战争力量的运动变化和相互对抗的各种概念和范畴都与虚实概念以及制胜的普遍规律——避实击虚密切相关。兵家治敌思想虽然博大精深、千变万化,但是其基本手段其实只有一个,即"避实击虚"。

治敌思想关注的核心就是如何在形势的动态变化中,造成己方的"实"和敌方的"虚",然后方可"以实击虚"。己方的"实"主要在于战前准备,包括治国治军和临战气势等,此乃"实"之体,此外,还包括在战争变化中形成己方的"实",此乃"实"之用。敌方的"虚"可以通过在战前使用文伐手段去实现(当然不一定能够保证成功,必须是对方有机可乘,所谓"征可见,乃伐之"),也可以在战争开始之后,去努力寻找对方的"虚"即弱点去实现,如果对方的弱点不明显,则通过不断调整态势,使用"示形"、"造势"、"制人而不制于人"等谋略手段,使得敌方在动态变化过程中出现弱点。避实击虚可以分解为两类手段"避敌之实,击敌之虚"和"削敌之实,待敌之虚,造我之实,防我之虚"。这两类手段乃是"避实击虚"这一基本手段在不同时序的两种表现。

"削敌之实,待敌之虚,造我之实,防我之虚"乃是战役尚未开始时,即战前准备和战争态势调整过程所采用的手段,如文伐、力气、轻重、伐谋、伐交等都是,如使用文伐、伐谋、伐交等手段主要是"削敌之实";使用力气手段激发士气,保持军队力气主要是为了"造我之实";而追求轻重得宜主要是为了"防我之虚";对形势观察主要是为了等待敌人出现弱点,即"待敌之

第六章 兵家战略管理思想与企业战略管理理论的比较

虚"。此外,这些手段是相互关联的,战役进行之前进行"削敌之实"的战略行动时,必须同时注意"防我之虚",不然就很容易失败;"造我之实"的同时也要重视"待敌之虚"和"削敌之实",只有使得合战之时,我方力量超过敌方,胜利才有保障,如果不能做到这一点,无论造我之实多成功都不可能取得胜利。

"避敌之实,击敌之虚"乃是合战(即战役进行过程)的手段;主要表现为战役进行过程中,使用奇兵和正兵,以正兵合敌方之实使得奇兵能够避敌之实,击敌之虚。此外,"避敌之实"必须同时追求"击敌之虚",不然就成了被动挨打,就不可能战胜敌人;在前面分析各部兵家典籍时,经常出现的战略决策与行动的主动原则和权变原则都是"虚实"治敌手段的体现,主动和权变原则要求主动获取己方的实,在权变过程中找到或造成对方的虚,从而战胜对方。可见,虚实乃是总括各种治敌手段的最基本手段。

从战略管理的主体角度来说,战役尚未开始的态势调整过程中,"避实击虚"的关键是"立不败,待可胜",即根据形势变化,调整自己的战略态势;合战过程中"避实击虚"的关键是"以正合,以奇胜"。"立不败,待可胜"和主动原则存在着密切联系,只有保持主动才能立于不败之地,才能捕捉到战胜敌人的机会。"以正合,以奇胜"和权变原则密切联系。然而无论是态势调整过程还是合战过程,虚实、主动、权变等几个重要管理特质都是贯彻其中的,态势调整中虽然重视主动但是也离不开权变,合战过程虽然重视权变也离不开主动。从思维方式上说,把战略行动划分为态势调整和合战两个阶段其实是一种西方式的割裂的思维方式,在兵家思想中这种两个阶段的划分是不存在的。总体上看,虚实比起权变、主动、奇正、形势等治敌手段更具有简洁性和代表性,虚实能够衍生出其他各种治敌手段,因此,我们把"虚实"作为兵家治敌手段思想的核心特质。虚实与权变、主动、奇正、形势等的关系如图 6-4 所示。

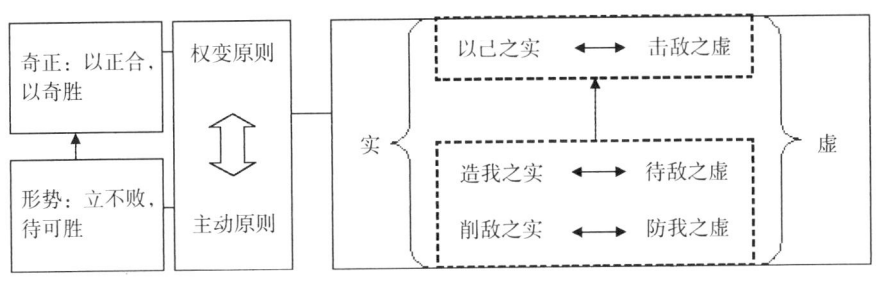

图 6-4 治敌思想中几个重要战略管理特质的关系

| 兵家战略管理 |

虚实作为治敌手段体现在战略管理中的战略决策与行动环节中，然而战略行动的合理性依赖于战略分析，因此，治敌手段除了反映战略决策与行动的核心特质"虚实"之外，还应当有一个反映战略分析的核心特质。从词频分析的结果来看，兵家总体上具有尚"知"的特征，"知"有的时候通"智"表示一种德行——智慧，有的时候表示对信息情报的掌握与思考，即战略分析。如果把"知"理解为"智"，那么它就是三大德之一，乃是为将之道的核心战略管理特质；如果把"知"理解为战略分析，它就构成了治敌行动的根本依据，避实击虚的关键在于"知"，只有知道敌人的虚和实才能避实击虚，避实击虚这一基本手段所衍生出来的各种治敌手段都离不开"知"。没有"知"，治敌将变得不可能，胜利也无法实现，所以孙子说"知己知彼，百战不殆；不知彼而知己，一胜一负；不知彼不知己，每战必败"。可见，"知"也是治敌手段的核心特质。

治敌需要雄厚的国力、军力作为保障，因此，经国治军是治敌的基础。不过经国治军本身是一个复杂的结构，我们希望寻找一个核心特质来代表作为治敌基础的经国治军思想，由于治敌基础主要关注经国治军的结果而不是过程，因此，我们可以把经国治军思想的目标作为治敌基础，经过比较思考，我们认为可以把经国治军的一个重要目标"四和"作为兵家治敌基础思想的一个核心战略管理特质，因为它不仅概括了富国强兵的目标而且体现了兵家追求内部和谐的特征，四和乃是《吴子》所提出的经国治军目标，《吴子》认为"和"乃是治敌的前提"有道之主，将用其民，先和而造大事"。四和关系到"出军"、"出陈"、"进战"、"决胜"，可见"和"对于治敌的重要性。《孙子兵法》说"上下同欲者胜"也是要追求一种内部的和谐。

这样，兵家治敌思想的战略管理特质群的结构就可以用"和"、"知"、"虚实"、"胜"四个核心特质表示。形成"治敌基础——'和'，治敌手段——'知'、'虚实'，治敌目标——'胜'"这样一个结构框架。其中"和"分为四和，即和于国、和于军、和于阵、和于战；"虚实"分为避敌之实、击敌之虚，削敌之实、防我之虚、造我之实、待敌之虚，它们之间存在着一种相互关联的关系；"胜"分为"全胜"和"力胜"。

我们就可以给出兵家治敌思想战略管理特质群的结构了，如图6-5所示：

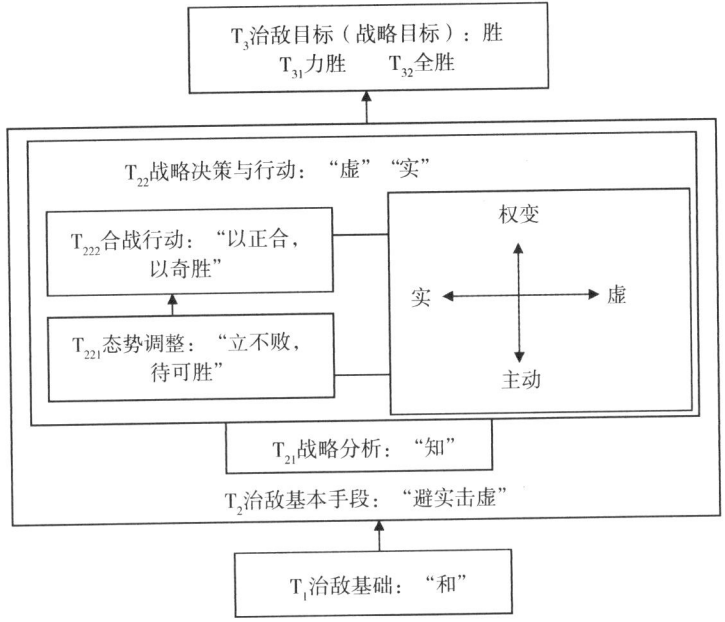

图 6-5 治敌思想战略管理特质群的结构

四、兵家战略管理特质群的结构特征

根据前面对兵家战略管理特质群的结构分析,我们很容易归纳出以下几个结构特征。

(一)"道"为贯穿整个兵家战略管理特质群的主线

"道"可以说是中国传统文化中最高的一个哲学范畴。"道"构成了兵家战略管理特质群结构存在的基础。孔子认为"吾道一以贯之";庄子也说"道通为一";《易传·系辞》称"一阴一阳之谓道","形而上者谓之道";韩非子说"道无双,故曰一";老子更有"道生一"的名言。总体上看,诸子百家都视"道"为形而上的本体。用现代语言来说,古人所谓的"道",虽然可以简单化为客观规律、真理,但又不完全如此,古代思想家似乎更愿赋予道以终极真理或规律总和的意义,所谓"道可道,非常道"。可见,道乃是一种揭示事物之间必然联系的本质的东西,是一种无形的、永恒的真理。

兵家极端重视"道"的作用,"道"贯穿了整个兵家自我管理、治国、治军和治敌各个层面。各种有效的自我管理、治国、治军以及治敌之手段都由

"道"而生,各种导致失败的缺陷都是由于背离了"道"。可见,"道"贯穿了整个兵家战略管理特质群,乃是形成特质群结构的基础。

(二)由于"以人治人"的基本观念和"道"的贯穿作用,自我管理思想特质群、经国治军思想特质群、治敌思想特质群之间形成了一种递进转换的结构特征

在兵家战略管理特质群中,自我管理思想特质群乃是经国治军思想特质群和治敌思想特质群的基础,而自我管理之道和经国治军之道又构成了治敌之道的基础,它们之间形成一种递进转换的结构特征。自我管理之道可以在"以人治人"的管理活动过程中转换为经国治军之道;而经国治军之道和自我管理之道相结合,又可以在竞争活动过程中转换为治敌之道;治敌之道在一定的情况下则可以转换为胜利的最终目标。这种逻辑转换关系正好符合皮亚杰结构的特征。如图6-6所示:

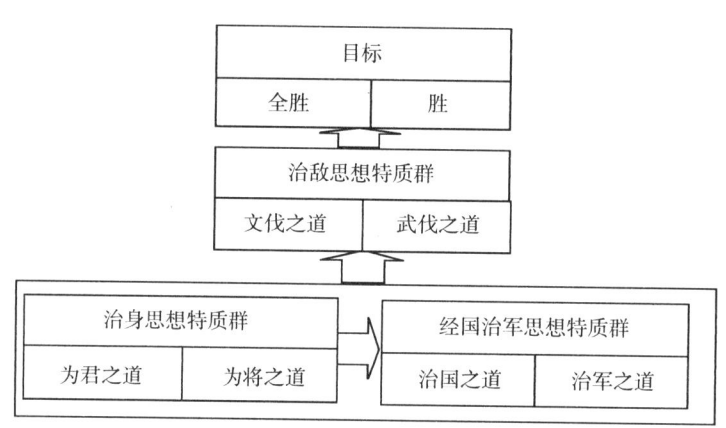

图 6-6 兵家战略管理特质群之间的转换性

(三)自我管理思想战略管理特质群的结构影响着经国治军和治敌思想战略管理特质群的结构,它们之间形成一个相互依存的关系

兵家战略管理特质群的结构除了呈现出一种相互转换的特征之外,还表现出相互依赖的特征。从"道"这个概念出发,我们发现,兵家战略管理思想具有从自我管理之道开始,进而把握治国之道、治军之道、治敌之道这样一个逻辑进路。这个过程是个人把握天道,并在人道中实践天道的过程,可见自我管理之道乃是治国、治军、治敌的基础,贯穿于其他三个过程。自我管理之道也就是实践"道"的过程,因此,自我管理之道主要特点可以概括为道治。

第六章 兵家战略管理思想与企业战略管理理论的比较

同时根据前面的特质分析情况,兵家治国思想大都崇尚仁义道德,可以把治国之道的主要特点称为德治;而治军不同于治国的最重要的一点就在于强调权威性和统一性,施行严格的法治。治国和治军其实都要用到法治和德治,只不过强调的重点不同。兵家的治敌思想崇尚谋略和智慧,实行智治。德治、法治、智治都统一于"道",可以称为"治道"。自我管理之道主要在于修"智、仁、勇"三大德,德治乃是自我管理之道"仁"德的扩展;法治乃是自我管理之道"勇"德的扩展;智治乃是自我管理之道"智"德的扩展。因此,兵家战略管理特质群之间实际上存在着这样一种相互依赖特点(见图6-7):

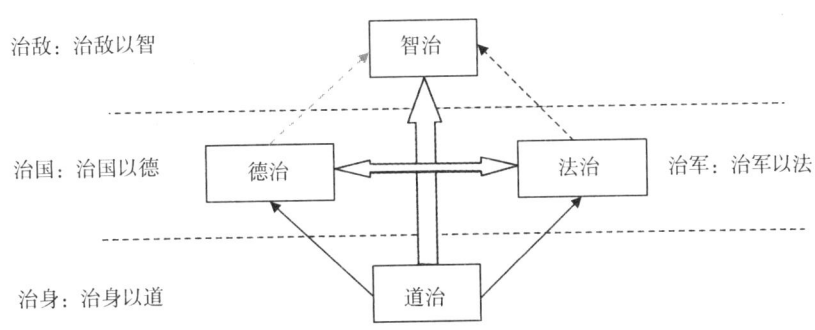

图6-7 兵家战略管理特质群的相互依存性

(四)兵家战略管理特质群的结构总体上呈现出一种递进转换结构特征的基础,同时存在大量的两极对偶结构,即表现出一种对偶的特征

兵家战略管理特质中有大量的对偶词汇,如"形"与"势"、"轻"与"重"、"奇"与"正"、"虚"与"实"、"德治"与"法治"、"文"与"武"、"攻"与"守"、"爱"与"威",等等。这些概念都有"各自"的含义,但是如果把它们分开单独解释则会丢失很多重要的内容,以至于无法理解兵家思想的真实内涵。只有在共同存在、相互阐明与相互转变中才能真正揭示出概念所反映事物的深刻本质。这种对偶的结构特征反映了中国传统的非二元对立的思维方式,作为中国传统文化哲学基础的《易经》就认为万物都是以两极一体作为其存在的形式。易经思维具有辩证思想的特质,然而却是一种和谐辩证法。从本体论上说,这种非二元对立的思维方式来自于传统文化中"天人合一"的主导观念,"天人合一"经历长期历史发展已成为中国文化的灵魂,正如同西方的主客相分的历史合理性一样,其中的合理基础也只能从漫长的历史过程中寻找了。在"天人合一"的主导观念下,中国人预设了天人相通、人心相通等前提,使得中国人的思维方式尽管承认二元结构,却是以二元相通来对待世界。

第三节

兵家战略管理模式

如果把兵家战略管理思想的内在结构应用到企业战略管理理论中去,我们可以得到一个新的战略管理模式。

一、西方战略管理理论中几种典型的战略管理模式分析

安索夫(1979)在《战略管理》一书中提出了战略管理模式的概念,他认为战略行为是一个组织对其环境的交互过程以及由此而引起的组织内部结构变化的过程。明茨伯格(H. Mintzberg)用5P模型来解释战略的内涵,他认为战略是由计划、模式、计谋、定位和观念等组合而成的。模式(Pattern)是指战略最终要体现企业一系列具体行动和现实的结果,而不仅仅是行动前的计划或手段。很明显,明茨伯格把战略行为或战略管理也纳入了战略的内涵,并且认为战略行为或战略管理应该形成一种模式。在实践中,战略计划往往可能在最后没有实施,模式却可能事先并没有计划,但最后却形成了。王方华认为企业战略必须与企业管理模式相适应。企业战略不应脱离现实可行的管理模式基础,管理模式必须调整以适应企业战略的要求。安德鲁斯认为企业总体战略是一种决策模式,即通过一种模式,把企业的目的、方针、政策和经营活动有机地结合起来,使企业形成自己的特殊战略属性和竞争优势,将不确定的环境具体化以便较容易地解决问题。

战略作为一种观念,乃是一种主观的认识,离不开文化传统和人们认识的发展水平,战略观念则影响着战略管理过程。因此,在不同的文化传统和战略管理理论发展的不同时期,存在着不同的战略管理模式。在西方战略管理研究中至少存在三种不同的战略管理模式。

(一)哈佛模式

哈佛模式是一种将思考与行动完全分开的模式。战略的制定被认为是首席执行官的责任,他必须有意识地对整个战略制定过程深思熟虑。假定他所推行的战略有着明确的目标,战略方案一旦形成就能够有效地推行,这种战略管理模式反映了早期战略规划学派的基本观念。该模式可用图6-8表示:

第六章 兵家战略管理思想与企业战略管理理论的比较

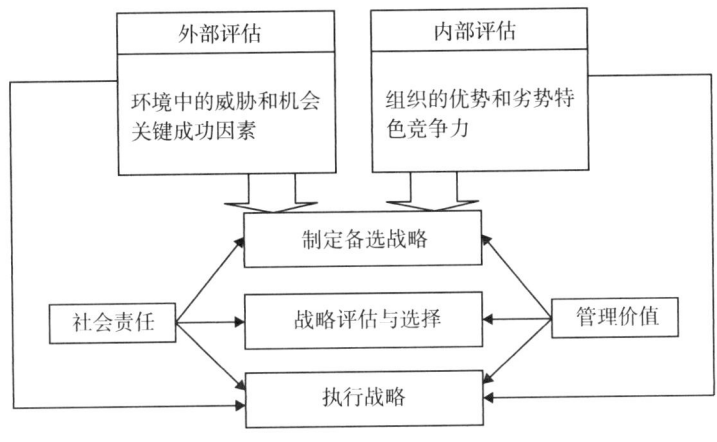

图 6-8 哈佛模式

哈佛模式经历几十年的实践检验，被证明在如下假定条件下能够充分展现其科学合理性：首先，原则上一个人的大脑就能处理与战略有关的所有信息；其次，大脑可以拥有所研究情况的完全、详细、直接的经验；再次，在新制定的战略实施前，必须明确相关背景知识，也就是说形势应当保持相对稳定或者至少是可以预测的；最后，讨论中的组织必须要做好准备对付中心明确的战略，即组织内的其他人必须愿意服从核心战略家的安排，他们也必须有时间、精力和能力去贯彻中心明确的战略。但是在现实过程中这些假设基本上是不存在的，因此战略计划往往不得不经常修正。而且在这个模式中也找不到管理者的位置。尽管这个模式被应用了几十年，西方战略管理学术界也出现了越来越多的反对声音。安索夫就提出对于战略规划的过程必须用专注于战略问题的更加动态的理解来取代。

（二）格莱斯特模式

英国科茨大学教授 K. W. 格莱斯特指出，战略管理是关于决定一个组织未来的发展方向及执行达成该组织既定目标的有关决策的过程。根据这样一种理解他提出了一个战略管理模式，它不仅注重战略的制定，也注重战略的实施。如何通过改变诸如文化、结构、领导、报酬体系等组织要素及职能政策，使得制定出来的战略方案得以有效实施是这一模式在考虑战略制定之外的另一关注点。此外，它还关注战略实施的评估与控制，并将评估结果反馈到战略实施及战略制定阶段，从而形成战略管理过程的不断循环。该模式可用图 6-9 表示：

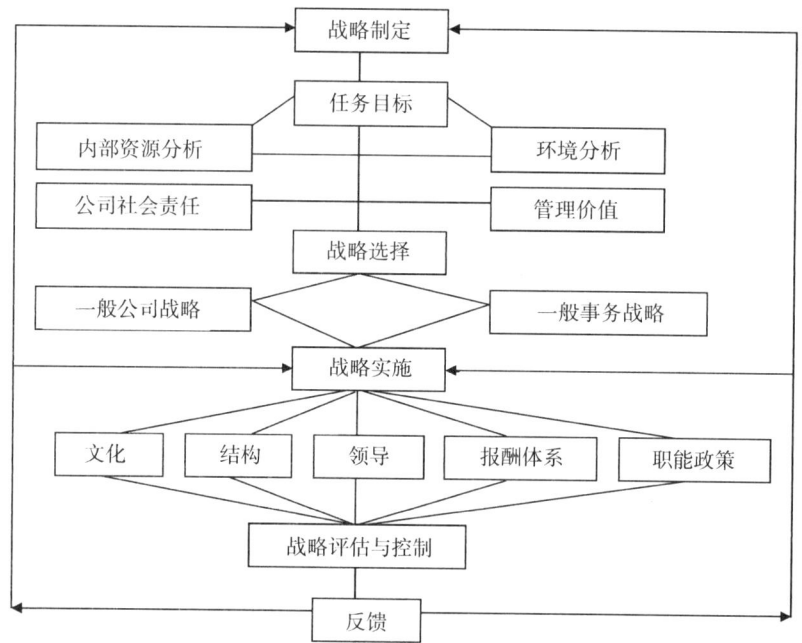

图 6-9 格莱斯特模式

格莱斯特模式引入了反馈环节，在一定程度上消除了直线式的战略管理模式的缺陷，体现了环境适应学派的基本观点。其后的产业组织学派和资源基础学派都遵循着这种模式，使得这种模式成为最常见的战略管理模式。但是这种模式仍然缺乏战略管理主体的位置，战略分析与战略实施仍处于分离状态。明茨伯格认为对于快速变化的竞争环境，战略规划将变得缺乏意义，战略形成只能是一种连续学习的过程，在这种情况下，战略管理者的角色应当从规划者和战略创造者转变为战略发现者、知识生产者和变化推动者，战略规划必须用战略思维取代。明茨伯格的观点和兵家思想体现出来的战略管理观念非常吻合，面对复杂的竞争环境，兵家表现出来的最大特点就是权变性，从来不会遵循既定的计划方案，而是根据环境而展开自己的行动，但是他们的行动却又不是无原则无规律的；相反，他们的行动总是强调遵循规律，有着一整套战略决策与行动的原则，这些原则不能为实现战略目标指出明确的路线，这种路线或者说战略方案需要靠领导者根据具体情况去把握，但是这些原则对于一个有经验的领导者来说却非常有效。

（三）纳特—巴可夫模式

主要运用于公共部门战略管理的纳特—巴可夫模式由美国学者保罗·C.

特纳和罗伯特·W.巴可夫提出，如图6-10所示：

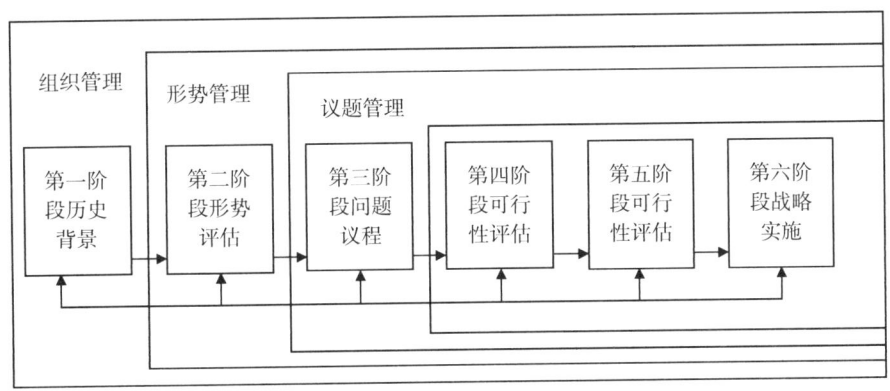

图 6-10　纳特—巴可夫模式

纳特—巴可夫模式有两大特点：第一，战略管理过程不是从明确的目标和任务开始的，而是由组织战略过程开始，其核心是形成战略管理小组（SMG）。由于公共部门存在着众多利益相关者，因此，SMG由代表组织内外利益和权力中心的人组成，他们不但是组织创造变革理念的源泉，也是组织创造关于如何进行变革的理念的主要源泉。第二，战略制定和实施过程的第一阶段是确定理想和方向，而不是明确目标和任务，理想与方向离不开组织的历史背景，因为战略管理总是试图将传统与创新结合在一起。纳特—巴可夫模式关注的是利益主体之间的平衡而不是竞争优势的获取，与兵家思想缺乏比较的基础。

二、基于兵家思想的战略管理模式

上述几种战略管理模式其实都是战略管理主体围绕着企业战略展开行动过程的一种描述，只不过哈佛模式对这个行动过程的描述比较简单，仅仅描述了一个理想的线性化模式，而格莱斯特模式则注意到了在实际过程中战略管理行动不是线性的而更可能是一种螺旋上升的。两种战略管理模式关注的核心都是战略管理的客体，没有为战略管理主体留下任何位置。相比之下，兵家的战略管理模式完全不同，它强调战略管理的系统性，认为战略管理作为一个管理过程，应当是三种管理行为的统一体，即领导者的自我战略管理行为、组织的发展战略管理行为和组织的竞争战略管理行为的统一。领导者的自我战略管理行为是组织的发展战略管理行为的基础，组织的发展战略管理行为是组织竞争战略管理行为的基础。三种战略管理行为都有自己的目标，形成一个目标体系，三种战略管理行为的目标应当相互支撑，如果冲突的话，必然会导致战略管理的失败。三种战略管理行为过程都有自己的特点，领导者自我战略管理行为乃是一种认知、学习活动，不仅不是像哈佛模式那样是数学线性的，也不是像格莱斯特模式那样是理性反馈的；尽管在领导者自我战略管理中反馈也存在，但是还存在着直觉体悟等超理性行为，也就是说领导者的自我战略管理过程可以是一种理性反馈的过程，但也可能表现为一种跳跃式领悟，直接达到战略管理目标，即某种个人境界，如优秀领导者的境界等过程，并且文化、情感等因素都将对领导者自我战略管理起着重要作用；兵家的组织发展战略管理行为、组织竞争战略管理行为都和领导者战略管理行为融合在一起，表现出一种知行合一的特色，缺乏明确的步骤，三种战略管理行为之间不断地互动，使得组织发展战略管理模式更多地体现为一种螺旋上升的过程模式，组织竞争战略管理模式更多地体现为不确定的权变的过程模式。

因此，我们可以建立一个基于兵家思想的企业战略管理过程模型。该模型是一个在"先知"、"先戒"两大原则指导下，由领导者战略管理能力培育阶段、组织能力阶段以及组织对外竞争阶段三个阶段组成的一个管理行动框架，如图6-11所示。

（一）自我管理阶段——组织领导战略管理能力培育阶段

战略管理主要靠组织领导者的推动，组织领导者战略管理能力是企业战略管理成败的关键。组织领导者战略管理能力的自我培养不仅是组织战略管理的第一步，也是组织战略管理中最重要的一步。同时组织领导战略管理能力的培养非一朝一夕之功，必须经过长期的努力才有效果，而且人的能力提高永远没有尽头。所以这个阶段其实是贯穿整个战略管理过程的一个独特的阶段。领导战略管理能力的培养主要由以下几个步骤组成：

第一，要求企业领导者要培养"知"、"戒"、"和"三种意识。

第二，要求企业领导者要不断地学习，不断提高自己的战略管理能力。

第三，要求企业领导者运用自身能力找到合适的企业宗旨和理念，并以此作为建立企业文化的基石，建设一支精诚团结的企业高层管理团队。

（二）经国治军阶段——组织能力培育阶段

当组织拥有了能干的领导者和一个团队的高层管理团队之后，就具有了发展的内在基因，就可以顺利开展第二阶段——组织能力培育的工作了。这个阶

第六章 兵家战略管理思想与企业战略管理理论的比较

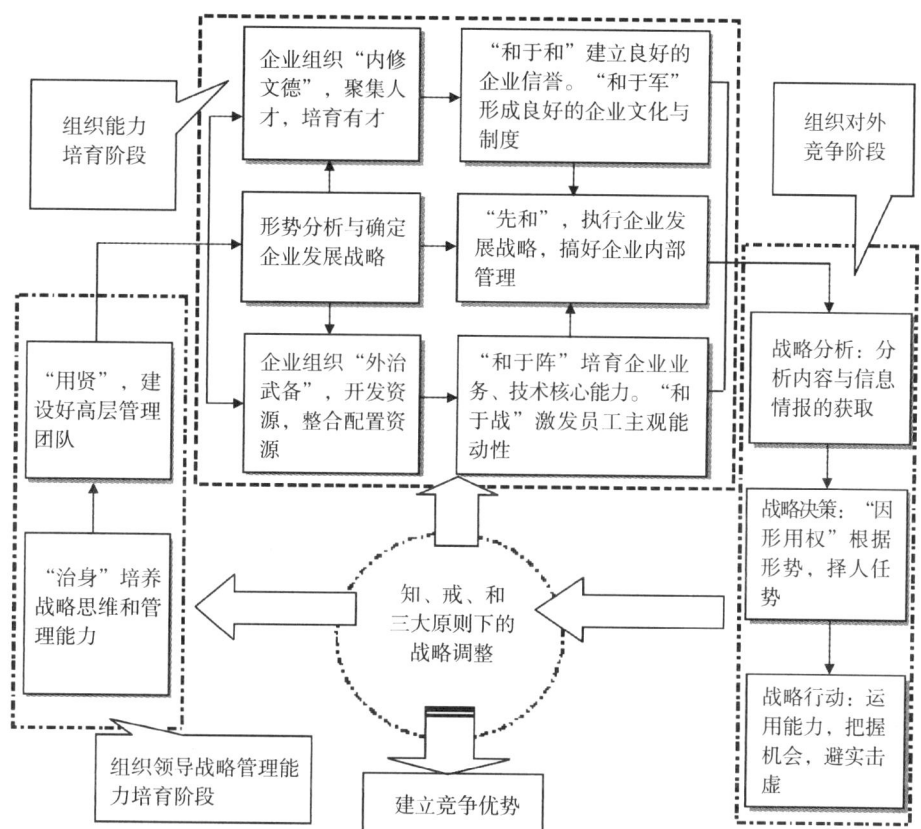

图 6-11 基于兵家思想的战略管理过程模式

段关注组织整体上的发展，目标是获取组织资源和能力，为组织战胜竞争对手做好准备（见图 6-11）。这个阶段主要的工作就是"内修文德，外治武备"。归纳起来共有以下几项工作需要做：

第一，确定公司战略目标。

第二，进行公司战略人力资源管理。组织战略的实现离不开组织人才团队的支撑，正如项保华所说，战略不仅要考虑"做什么，如何做"的问题，还要考虑"由谁做"这个问题。

第三，公司战略分析与制定。公司战略分析主要是对宏观环境和行业发展的趋势进行分析，以使企业能够根据对未来环境的判断制定企业的总体发展战略。

第四，战略实施。战略实施的过程也就是组织能力培育的过程。要求企业能够抓住环境中的机会，避开威胁，不断地发展自己，采取各种措施开发资源、合理配置资源，大力培育企业核心竞争力。

第五，在必要的时候进行战略调整。形势发生了变化，组织的战略就可能需要进行调整。一方面，企业处于不同发展阶段的战略时期，必须有不同的组织结构与之适应。另一方面，企业环境的不断变化也要求企业不断调整自身战略和组织结构。如果不注意战略的调整，企业必然会陷入困境。

（三）治敌阶段——组织对外竞争阶段

当组织拥有了较强大的实力之后，就可以积极去面对外部竞争对手的挑战了，在这个阶段组织需要进行的工作有以下几项：

第一，确定竞争战略的目标。战略有两个层次分别是公司战略和竞争战略。公司战略关注组织整体上的发展，获取组织可持续发展的能力，从而建立可持续竞争优势。而竞争战略则更关注组织外部，其目标是战胜竞争对手获取行业竞争优势地位。竞争战略目标是从属于总体战略目标的，组织战胜竞争对手不是目的，目的在于如何利用对外竞争来建立组织的竞争优势，所以这个阶段战略目标的确定主要考虑组织如何运用能力和智谋，以最小的代价获取最大的效益。

第二，竞争信息、情报的收集与竞争战略的分析。竞争战略分析和前面的总体战略分析有所不同，它更重视竞争对手的分析。

第三，竞争战略决策与展开。竞争策略性强弱需根据实际情况，灵活调整。要尽量抢占先机，争取主动，然后根据竞争对手的弱点等待时机，运用各种战略、战术手段战胜对手，建立行业竞争优势。

第四，在必要的时候进行战略调整。战略调整也是这个阶段需要做的重要工作。一方面，对外竞争战略如果失败，企业必须调整战略。另一方面，如果企业在对外竞争中取得成功后，企业获得竞争优势从而进入了一个新阶段，此时也需要进行战略调整。此外，战略调整还是"知"、"戒"原则的必然要求，如果因为企业一时的成功就盲目乐观，把以前的成功战略视为可以永久不变的法宝，那么企业就可能陷入衰退。可见，战略调整是一个过渡时期，既是战略管理的一个阶段的终点，又是战略管理另一个阶段的起点，这个阶段是否能够顺利渡过直接关系着企业的前途和命运。影响这种过渡的最重要的因素则是企业领导者的战略管理能力和他们是否能保持"知"和"戒"的意识，这样我们又回到这个战略管理模式的第一阶段。

这三个阶段无严格的先后之分，反映了兵家战略管理思想知行合一的特征。组织领导战略管理能力培育阶段是整个战略管理过程的第一个阶段，但同

第六章 兵家战略管理思想与企业战略管理理论的比较

时也是贯穿于整个战略管理过程的一个阶段，而组织能力培育阶段也可能和组织对外竞争阶段同时进行。尽管我们希望组织积蓄了足够的实力，拥有了强大的能力再去参与激烈的市场竞争，但是很多时候由于形势所迫，不得不在组织没有足够实力的时候，就去和强大的竞争对手竞争。

三、兵家战略管理模式与西方战略管理模式的比较

Feurer 和 Chaharbaghi（1995）、刘益（2005）等人提出了适用于高度不确定性和变化环境的战略管理一体化模式（或称动态战略管理模式）。认为传统的战略形成、实施、评价相分离的方法越来越难以适应竞争环境的快速变化，从而制约了战略管理发挥应有的作用。因此必须把战略形成、实施与评价有效整合起来。战略管理一体化模式的基本理念有二：一是战略是一种动态的过程。它承袭了明茨伯格的观点，战略家的角色必须从规划者和战略创造者转变为战略发现者、知识产生者和变化推动者，战略规划必须用战略思维取代。二是战略的形成和实施是整个组织中所有成员的责任而非组织的核心职能。只有这样才能保持战略的柔性和应急性以及实施的有效性。它要求对组织特征及其即时可选的竞争环境进行快速的、同步的和经常性的评价，确定尽可能多的、适当的战略选择方案，而不是从一个可获取的和事先确定好的选择权集合中选择的能力。它关注以机会为导向的战略选择方案的形成，而不是指向某一个特定的产业；具有测定已形成战略选择方案的实施速度的能力；具有在任何时点上修正形成战略基础的基本假设的柔性；具有从一种战略方向转换到另一种战略方向，重新确定实施过程的能力。应当说动态战略管理模式反映了西方战略管理理论对其自身反思的成果。

我们把动态战略管理模式、传统的战略管理模式和基于兵家思想的管理模式进行对比，发现基于兵家的管理模式大体上是介于两者之间，一方面过程阶段具有模糊性；另一方面却不强调广泛参与。表面上似乎没有战略管理一体化模式那么周详（因为不强调广泛参与，不提倡质疑的参与方式），但是却使其比较容易操作，战略决策的效率和速度应当会比战略管理一体化模式更高，这对于中小企业来说是非常具有实用价值的。实际上，根据相关学者对中国中小型民营企业的研究来看，他们的企业战略管理模式具有明显的兵家思想特征。这三种战略管理模式特征如表 6-2 所示：

表 6-2 三种战略管理模式的比较

	传统战略管理模式	战略管理一体化模式	基于兵家思想的战略管理模式
战略形成与实施	顺序进行，分离	并行进行，整合	并行进行，整合
评价与控制方式	事后评价和控制	事前、事中、事后进行评价与控制，并贯穿战略管理过程的始终	事前、事中、事后进行评价与控制，并贯穿战略管理过程的始终
领导的角色	战略思维者 决策产生者	转变过程的推动者 整合者	战略思维者、决策产生者、转变过程的推动者、整合者
实现目标的手段	协调与控制 计划的制订	战略转换、开发战略思维	战略转换、开发战略思维
参与的范围	主要局限于高级及部门管理人员	广泛包括各个层次的不同人员	主要局限于高级及部门管理人员
参与的性质	通过书面传达，直接向上，拥护方式	基于对话拥护与质疑方式	通过书面传达，直接向上，拥护方式
推动的方式	日程驱动	问题驱动	问题驱动
时间的选择	周期性的	非周期性的	非周期性的
过程的阶段界限	分明	模糊	模糊

第四节

兵家战略管理为企业能力理论提供了一种新的视角

企业能力理论是建立在企业内在成长理论基础之上的，其源头可以追溯到古典经济学家斯密的劳动分工理论（Smith，1776）。其后，马歇尔（Marshall，1920）、彭罗斯（Penrose，1959）以及理查德森（Richardson，1960）等人则进一步发展了企业能力理论。20世纪80年代的实证研究表明，当时处于主流地位的定位学派的产业分析模式无法解释产业中、长期利润的分散程度比产业间利润的分散程度要大得多的这一事实（Rumelt，1982），同时该学派的产业分析方法对稳定环境的依赖遭到了明茨伯格等战略学者的批判。这样，人们对企业持久竞争优势研究的重点从产业转向企业内部。企业能力理论则取代定位学派成为主流战略管理思想。但是直到现在理论界对于企业能力的实质仍然是众说纷纭,没有统一意见,而且企业能力理论还因为缺乏足够的操作性而为企业界所诟病。

企业能力理论在发展过程中先后出现了核心能力、动态能力、吸收能力和转化能力等重要概念。核心能力的概念是普拉哈拉德和哈默首先提出的,他们认为核心能力是组织中的积累性学识,特别是关于协调不同的生产技能和有机结合多种技术流派的学识。蒂斯、皮萨诺罗则将核心能力定义为提供企业在特定经营中的竞争能力和优势基础的一组相异的技能、互补性资产和规则。埃里克森和米克尔森认为,核心能力是组织资本和社会资本的有机结合,组织资本反映了协调和组织生产的技术方面,而社会资本显示了社会环境的重要性。动态能力的概念是蒂斯在1997年提出的,他认为企业核心能力是企业在长期发展过程中以特定的方式、沿特定的路径逐步积累起来的,具有一定的惯性和稳定性。当外界环境发生变化时,这种稳定性很容易表现为某种抗拒变化的惰性,这种惰性就是所谓"核心刚性"。因此,核心能力带来的竞争优势是不能持久的。企业需要一种新的能力,即动态能力。动态能力是企业对内部和外部的竞争能力进行整合、构建或者重置以适应快速变化的外部环境的能力,它反映了企业在既定路径和市场位置约束下,获取新竞争优势的一种综合能力。至于吸收能力和转化能力主要是作为动态能力的补充而提出的,以说明组织如何通过能力来获取可持续竞争优势,其根本目标是为了使能力理论能够接近企业实际,具有可操作性。如Cohen、Levinthal、Zahra等人认为吸收能力由获取能力、消化能力、转换能力和利用能力四个部分组成,提升吸收能力可以从这四个角度进行,同时又把吸收能力分解为潜在吸收能力和现实吸收能力两个层面。提出潜在吸收能力是指公司获取和吸收外部知识的能力,而现实吸收能力是指公司转化和利用知识的能力,一个持续竞争优势企业必须同时具有高潜在吸收能力和高现实吸收能力。

到目前为止,西方学者对企业能力的研究仍然方兴未艾,各种各样的新观点、新名词不断涌现,表面上成果显著,但是却使企业能力理论变得越来越抽象,离企业管理实践越来越远。企业到底有哪些能力,这些能力之间有着什么样的关系,人们众说纷纭,一团疑云,甚至让人怀疑学术界是否在玩弄文字游戏。

要理解企业能力的本质,需要反思一个关系到西方组织理论的根本性问题,即组织是真实的吗?如果认为组织内的行为是基于组织的,实际上就假定了组织是真实的，组织能力是一种事实。反之，如果认为组织内的行为是基于个人或人际互动的，就预设了组织不是真实的，所谓组织能力不过是个人能力的一种表象。实际上，前一种观点在西方占据了主流地位，整个组织理论正是建立在组织是真实的这样一个预设之上的。但是两种观点的争论至今仍然没有结果，每种观点都有其合理性和不足。如西蒙（Simon）就反对将组织的概念具体化，反对将它作为互动的个人组成的系统之上的某种东西进行研究。布劳（Blau）在他关于交换理论的重要论述中指出，组织内的个人行为以个人之间直接或间接的交换为基础，即使这种交换是不对称的。本森（Benson）强调个人的作用，认为真实性就是组织行动者头脑中的社会架构。

支持组织是真实的观点的学者如 Clegg 和 Dunkerley（1980）等，往往认为如果组织对个人拥有权力，它就是真实的。卡恩（Kahn）提出组织成员对组织内设置的某个职位的角色期待——某一特定职位相关的规定和限制——在相当大的程度上取决于更广阔的组织环境。组织结构、职能专业化、专业分工以及正规的奖励体系构成给定职位的主要内容。组织成员希望就职者做些什么、同谁一起做、为谁做，取决于组织自身的各种特性。尽管有人在提出希望、进行奖励，但只要组织的结构特征足够稳定，所以可以认为对设定职位的就职者的希望和奖励与特定的个人无关。卡恩无疑希望提出关于组织是真实的这一命题的具有说服力的证据，但是他的论述也同样可以作为反对组织是真实的命题的证据。因为卡恩的论述隐含着这样一个意思，即只要组织结构特征足够稳定，那么组织就是一种真实存在，当组织处于变革中时，组织则可能不是一种真实的存在。即当规则可以信任，并有足够权威时，组织是真实的；而当规则不是完全可以信任的或者缺乏足够的权威时，组织可能不是一种真实的存在。

从卡恩的论述我们可以推断，只有当契约或规则信任能够有效地规范和驱动组织行为的情况下，组织才可以抽象为凌驾于个人之上的东西。此时组织是真实的。人与人之间的契约或规则信任关系可以让组织日常行政管理正常进行，但是对于战略管理的帮助则极为有限。战略管理者必须以改变组织结构和推动组织变革为己任，组织不能有凌驾于其上的权力，为了战略的推行，契约可以变更，规则要重建，否则就无法进行有效的工作。在战略管理中更值得关注的是另一种信任，即关系信任，企业员工对于战略决策者才能、远见和价值观的信任。只有如此，组织的主动变革与转型才能成为可能，像企业这样处于不断变化的竞争性的环境中的组织才能实现可持续发展。因此，从战略管理视角来研究企业问题，企业组织是真实的预设将成为一个悖论。这也是西方战略管理学者对企业能力的研究变得越来越抽象，离现实越来越远，缺乏操作性的根本原因所在。

而产生悖论的背后是西方的组织与个人的二元对立的思维方式。西方文化传统长于抽象思维，喜欢从具体的东西中抽象出具有共性的东西进行研究。其实从能力概念的本意来说，它原本属于心理学的范畴，是人对客观事物的作用，是人作用于外部世界时所取得的功效，是一种内化了的个体品质。能力归根结底是属于人的，只有人才拥有能力，能力也只能通过人的活动表现出来。因此，企业能力并不是一种实体概念而是一种表象。能力是在活动中形成的，也只能通过具体的活动表现出来。能力和能力的载体以及表现形式不可分割。因此，企业能力可以认为是企业内部个体所拥有的知识和技能被企业的制度和文化所整合过程中产生的一种表象。

从这个视角看，西方学者提出的所谓核心能力、动态能力、吸收能力和转化能力等概念都必须落实到制度和文化整合个体知识与技能的过程中来，否则就是无本之木，无源之水。就企业能力而谈企业能力其实是缘木求鱼之举，该是改变战略管理理论仅仅在组织层面上研究企业能力的研究范式的时候了。考察兵家战略管理特质结构我们可以看到，兵家对于如何进行战略管理给出了一个从自我管理、群体管理到组织管理的逻辑进路，这样一个逻辑进路在组织行为学中被割裂成三个领域进行研究，而在实际过程中这三种管理活动是相互融合统一于企业经营活动中的。应该说兵家直接地把握了管理的真实状况。然而在现代企业战略管理理论中的企业能力理论却忽视了这种真实情况，希望仅仅从组织管理层面解决竞争优势问题，必然造成理论上的缺失。结合兵家思想的逻辑进路，我们可以建构一个具有很强操作性的企业能力结构操作框架。下面，我们从非二元独立思维方式出发，结合心理学和组织行为学的知识，从个体行为角度来考察企业能力的表象是如何形成的。

个体出于某种需求而产生与他人合作或者加入某个群体的动机或动力，而他人或者某个群体根据个体某方面的品质或才能而接纳个体。群体依靠共同目标以及契约信任或关系信任形成合作关系而得以存在。企业就是一种以契约信任为主要特征的互相合作的群体与资源的集合体。企业在适应环境的过程中实现生存和发展，并在这个过程中表现出能力表象。可见，企业能力表象的形成需要三个因素，即个体的动机和才能、个体间的信任与合作以及企业对环境的适应能力。此外，个体能力需要通过个体工作过程表现，企业能力表象需要通过企业运作和发展过程才能出现。而资源是个体工作与企业运作和发展的基础，这样就可以形成一个企业能力的操作框架模型（见图6-12）：

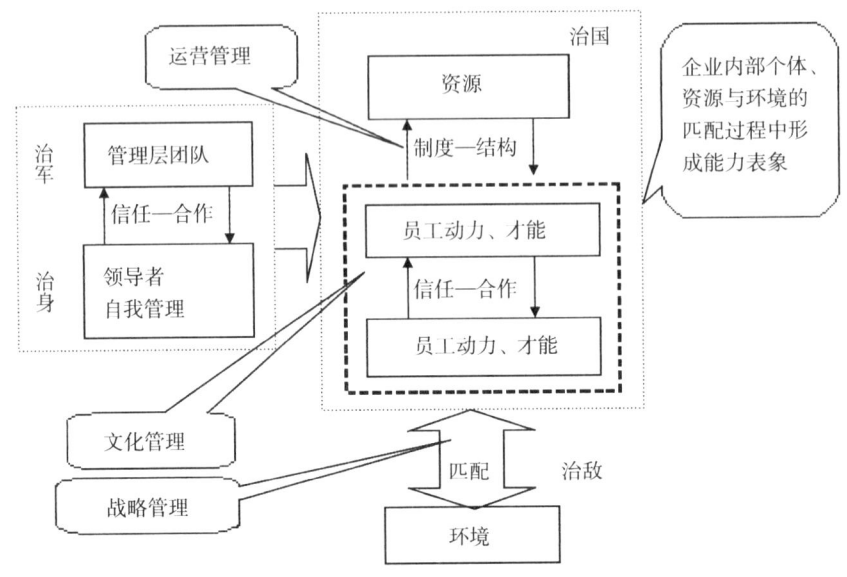

图 6-12 企业能力的结构与操作框架模型

在该模型中要提升企业能力必须以领导者自我管理为出发点,以建立一个团结的具有战斗力的高层管理团队和在企业中建立合作信任的文化为主要内容,以科学化、制度化的运营管理为基础,以加强战略管理为关键等方面配合进行。我们很容易发现,它和兵家的自我管理、治国、治军、治敌的逻辑进路完全对应。企业领导者的自我管理可以看成是自我管理,对管理团队的管理可以看成是治军,对企业的运营管理可以看成是治国,对企业的战略管理可以看成是治敌。自我管理是针对个人的,自我管理中最关键的是领导者的自我管理;对管理团队的管理是针对群体的,群体管理中最关键的信任与合作关系的建立;运营管理是针对组织的,其最关键的问题是企业资源以及制度结构等;而战略管理由于涉及企业与环境的匹配,要求企业主动变革,因此,就不仅仅是组织层面的问题了。它实际上要涉及个体、群体和组织三个层面,仅仅从组织理论的视角去分析如何获取竞争优势,就有些像儒家高唱行"仁政"就能"王天下"的治国之道一样,在竞争性的环境下显得迂腐无用。当然兵家中具体有哪些方法和手段可以应用还是需要仔细鉴别的,毕竟兵家的战略管理思想是针对军队和国家的,肯定有很多具体的内容是不适合现代企业的,限于篇幅,我们不做详细讨论。

第六章 兵家战略管理思想与企业战略管理理论的比较

第五节
展望——兵家战略管理理论的建构

受到强调悟性的中国传统思想的影响，虽然兵家有着非常独特而深刻的战略管理思想，但是其理论形态的不完备性或者说隐含性，确实让兵家战略管理思想在当代企业管理的应用出现了极大的障碍。从中国企业的战略管理实践看，中国企业家从兵家思想中借鉴管理智慧的一个重要客观原因在于中国市场经济形成时间不长，人们对商业竞争和企业管理经验不足，从而向传统智慧借鉴经验就成为一个必然的选择。中国企业家面对激烈的市场竞争从兵家思想中去吸取经验是客观存在的行为，但是这种行为往往是处于不自觉的状态。很多企业家并没有学习过兵家思想，而是根据自己从小受到的传统管理文化的熏陶，无意识地应用了兵家思想去处理企业战略管理中的各项问题。然而兵家某些原则、方法和其历史背景、面临的环境息息相关，如《孙子兵法》对用间特别重视，如果不择手段地加以运用，对建立正常的市场秩序、规范竞争各方商业行为是极为不利的。因而，系统地研究兵家战略管理思想，构建兵家战略管理理论已经成为理论研究者义不容辞的任务。如何依据兵家思想建立一套系统的、适应中国企业战略管理实际的兵家战略管理理论，这是一个非常复杂的问题，不是一本书、几篇论文就能够完成的，需要学术界长期的努力。

最后，本书针对如何进一步研究兵家战略管理思想，推动兵家战略管理理论的建立提出几点浅见，供研究者参考：

第一，全面学习兵家思想，把握其完整的思想体系，而不是只言片语。目前，市面上有很多把《孙子兵法》等兵家典籍与现代企业管理结合起来的著作，然而就其内容而言，不少著作都存在着这样一个问题，即对《孙子兵法》的某些思想做断章取义的引用和发挥，以此作为现代企业管理应当如何的佐证。这样实际上就把兵家思想内在的文化精髓给丢弃了，最多只能是激发管理者的某些个人体悟，无法得出超越西方企业战略管理理论的意见，更无法形成一种不同于西方战略管理的理论。我们认为研究兵家战略管理思想应该重点关注兵家战略管理思想内在的宏观整体的辩证思维方式，这种思维方式是中国管理文化和西方管理文化的根本区别之一，应当成为创建兵家战略管理理论的主要依据，也是中国企业战略管理实践者在学习西方战略管理理论和兵家战略管理思想时应当注意的问题。

第二，学习兵家竞争战略管理思想的同时，应当重视对兵家战争伦理思想以及西方商业伦理思想的学习，推动良好的行业生态环境建设。历史上，《孙子兵法》等兵家思想由于其功利主义而一直被儒家文化所压抑，自从儒家的"道统"被打倒之后，兵家思想中功利主义大行其道，为企业界人士所吸收，一方面为企业发展做了贡献，另一方面也造成了一些不良影响。一些企业在经营过程中唯利是图，损害消费者利益的事情时有发生，打压竞争对手不择手段，破坏行业生态环境。追究这些企业的行为背后的原因，功利主义思想无疑起着推波助澜的作用。目前，产业集群的作用日益明显，企业光靠自身实力并不足以在竞争中获取胜利，必须重视良好的行业生态环境建设，重视社会资本对竞争优势的巨大作用。如果不重视商业伦理，过分执着于功利，就会因小失大，使企业失去竞争力。因此，中国企业界在吸收《孙子兵法》竞争谋略思想的同时，也应大力吸收《司马法》等竞争伦理思想和西方商业伦理思想，做到"以仁胜"，而不是以"诡道"取胜。学习兵家战争伦理思想以及西方商业伦理思想，推动行业生态环境建设，不仅是企业战略管理者应当关注的问题，也是战略管理研究者需要关注的问题。

第三，摒弃兵家战略管理思想中的专制残余，融入现代人本主义精神。兵家战略管理思想在其产生、积累与发展过程中是与中国传统社会管理活动和军事活动密切联系在一起的，因而不可避免地存在一些封建专制主义意识。一方面，这些专制主义意识和现代人本主义精神格格不入，很容易受到人们的抵触；另一方面，兵家战略管理思想中的很多谋略都与专制主义有着千丝万缕的联系，某些战略管理手段离开了专制主义甚至会完全失去作用。因此，借鉴兵家战略管理思想创立本土战略管理理论，一个最大的障碍就是如何将专制主义的成分去除掉，同时又保持其中的精华内容不受损失，从而形成符合现代人本主义精神的本土化战略管理理论，这对于中国战略管理研究学者乃是一个巨大的挑战。而对于中国企业家来说，一方面受到文化转型的影响，要构建一个专制主义的管理体制变得日益困难；另一方面专制主义对于企业管理的危害也很明显。故此，带有专制主义色彩的某些手段尽可能少用或不用为佳。

第四，把握企业竞争活动和军事竞争的区别，认真甄别兵家战略管理思想中哪些思想可以运用于企业，哪些思想不能运用于企业。对于战略管理学术界来说，利用兵家战略管理思想创建本土化战略管理理论需要认真甄别兵家战略管理思想中哪些思想可以运用于企业战略管理、哪些不能。这需要大量而且细致的工作，本书可以为之提供一个参考；对于企业家来说则应该经常反思其所信奉的兵家某个或某些战略管理思想是否很好地指导了企业战略管理，成效如何，积极方面和消极方面有哪些。

第六章　兵家战略管理思想与企业战略管理理论的比较

本章小结

本章从管理文化视角比较了兵家战略管理思想与西方企业战略管理理论之间的差异，指出兵家战略管理思想与西方企业战略管理理论在管理观念、管理要素和管理活动三个层面上都存在着巨大的差异。分析了兵家战略管理特质群的结构，归纳了兵家战略管理特质群的结构特征。兵家战略管理的核心战略管理特质是"智（知）"、"仁"、"勇"；经国治军之道的核心战略管理特质是"德"、"法"；竞争战略管理的核心战略管理特质是"和"、"知"、"虚"、"实"、"胜"等。然后用这些核心特质去联结其他战略管理特质，可以形成一个具有内在逻辑结构的战略管理特质群。

本章还讨论了兵家战略管理特质对现代企业战略管理理论的启示。从兵家战略管理思想的内在逻辑与结构出发，来分析西方企业战略管理模式和企业能力理论的一些不足。我们认为西方的战略管理过程模式缺乏战略管理者的自我管理过程，因而导致战略制定与战略执行分离。根据兵家战略管理思想可以建立一个融领导者自我管理、组织发展战略管理和组织竞争战略管理为一体的战略管理模式，这个战略管理模式可以克服西方传统战略管理模式的一些缺点。企业能力理论采用组织与个人二元对立的研究范式是导致其发展遇到困难的根本原因，解决的方法在于引入兵家的非二元对立的思维方式，从战略管理者的行动以及战略管理者与其他个体之间的互动分析出发，来解析企业能力，这样就能够解决企业能力理论过于抽象、操作难的问题了。

// 延伸阅读 //

基于中国传统文化的战略分析

战略分析是战略管理的首要环节，包括内部分析和外部分析。西方学者提出一系列战略分析的工具和模型，其中以设计学派的SWOT分析模型最为流行。在这个模型中，SW主要是指组织内部的优势和劣势分析，一般从分析组织内部的资源和能力的角度出发，来说明组织的优势和劣势。OT主要是指进行组织外部环境分析，一般分析组织所处的行业环境（主要有波特的五力模型等）以及社会、政治、经济、文化等大环境（主要有PEST分析模型等）。从比较文化的观点看，这些战略分析工具和模型是在西方传统思想文化指导下提出的，和西方人的科学工具理性具有内在的一致性。虽然可以作为普遍适用的战略管理工具,但是在不同文化背景下,如果支持这些分析模型的战略思维模式不同,那么就会出现理论与实践相分离的情况。

而在中国传统文化的影响下,中国人对于战略管理有着和西方人完全不同的理解。下面,我们从中国传统管理思想的视角出发来探索基于中国传统文化的战略分析模式,这对于解决中国当代企业战略管理中战略制定和实施"两张皮"、战略执行不力等顽症具有相当重要的意义。

(一) 基于中国传统文化的战略分析的基本方面

梁启超在为《先秦政治思想史》一书所作的序言中指出:"中国学术,以研究人类现世生活之理法为中心,古今思想家皆集中精力于此方面之各种问题。以今语道之,即人生哲学及政治哲学所包含之诸问题也。盖无论何时代何宗派之著述,未尝不归结于此点。"何似龙在其著作《转型时代的管理学导论》中提出中国传统管理思想的主体是以儒家思想为核心,以道家和法家思想为两翼,儒法结合,援道入儒的治国之道。纪宝成也持类似观点,他在《中国古代治国要论》中提出,儒、法、道、兵四家的治国思想占据着主导地位,规范着古代治国思想的主体结构及其文化价值取向。大体上,学术界已有共识,即中国传统管理思想核心内容是以儒、法、道、兵四家治国思想。从战略管理的视角看,儒、道、法家思想关注组织总体发展层面的战略管理。兵家思想关注组织竞争层面的战略管理。根据儒、法、道、兵四家治国思想的主要内容,我们认为中国传统管理思想的精髓可以用"情、理、法、术、势"五个字来概括。而人们在进行战略分析时也会受到这五个方面的影响。

儒家管理思想的精髓体现在"情、理、法"。台湾交通大学的曾仕强教授通过对儒家三大思想家孔子、孟子、荀子管理思想的分析,认为儒家管理思想在孔子那里体现为"摄礼归义","纳礼于仁",构成"仁、义、礼"一贯的思想体系。在孟子那里体现为重仁、义,并不忘礼;荀子重礼、义,也不忘仁。儒家"仁、义、礼"的管理理念,实践起来就成为中国人常说的"情、理、法"。

法家的管理思想则体现在"法、术、势"。民国时期的史学家张荫麟在《中国人史纲》中认为:"韩非以前的法家有三派,其一重'术',以在战国中期相韩昭侯的'郑之贱臣'申不害为宗。所谓'术',即人主操纵臣下的阴谋,那些声色不露而辨别忠奸,赏罚莫测而切中事实的妙算。其二重'法',以和申不害同时的商鞅为宗。他的特殊政略是以严刑厚赏来推行法令,使凡奉法遵令的人无或缺赏,凡犯法违令的人无所逃罚。其三重'势',以和孟子同时的赵人慎到为宗。所谓'势',即是威权。这一派要把政府的威权尽量扩大而且集中在人主手里,使他形成恐怖的对象,好压臣下。这三

第六章 兵家战略管理思想与企业战略管理理论的比较

派的注意点，韩非兼容并顾，故此说他集法家的大成。"法家的"法"和儒家的"法"有所不同，儒家的"法"偏重于伦理道德等规范性的制度建设。而法家的"法"则偏重于赏罚等激励性的制度建设。"术、法、势"三个概念是法家的总纲领。

道家的管理思想主要体现在"理、术"。道家思想的核心，人们一般都认为是"道"。张舜徽认为道家的两大学派老庄学派和黄老学派，其思想核心都在"道"。但是老庄学派中的"道"关注的是事物的规律性，强调任何事物包括管理都应当顺应其自身的规律才能存在和发展。而黄老学派中的"道"则关注利用事物的规律实现自己的目的。在管理实践中对"道"的把握则成为一种对理性的追求和根据实际情况使用谋略解决问题。因此，"道"可以分解为追求理性和使用谋略，即可以用"理"和"术"概括。与儒家、法家的管理思想相比，道家的管理思想侧重哲学层面的分析。因此，道家思想往往被视为"儒、法"管理思想的灵魂渗透于儒家和法家的管理实践中。

兵家的管理思想体系和儒、道、法三家有较大差异，主要原因在于兵家关注的是国家的对外竞争问题，而对于国家内部治理问题，兵家则主要通过吸收借鉴儒、道、法各家的思想，根据实用主义原则进行综合。因此，兵家的管理思想体系也可以用"情、理、法、术、势"来概括。但是兵家中对"理、术、势"的理解和儒家、法家有所不同。兵家的"理"更多的是一种利益的权衡，是实用价值理性的表现。法家的"术"多指政治权术。兵家的"术"多指应对激烈竞争环境的权变智术，或者说用兵的谋略。法家的"势"一般指权势。兵家的"势"多指对环境形势和敌我态势的灵活把握。

因此，在中国传统管理思想的影响下，人们进行战略管理活动，思考战略问题时，往往会自觉或不自觉地思考"情、理、法"和"法、术、势"等方面的问题。即基于中国传统管理思想的战略分析往往表现为对"情、理、法、术、势"等方面的分析。

（二）"情"的战略分析——关系和面子的分析

"情"一般指感情、人情。每个人都有感情，管理中离不开对人情的管理，人际关系学派正是以重视人之情而著称。然而在中国管理活动中的"情"不仅涉及一般的感情问题，更涉及中国传统文化的两个非常深刻的问题，即面子问题和关系问题。中国的管理者处理问题最常见的思维模式是一遇到问题往往首先考虑有什么关系可以帮助自己解决问题。然后考虑自己的面子是否够大，大到能够有效地使用这个关系。这种思维模式在战略分析中是屡见不鲜的，然而目前战略管理学术界研究却少有触及。

中国人的这种思维模式，可以从费孝通先生提出的差序格局来理解。所谓差序格局，指的是在中国传统社会中，社会管理并非对所有成员一视同仁，而是有轻重厚薄的分别，这种"差序"形成既定的"格局"，如父尊子卑、君尊臣卑、男尊女卑等，按照人们在社会和家庭中的地位和等级进行序列管理，即"礼治秩序"。这是由以君臣父子为核心推演的社会关系网，一层驭一层，层层相隶属。在差序格局中，社会关系是从以自我为中心，然后逐渐根据与自我关系的密切程度而向外扩展出去的，随着私人联系的增加，社会关系也不断扩大，社会关系是一根根私人联系所构成的网络。因此，传统社会里所有的社会道德也只在私人联系中发生意义。社会网络的大小与处于网络中心的个人的努力程度以及能力大小是密切相关的。这种社会关系网络可以概括为"五缘"，[1] 即亲缘、地缘、神缘、业缘和物缘。差序格局依靠"五缘"关系进行延伸，即从五个方面延伸形成一张可伸缩的社会关系网络，依靠"面子"来维持关系的强度与网络结构的稳定。

费正清认为，"面子"是一种社会性的东西，个人的尊严将从适当的行为及社会赞许中获得，失去面子是由于不能遵守行为的法则，以至于在别人看来处于不利地位。罗珉认为"面子"是一种有助于节约交易成本的人际资本。所谓人际资本是存在于人际关系中的，可以对未来的生产或交易有所助益的价值存量。面子是这种人际资本的表象，其背后的实质性的东西是人际关系中的核心内容——信任关系。从实用理性的观点来看，一个人的"面子大"说明他的某个社会关系强，能够充分利用某个社会关系。而"面子小"，即使他有某个社会关系，但却不一定能够调动这个关系。如果一个人没有了面子则说明其社会关系网络面临崩溃，一个没有面子的人是没有关系可以利用的。中国社会中，熟人之间常见的一种思维模式是：今天你给我面子帮我做了一件事情，下次我也会给你面子，帮你做事。这就是面子在人情中的作用。可见，面子不仅代表了一种地位和尊严，也代表了一种能力、一种利益的权衡。

首先，基于"情"的战略分析是一种对面子的分析。在中国的企业战略管理过程中，如果战略分析不考虑各种利益相关者的面子，战略决策不考虑到管理者的面子，战略执行者不考虑员工的面子，那么战略管理必将失败。从前面所述，中国人的"面子"支配和调节着自身的社会行为，企业要提高战略分析的质量就要充分考虑各种利益相关者的"面子"，利用"面子"的积极作用来创造价值和财富。其中最重要的是员工的面子、顾客的面子和政

---

[1] 20 世纪 80 年代末，国内著名学者林其锬先生最先把凝聚中华民族力量和沟通中华民族渠道的网络概括为"五缘文化"效应。

府相关管理部门的面子。给员工面子就要求善待员工、尊重员工，以提高组织凝聚力。给顾客面子就要求采取各种手段，使顾客感受到企业对自己的尊重以及服务的周到性，如海尔的五星级售后服务，让顾客充分有面子，因此认同海尔。给政府管理部门面子，则要求认真配合政府管理部门的工作，主动去建立和搞好与他们之间的关系。

其次，基于"情"的战略分析是一种对人际关系的分析。梁漱溟在《中国文化要义》中对我国社会中的关系做过精辟概括：相对于西方社会，中国社会既不是个人本位，也不是社会本位，而是一个关系本位的社会。中国社会的社会关系网络非常发达，亲属关系、朋友关系等强关系在社会资源获得方面具有绝对优势。黄光国把中国社会中的人际关系区分为情感性关系、混合性关系和工具性关系。当请托者请求资源支配者将他掌握的资源作有利于请托者的分配时，资源支配者首先进行的是"关系判断"。对于被他界定为情感性关系的人，他将按照需求法则对待；对于被他界定为混合性关系的人，他将按照人情法则对待；对于被他界定为工具性关系的人，他将按照公平原则对待。但无论哪一种交往法则，都是"回报"的规范的衍生物。在情感性关系中，不管是在回报的资源还是期限上都没有明确的范围。在混合性关系中，"礼尚往来"，"投之以桃，报之以李"的回报方式则成为维系彼此关系的法则。而在工具性关系中，回报通常是等价并且即时的。促使中国人对别人"做人情"的主要动机之一，是他对别人回报的预期。在战略管理过程中，管理者应当对这三种关系进行认真的分析。对于组织外部主要分析如何建立和维护自己的社会关系网络，以及如何开发利用这种社会关系网络。对于组织内部则分析组织中的人际关系情况，如何在保持派系平衡中，维护自身权威，维护人们的面子，保持内部的团结和工作的效率。

（三）基于"理"的战略分析——道义分析与实用分析

在中国传统文化中，"理"有很复杂的含义。唐君毅认为"理"至少有文理之理、名理之理、空理之理、性理之理、事理之理、物理之理六种含义。由于中国哲学的伦理特性，所侧重的是道德人格的完成，所以在历史上最受重视的是性理。韦政通认为中国哲人追求的"理"是道德实践的真理，它之所以为真，不是依靠客观现象的验证，而是心与行的一致。因此，"理"是和道德、道义联系在一起的。

首先，基于"理"的战略分析是对于竞争对手行动的道义分析。只有合道义的行动才能为广大群众所拥护。中国古代政治家和军事家根据触发战争的动机进行道德评价，将战争分为义战与不义之战。拥护义战，反对不义战争。如《六韬》中提出要发动战争"必见天殃，又见人灾，乃可以谋"。"天道无殃,人道无灾,则不可先谋"。意思是,要发动战争,必先观察天道与人事背向,然后才作决定。换言之,必待国君暴虐无道,加之天灾人祸,造成人心背离,然后发动战争。既符合大义,又能得道多助。《管子·七法》认为"成功立事,必顺于理义。故不理不胜于天下,不义不胜于人"。《吴子》讨论战争起因分为五种:即为争名、争利、积恶、内乱及饥馑。由此五因,并进而区分战争为义兵、强兵、刚兵、暴兵和逆兵。"禁暴救乱曰义;恃众以伐曰强;因怒兴师曰刚;弃礼贪利曰暴;国乱人疲,举事动众曰逆"。对于禁暴救乱的义兵,是难以抵抗的。因为这样的军队师出有名、有理,必然得到人民的拥护,必然拥有极强的战斗力。

其次,基于"理"的战略分析是一种以实用理性为核心的战略分析。实用理性是儒家文化的基本特色,是中国人的一种行为模式。李泽厚认为所谓"实用理性"就是它关注于现实社会生活,不作纯粹抽象的思辨,也不让非理性的情欲横行,事事强调"实用"、"实际"和"实行",满足于解决问题的经验论的思维水平,主张以理节情的行为模式,对人生世事采取一种既乐观进取又清醒冷静的生活态度。实用理性和中国传统的伦理实践相结合,也和思维模式形成对照。实用理性将有用性为真理的标准,认定真理在于其功用、效果。但是实用理性不能等同于实用主义,因为它承认、尊重、相信甚至强调去符合一个客观的原则、规则或秩序,此一原则、规则或秩序在某种意义上乃是独立于人的思维和经验的,这就是天道,或称天命。天道包括自然法则,也包蕴着某种超自然的含义。人道不能同天道分开,人道必须遵从天道。

(四)"法"的战略分析——制度分析

在西方法律观念中,法律内部存在着自身的合理性标准,它不是道德或"情、理、义"的标准,它是形式化的,超越具体问题的。正如艾伦·沃森所说:"法律思维的理性建立在超越具体问题的合理性之上,形式上达到那么一种程度,法律制度的内在因素是决定性尺度。"而中国古代的法律观念则完全不同,中国古代的法律缺乏独立的品格,法律是依附或从属于"情"和"理"的,即法的精神、特点由情理决定,情理高于法、重于法、优于法,是法的最后根据。费正清认为在中国传统观念中,当出现法律与"情"、"理"相抵触时,则坚持"舍法取义"的原则——因为"法律精神只是道德精神的劣等代用品"。在古代中国,"法"总是处于"情"、"理"和"义"的下位。如封建法律常见的父为子隐、子为父隐等,正是法受制于情理的明证。当代中国虽然不断学习西方的法律精神,强调法律的权威性,但归根结底,情理对法的制约性仍然无法消除,这是深植于民族传统中的文化特征,也是比较文化中的所谓特殊主义文化的特征。在中国人心中，制度总是活的，总是有漏洞可钻的，在不违背情理的条件下，钻制度的漏洞而获取利益是一种聪明的甚至值得效仿的行为。特别是在法律尚不健全的改革时代，一些权术高手往往一方面利用各种法律制度的空隙暗中谋取私利；另一方面却以法律制度的名义公开去打击对手。因此，在企业进行战略分析时，不能不对"法"进行分析。

基于"法"的战略分析主要表现在人们决策组织外部战略行动时，往往思考如何钻外部制度的空隙，在不违法的情况下以获取自身最大利益。这不仅符合中国文化传统，而且也是转型社会中一种基于实用理性的选择。在改革开放初期，中国许多企业家都是依靠当时市场经济法律制度不完善而大获其利的。中国股市创建之初，由于管理者缺乏经验，许多制度没有建立，因而许多投机者纷纷利用制度的漏洞在股市上呼风唤雨，获取了大量的钱财。因此，基于"法"的战略分析是一种机会主义导向的分析。人们分析组织内外制度并非是为了更好地遵守制度，而是为了如何利用外部制度为自己的目标服务。

基于"法"的战略分析，还表现在人们决策组织内部战略行动时，往往会考虑如何保持组织内部制度的有效性，在不违背人情道理的情况下推进制度建设即制度应合情合理。正如前面所述，在中国传统文化中法的有效性依赖于对情理的服从。尽管在中国组织战略管理实践中，常常出现为了情而毁坏法的战略行为，这些行为一直为人们所诟病，但是在中国传统文化的影响下，管理者盲目地把情理排除在法之外也是难以成功的。因此，管理者在进行组织内部"法"的战略分析时，必须考虑"情、理"对"法"的影响，平衡"情、理、法"的关系，正如古人所说"持经"的同时需要"达权"。

（五）"术"的分析——竞争行为的动态分析

一般人们都把"术"理解为"权术"。《辞海》认为"权"为权宜、权变，即衡量是非轻重，以因事制宜，可进一步引申为酌情变通、通权达变、以变应变等意。"术"为手段、策略、方法、心术。"权术"就是权变之术。从其本意来看"权术"并无贬义，它是指因人、因时、因事而变通办法、灵活处理的手段，是一种智段。但是在封建社会，"权术"往往成为统治者巩固自身统治地位和有效镇压反叛者的武器。韩非子认为："术者，因任而授言，循名而责实，操生杀之柄，课群臣之能者也，此人主所执也。"从这种观点出发，"权术"成为统治者抓住一切机会来使自己利益、愿望得到满足，不能容忍任何有损于个人利益和权威的谋略和行为。要弄"权术"主要包括有计划地瓦解对立面，排除异己，清除障碍；或派心腹监视部属和同僚，实行特务统治,动辄使用包括生杀权在内的种种残酷手段,了结对方的政治生命乃至身家性命。在专制帝王时代,"术"是一种政治智慧,更是一种权谋诈伪。"术"可以察奸、止奸,是巩固领导权力的重要手段。从"术"的本义出发,"术"可以是对内的智术,主要指取得和巩固在组织中的领导地位之术;也可以是对外的智术,主要指用于战胜竞争对手的虚实、奇正之术。对于前者,法家有较多的论述;后者则是兵家关心的焦点。战略管理中要充分考虑"术"的分析和运用。

战略管理过程中对于组织内部"术"的分析,主要分析组织内部重要成员对战略共识情况的分析,以及组织中的派系情况分析。一般情况下,一项战略即使是非常正确的,也不一定能够得到组织内部所有管理者的认同。组织中有重要影响力的成员对组织战略没有取得共识,甚至反对,对于战略的执行将产生很大的消极作用。特别是在我国,由于传统文化的影响,组织中的成员对一项战略方案即使认同,也很可能不会直接表现出来,而是采取消极怠工,甚至暗中和战略的推动者"唱对台戏"的方式表现出来,那么组织的战略就很容易产生执行难的问题。此外,组织中出现派系在我国是一种常见的情况,派系对于战略的执行具有重大影响,有些需要各个方面配合的战略往往会因为派系斗争而无法执行。从某种意义上说,我国古代各种各样的"权术"正是为了解决派系斗争、加强和巩固统治权而出现的。"权术"对于解决派系斗争具有一定的借鉴意义。遇到这样一些情况就需要组织中的战略推动者进行"术"的分析。基于"术"的战略分析可以通过对组织中重要成员的个性特征、组织中人际关系和非正式组织或派系情况,来制定消除组织内部不和谐、形成组织内部团结一致的战略。

战略管理过程中对于组织外部"术"的分析,主要是一种竞争的智术分析。这种分析主要包括虚实和奇正的分析与运用等,这些内容在本书分析道兵家战略管理时已有详细论述,本处不再赘述。

(六)"势"的战略分析——机会与实力的战略分析

在中国传统文化中,法家和兵家都非常重视"势"的分析。法家的"势"的思想对于组织内部管理具有重要借鉴意义,而兵家的"势"的思想对于组织外部竞争分析具有重要借鉴作用。韩非子把法家统治思想归纳为"法、术、势"三位一体。"势"是君主存在并且推行一系列战略决策的前提和基础,失去了这种势"主失势而臣得国","法"就是一纸空文,一切统治之术就无从谈起了。拥有了"势",领导者才能形成对下属的威慑力,巩固统治才能有效地实施各种政策。韩非子把"势"分为"自然之势"和"所得而设之势",即"人为之势"。权势从开始就是自然存在于特定的政治统治当中，这是权力的原始状态或者叫稳态即"自然之势"，而通过统治者的努力扩大和加强权势即"人为之势"。概括起来，对于组织内部"势"的战略分析是对组织内部领导者的权威和影响力的分析，它直接影响到战略的执行力度。兵家的"势"主要是对外部"形势"的分析和运筹。本书在前面章节已有详细论述，概括起来，对于组织外部"势"的战略分析是一种实力导向与机会导向型的战略分析，其关注的焦点是竞争双方的综合实力的情况和环境中的机会。

因此，基于"势"的战略分析主要表现在人们决策组织外部战略行动时，需要认真分析组织外部环境的当前状况和未来的发展变化趋势，同时分析组织在行业环境中所处的地位之"势"和组织信誉或声誉之"势"。以企业组织为例，波特认为企业在竞争中取胜的一个关键因素是占据独特的市场地位。独特的市场地位将给企业带来巨大的竞争优势。如有些中型企业开发大企业不屑经营而小企业又经营不了的"缝隙"产品，造"独家经营"之势；有的企业取得了某个行业的独家经营权或控制了某种稀缺资源，形成了巨大的经营优势。市场信誉之"势"一方面来自于企业做广告、造声势和通过各种公关活动宣传企业及产品形象的活动，另一方面来自于企业产品在过去相当长的一段时间内在消费者心中的形象。

基于"势"的战略分析还表现在人们决策组织内部战略行动时，需要认真分析领导者之"势"、组织实力之"势"和组织士气之"势"。领导者之"势"并非是指领导者的权威应当至高无上，而是指推动战略执行的领导者应当具有足够的权力和威信，能够得到组织上下人员的认同，能够领导组织成员有效实施战略。因此，领导者之"势"是保证战略得以全面有效贯彻的重要前提和基础。组织实力之"势"是组织多种力量之"形"所构成的"合势"。这些"形"有规模的大小、财力的厚薄、人员的数量众寡和质量的优差以及装备技术水平的高低等因素。组织士气之"势"。组织的士气和斗志是一种精神力量。这种"势"是由组织整体管理水平与员工素质和能力决定的。同时领导者之"势"，诸如领导者的主观智慧和精神状态对这种"势"的形成起着重要的作用。在进行战略分析和决策时必须充分考虑组织内外各种"势"的情况。

附录　兵家经典原文

下面是本书写作过程中主要引用的六部兵家经典——《孙子兵法》、《吴子》、《司马法》、《六韬》、《三略》、《尉缭子》的原文，供读者参考。

《孙子兵法》

始计　第一

兵者，国之大事，死生之地，存亡之道，不可不察也。

故经之以五事，校之以计，而索其情：一曰道，二曰天，三曰地，四曰将，五曰法。道者，令民于上同意，可与之死，可与之生，而不危也；天者，阴阳、寒暑、时制也；地者，远近、险易、广狭、死生也；将者，智、信、仁、勇、严也；法者，曲制、官道、主用也。凡此五者，将莫不闻，知之者胜，不知之者不胜。故校之以计，而索其情，曰：主孰有道？将孰有能？天地孰得？法令孰行？兵众孰强？士卒孰练？赏罚孰明？吾以此知胜负矣。将听吾计，用之必胜，留之；将不听吾计，用之必败，去之。

计利以听，乃为之势，以佐其外。势者，因利而制权也。兵者，诡道也。故能而示之不能，用而示之不用，近而示之远，远而示之近。利而诱之，乱而取之，实而备之，强而避之，怒而挠之，卑而骄之，佚而劳之，亲而离之，攻其无备，出其不意。此兵家之胜，不可先传也。

夫未战而庙算胜者，得算多也；未战而庙算不胜者，得算少也。多算胜少算，而况于无算乎！吾以此观之，胜负见矣。

作战　第二

凡用兵之法，驰车千驷，革车千乘，带甲十万，千里馈粮。则内外之费，宾客之用，胶漆之材，车甲之奉，日费千金，然后十万之师举矣。

其用战也，胜久则钝兵挫锐，攻城则力屈，久暴师则国用不足。夫钝兵挫锐,屈力殚货,则诸侯乘其弊而起,虽有智者不能善其后矣。故兵闻拙速,未睹巧之久也。夫兵久而国利者,未之有也。故不尽知用兵之害者,则不能尽知用兵之利也。

善用兵者,役不再籍,粮不三载,取用于国,因粮于敌,故军食可足也。国之贫于师者远输,远输则百姓贫;近师者贵卖,贵卖则百姓财竭,财竭则急于丘役。力屈中原,内虚于家,百姓之费,十去其七;公家之费,破军罢马,甲胄矢弓,戟盾矛橹,丘牛大车,十去其六。故智将务食于敌,食敌一钟,当吾二十钟;䔾秆一石,当吾二十石。故杀敌者,怒也;取敌之利者,货也。车战得车十乘以上,赏其先得者而更其旌旗。车杂而乘之,卒善而养之,是谓胜敌而益强。

故兵贵胜,不贵久。

故知兵之将,民之司命。国家安危之主也。

谋攻　第三

夫用兵之法,全国为上,破国次之;全军为上,破军次之;全旅为上,破旅次之;全卒为上,破卒次之;全伍为上,破伍次之。

是故百战百胜,非善之善也;不战而屈人之兵,善之善者也。故上兵伐谋,其次伐交,其次伐兵,其下攻城。攻城之法,为不得已。修橹辒辒,具器械,三月而后成;距堙,又三月而后已。将不胜其忿而蚁附之,杀士卒三分之一,而城不拔者,此攻之灾也。故善用兵者,屈人之兵而非战也,拔人之城而非攻也,毁人之国而非久也,必以全争于天下,故兵不顿而利可全,此谋攻之法也。

故用兵之法,十则围之,五则攻之,倍则分之,敌则能战之,少则能逃之,不若则能避之。故小敌之坚,大敌之擒也。

夫将者,国之辅也。辅周则国必强,辅隙则国必弱。故君之所以患于军者三:不知军之不可以进而谓之进,不知军之不可以退而谓之退,是谓縻军;不知三军之事而同三军之政,则军士惑矣;不知三军之权而同三军之任,则军士疑矣。三军既惑且疑,则诸侯之难至矣。是谓乱军引胜。

故知胜有五:知可以战与不可以战者胜,识众寡之用者胜,上下同欲者胜,以虞待不虞者胜,将能而君不御者胜。此五者,知胜之道也。故曰:知己知彼,百战不殆;不知彼而知己,一胜一负;不知彼不知己,每战必败。

军形　第四

昔之善战者,先为不可胜,以待敌之可胜。不可胜在己,可胜在敌。故善战者，能为不可胜，不能使敌之必可胜。故曰：胜可知，而不可为。不可胜者，守也；可胜者，攻也。守则不足，攻则有余。善守者藏于九地之下，善攻者动于九天之上，故能自保而全胜也。见胜不过众人之所知，非善之善者也；战胜而天下曰善，非善之善者也。故举秋毫不为多力，见日月不为明目，闻雷霆不为聪耳。古之所谓善战者，胜于易胜者也。故善战者之胜也，无智名，无勇功，故其战胜不忒。不忒者，其所措胜，胜已败者也。故善战者，立于不败之地，而不失敌之败也。是故胜兵先胜而后求战，败兵先战而后求胜。善用兵者，修道而保法，故能为胜败之政。

兵法：一曰度，二曰量，三曰数，四曰称，五曰胜。地生度，度生量，量生数，数生称，称生胜。故胜兵若以镒称铢，败兵若以铢称镒。

称胜者之战民也，若决积水于千仞之溪者，形也。

兵势　第五

凡治众如治寡，分数是也；斗众如斗寡，形名是也；三军之众，可使必受敌而无败者，奇正是也；兵之所加，如以碫投卵者，虚实是也。

凡战者，以正合，以奇胜。故善出奇者，无穷如天地，不竭如江海。终而复始，日月是也。死而更生，四时是也。声不过五，五声之变，不可胜听也；色不过五，五色之变，不可胜观也；味不过五，五味之变，不可胜尝也；战势不过奇正，奇正之变，不可胜穷也。奇正相生，如循环之无端，孰能穷之哉！

激水之疾，至于漂石者，势也；鸷鸟之疾，至于毁折者，节也。故善战者，其势险，其节短。势如扩弩，节如发机。纷纷纭纭，斗乱而不可乱；浑浑沌沌，形圆而不可败。乱生于治，怯生于勇，弱生于强。治乱，数也；勇怯，势也；强弱，形也。

故善动敌者，形之，敌必从之；予之，敌必取之。以利动之，以卒待之。故善战者，求之于势，不责于人故能择人而任势。任势者，其战人也，如转木石。木石之性，安则静，危则动，方则止，圆则行。

故善战人之势，如转圆石于千仞之山者，势也。

虚实　第六

凡先处战地而待敌者佚，后处战地而趋战者劳。故善战者，致人而不致于人。能使敌人自至者，利之也；能使敌人不得至者，害之也。故敌佚能劳之，饱能饥之，安能动之。出其所必趋，趋其所不意。

行千里而不劳者，行于无人之地也；攻而必取者，攻其所不守也。守而必固者，守其所必攻也。故善攻者，敌不知其所守；善守者，敌不知其所攻。微乎微乎，至于无形；神乎神乎，至于无声，故能为敌之司命。进而不可御者，冲其虚也；退而不可追者，速而不可及也。故我欲战，敌虽高垒深沟，不得不与我战者，攻其所必救也；我不欲战，虽画地而守之，敌不得与我战者，乖其所之也。故形人而我无形，则我专而敌分。我专为一，敌分为十，是以十攻其一也。则我众敌寡，能以众击寡者，则吾之所与战者约矣。吾所与战之地不可知，不可知则敌所备者多，敌所备者多，则吾所与战者寡矣。故备前则后寡，备后则前寡，备左则右寡，备右则左寡，无所不备，则无所不寡。寡者，备人者也；众者，使人备己者也。故知战之地，知战之日，则可千里而会战；不知战之地，不知战日，则左不能救右，右不能救左，前不能救后，后不能救前，而况远者数十里，近者数里乎！

以吾度之，越人之兵虽多，亦奚益于胜哉！

故曰：胜可为也。敌虽众，可使无斗。故策之而知得失之计，候之而知动静之理，形之而知死生之地，角之而知有余不足之处。故形兵之极，至于无形。无形则深间不能窥，智者不能谋。因形而措胜于众，众不能知。人皆知我所以胜之形，而莫知吾所以制胜之形。故其战胜不复，而应形于无穷。

夫兵形象水，水之行避高而趋下，兵之形避实而击虚；水因地而制流，兵因敌而制胜。故兵无常势，水无常形。能因敌变化而取胜者，谓之神。故五行无常胜，四时无常位，日有短长，月有死生。

军争 第七

凡用兵之法，将受命于君，合军聚众，交和而舍，莫难于军争。军争之难者，以迂为直，以患为利。

故迂其途，而诱之以利，后人发，先人至，此知迂直之计者也。军争为利，军争为危。举军而争利则不及，委军而争利则辎重捐。是故卷甲而趋，日夜不处，倍道兼行，百里而争利，则擒三将军，劲者先，疲者后，其法十一而至；五十里而争利，则蹶上将军，其法半至；三十里而争利，则三分之二至。是故军无辎重则亡，无粮食则亡，无委积则亡。故不知诸侯之谋者，不能豫交；不知山林、险阻、沮泽之形者，不能行军；不用乡导者，不能得地利。故兵以诈立，以利动，以分和为变者也。故其疾如风，其徐如林，侵掠如火，不动如山，难知如阴，动如雷震。掠乡分众，廓地分利，悬权而动。先知迂直之计者胜，此军争之法也。

《军政》曰："言不相闻，故为之金鼓；视不相见，故为之旌旗。"夫金鼓旌旗者，所以一民之耳目也。民既专一，则勇者不得独进，怯者不得独退，此用众之法也。故夜战多金鼓，昼战多旌旗，所以变人之耳目也。

三军可夺气，将军可夺心。是故朝气锐，昼气惰，暮气归。善用兵者，避其锐气，击其惰归，此治气者也。以治待乱，以静待哗，此治心者也。以近待远，以佚待劳，以饱待饥，此治力者也。无邀正正之旗，无击堂堂之陈，此治变者也。

故用兵之法，高陵勿向，背丘勿逆，佯北勿从，锐卒勿攻，饵兵勿食，归师勿遏，围师必阙，穷寇勿迫，此用兵之法也。

九变 第八

凡用兵之法，将受命于君，合军聚合。泛地无舍，衢地合交，绝地无留，围地则谋，死地则战，途有所不由，军有所不击，城有所不攻，地有所不争，君命有所不受。

故将通于九变之利者，知用兵矣；将不通九变之利，虽知地形，不能得地之利矣；治兵不知九变之术，虽知五利，不能得人之用矣。

是故智者之虑，必杂于利害，杂于利而务可信也，杂于害而患可解也。是故屈诸侯者以害，役诸侯者以业，趋诸侯者以利。故用兵之法，无恃其不来，恃吾有以待之；无恃其不攻，恃吾有所不可攻也。

故将有五危，必死可杀，必生可虏，忿速可侮，廉洁可辱，爱民可烦。凡此五者，将之过也，用兵之灾也。覆军杀将，必以五危，不可不察也。

行军 第九

凡处军相敌，绝山依谷，视生处高，战隆无登，此处山之军也。绝水必远水，客绝水而来，勿迎之于水内，令半渡而击之利，欲战者，无附于水而迎客，视生处高，无迎水流，此处水上之军也。绝斥泽，唯亟去无留，若交军于斥泽之中，必依水草而背众树，此处斥泽之军也。平陆处易，右背高，前死后生，此处平陆之军也。凡此四军之利，黄帝之所以胜四帝也。凡军好高而恶下，贵阳而贱阴，养生而处实，军无百疾，是谓必胜。丘陵堤防，必处其阳而右背之，此兵之利，地之助也。上雨水流至，欲涉者，待其定也。凡地有绝涧、天井、天牢、天罗、天陷、天隙，必亟去之，勿近也。吾远之，敌近之；吾迎之，敌背之。军旁有险阻、潢井、蒹葭、林木、蘙荟者，必谨覆索之，此伏奸之所处也。

敌近而静者，恃其险也；远而挑战者，欲人之进也；其所居易者，利也；众树动者，来也；众草多障者，疑也；鸟起者，伏也；兽骇者，覆也；尘高而锐者，车来也；卑而广者，徒来也；散而条达者，樵采也；少而往来者，营军也；辞卑而备者，进也；辞强而进驱者，退也；轻车先出居其侧者，陈也；无约而请和者，谋也；奔走而陈兵者，期也；半进半退者，诱也；杖而立者，饥也；汲而先饮者，渴也；见利而不进者，劳也；鸟集者，虚也；夜呼者，恐也；军扰者，将不重也；旌旗动者，乱也；吏怒者，倦也；杀马肉食者，军无粮也；悬缶不返其舍者，穷寇也；谆谆谕谕，徐与人言者，失众也；数赏者，窘也；数罚者，困也；先暴而后畏其众者，不精之至也；来委谢者，欲休息也。兵怒而相迎，久而不合，又不相去，必谨察之。

兵非贵益多也，惟无武进，足以并力料敌取人而已。夫惟无虑而易敌者，必擒于人。卒未亲而罚之，则不服，不服则难用。卒已亲附而罚不行，则不可用。故令之以文，齐之以武，是谓必取。令素行以教其民，则民服；令素不行以教其民，则民不服。令素行者，与众相得也。

地形 第十

地形有通者、有挂者、有支者、有隘者、有险者、有远者。我可以往，彼可以来，曰通。通形者，先居高阳，利粮道，以战则利。可以往，难以返，曰挂。挂形者，敌无备，出而胜之，敌若有备，出而不胜，难以返，不利。我出而不利，彼出而不利，曰支。支形者，敌虽利我，我无出也，引而去之，令敌半出而击之利。隘形者，我先居之，必盈之以待敌。若敌先居之，盈而勿从，不盈而从之。险形者，我先居之，必居高阳以待敌；若敌先居之，引而去之，勿从也。远形者，势均难以挑战，战而不利。凡此六者，地之道也，将之至任，不可不察也。

凡兵有走者、有驰者、有陷者、有崩者、有乱者、有北者。凡此六者，非天地之灾，将之过也。夫势均，以一击十，曰走；卒强吏弱，曰驰；吏强卒弱，曰陷；大吏怒而不服，遇敌怼而自战，将不知其能，曰崩；将弱不严，教道不明，吏卒无常，陈兵纵横，曰乱；将不能料敌，以少合众，以弱击强，兵无选锋，曰北。凡此六者，败之道也，将之至任，不可不察也。

夫地形者，兵之助也。料敌制胜，计险隘远近，上将之道也。知此而用战者必胜，不知此而用战者必败。故战道必胜，主曰无战，必战可也；战道不胜，主曰必战，无战可也。故进不求名，退不避罪，唯民是保，而利于主，国之宝也。

视卒如婴儿，故可以与之赴深溪；视卒如爱子，故可与之俱死。厚而不能使，爱而不能令，乱而不能治，譬若骄子，不可用也。

知吾卒之可以击，而不知敌之不可击，胜之半也；知敌之可击，而不知吾卒之不可以击，胜之半也；知敌之可击，知吾卒之可以击，而不知地形之不可以战，胜之半也。故知兵者，动而不迷，举而不穷。故曰：知彼知己，胜乃不殆;知天知地,胜乃可全。

九地 第十一

用兵之法,有散地,有轻地,有争地,有交地,有衢地,有重地,有圮地,有围地,有死地。诸侯自战其地者,为散地;入人之地不深者,为轻地;我得亦利,彼得亦利者,为争地;我可以往,彼可以来者,为交地;诸侯之地三属,先至而得天下众者,为衢地;入人之地深,背城邑多者,为重地;山林、险阻、沮泽,凡难行之道者,为圮地;所由入者隘,所从归者迂,彼寡可以击吾之众者,为围地;疾战则存,不疾战则亡者,为死地。是故散地则无战,轻地则无止,争地则无攻,交地则无绝,衢地则合交,重地则掠,圮地则行,围地则谋,死地则战。

古之善用兵者,能使敌人前后不相及,众寡不相恃,贵贱不相救,上下不相收,卒离而不集,兵合而不齐。合于利而动,不合于利而止。敢问敌众而整将来,待之若何?曰:先夺其所爱则听矣。兵之情主速,乘人之不及。由不虞之道,攻其所不戒也。

凡为客之道,深入则专。主人不克,掠于饶野,三军足食。谨养而勿劳,并气积力,运兵计谋,为不可测。

投之无所往,死且不北。死焉不得,士人尽力。兵士甚陷则不惧,无所往则固,深入则拘,不得已则斗。是故其兵不修而戒,不求而得,不约而亲,不令而信,禁祥去疑,至死无所之。

吾士无余财,非恶货也;无余命,非恶寿也。令发之日,士卒坐者涕沾襟,偃卧者涕交颐,投之无所往,诸、刿之勇也。故善用兵者,譬如率然。率然者,常山之蛇也。击其首则尾至,击其尾则首至,击其中则首尾俱至。敢问兵可使如率然乎?曰可。夫吴人与越人相恶也,当其同舟而济而遇风,其相救也如左右手。是故方马埋轮,未足恃也;齐勇如一,政之道也;刚柔皆得,地之理也。故善用兵者,携手若使一人,不得已也。

将军之事,静以幽,正以治,能愚士卒之耳目,使之无知;易其事,革其谋,使人无识;易其居,迂其途,使民不得虑。帅与之期,如登高而去其梯;帅与之深入诸侯之地,而发其机。若驱群羊,驱而往,驱而来,莫知所之。聚三军之众,投之于险,此谓将军之事也。

九地之变,屈伸之力,人情之理,不可不察也。

凡为客之道,深则专,浅则散。去国越境而师者,绝地也;四彻者,衢地也;入深者,重地也;入浅者,轻地也;背固前隘者,围地也;无所往者,死地也。

是故散地吾将一其志，轻地吾将使之属，争地吾将趋其后，交地吾将谨其守，交地吾将固其结，衢地吾将谨其恃，重地吾将继其食，圮地吾将进其途，围地吾将塞其阙，死地吾将示之以不活。

故兵之情：围则御，不得已则斗，过则从。

是故不知诸侯之谋者，不能预交；不知山林、险阻、沮泽之形者，不能行军；不用乡导，不能得地利。四五者，一不知，非霸王之兵也。夫霸王之兵，伐大国，则其众不得聚；威加于敌，则其交不得合。是故不争天下之交，不养天下之权，信己之私，威加于敌，则其城可拔，其国可隳。

施无法之赏，悬无政之令。犯三军之众，若使一人。犯之以事，勿告以言；犯之以害，勿告以利。投之亡地然后存，陷之死地然后生。夫众陷于害，然后能为胜败。

故为兵之事，在顺详敌之意，并敌一向，千里杀将，是谓巧能成事。是故政举之日，夷关折符，无通其使，厉于廊庙之上，以诛其事。敌人开阖，必亟入之，先其所爱，微与之期，践墨随敌，以决战事。是故始如处女，敌人开户；后如脱兔，敌不及拒。

火攻 第十二

凡火攻有五：一曰火人，二曰火积，三曰火辎，四曰火库，五曰火队。

行火必有因，因必素具。发火有时，起火有日。时者，天之燥也。日者，月在箕、壁、翼、轸也。凡此四宿者，风起之日也。凡火攻，必因五火之变而应之：火发于内，则早应之于外；火发而其兵静者，待而勿攻，极其火力，可从而从之，不可从则止。火可发于外，无待于内，以时发之，火发上风，无攻下风，昼风久，夜风止。凡军必知五火之变，以数守之。

故以火佐攻者明，以水佐攻者强。水可以绝，不可以夺。

夫战胜攻取而不惰其功者凶，命曰"费留"。故曰：明主虑之，良将修之，非利不动，非得不用，非危不战。主不可以怒而兴师，将不可以愠而攻战。合于利而动，不合于利而止。怒可以复喜，愠可以复说，亡国不可以复存，死者不可以复生。故明主慎之，良将警之。此安国全军之道也。

用间 第十三

凡兴师十万，出征千里，百姓之费，公家之奉，日费千金，内外骚动，怠于道路，不得操事者，七十万家。相守数年，以争一日之胜，而爱爵禄百金，不知敌之情者，不仁之至也，非民之将也，非主之佐也，非胜之主也。故明君贤将所以动而胜人，成功出于众者，先知也。先知者，不可取于鬼神，不可象于事，不可验于度，必取于人，知敌之情者也。

故用间有五：有因间，有内间，有反间，有死间，有生间。五间俱起，莫知其道，是谓神纪，人君之宝也。乡间者，因其乡人而用之；内间者，因其官人而用之；反间者，因其敌间而用之；死间者，为诳事于外，令吾闻知之而传于敌间也；生间者，反报也。故三军之事，莫亲于间，赏莫厚于间，事莫密于间，非圣贤不能用间，非仁义不能使间，非微妙不能得间之实。微哉微哉！无所不用间也。间事未发而先闻者，间与所告者兼死。凡军之所欲击，城之所欲攻，人之所欲杀，必先知其守将、左右、谒者、门者、舍人之姓名，令吾间必索知之。敌间之来间我者，因而利之，导而舍之，故反间可得而用也；因是而知之，故乡间、内间可得而使也；因是而知之，故死间为诳事，可使告敌；因是而知之，故生间可使如期。五间之事，主必知之，知之必在于反间，故反间不可不厚也。

昔殷之兴也，伊挚在夏；周之兴也，吕牙在殷。故明君贤将，能以上智为间者，必成大功。此兵之要，三军之所恃而动也。

《吴子》

图国 第一

吴起儒服以兵机见魏文侯。

文侯曰："寡人不好军旅之事。"

起曰："臣以见占隐，以往察来，主君何言与心违。今君四时使斩离皮革，掩以朱漆，画以丹青，烁以犀象。冬日衣之则不温，夏日衣之则不凉。为长戟二丈四尺，短戟一丈二尺。革车奄户，缦轮笼毂，观之于目则不丽，乘之以田则不轻，不识主君安用此也？若以备进战退守，而不求能用者，譬犹伏鸡之搏狸，乳犬之犯虎，虽有斗心，随之死矣。昔承桑氏之君，修德废武，以灭其国。有扈氏之君，恃众好勇，以丧其社稷。

明主鉴兹，必内修文德，外治武备。故当敌而不进，无逮于义矣；僵尸而哀之，无逮于仁矣。"

于是文侯身自布席，夫人捧觞，醮吴起于庙，立为大将，守西河。与诸侯大战七十六，全胜六十四，余则钧解。辟土四面，拓地千里，皆起之功也。

吴子曰："昔之图国家者，必先教百姓而亲万民。有四不和：不和于国，不可以出军；不和于军，不可以出陈；不和于陈，不可以进战；不和于战，不可以决胜。是以有道之主，将用其民，先和而造大事。不敢信其私谋，必告于祖庙，启于元龟，参之天时，吉乃后举。民知君之爱其命，惜其死，若此之至，而与之临战，则士以尽死为荣，退生为辱矣。"

吴子曰："夫道者，所以反本复始。义者，所以行事立功。谋者，所以违害就利。要者，所以保业守成。若行不合道，举不合义，而处大居贵，患必及之。是以圣人绥之以道，理之以义，动之以礼，抚之以仁。此四德者，修之则兴，废之则衰，故成汤讨桀而夏民喜悦，周武伐纣而殷人不非。举顺天人，故能然矣。"

吴子曰："凡制国治军，必教之以礼，励之以义，使有耻也。夫人有耻，在大足以战，在小足以守矣。然战胜易，守胜难。故曰，天下战国，五胜者祸，四胜者弊，三胜者霸，二胜者王，一胜者帝。是以数胜得天下者稀，以亡者众。"

吴子曰："凡兵之所起者有五：一曰争名，二曰争利，三曰积德恶，四曰内乱，五曰因饥。其名又有五：一曰义兵，二曰强兵，三曰刚兵，四曰暴兵，五曰逆兵。禁暴救乱曰义，恃众以伐曰强，因怒兴师曰刚，弃礼贪利曰暴，国乱人疲，举事动众曰逆。五者之数，各有其道，义必以礼服，强必以谦服，刚必以辞服，暴必以诈服，逆必以权服。"

武侯问曰："愿闻治兵、料人、固国之道。"

起对曰："古之明王，必谨君臣之礼，饰上下之仪，安集吏民，顺俗而教，简募良材，以备不虞。昔齐桓募士五万，以霸诸侯，晋文召为前行四万，以获其志。秦缪置陷陈三万，以服邻敌。故强国之君，必料其民。民有胆勇气力者，聚为一卒。乐以进战效力，以显其忠勇者，聚为一卒。能逾高超远、轻足善走者，聚为一卒。王臣失位而欲见功于上者，聚为一卒。弃城去守、欲除其丑者，聚为一卒。此五者，军之练锐也。有此三千人，内出可以决围，外入可以屠城矣。"

武侯问曰："愿闻陈必定、守必固、战必胜之道。"起对曰："立见且可，岂直闻乎？君能使贤者居上，不肖者处下，则陈已定矣。民安其田宅，亲其有司，则守已固矣。百姓皆是吾君而非邻国，则战已胜矣。"

武侯尝谋事，群臣莫能及，罢朝而有喜色。起进曰："昔楚庄王尝谋事，群臣莫能及，退朝而有忧色。申公问曰：'君有忧色，何也？'曰：'寡人闻之，世不绝圣，国不乏贤，能得其师者王，能得其友者霸。今寡人不才，而群臣莫及者，楚国其殆矣！'此楚庄王之所忧，而君说之，臣窃惧矣。"于是武侯有惭色。

料敌 第二

武侯谓吴起曰："今秦胁吾西，楚带吾南，赵冲吾北，齐临吾东，燕绝吾后，韩据吾前，六国之兵四守，势甚不便，忧此奈何？"

起对曰："夫安国家之道，先戒为宝。今君已戒，祸其远矣。臣请论六国之俗：夫齐陈重而不坚，秦陈散而自斗，楚陈整而不久，燕陈守而不走，三晋陈治而不用。

夫齐性刚，其国富，君臣骄奢而简于细民，其政宽而禄不均，一陈两心，前重后轻，故重而不坚。击此之道，必三分之，猎其左右，胁而从之，其陈可坏。秦性强，其地险，其政严，其赏罚信，其人不让，皆有斗心，故散而自战。击此之道，必先示之以利而引去之，士贪于得而离将，乘乖猎散，设伏投机，其将可取。楚性弱，其地广，其政骚，其民疲，故整而不久。击此之道，袭乱其屯，先夺其气，轻进速退，弊而劳之，勿与争战，其军可败。燕性悫，其民慎，好勇气，寡诈谋，故守而不走。击此之道，触而迫之，陵而远之，驰而后之，则上疑而下惧，谨我军骑，必避之路，其将可虏。三晋者，中国也，其性和，其政平，其民疲于战，习于兵，轻其将，薄其禄，士无死志，故治而不用。击此之道，阻陈而压之，众来则拒之，去则追之，以倦其师。此其势也。

然则一军之中，必有虎贲之士；力轻扛鼎，足轻戎马，搴旗取将，必有能者。若此之等，选而别之，爱而贵之，是谓军命。其有工用五兵，材力健疾，志在吞敌者，必加其爵列，可以决胜。厚其父母妻子，劝赏畏罚，此坚陈之士，可与持久，能审料此，可以击倍。"

武侯曰："善！"

吴子曰："凡料敌有不卜而与之战者八。一曰，疾风大寒，早兴寤迁，刊木济水，不惮艰难。二曰，盛夏炎热，晏兴无间，行驱饥渴，务于取远。三曰，师既淹久，粮食无有，百姓怨怒，妖祥数起，上不能止。四曰，军资既竭，薪刍既寡，天多阴雨，欲掠无所。五曰，徒众不多，水地不利，人马疾疫，四邻不至。六曰，道远日暮，士众劳惧，倦而未食，解甲而息。七曰，将薄吏轻，士卒不固，三军数惊，师徒无助。八曰，陈而未定，舍而未毕，行阪涉险，半隐半出。诸如此者，击之勿疑。

有不占而避之者六。一曰，土地广大，人民富众。二曰，上爱其下，惠施流布。三曰，赏信刑察，发必得时；四曰，陈功居列，任贤使能。五曰，师徒之众，兵甲之精。六曰，四邻之助，大国之援。凡此不如敌人，避之勿疑。所谓见可而进，知难而退也。"

武侯问曰："吾欲观敌之外以知其内，察其进以知其止，以定胜负，可得闻乎？"

起对曰："敌人之来，荡荡无虑，旌旗烦乱，人马数顾，一可击十，必使无措。诸侯未会，君臣未和，沟垒未成，禁令未施，三军匈匈，欲前不能，欲去不敢，以半击倍，百战不殆。"

武侯问敌必可击之道。

起对曰："用兵必审敌虚实而趋其危。敌人远来新至，行列未定，可击。既食未设备，可击。奔走，可击。勤劳，可击。未得地利，可击。失时不从，可击。旌旗乱动，可击。涉长道，后行未息，可击。涉水半渡，可击。险道狭路，可击。陈数移动，可击。将离士卒，可击。心怖，可击。凡若此者，选锐冲之，分兵继之，急击勿疑。"

治兵　第三

武侯问曰："进兵之道何先？"起对曰："先明四轻、二重、一信。"曰："何谓也？"对曰："使地轻马，马轻车，车轻人，人轻战。明知险易，则地轻马；刍秣以时，则马轻车；膏锏有余，则车轻人；锋锐甲坚，则人轻战；进有重赏，退有重刑，行之以信，令制远此，胜之主也。"

武侯问曰："兵何以为胜？"起对曰："以治为胜。"又问曰："不在众寡？"对曰："若法令不明，赏罚不信，金之不止，鼓之不进，虽有百万，何益于用？所谓治者，居则有礼，动则有威，进不可当，退不可追，前却有节，左右应麾，虽绝成陈，虽散成行。与之安，与之危，其众可合而不可离，可用而不可疲，投之所往，天下莫当。名曰父子之兵。"

吴子曰："凡行军之道，无犯进止之节，无失饮食之适，无绝人马之力。此三者，所以任其上令。任其上令，则治之所由生也。若进止不度，饮食不适，马疲人倦而不解舍，所以不任其上令。上令既废，以居则乱，以战则败。"

吴子曰："凡兵战之场，立尸之地，必死则生，幸生则死。其善将者，如坐漏船之中，伏烧屋之下，使智者不及谋，勇者不及怒，受敌可也。故曰，用兵之害，犹豫最大；三军之灾，生于狐疑。"

吴子曰："夫人常死其所不能，败其所不便。故用兵之法，教戒为先。一人学战，教成十人。十人学战，教成百人。百人学战，教成千人。千人学战，教成万人。万人学战，教成三军。以近待远，以佚待劳，以饱待饥。圆而方之，坐而起之，行而止之，左而右之，前而后之，分而合之，结而解之，每变皆习，乃授其兵。是为将事。"

吴子曰："教战之令，短者持矛戟，长者持弓弩，强者持旌旗，勇者持金鼓，弱者给厮养，智者为谋主。乡里相比，什伍相保，一鼓整兵，二鼓习陈，三鼓趋食，四鼓严辨，五鼓就行。闻鼓声合，然后举旗。"

武侯问曰："三军进止，岂有道乎？"起对曰："无当天灶，无当龙头。天灶者，大谷之口；龙头者，大山之端。必左青龙，右白虎，前朱雀，后玄武，招摇在上，从事于下。将战之时，审候风所从来。风顺致呼而从之，风逆坚陈以待之。"

武侯问曰："凡畜卒骑，岂有方乎？"起对曰："夫马，必安其处所，适其水草，节其饥饱。冬则温厩，夏则凉庑。刻剔毛鬣；谨落四下。戢其耳目，无令惊骇。习其驰逐，闲其进止。人马相亲，然后可使。车骑之具，鞍、勒、衔、辔，必令完坚。凡马不伤于末，必伤于始；不伤于饥，必伤于饱。日暮道远，必数上下；宁劳于人，慎勿劳马；常令有余，备敌覆我。能明此者，横行天下。"

论将　第四

吴子曰："夫总文武者，军之将也。兼刚柔者，兵之事也。凡人论将，常观于勇，勇之于将，乃数分之一尔。夫勇者必轻合，轻合而不知利，未可也。故将之所慎者五：一曰理，二曰备，三曰果，四曰戒，五曰约。理者，治众如治寡。备者，出门如见敌。果者，临敌不怀生。戒者，虽克如始战。约者，法令省而不烦。受命而不辞，敌破而后言返，将之礼也。故师出之日。有死之荣，无生之辱。"

吴子曰："凡兵有四机：一曰气机，二曰地机，三曰事机，四曰力机。三军之众，百万之师，张设轻重，在于一人，是谓气机。路狭道险，名山大塞，十夫所守，千夫不过，是谓地机。善行间谍，轻兵往来，分散其众，使其君臣相怨，上下相咎，是谓事机。车坚管辖，舟利橹楫，士习战陈，马闲驰逐，是谓力机。知此四者，乃可为将。然其威、德、仁、勇，必足以率下安众，怖敌决疑。施令而下不敢犯，所在而寇不敢敌。得之国强，去之国亡。是谓良将。"

吴子曰："夫鼙鼓金铎，所以威耳。旌旗麾帜，所以威目。禁令刑罚，所以威心。耳威于声，不可不清。目威于色，不可不明。心威于刑，不可不严。三者不立，虽有其国，必败于敌。故曰，将之所麾，莫不从移。将之所指，莫不前死。"

吴子曰："凡战之要，必先占其将而察其才。因形用权，则不劳而功举。其将愚而信人，可诈而诱。贪而忽名，可货而赂。轻变无谋，可劳而困。上富而骄，下贫而怨，可离而间。进退多疑，其众无依，可震而走。士轻其将而有归志，塞易开险，可邀而取。进道易，退道难，可来而前。进道险，退道易，可薄而击。居军下湿，水无所通，霖雨数至，可灌而沈。居军荒泽，草楚幽秽，风飙飙数至，可焚而灭。停久不移，将士懈怠，其军不备，可潜而袭。"

武侯问曰："两军相望，不知其将，我欲相之，其术如何？"

起对曰："令贱而勇者，将轻锐以尝之。务于北，无务于得，观敌之来，一坐一起，其政以理，其追北佯为不及，其见利佯为不知，如此将者，名为智将，勿与战矣。若其众谨哗，旌旗烦乱，其卒自行自止，其兵或纵或横，其追北恐不及，见利恐不得，此为愚将，虽众可获。"

应变 第五

武侯问曰："车坚马良，将勇兵强，卒遇敌人，乱而失行，则如之何？"

吴起对曰："凡战之法，昼以旌旗幡麾为节，夜以金鼓笳笛为节。麾左而左，麾右而右。鼓之则进，金之则止，一吹而行，再吹而聚，不从令者诛。三军服威，士卒用命，则战无强敌，攻无坚陈矣。"

武侯问曰："若敌众我寡，为之奈何？"

起对曰："避之于易，邀之于阨。故曰，以一击十，莫善于阨；以十击百，莫善于险；以千击万，莫善于阻。今有少卒卒起，击金鸣鼓于阨路，虽有大众，莫不惊动。故曰，用众者务易，用少者务隘。"

阨武侯问曰："有师甚众，既武且勇，背大险阻，右山左水，深沟高垒，守以强弩，退如山移，进如风雨，粮食又多，难与长守，则如之何？"

起对曰："大哉问乎！此非车骑之力，圣人之谋也，能备千乘万骑，兼之徒步，分为五军，各军一衢。夫五军五衢，敌人必惑，莫之所加。敌人若坚守以固其兵，急行间谍以观其虑。彼听吾说，解之而去，不听吾说，斩使焚书，分为五战。战胜勿追，不胜疾归。如是佯北，安行疾斗，一结其前，一绝其后，两军衔枚，或左或右，而袭其处。五军交至，必有其力，此击强之道也。"

武侯问曰："敌近而薄我，欲去无路，我众甚惧，为之奈何？"

起对曰："为此之术，若我众彼寡，各分而乘之，彼众我寡，以方从之。从之无息，虽众可服。"

武侯问曰："若遇敌于谿谷之间，傍多险阻，彼众我寡，为之奈何？"

起对曰："遇诸丘陵、林谷、深山、大泽，疾行亟去，勿得从容；若高山深谷，卒然相遇，必先鼓噪而乘之，进弓与弩，且射且虏，审察其政，乱则击之勿疑。"

武侯问曰："左右高山，地甚狭迫，卒遇敌人，击之不敢，去之不得，为之奈何？"

起对曰："此谓谷战，虽众不用，募吾材士与敌相当，轻足利兵以为前行，分车列骑隐于四旁，相去数里，无见其兵，敌必坚陈，进退不敢。于是出旌，列旆行出山外营之，敌人必惧，车骑挑之，勿令得休。此谷战之法也。"

武侯问曰："吾与敌相遇大水之泽，倾轮没辕，水薄车骑，舟楫不设，进退不得，为之奈何？"

起对曰："此谓水战，无用车骑，且留其旁。登高四望，必得水情，知其广狭，尽其浅深，乃可为奇以胜之。敌若绝水，半渡而薄之。"

武侯问曰："天久连雨，马陷车止，四面受敌，三军惊骇，为之奈何？"

起对曰："凡用车者，阴湿则停，阳燥则起，贵高贱下。驰其强车；若进若止，必从其道。敌人若起，必逐其迹。"

武侯问曰："暴寇卒来，掠吾田野，取吾牛羊，则如之何？"

起对曰："暴寇之来，必虑其强，善守勿应，彼将暮去，其装必重，其心必恐，还退务速，必有不属。追而击之，其兵可覆。"

吴子曰："凡攻敌围城之道，城邑既破，各入其宫，御其禄秩，收其器物。军之所至，无刊其木、发其屋、取其粟、杀其六畜、燔其积聚，示民无残心。其有请降，许而安之。"

励士　第六

武侯问曰："严刑明赏，足以胜乎？"

起对曰："严明之事，臣不能悉。虽然，非所恃也。夫发号布令而人乐闻，兴师动众而人乐战，交兵接刃而人乐死。此三者，人主之所恃也。"

武侯曰："致之奈何？"

对曰："君举有功而进飨之，无功而励之。"

于是武侯设坐庙廷，为三行飨士大夫，上功坐前行，肴席兼重器、上牢。次功坐中行，肴席器差减。无功坐后行，肴席无重器。飨毕而出，又颁赐有功者父母妻子于庙门外，亦以功为差。有死事之家，岁遣使者劳赐其父母，著不忘于心。

行之三年，秦人兴师，临于西河，魏士闻之，不待吏令，介胄而奋击之者以万数。

武侯召吴起而谓曰："子前日之教行矣。"

起对曰："臣闻人有短长，气有盛衰。君试发无功者五万人，臣请率以当之。脱其不胜，取笑于诸侯，失权于天下矣。今使一死贼伏于旷野，千人追之，莫不枭视狼顾。何者？忌其暴起而害己。是以一人投命，足惧千夫。今臣以五万之众，而为一死贼，率以讨之，固难敌矣。"

于是武侯从之，兼车五百乘，骑三千匹，而破秦五十万众，此励士之功也。

先战一日，吴起令三军曰："诸吏士当从受敌。车骑与徒，若车不得车，骑不得骑，徒不得徒，虽破军皆无功。"故战之日，其令不烦而威震天下。

《司马法》

仁本 第一

古者，以仁为本，以义治之之谓正。正不获意则权。权出于战，不出于中人。是故，杀人安人，杀之可也；攻其国，爱其民，攻之可也；以战止战，虽战可也。故仁见亲，义见说，智见恃，勇见方，信见信。内得爱焉，所以守也；外得威焉，所以战也。

战道：不违时，不历民病，所以爱吾民也；不加丧，不因凶，所以爱夫其民也；冬夏不兴师，所以兼爱其民也。故国虽大，好战必亡；天下虽安，忘战必危。天下既平，天下大恺，春蒐秋狝，诸侯春振旅，秋治兵，所以不忘战也。

古者，逐奔不过百步，纵绥不过三舍，是以明其礼也。不穷不能而哀怜伤病，是以明其仁也。成列而鼓，是以明其信也。争义不争利，是以明其义也。又能舍服，是以明其勇也。知终知始，是以明其智也。六德以时合教，以为民纪之道也，自古之政也。

先王之治，顺天之道，设地之宜，官民之德，而正名治物，立国辨职，以爵分禄，诸侯悦怀，海外来服，狱弭而兵寝，圣德之治也。

其次，贤王制礼乐法度，乃作五刑，兴甲兵以讨不义。巡狩省方，会诸侯，考不同。其有失命、乱常、背德、逆天之时，而危有功之君，遍告于诸侯，彰明有罪。乃告于皇天上帝日月星辰，祷于后土四海神祇山川冢社，乃造于先王。然后冢宰征师于诸侯曰："某国为不道，征之，以某年月日师于某国，会天子正刑。"冢宰与百官布令于军曰："入罪人之地，无暴神祇，无行田猎，无毁土功，无燔墙屋，无伐林木，无取六畜，禾黍、器械，见其老幼，奉归勿伤。虽遇壮者，不校勿敌，敌若伤之，医药归之。"既诛有罪，王及诸侯修正其国，举贤立明，正复厥职。

王霸之所以治诸侯者六：以土地形诸侯，以政令平诸侯，以礼信亲诸侯，以材力说诸侯，以谋人维诸侯，以兵革服诸侯。同患同利以合诸侯，比小事大以和诸候。

会之以发禁者九。凭弱犯寡则眚之。贼贤害民则伐之。暴内陵外则坛之。野荒民散则削之。负固不服则侵之。贼杀其亲则正之。放弑其君则残之。犯令陵政则杜之。外内乱、禽兽行，则灭之。

天子之义 第二

天子之义，必纯取法天地而观于先圣。士庶之义，必奉于父母而正于君长。故虽有明君，士不先教，不可用也。

古之教民，必立贵贱之伦经，使不相陵。德义不相逾，材技不相掩，勇力不相犯，故力同而意和也。古者，国容不入军，军容不入国，故德义不相逾。上贵不伐之士，不伐之士，上之器也，苟不伐则无求，无求则不争。国中之听，必得其情，军旅之听，必得其宜，故材技不相掩。从命为士上赏，犯命为士上戮，故勇力不相犯。既致教其民，然后谨选而使之。事极修，则百官给矣，教极省，则民兴良矣，习惯成，则民体俗矣，教化之至也。

古者，逐奔不远，纵绥不及，不远则难诱，不及则难陷。以礼为固，以仁为胜，既胜之后，其教可复，是以君子贵之也。

有虞氏戒于国中，欲民体其命也。夏后氏誓于军中，欲民先成其虑也。殷誓于军门之外，欲民先意以行事也。周将交刃而誓之，以致民志也。

夏后氏正其德也，未用兵之刃，故其兵不杂。殷义也，始用兵之刃矣。周力也，尽用兵之刃矣。

夏赏于朝，贵善也。殷戮于市，威不善也。周赏于朝，戮于市，劝君子惧小人也。三王彰其德，一也。

兵不杂则不利。长兵以卫，短兵以守，太长则难犯，太短则不及。太轻则锐，锐则易乱。太重则钝，钝则不济。

戎车：夏后氏曰钩车，先正也；殷曰寅车，先疾也；周曰元戎，先良也。旗：夏后氏玄，首人之势也，殷白，天之义也；周黄，地之道也。章：夏后氏以日月，尚明也；殷以虎，尚威也；周以龙，尚文也。

师多务威则民诎，少威则民不胜。上使民不得其义，百姓不得其叙，技用不得其利，牛马不得其任，有司陵之，此谓多威。多威则民诎。上不尊德而任诈慝，不尊道而任勇力，不贵用命而贵犯命，不贵善行而贵暴行，陵之有司，此谓少威，少威则民不胜。

军旅以舒为主，舒则民力足。虽交兵致刃，徒不趋、车不驰、逐奔不逾列，是以不乱。军旅之固，不失行列之政，不绝人马之力，迟速不过诫命。

古者，国容不入军，军容不入国。军容入国，则民德废；国容入军，则民德弱。故在国言文而语温，在朝恭以逊，修己以待人，不召不至，不问不言，难进易退，在军抗而立，在行遂而果，介者不拜，兵车不式，城上不趋，危事不齿。故礼与法表里也，文与武左右也。

古者贤王，明民之德，尽民之善，故无废德，无简民，赏无所生，罚无所试。有虞氏不赏不罚，而民可用，至德也。夏赏而不罚，至教也。殷罚而不赏，至威也。周以赏罚，德衰也。赏不逾时，欲民速得为善之利也。罚不迁列，欲民速睹为不善之害也。大捷不赏，上下皆不伐善。上苟不伐善，则不骄矣；下苟不伐善，必亡等矣；上下不伐善若此，让之至也。大败不诛，上下皆以不善在己，必悔其过，下苟不善在己，必远其罪。上下分恶若此，让之至也。

古者戍军，三年不兴，睹民之劳也；上下相报若此，和之至也。得意则恺歌，示喜也。偃伯灵台，答民之劳，示休也。

定爵 第三

凡战，定爵位，著功罪，收游士，申教诏，询厥众，求厥技，方虑极物，变嫌推疑，养力索巧，因心之动。

凡战，固众，相利，治乱，进止，服正，成耻，约法，省罚，小罪乃杀，小罪胜，大罪因。

顺天、阜财、怿众、利地、右兵，是谓五虑。顺天奉时，阜财因敌。怿众勉苦。利地，守隘险阻。右兵，弓矢御、殳矛守、戈戟助。凡五兵五当，长以卫短，短以救长。迭战则久，皆战则强。见物与侔，是谓两之。主固勉苦，视敌而举。

将心、心也；众心、心也。马、牛、车、兵、佚饱，力也。教惟豫，战惟节。将军，身也，卒，支也，伍，指拇也。

凡战，智也。斗，勇也。陈，巧也。用其所欲，行其所能，废其不欲不能。于敌反是。

凡战，有天，有财，有善。时日不迁，龟胜微行，是谓有天。众有有，因生美，是谓有财。人习陈利，极物以豫，是为有善。人勉及任，是谓乐人。

大军以固，多力以烦，堪物简治，见物应卒，是谓行豫。

轻车轻徒，弓矢固御，是谓大军。

密静多内力，是谓固陈。因是进退，是谓多力。

上暇人数，是谓烦陈。然有以职，是谓堪物。因是辨物，是谓简治。

称众，因地，因敌令陈；攻战，守进，退止，前后序，车徒因，是谓战参。

不服，不信，不和，怠，疑，厌，慑，枝，柱，诎，顿，肆，崩，缓，是谓战患。

骄骄，慑慑，吟旷，虞惧，事悔，是谓毁折。

大小，坚柔，参伍，众寡，凡两，是谓战权。

凡战，间远，观迩，因时，因财，贵信，恶疑。作兵义，作事时，使人惠，见敌静，见乱暇，见危难无忘其众。

居国惠以信，在军广以武，刃上果以敏。居国和，在军法，刃上察。居国见好，在军见方，刃上见信。

凡陈，行惟疏，战惟密，兵惟杂，人教厚，静乃治。威利章，相守义则人勉。虑多成则人物。时中服厥次治。物既章，目乃明。虑既定，心乃强。进退无疑，见敌无谋，听诛。无䩞其名，无变其旗。

凡事善则长，因古则行。誓作章，人乃强，灭厉祥。灭厉之道：一曰义。被之以信，临之以强，成基一天下之形，人莫不说，是谓兼用其人。一曰权。成其溢，夺其好，我自其外，使自其内。

一曰人，二曰正，三曰辞，四曰巧，五曰火，六曰水，七曰兵，是谓七政。荣、利、耻、死，是谓四守。容色积威，不过改意。凡此道也。

唯人有亲。有仁无信，反败厥身。

人人，正正，辞辞，火火。

凡战之道：既作其气，因发其政。假之以色，道之以辞。因惧而戒，因欲而事，蹈敌制地，以职命之，是谓战法。

凡人之形；由众之求，试以名行，必善行之。若行不行，身以将之。若行而行，因使勿忘，三乃成章，人生之宜，谓之法。

凡治乱之道，一曰仁，二曰信，三曰直，四曰一，五曰义，六曰变，七曰专。

立法，一曰受，二曰法，三曰立，四曰疾，五曰御其服，六曰等其色，七曰百官宜无淫服。

凡军，使法在己曰专。与下畏法曰法。军无小听，战无小利，曰成，行微曰道。

凡战，正不行则事专，不服则法。不相信则一，若怠则动之，若疑则变之，若人不信上，则行其不复。自古之政也。

严位　第四

凡战之道，位欲严，政欲粟，力欲窕，气欲闲，心欲一。

凡战之道，等道义，立卒伍，定行列，正纵横，察名实。立进俯，坐进跪。畏则密，危则坐。远者视之则不畏，迩者勿视则不散。位下左右，下甲坐，誓徐行之，位逮徒甲，筹以轻重。振马躁，徒甲畏亦密之，跪坐、坐伏，则膝行而宽誓之。起、噪，鼓而进，则以铎止之。衔枚、誓、糗、坐，膝行而推之。执戮禁顾，噪以先之。若畏太甚，则勿戮杀，示以颜色，告之以所生，循省其职。

凡三军，人戒分日；人禁不息，不可以分食；方其疑惑，可师可服。

凡战，以力久，以气胜。以固久，以危胜，本心固，新气胜。以甲固，以兵胜。凡车以密固，徒以坐固，甲以重固，兵以轻胜。

人有胜心，惟敌之视。人有畏心，惟畏之视。两心交定，两利若一。两为之职，惟权视之。

凡战，以轻行轻则危，以重行重则无功，以轻行重则败，以重行轻则战，故战相为轻重。

舍谨甲兵，行慎行列，战谨进止。

凡战，敬则慊，率则服。上烦轻，上暇重。奏鼓轻，舒鼓重。服肤轻，服美重。

凡马车坚，甲兵利，轻乃重。

上同无获，上专多死，上生多疑，上死不胜。

凡人，死爱，死怒，死威，死义，死利。凡战，教约人轻死，道约人死正。

凡战，若胜，若否，若天，若人。

凡战，三军之戒，无过三日；一卒之警，无过分日；一人之禁，无过瞬息。

凡大善用本，其次用末。执略守微，本末惟权。战也。

凡胜，三军一人，胜。

凡鼓，鼓旌旗，鼓车，鼓马，鼓徒，鼓兵，鼓首，鼓足，七鼓兼齐。

凡战，既固勿重。重进勿尽，几尽危。

凡战，非陈之难，使人可陈难，非使可陈难，使人可用难，非知之难，行之难。

人方有性，性州异，教成俗，俗州异，道化俗。

凡众寡，既胜若否。兵不告利，甲不告坚，车不告固，马不告良，众不自多，未获道。

凡战，胜则与众分善。若将复战，则重赏罚。若使不胜，取过在己。复战，则誓以居前，无复先术。胜否勿反，是谓正则。

凡民，以仁救，以义战，以智决，以勇斗，以信专，以利劝，以功胜。故心中仁，行中义，堪物智也，堪大勇也，堪久信也。

让以和，人以洽，自予以不循，争贤以为人，说其心，效其力。

凡战，击其微静，避其强静；击其疲劳，避其闲窕；击其大惧，避其小惧，自古之政也。

用众 第五

凡战之道，用寡固，用众治，寡利烦，众利正。用众进止，用寡进退。众以合寡，则远裹而阙之，若分而迭击。寡以待众，若众疑之，则自用之。擅利，则释旗迎而反之。敌若众，则相众而受裹。敌若寡若畏，则避之开之。

凡战，背风背高，右高左险，历沛历圮，兼舍环龟。

凡战，设而观其作，视敌而举。待则循而勿鼓，待众之作。攻则屯而伺之。

凡战，众寡以观其变。进退以观其固，危而观其惧，静而观其怠，动而观其疑，袭而观其治。击其疑，加其卒，致其屈。袭其规，因其不避，阻其图，夺其虑，乘其惧。

凡从奔勿息，敌人或止于路则虑之。

凡近敌都，必有进路。退，必有反虑。

凡战，先则弊，后则慑，息则怠，不息亦弊，息久亦反其慑。

书亲绝，是谓绝顾之虑。选良次兵，是谓益人之强。弃任节食，是谓开人之意。自古之政也。

《三略》

卷一 上略

夫主将之法，务揽英雄之心，赏禄有功，通志于众。故与众同好靡不成，与众同恶靡不倾。治国安家，得人也。亡国破家，失人也。含气之类咸愿得其志。

《军谶》曰：柔能制刚，弱能制强。柔者德也，刚者贼也，弱者人之所助，强者怨之所攻。柔有所设，刚有所施，弱有所用，强有所加。兼此四者而制其宜。

端末未见，人莫能知。天地神明，与物推移，变动无常。因敌转化，不为事先，动而辄随。故能图制无疆，扶成天威，匡正八极，密定九夷。如此谋者，为帝王师。故曰，莫不贪强，鲜能守微，若能守微，乃保其生。圣人存之，动应事机，舒之弥四海，卷之不盈怀，居之不以室宅，守之不以城郭，藏之胸臆，而敌国服。

《军谶》曰：能柔能刚，其国弥光，能弱能强，其国弥彰；纯柔纯弱，其国必削，纯刚纯强，其国必亡。

夫为国之道，恃贤与民。信贤如腹心，使民如四肢，则策无遗。所适如肢体相随，骨节相救，天道自然，其巧无间。

军国之要，察众心，施百务。

危者安之，惧者欢之，叛者还之，冤者原之，诉者察之，卑者贵之，强者抑之，敌者残之，贪者丰之，欲者使之，畏者隐之，谋者近之，谗者覆之，毁者复之，反者废之，横者挫之，满者损之，归者招之，服者居之，降者脱之。获固守之，获厄塞之，获难屯之，获城割之，获地裂之，获财散之。敌动伺之，敌近备之，敌强下之，敌佚去之，敌陵待之，敌暴绥之，敌悖义之，敌睦携之，顺举挫之，因势破之，放言过之，四纲罗之。

得而勿有，居而勿守，拔而勿久，立而勿取；为者则己，有者则士，焉知利之所在！彼为诸侯，己为天子，使城自保，令士自取。

世能祖祖，鲜能下下。祖祖为亲，下下为君。下下者，务耕桑不夺其时，薄赋敛不匮其财，罕徭役不使其劳，则国富而家娭，然后选士以司牧之。夫所谓士者，英雄也。故曰，罗其英雄，则敌国穷。英雄者，国之干，庶民者，国之本，得其干，收其本，则政行而无怨。

夫用兵之要，在崇礼而重禄。礼崇则智士至，禄重则义士轻死。故禄贤不爱财，赏功不逾时，则下力并而敌国削。夫用人之道，尊以爵，赡以财，则士自来。接以礼，励以义，则士死之。

夫将帅者，必与士卒同滋味而共安危，敌乃可加。故兵有全胜，敌有全囚。昔者良将之用兵，有馈箪醪者，使投诸河与士卒同流而饮。夫一箪之醪不能味一河之水，而三军之士思为致死者，以滋味之及己也。《军谶》曰：军井未达，将不言渴。军幕未办，将不言倦。军灶未炊，将不言饥。冬不服裘，夏不操扇，雨不张盖，是谓将礼。与之安，与之危，故其众可合而不可离，可用而不可废，以其恩素蓄，谋素和也。故曰，蓄恩不倦，以一取万。

《军谶》曰：将之所以为威者，号令也。战之所以全胜者，军政也。士之所以轻战者，用命也。故将无还令，赏罚必信，如天如地，乃可御人。士卒用命，乃可越境。

夫统军持势者，将也。制胜破敌者，众也。故乱将不可使保军，乖众不可使伐人。攻城则不拔，图邑则不废，两者无功，则士力疲弊。士力疲弊，则将孤众悖，以守则不固，以战则奔北，是谓老兵。兵老则将威不行，将无威则士卒轻刑，士卒轻刑则军失伍，军失伍则士卒逃亡，士卒逃亡则敌乘利，敌乘利则军必丧。

《军谶》曰：良将之统军也，恕己而治人。推惠施恩，士力日新，战如风发，攻如河决。故其众可望而不可当，可下而不可胜。以身先人，故其兵为天下雄。

《军谶》曰：军以赏为表，以罚为里。赏罚明，则将威行。官人得，则士卒服。所任贤，则敌国震。

《军谶》曰：贤者所适，其前无敌。故士可下而不可骄，将可乐而不可忧，谋可深而不可疑。士骄则下不顺，将忧则内外不相信，谋疑则敌国奋。以此攻伐，则致乱。夫将者，国之命也。将能制胜，则国家安定。

《军谶》曰：将能清，能静，能平，能整，能受谏，能听讼，能纳人，能采言，能知国俗，能图山川，能表险难，能制军权。故曰，仁贤之智，圣明之虑，负薪之言，廊庙之语，兴衰之事，将所宜闻。

将者能思士如渴，则策从焉。夫将拒谏，则英雄散。策不从，则谋士叛。善恶同，则功臣倦。专己，则下归咎。自伐，则下少功。信谗，则众离心。贪财，则奸不禁。内顾，则士卒淫。将有一，则众不服。有二，则军无式。有三，则下奔北。有四，则祸及国。

《军谶》曰：将谋欲密，士众欲一，攻敌欲疾。将谋密，则奸心闭。士众一，则军心结。攻敌疾，则备不及设。军有此三者，则计不夺。将谋泄，则军无势，外窥内，则祸不制，财入营，则众奸会。将有此三者，军必败。

将无虑，则谋士去。将无勇，则吏士恐。将妄动，则军不重。将迁怒，则一军惧。

《军谶》曰：虑也，勇也，将之所重。动也，怒也，将之所用。此四者，将之明诫也。

《军谶》曰：军无财，士不来。军无赏，士不往。

《军谶》曰：香饵之下，必有悬鱼；重赏之下，必有死夫。故礼者，士之所归，赏者，士之所死。招其所归，示其所死，则所求者至。故礼而后悔者，士不止。赏而后悔者，士不使。礼赏不倦，则士争死。

《军谶》曰：兴师之国，务先隆恩。攻取之国，务先养民。以寡胜众者，恩也。以弱胜强者，民也。故良将之养士。不易于身，故能使三军如一心，则其胜可全。

《军谶》曰：用兵之要，必先察敌情。视其仓库，度其粮食，卜其强弱，察其天地，伺其空隙。故国无军旅之难而运粮者，虚也。民菜色者，穷也。千里馈粮，民有饥色。樵苏后爨，师不宿饱。夫运粮千里，无一年之食；二千里，无二年之食；三千里，无三年之食，是谓国虚。国虚则民贫。民贫则上下不亲。敌攻其外，民盗其内，是谓必溃。

《军谶》曰：上行虐则下急刻。赋敛重数，刑罚无极，民相残贼。是谓亡国。

《军谶》曰：内贪外廉，诈誉取名，窃公为恩，令上下昏。饰躬正颜，以获高官，是谓盗端。

《军谶》曰：群吏朋党，各进所亲，招举奸枉，抑挫仁贤。背公立私，同位相讪，是谓乱源。

《军谶》曰：强宗聚奸，无位而尊，威无不震。葛藟相连，种德立恩，夺在位权，侵侮下民，国内哗喧，臣蔽不言。是谓乱根。

《军谶》曰：世世作奸。侵盗县官。进退求便。委曲弄文，以危其君，是谓国奸。

《军谶》曰：吏多民寡，尊卑相若，强弱相虏，莫适禁御，延及君子，国受其咎。

《军谶》曰：善善不进，恶恶不退，贤者隐蔽，不肖在位，国受其害。

《军谶》曰：枝叶强大，比周居势，卑贱陵贵，久而益大，上不忍废。国受其败。

《军谶》曰：佞臣在上，一军皆讼，引威自与，动违于众。无进无退，苟然取容。专任自己，举措伐功。诽谤盛德，诬述庸庸。无善无恶，皆与己同。稽留行事，命令不通，造作奇政，变古易常。君用佞人，必受祸殃。

《军谶》曰：奸雄相称，障蔽主明。毁誉并兴，壅塞主聪。各阿所私，令主失忠。

故主察异言，乃睹其萌。主聘儒贤，奸雄乃遁。主任旧齿，万事乃理。主聘岩穴，士乃得实。谋及负薪，功乃可述。不失人心，德乃洋溢。

卷二 中略

夫三皇无言而化流四海，故天下无所归功。

帝者，体天则地，有言有令，而天下太平。君臣让功，四海化行，百姓不知其所以然。故使臣不待礼赏有功，美而无害。

王者，制人以道，降心服志，设矩备衰，四海会同，王职不废。虽有甲兵之备，而无斗战之患。君无疑于臣，臣无疑于主，国定主安，臣以义退，亦能美而无害。

霸者，制士以权，结士以信，使士以赏。信衰则士疏，赏亏则士不用命。

《军势》曰：出军行师，将在自专，进退内御，则功难成。

《军势》曰：使智、使勇、使贪、使愚。智者乐立其功，勇者好行其志，贪者邀趋其利，愚者不顾其死。因其至情而用之，此军之微权也。

《军势》曰：无使辨士谈说敌美，为其惑众。无使仁者主财，为其多施而附于下。

《军势》曰：禁巫祝，不得为吏士卜问军之吉凶。

《军势》曰：使义士不以财。故义者不为不仁者死；智者不为暗主谋。

主不可以无德，无德则臣叛，不可以无威，无威则失权；臣不可以无德，无德则无以事君；不可以无威，无威则国弱，威多则身蹶。

故圣王御世，观盛衰，度得失，而为之制。故诸侯二师，方伯三师，天子六师。世乱则叛逆生，王泽竭，则盟誓相诛伐。德同势敌，无以相倾，乃揽英雄之心，与众同好恶，然后加之以权变。故非计策无以决嫌定疑，非谲奇无以破奸息寇，非阴谋无以成功。

圣人体天，贤者法地，智者师古。是故《三略》为衰世作。《上略》设礼赏，别奸雄，著成败。《中略》差德行，审权变。《下略》陈道德，察安危，明贼贤之咎。故人主深晓《上略》，则能任贤擒敌。深晓《中略》，则能御将统众。深晓《下略》，则能明盛衰之源，审治国之纪。人臣深晓《中略》，则能全功保身。

夫高鸟死，良弓藏，敌国灭，谋臣亡。亡者，非丧其身也，谓夺其威废其权也。封之于朝，极人臣之位，以显其功。中州善国，以富其家。美色珍玩，以说其心。

夫人众一合而不可卒离，威权一与而不可卒移。还师罢军，存亡之阶。故弱之以位，夺之以国，是谓霸者之略。故霸者之作，其论驳也。存社稷罗英雄者，《中略》之势也。故世主秘焉。

卷三　下略

夫能扶天下之危者，则据天下之安。能除天下之忧者，则享天下之乐。能救天下之祸者，则获天下之福。故泽及于民，则贤人归之；泽及昆虫，则圣人归之。贤人归，则其国强。圣人归，则六合同。求贤以德，致圣以道。贤去，则国微。圣去，则国乖。微者危之阶，乖者亡之征。

贤人之政，降人以体，圣人之政，降人以心。体降可以图始，心降可以保终。降体以礼，降心以乐。所谓乐者，非金石丝竹也，谓人乐其家，谓人乐其族，谓人乐其业，谓人乐其都邑，谓人乐其政令，谓人乐其道德，如此君人者，乃作乐以节之，使不失其和。故有德之君，以乐乐人。无德之君，以乐乐身。乐人者，久而长，乐身者，不久而亡。

释近谋远者，劳而无功。释远谋近者，佚而有终。佚政多忠臣，劳政多怨民。故曰，务广地者荒，务广德者强。能有其有者安，贪人之有者残。残灭之政，累世受患。造作过制，虽成必败。

舍己而教人者逆，正己而教人者顺。逆者乱之招，顺者治之要。

道、德、仁、义、礼，五者一体也。道者人之所蹈，德者人之所得，仁者人之所亲，义者人之所宜，礼者人之所体，不可无一焉。故夙兴夜寐，礼之制也。讨贼报仇，义之决也。恻隐之心，仁之发也。得己得人，德之路也。使人均平，不失其所，道之化也。

出君下臣名曰命，施于竹帛名曰令，奉而行之名曰政。夫命失，则令不行。令不行，则政不正。政不正，则道不通。道不通，则邪臣胜。邪臣胜，则主威伤。

千里迎贤其路远，致不肖其路近。是以明王舍近而取远，故能全功尚贤，而下尽力。

废一善，则众善衰。赏一恶，则众恶归。善者得其祐，恶者受其诛，则国安而众善至。

众疑无定国。众惑无治民。疑定惑还，国乃可安。

一令逆则百令失，一恶施则百恶结。故善施于顺民，恶加于凶民，则令行而无怨。使怨治怨，是谓逆天。使仇治仇，其祸不救。治民使平，致平以清，则民得其所而天下宁。

犯上者尊，贪鄙者富，虽有圣王，不能致其治。犯上者诛，贪鄙者拘，则化行而众恶消。清白之士，不可以爵禄得。节义之士，不可以威刑胁。故明君求贤，必观其所以而致焉。致清白之士，修其礼。致节义之士，修其道。而后士可致，而名可保。

夫圣人君子，明盛衰之源，通成败之端，审治乱之机，知去就之节，虽穷不处亡国之位，虽贫不食乱邦之禄。潜名抱道者，时至而动，则极人臣之位。德合于己，则建殊绝之功。故其道高而名扬于后世。

圣王之用兵，非乐之也，将以诛暴讨乱也。夫以义诛不义，若决江河而溉爝火，临不测而挤欲堕，其克必矣。所以优游恬淡而不进者，重伤人物也。夫兵者，不祥之器，天道恶之。不得已而用之，是天道也。夫人之在道，若鱼之在水，得水而生，失水而死。故君子者常畏惧而不敢失道。

豪杰秉职，国威乃弱。杀生在豪杰，国势乃竭。豪杰低首，国乃可久。杀生在君，国乃可安。四民用虚，国乃无储。四民用足，国乃安乐。

贤臣内，则邪臣外。邪臣内，则贤臣毙。内外失宜，祸乱传世。

大臣疑主，众奸集聚。臣当君尊，上下乃昏。君当臣处，上下失序。

伤贤者，殃及三世。蔽贤者，身受其害。嫉贤者，其名不全。进贤者，福流子孙。故君子急于进贤而美名彰焉。

利一害百，民去城郭。利一害万，国乃思散。去一利百，人乃慕泽。去一利万，政乃不乱。

《六韬》

卷第一　文韬

文韬·文师

文王将田，史编布卜曰："田于渭阳，将大得焉。非龙、非螭，非虎、非罴，兆得公侯。天遣汝师，以之佐昌，施及三王。"

文王曰："兆致是乎？"

史编曰："编之太祖史畴，为禹占，得皋陶兆比于此。"

文王乃斋三日，乘田车，驾田马，田于渭阳，卒见太公，坐茅以渔。

文王劳而问之曰："子乐渔也？"

太公曰："臣闻君子乐得其志，小人乐得其事。今吾渔甚有似也，殆非乐之也。"

文王曰："何谓其有似也？"

太公曰："钓有三权：禄等以权，死等以权，官等以权。夫钓以求得也，其情深，可以观大矣。"

文王曰："愿闻其情。"太公曰："源深而水流，水流而鱼生之，情也。根深而木长，木长而实生之，情也。君子情同而亲合，亲合而事生之，情也。言语应对者，情之饰也；言至情者，事之极也。今臣言至情不讳，君其恶之乎？"

文王曰："惟仁人能受至谏，不恶至情，何为其然！"

太公曰："缗微饵明，小鱼食之；缗调饵香，中鱼食之；缗隆重饵丰，大鱼食之。夫鱼食其饵，乃牵于缗；人食其禄，乃服于君。故以饵取鱼，鱼可杀；以禄取人，人可竭；以家取国，国可拔；以国取天下，天下可毕。呜呼！曼曼绵绵，其聚必散；嘿嘿昧昧，其光必远。微哉！圣人之德，诱乎独见。乐哉！圣人之虑，各归其次，而树敛焉。"

文王曰："树敛若何而天下归之？"

太公曰："天下非一人之天下，乃天下之天下也。同天下之利者，则得天下；擅天下之利者，则失天下。天有时，地有财，能与人共之者，仁也。仁之所在，天下归之。免人之死，解人之难，救人之患，济人之急者，德也。德之所在，天下归之。与人同忧、同乐、同好、同恶者，义也；义之所在，天下赴之。凡人恶死而乐生，好德而归利，能生利者，道也。道之所在，天下归之。"

文王再拜曰："允哉，敢不受天之诏命乎！"乃载与俱归，立为师。

文韬·盈虚

文王问太公曰："天下熙熙，一盈一虚，一治一乱，所以然者，何也？其君贤不肖不等乎？其天时变化自然乎？"

太公曰："君不肖，则国危而民乱，君贤圣，则国安而民治，祸福在君不在天时。"

文王曰："古之贤君可得闻乎？"

太公曰："昔者帝尧之王天下，上世所谓贤君也。"

文王曰："其治如何？"

太公曰："帝尧王天下之时，金银珠玉不饰，锦绣文绮不衣，奇怪珍异不视，玩好之器不宝，淫佚之乐不听，宫垣屋室不垩，甍桷椽楹不斫，茅茨偏庭不剪。鹿裘御寒，布衣掩形，粝粮之饭，藜藿之羹。不以役作之故，害民耕织之时。削心约志，从事乎无为。吏忠正奉法者，尊其位；廉洁爱人者，厚其禄。民有孝慈者，爱敬之；尽力农桑者，慰勉之。旌别淑德，表其门闾。平心正节，以法度禁邪伪。所憎者，有功必赏；所爱者，有罪必罚。存养天下鳏、寡、孤、独，振赡祸亡之家。其自奉也甚薄，其赋役也甚寡。故万民富乐而无饥寒之色，百姓戴其君如日月，亲其君如父母。"

文王曰："大哉，贤君之德也。"

文韬·国务

文王问太公曰："愿闻为国之大务，欲使主尊人安，为之奈何？"

太公曰："爱民而已。"

文王曰："爱民奈何？"

太公曰："利而勿害，成而勿败，生而勿杀，与而勿夺，乐而勿苦，喜而勿怒。"

文王曰："敢请释其故。"

太公曰："民不失务，则利之；农不失时，则成之，省刑罚，则生之；薄赋敛，则与之；俭宫室台榭，则乐之；吏清不苛扰，则喜之。民失其务，则害之；农失其时，则败之；无罪而罚，则杀之；重赋敛，则夺之；多营宫室台榭以疲民力，则苦之；吏浊苛扰，则怒之。故善为国者，驭民如父母之爱子，如兄之爱弟。见其饥寒，则为之忧；见其劳苦，则为之悲；赏罚如加于身，赋敛如取己物。此爱民之道也。"

文韬·大礼

文王问太公曰："君臣之礼如何？"

太公曰："为上惟临，为下惟沉，临而无远，沉而无隐。为上惟周，为下惟定。周则天也，定则地也。或天或地，大礼乃成。"

文王曰："主位如何？"

太公曰："安徐而静，柔节先定；善与而不争，虚心平志，待物以正。"

文王曰："主听如何？"

太公曰："勿妄而许，勿逆而拒；许之则失守，拒之则闭塞。高山仰之，不可极也；深渊度之，不可测也。神明之德，正静其极。"

文王曰："主明如何？"

太公曰："目贵明，耳贵聪，心贵智。以天下之目视，则无不见也；以天下之耳听，则无不闻也；以天下之心虑，则无不知也。辐辏并进，则明不蔽矣。"

文韬·明传

文王寝疾，召太公望，太子发在侧，曰："呜呼！天将弃予，周之社稷将以属汝，今予欲师至道之言，以明传之子孙。"

太公曰："王何所问？"

文王曰："先圣之道，其所止，其所起，可得闻乎？"

太公曰："见善而怠，时至而疑，知非而处，此三者，道之所止也。柔而静，恭而敬，强而弱，忍而刚，此四者，道之所起也。故义胜欲则昌，欲胜义则亡，敬胜怠则吉，怠胜敬则灭。"

文韬·六守

文王问太公曰："君国主民者，其所以失之者何也？"

太公曰："不慎所与也。人君有六守、三宝。"

文王曰："六守何也？"

太公曰："一曰仁、二曰义、三曰忠、四曰信、五曰勇、六曰谋，是谓六守。"

文王曰："慎择六守者何？"

太公曰："富之而观其无犯，贵之而观其无骄，付之而观其无转，使之而观其无隐，危之而观其无恐，事之而观其无穷。富之而不犯者，仁也。贵之而不骄者，义也。付之而不转者，忠也。使之而不隐者，信也。危之而不恐者，勇也。事之而不穷者，谋也。人君无以三宝借人，借人则君失其威。"

文王曰："敢问三宝？"

太公曰："大农、大工、大商谓之三宝。农一其乡，则谷足；工一其乡，则器足；商一其乡，则货足。三宝各安其处，民乃不虑。无乱其乡，无乱其族，臣无富于君，都无大于国。六守长，则君昌；三宝完，则国安。"

文韬·守土

文王问太公曰："守土奈何？"

太公曰："无疏其亲，无怠其众，抚其左右，御其四旁。无借人国柄，借人国柄，则失其权。无掘壑而附丘，无舍本而治末。日中必彗，操刀必割，执斧必伐。日中不彗，是谓失时；操刀不割，失利之期；执斧不伐，贼人将来。涓涓不塞，将为江河。荧荧不救，炎炎奈何。两叶不去，将用斧柯。是故人君必从事于富。不富无以为仁，不施无以合亲。疏其亲则害，失其众则败。无借人利器，借人利器，则为人所害，而不终于世。"

文王曰："何谓仁义？"

太公曰："敬其众，合其亲。敬其众则和，合其亲则喜，是谓仁义之纪。无使人夺汝威，因其明，顺其常。顺者任之以德，逆者绝之以力。敬之勿疑，天下和服。"

文韬·守国

文王问太公曰："守国奈何？"

太公曰："斋，将语君天之经，四时所生，仁圣之道，民机之情。"

王即斋七日，北面再拜而问之。

太公曰："天生四时，地生万物，天下有民，仁圣牧之。故春道生，万物荣；夏道长，万物成；秋道敛，万物盈；冬道藏，万物寻。盈则藏，藏则复起，莫知所终，莫知所始，圣人配之，以为天地经纪。故天下治，仁圣藏；天下乱，仁圣昌；至道其然也。圣人之在天地间也，其宝固大矣；因其常而视之，则民安。夫民动而为机，机动而得失争矣。故发之以其阴，会之以其阳，为之先唱，天下和之，极反其常。莫进而争，莫退而让。守国如此，与天地同光。"

文韬·上贤

文王问太公曰:"王人者,何上、何下、何取、何去、何禁、何止?"

太公曰:"王人者,上贤,下不肖,取诚信,去诈伪,禁暴乱,止奢侈。故王人者,有六贼七害。"

文王曰:"愿闻其道。"

太公曰:"夫六贼者:一曰,臣有大作宫室池榭,游观倡乐者,伤王之德。二曰,民有不事农桑,任气游侠,犯历法禁,不从吏教者,伤王之化。三曰,臣有结朋党,蔽贤智,障主明者,伤王之权。四曰,士有抗志高节,以为气势,外交诸侯,不重其主者,伤王之威。五曰,臣有轻爵位,贱有司,羞为上犯难者,伤功臣之劳。六曰,强宗侵夺,凌侮贫弱者,伤庶人之业。

七害者:一曰,无智略权谋,而以重赏尊爵之故,强勇轻战,侥幸于外,王者慎勿使为将。二曰,有名无实,出入异言,掩善扬恶,进退为巧,王者慎勿与谋。三曰,朴其身躬,恶其衣服,语无为以求名,言无欲以求利,此伪人也,王者慎勿近。四曰,奇其冠带,伟其衣服,博闻辩辞,虚论高议,以为容美,穷居静处,而诽时俗,此奸人也,王者慎勿宠。五曰,谗佞苟得,以求官爵,果敢轻死,以贪禄秩,不图大事,得利而动,以高谈虚论,说于人主,王者慎勿使。六曰,为雕文刻镂,技巧华饰,而伤农事,王者必禁之。七曰,伪方异技,巫蛊左道,不祥之言,幻惑良民,王者必止之。

故民不尽力,非吾民也;士不诚信,非吾士也;臣不忠谏,非吾臣也;吏不平洁爱人,非吾吏也;相不能富国强兵,调和阴阳,以安万乘之主,正群臣,定名实,明赏罚,乐万民,非吾相也。夫王者之道如龙首,高居而远望,深视而审听。示其形,隐其情,若天之高不可极也,若渊之深不可测也。故可怒而不怒,奸臣乃作;可杀而不杀,大贼乃发。兵势不行,敌国乃强。"

文王曰:"善哉!"

文韬·举贤

文王问太公曰:"君务举贤而不获其功,世乱愈甚,以致危亡者,何也?"

太公曰:"举贤而不用,是有举贤之名,而无用贤之实也。"

文王曰:"其失安在?"

太公曰:"其失在君好用世俗之所誉,而不得真贤也。"

文王曰:"何如?"

太公曰:"君以世俗之所誉者为贤,以世俗之所毁者为不肖,则多党者进，少党者退。若是，则群邪比周而蔽贤，忠臣死于无罪，奸臣以虚誉取爵位，是以世乱愈甚，则国不免于危亡。"

文王曰："举贤奈何？"

太公曰："将相分职，而各以官名举人，按名督实。选才考能，令实当其名，名当其实，则得举贤之道矣。"

文韬·赏罚

文王问太公曰："赏所以存劝，罚所以示惩，吾欲赏一以劝百，罚一以惩众，为之奈何？"

太公曰："凡用赏者贵信，用罚者贵必。赏信罚必于耳目之所闻见，则所不闻见者莫不阴化矣。夫诚，畅于天地，通于神明，而况于人乎！"

文韬·兵道

武王问太公曰："兵道如何？"

太公曰："凡兵之道莫过乎一，一者能独往独来。黄帝曰：'一者阶于道，几于神'。用之在于机，显之在于势，成之在于君。故圣王号兵为凶器，不得已而用之。今商王知存而不知亡，知乐而不知殃，夫存者非存，在于虑亡；乐者非乐，在于虑殃。今王已虑其源，岂忧其流乎！"

武王曰："两军相遇，彼不可来，此不可往，各设固备，未敢先发，我欲袭之，不得其利，为之奈何？"

太公曰："外乱而内整，示饥而实饱，内精而外钝，一合一离，一聚一散，阴其谋，密其机，高其垒，伏其锐。士寂若无声，敌不知我所备。欲其西，袭其东。"

武王曰："敌知我情，通我谋，为之奈何？"

太公曰："兵胜之术，密察敌人之机而速乘其利，复疾击其不意。"

卷第二　武韬

武韬·发启

文王在酆，召太公曰："呜呼！商王虐极，罪杀不辜，公尚助予忧民如何？"

太公曰："王其修德以下贤，惠民以观天道。天道无殃，不可先倡；人道无灾，不可先谋。必见天殃，又见人灾，乃可以谋；必见其阳，又见其阴，乃知其心；必见其外，又见其内，乃知其意；必见其疏，又见其亲，乃知其情。

行其道，道可致也；从其门，门可入也；立其礼，礼可成也；争其强，强可胜也。

全胜不斗，大兵无创，与鬼神通，微哉！微哉！与人同病相救，同情相成，同恶相助，同好相趋。故无甲兵而胜，无冲机而攻，无沟堑而守。

大智不智，大谋不谋，大勇不勇，大利不利。利天下者，天下启之；害天下者，天下闭之。天下者，非一人之天下，乃天下之天下也。取天下者，若逐野兽，而天下皆有分肉之心；若同舟而济，济则皆同其利，败则皆同其害。然则皆有启之，无有闭之也。无取于民者，取民者也；无取于国者，取国者也；无取于天下者，取天下者也。无取民者，民利之；无取国者，国利之；无取天下者，天下利之。故道在不可见，事在不可闻，胜在不可知。微哉！微哉！

鸷鸟将击，卑飞敛翼；猛兽将搏，弭耳俯伏；圣人将动，必有愚色。

今彼殷商，众口相惑，纷纷渺渺，好色无极，此亡国之征也。吾观其野，草菅胜谷；吾观其众，邪曲胜直；吾观其吏，暴虐残贼，败法乱刑，上下不觉。此亡国之时也。大明发而万物皆照，大义发而万物皆利，大兵发而万物皆服。大哉圣人之德！独闻独见，乐哉！"

武韬·文启

文王问太公曰："圣人何守？"

太公曰："何忧何啬，万物皆得。何啬何忧，万物皆遒。政之所施，莫知其化；时之所在，莫知其移。圣人守此而万物化，何穷之有，终而复始。优而游之，展转求之；求而得之，不可不藏；既以藏之，不可不行；既以行之，勿复明之。夫天地不自明，故能长生；圣人不自明，故能明彰。

古之圣人聚人而为家，聚家而为国，聚国而为天下；分封贤人以为万国，命之曰大纪。陈其政教，顺其民俗；群曲化直，变于形容；万国不通，各乐其所；人爱其上，命之曰大定。呜呼！圣人务静之，贤人务正之，愚人不能正，故与人争；上劳则刑繁，刑繁则民忧，民忧则流亡。上下不安其生，累世不休，命之曰大失。

天下之人如流水，障之则止。启之则行，静之则清。呜呼！神哉！圣人见其所始，则知其所终。"

文王曰："静之奈何？"

太公曰："天有常形，民有常生，与天下共其生而天下静矣。太上因之，其次化之。夫民化而从政，是以天无为而成事，民无与而自富，此圣人之德也。"

文王曰："公言乃协予怀，夙夜念之不忘，以用为常。"

武韬·文伐

文王问太公曰："文伐之法奈何？"太公曰："凡文伐有十二节：

一曰，因其所喜，以顺其志，彼将生骄，必有好事，苟能因之，必能去之。

二曰，亲其所爱，以分其威。一人两心，其中必衰。廷无忠臣，社稷必危。

三曰，阴赂左右，得情甚深，身内情外，国将生害。

四曰，辅其淫乐，以广其志，厚赂珠玉，娱以美人。卑辞委听，顺命而合。彼将不争，奸节乃定。

五曰，严其忠臣，而薄其赂，稽留其使，勿听其事。亟为置代，遗以诚事。亲而信之，其君将复合之，苟能严之，国乃可谋。

六曰，收其内，间其外，才臣外相，敌国内侵，国鲜不亡。

七曰，欲锢其心，必厚赂之；收其左右忠爱，阴示以利；令之轻业，而蓄积空虚。

八曰，赂以重宝，因与之谋，谋而利之，利之必信，是谓重亲；重亲之积，必为我用，有国而外，其地大败。

九曰，尊之以名，无难其身；示以大势，从之必信，致其大尊；先为之荣，微饰圣人，国乃大偷。

十曰，下之必信，以得其情；承意应事，如与同生；既以得之，乃微收之；时及将至，若天丧之。

十一曰，塞之以道。人臣无不重贵与富，恶死与咎。阴示大尊，而微输重宝，收其豪杰。内积甚厚，而外为乏。阴纳智士，使图其计；纳勇士，使高其气。富贵甚足，而常有繁滋。徒党已具，是谓塞之。有国而塞，安能有国。

十二曰：养其乱臣以迷之，进美女淫声以惑之，遗良犬马以劳之，时与大势以诱之，上察而与天下图之。

十二节备，乃成武事。所谓上察天，下察地，征已见，乃伐之。"

武韬·顺启

文王问太公曰："何如而可以为天下？"

太公曰："大盖天下，然后能容天下；信盖天下，然后能约天下；仁盖天下，然后能怀天下；恩盖天下，然后能保天下；权盖天下，然后能不失天下；事而不疑，则天运不能移，时变不能迁。此六者备，然后可以为天下政。

故利天下者，天下启之；害天下者，天下闭之；生天下者，天下德之；杀天下者，天下贼之；彻天下者，天下通之；穷天下者，天下仇之；安天下者，天下恃之；危天下者，天下灾之，天下者非一人之天下，唯有道者处之。"

武韬·三疑

武王问太公曰："予欲立功，有三疑；恐力不能攻强、离亲、散众，为之奈何？"

太公曰："因之，慎谋，用财。夫攻强，必养之使强，益之使张。太强必折，太张必缺。攻强必强，离亲以亲，散众以众。凡谋之道，周密为宝。设之以事，玩之以利，争心必起。

欲离其亲，因其所爱，与其宠人，与之所予，示之所利，因以疏之，无使得志。彼贪利甚喜，遗疑乃止。

凡攻之道，必先塞其明，而后攻其强，毁其大，除民之害。淫之以色，啗之以利，养之以味，娱之以乐。既离其亲，必使远民，勿使知谋，扶而纳之，莫觉其意，然后可成。

惠施于民，必无爱财。民如牛马，数喂食之，从而爱之。

心以启智，智以启财，财以启众，众以启贤，贤之有启，以王天下。"

卷第三 龙韬

龙韬·王翼

武王问太公曰："王者帅师，必有股肱羽翼以成威神，为之奈何？"太公曰："凡举兵帅师，以将为命。命在通达，不守一术。因能授职，各取所长，随时变化，以为纲纪。故将有股肱羽翼七十二人，以应天道。备数如法，审知命理，殊能异技，万事毕矣。"

武王曰："请问其目。"太公曰："腹心一人，主赞谋应卒，揆天消变，总揽计谋，保全民命；

谋士五人，主图安危，虑未萌，论行能，明赏罚，授官位，决嫌疑，定可否；

天文三人，主司星历，候风气，推时日，考符验，校灾异，知人心去就之机；

地利三人，主三军行止形势，利害消息，远近险易，水涸山阻，不失地利；

兵法九人，主讲论异同，行事成败，简练兵器，刺举非法；

通粮四人，主度饮食，蓄积，通粮道，致五谷，令三军不困乏；

奋威四人，主择才力，论兵革，风驰电掣，不知所由；

伏旗鼓三人，主伏旗鼓，明耳目，诡符节，谬号令，阐忽往来，出入若神；

股肱四人，主任重持难，修沟堑，治壁垒，以备守御；

通材三人，主拾遗补过，应偶宾客，论议谈语，消患解结；

权士三人，主行奇谲，设殊异，非人所识，行无穷之变；

耳目七人，主往来听言视变，览四方之事、军中之情；

爪牙五人，主扬威武，激励三军，使冒难攻锐，无所疑虑；

羽翼四人，主扬名誉，震远方，摇动四境，以弱敌心；

游士八人，主伺奸候变，开阖人情，观敌之意，以为间谍；

术士二人，主为谲诈，依托鬼神，以惑众心；

方士二人，主百药，以治金疮，以痊万病；

法算二人，主计会三军营壁、粮食、财用出入。"

龙韬·论将

武王问太公曰："论将之道奈何？"太公曰："将有五材十过。"武王曰："敢问其目。"太公曰："所谓五材者，勇、智、仁、信、忠也。勇则不可犯，智则不可乱，仁则爱人，信则不欺，忠则无二心。

所谓十过者：有勇而轻死者，有急而心速者，有贪而好利者，有仁而不忍人者，有智而心怯者，有信而喜信人者，有廉洁而不爱人者，有智而心缓者，有刚毅而自用者，有懦而喜任人者。

勇而轻死者可暴也，急而心速者可久也，贪而好利者可遗（赂）也，仁而不忍人者可劳也，智而心怯者可窘也，信而喜信人者可诳也，廉洁而不爱人者可侮也，智而心缓者可袭也，刚毅而自用者可事也，懦而喜任人者可欺也。

故兵者，国之大事，存亡之道，命在于将。将者，国之辅，先王之所重也。故置将不可不察也。故曰："兵不两胜，亦不两败。兵出逾境，期不十日，不有亡国，必有破军杀将。"

武王曰："善哉！"

龙韬·选将

武王问太公曰："王者举兵欲简练英雄，知士之高下，为之奈何？"

太公曰："夫士外貌不与中情相应者十五：有贤而不肖者，有温良而为盗者，有貌恭敬而心慢者，有外廉谨而内无至诚者，有精精而无情者，有湛湛而无诚者，有好谋而不决者，有如果敢而不能者，有悾悾而不信者，有怳怳惚惚而反忠实者，有诡激而有功效者，有外勇而内怯者，有肃肃而反易人者，有嗃嗃而反静悫意者，有势虚形劣而外出无所不至、无所不遂者。

天下所贱，圣人所贵，凡人莫知，非有大明，不见其际，此士之外貌不与中情相应者也。"

武王曰："何以知之？"

太公曰："知之有八征：一曰问之以言以观其辞，二曰穷之以辞以观其变，三曰与之间谍以观其诚，四曰明白显问以观其德，五曰使之以财以观其廉，六曰试之以色以观其贞，七曰告之以难以观其勇，八曰醉之以酒以观其态。八征皆备，则贤不肖别矣。"

龙韬·立将

武王问太公曰："立将之道奈何？"

太公曰："凡国有难，君避正殿，召将而诏之曰：'社稷安危，一在将军。今某国不臣，愿将军帅师应之。'

将既受命，乃命太史卜，斋三日，至太庙，钻灵龟，卜吉日，以授斧钺。君入庙门，西面而立，将入庙门，北面而立。君亲操钺持首，授将其柄，曰：'从此上至天者，将军制之。'复操斧持柄，授将其刃曰：'从此下至渊者，将军制之。见其虚则进，见其实则止，勿以三军为众而轻敌，勿以受命为重而必死，勿以身贵而贱人，勿以独见而违众，勿以辩说为必然。士未坐勿坐，士未食而食，寒暑必同。如此，则士众必尽死力。'将已受命，拜而报君曰：'臣闻国不可从外治，军不可从中御。二心不可以事君，疑志不可以应敌。臣既受命专斧钺之威，臣不敢生还。愿君亦垂一言之命于臣，君不许臣，臣不敢将。'

君许之，乃辞而行。军中之事，不闻君命，皆由将出，临敌决战，无有二心。若此，则无天于上，无地于下，无敌于前，无君于后。是故智者为之谋，勇者为之斗，气厉青云，疾若驰骛，兵不接刃，而敌降服。战胜于外，功立于内，吏迁士赏，百姓欢说，将无咎殃；是故风雨时节，五谷丰登，社稷安宁。"

武王曰："善哉！"

龙韬·将威

武王问太公曰："将何以为威？何以为明？何以为禁止而令行？"

太公曰："将以诛大为威，以赏小为明，以罚审为禁止而令行。故杀一人而三军震者，杀之；赏一人而万人说者，赏之。杀贵大，赏贵小。杀及当路贵重之臣，是刑上极也；赏及牛竖、马洗、厩养之徒，是赏下通也。刑上极，赏下通，是将威之所行也。"

龙韬·励军

武王问太公曰："吾欲令三军之众，攻城争先登，野战争先赴，闻金声而怒，闻鼓声而喜，为之奈何？"

太公曰："将有三。"武王曰："敢问其目。"太公曰："将冬不服裘，夏不操扇，雨不张盖，名曰礼将；将不身服礼，无以知士卒之寒暑。出隘塞，犯泥涂，将必先下步，名曰力将。将不身服力，无以知卒之劳苦。军皆定次，将乃就舍，炊者皆熟，将乃就食，军不举火。将亦不举，名曰止欲将。将不身服止欲，无以知士卒之饥饱。将与士卒共寒暑，劳苦，饥饱，故三军之众，闻鼓声则喜，闻金声则怒。高城深池，矢石繁下，士争先登；白刃始合，士争先赴。士非好死而乐伤也，为其将知寒暑、饥饱之审，而见劳苦之明也。"

龙韬·阴符

武王问太公曰："引兵深入诸侯之地，三军卒有缓急，或利或害，吾将以近通远，从中应外，以给三军之用，为之奈何？"

太公曰："主与将有阴符凡八等：凡大胜克敌之符，长一尺；破军杀将之符，长九寸；降城得邑之符，长八寸；却敌报远之符，长七寸；警众坚守之符，长六寸；请粮益兵之符，长五寸；败军亡将之符，长四寸；失利亡士之符，长三寸。诸奉使行符，稽留者，若符事泄，闻者告者，皆诛之。八符者，主将秘闻，所以阴通言语不泄，中外相知之术。敌虽圣智，莫之能识。"

武王曰："善哉！"

龙韬·阴书

武王问太公曰："引兵深入诸侯之地，主将欲合兵行无穷之变，图不测之利，其事繁多，符不能明，相去辽远，言语不通，为之奈何？"

太公曰："诸有阴事大虑，当用书，不用符，主以书遗将，将以书问主，书皆一合而再离，三发而一知。再离者，分书为三部；三发而一知者，言三人，人操一分，相参而不知情也。此谓阴书，敌虽圣智，莫知能识。"

武王曰："善哉！"

龙韬·军势

武王问太公曰："攻伐之道奈何？"太公曰："势因敌家之动，变生于两阵之间，奇正发于无穷之源。故至事不语，用兵不言。且事之至者，其言不足听也；兵之用者，其状不足见也。倏而往，忽而来，能独专而不制者，兵也。

夫兵闻则议，见则图，知则困，辨则危。故善战者，不待张军；善除患者，理于未生；善胜敌者，胜于无形；上战无与战。故争胜于白刃之前者，非良将也；设备于已失之后者，非上圣也；智与众同，非国师也；技与众同，非国工也。事莫大于必克，用莫大于玄默，动莫神于不意，谋莫善于不识。夫先胜者，先见弱于敌，而后战者也，故事半而功倍焉。

圣人征于天地之动，孰知其纪。循阴阳之道而从其候；当天地盈缩因以为常；物有死生，因天地之形。故曰：未见形而战，虽众必败。善战者，居之不挠，见胜则起，不胜则止。故曰：无恐惧，无犹豫。用兵之害，犹豫最大；三军之灾，莫过狐疑。善战者见利不失，遇时不疑，失利后时，反受其殃。故智者从之而不释，巧者一决而不犹豫，是以疾雷不及掩耳，迅电不及瞑目，赴之若惊，用之若狂，当之者破，近之者亡，孰能御之？

夫将有所不言而守者，神也；有所不见而视者，明也。故知神明之道者，野无衡敌，对无立国。"

武王曰："善哉！"

龙韬·奇兵

武王问太公曰："凡用兵之道，大要何如？"太公曰："古之善战者，非能战于天上，非能战于地下，其成与败，皆由神势，得之者昌，失之者亡。

夫两阵之间，出甲阵兵，纵卒乱行者，所以为变也；深草翁翳者，所以逃遁也；溪谷险阻者，所以止车御骑也；隘塞山林者，所以少击众也；坳泽窈冥者，所以匿其形也；清明无隐者，所以战勇力也；疾如流矢，如发机者，所以破精微也；诡伏存设奇，远张诳诱者，所以破军擒将也；四分五裂者，所以击圆破方也；因其惊骇者，所以一击十也；因其劳倦暮舍者，所以十击百也；奇技者，所以越深水渡江河也；强弩长兵者，所以逾水战也；长关远候，暴疾谬遁者，所以降城服邑也；鼓行喧嚣者，所以行奇谋也；大风甚雨者，所以搏前擒后也；伪称敌使者，所以绝粮道也；谬号令与敌同服者，所以行走北也；战必以义者，所以励众胜敌也；尊爵重赏者，所以劝用命也；严刑重罚者，所以罢怠也；一喜一怒，一与一夺，一文一武，一徐一疾者，所以调和三军；制一臣下也；处高敞者，所以警守也；保险阻者，所以为固也；山林茂秽者，所以默往来也；深沟高垒，粮多者，所以持久也。

故曰：不知战攻之策，不可以语敌；不能分移，不可以语奇；不通治乱，不可以为语变。

故曰：将不仁，则三军不亲；将不勇，则三军不锐；将不智，则三军大疑；将不明，则三军大倾；将不精微，则三军失其机；将不常戒，则三军失其备；将不强力，则三军失其职。故将者，人之司命，三军与之俱治，与之俱乱。得贤将者，兵强国昌；不得贤将者，兵弱国亡。"

武王曰："善哉！"

龙韬·五音

武王问太公曰："律章之声，可以知三军之消息、胜负之决乎？"

太公曰："深哉！王之问也。夫律管十二，其要有五音——宫、商、角、徵、羽，此其正声也。万代不易，五行之神，道之常也，可以知敌。金、木、水、火、土，各以其胜攻之。古者三皇之世，虚无之情以制刚强。无有文字，皆由五行。五行之道，天地自然。六甲之分，微妙之神。

其法：以天清净，无阴云风雨，夜半，遣轻骑往至敌人之垒，去九百步外，遍持律管。当耳大呼惊之。有声应管，其来甚微。角声应管，当以白虎；徵声应管，当以玄武；商声应管，当以朱雀；羽声应管，当以勾陈；五管声尽，不应者，宫也，当以青龙。此五行之符，佐胜之征，成败之机。"武王曰："善哉！"

太公曰："微妙之音，皆有外候。"武王曰："何以知之？"太公曰："敌人惊动则听之，闻鸣鼓之音者，角也；见火光者，徵也；闻金铁矛戟之音者，商也；闻人啸呼之音者，羽也；寂寞无闻者，宫也。此五者，声色之符也。"

龙韬·兵征

武王问太公曰："吾欲未战先知敌人之强弱，预见胜负之征，为之奈何？"

太公曰："胜负之征，精神先见，明将察之，其效在人。谨候敌人出入进退，察其动静，言语妖祥，士卒所告。凡三军悦怿，士卒畏法，敬其将命，相喜以破敌，相陈以勇猛，相贤以威武，此强征也。三军数惊，士卒不齐，相恐以敌强，相语以不利，耳目相属，妖言不止，众口相惑，不畏法令，不重其将，此弱征也。

三军齐整，阵势已固，深沟高垒，又有大风甚雨之利，三军无故，旌旗前指，金铎之声扬以清，鼙鼓之声宛以鸣，此得神明之助，大胜之征也。行陈不固，旌旗乱而相绕，逆大风甚雨之利，士卒恐惧，气绝而不属，戎马惊奔，兵车折轴，金铎之声下以浊，鼙鼓之声湿以沐，此大败之征也。

凡攻城围邑：城之气色如死灰，城可屠；城之气出而北，城可克；城之气出而西，城必降；城之气出而南，城不可拔；城之气出而东，城不可攻；城之气出而复入，城主逃北；城之气出而覆我军之上，军必病；城之气出高而无所止，用兵长久。凡攻城围邑，过旬不雷不雨，必亟去之，城必有大辅，此所以知可攻而攻，不可攻而止。"

武王曰："善哉！"

龙韬·农器

武王问太公曰："天下安定，国家无事，战攻之具，可无修乎？守御之备，可无设乎？"

太公曰："战攻守御之具，尽在于人事。耒耜者，其行马蒺藜也。马、牛、车、舆者，其营垒蔽橹也。锄耰之具，其矛戟也。蓑薜、簦笠者，其甲胄、干楯也。镢、锸、斧、锯、杵、臼，其攻城器也。牛马，所以转输粮用也。鸡犬，其伺候也。妇人织纴，其旌旗也。丈夫平壤，其攻城也。春铍草棘，其战车骑也。夏耨田畴，其战步兵也。秋刈禾薪，其粮食储备也。冬实仓廪，其坚守也。田里相伍，其约束符信也。里有吏，官有长，其将帅也。里有周垣，不得相过，其队分也。输粟收刍，其廪库也。春秋治城郭，修沟渠，其堑垒也。

故用兵之具，尽在于人事也。善为国者，取于人事。故必使遂其六畜，辟其田野，安其处所。丈夫治田有亩数，妇人织纴有尺度，是富国强兵之道也。"

武王曰："善哉！"

卷第四　虎韬

虎韬·军用

武王问太公曰："王者举兵，三军器用，攻守之具，科品众寡，岂有法乎？"

太公曰："大哉，王之问也！夫攻守之具，各有科品，此兵之大威也。"

武王曰："愿闻之。"

太公曰："凡用兵之大数，将甲士万人，法用：武冲大夫扶胥三十六乘。材士强弩矛戟为翼，一车二十四人推之，以八尺车轮，车上立旗鼓，兵法谓之震骇，陷坚陈，败强敌。

武翼大橹矛戟扶胥七十二具。材士强弩矛戟为翼，以五尺车轮，绞车连弩自副，陷坚陈，败强敌。

提翼小橹扶胥一百四十具。绞车连弩自副，以鹿车轮，陷坚陈，败强敌。

大黄参连弩大扶胥三十六乘。材士强弩矛戟为翼，飞凫、电影自副。飞凫，赤茎白羽，以铜为首，电影，青茎赤羽，以铁为首。昼则以绛缟，长六尺，广六寸，为光耀；夜则以白缟，长六尺，广六寸，为流星。陷坚陈，败步骑。

大扶胥冲车三十六乘。螳螂武士共载，可以纵击横，可以败敌。

辐车骑寇，一名电车，兵法谓之电击。陷坚陈，败步骑。寇夜来前，矛戟扶胥轻车一百六十乘，螳螂武士三人共载，兵法谓之霆击。陷坚陈，败步骑。

方首铁棓维朌，重十二斤，柄长五尺以上，千二百枚，一名天棓。大柯斧，刃长八寸，重八斤，柄长五尺以上，千二百枚，一名天钺。方首，重八斤，柄长五尺以上，千二百枚，一名天锤。败步骑群寇。飞钩，长八寸，钩芒长四寸，柄长六尺以上，千二百枚，以投其众。三军拒守，木螳螂剑刃扶胥，广二丈，百二十具，一名行马，平易地，以步兵败车骑。木蒺藜，去地二尺五寸，百二十具。败步骑，要穷寇，遮走北。

轴旋短冲矛戟扶胥，百二十具。黄帝所以败蚩尤氏。败步骑，要穷寇，遮走北。狭路微径，张铁蒺藜，芒高四寸，广八寸，长六尺以上，千二百具。败步骑。

突暝来前促战，白刃接，张地罗，铺两镞蒺藜，参连织女，芒间相去二寸，万二千具。旷野草中，方胸铤矛，千二百具。张铤矛法，高一尺五寸。败步骑，要穷寇，遮走北。

狭路微径，地陷，铁械锁参连，百二十具。败步骑，要穷寇，遮走北。

垒门拒守，矛戟小橹，十二具，绞车连弩自副。三军拒守，天罗虎落锁连，一部广一丈五尺，高八尺，百二十具。虎落剑刃扶胥，广一丈五尺，高八尺，五百二十具。

渡沟堑，飞桥一间，广一丈五尺，长二丈以上，着转关辘轳八具，以环利通索张之。渡大水，飞江，广一丈五尺，长二丈以上，八具，以环利通索张之。天浮铁螳螂，矩内圆外，径四尺以上，环络自副，三十二具。以天浮张飞江，济大海，谓之天潢，一名天舡。

山林野居，结虎落柴营，环利铁索，长二丈以上，千二百枚。环利大通索，大四寸，长四丈以上，六百枚。环利中通索，大二寸，长四丈以上，二百枚。环利小微缧，长二丈以上，万二千枚。

天雨盖重车上板，结枲钮铻，广四尺，长四丈以上。车一具，以铁杙张之。

伐木大斧，重八斤，柄长三尺以上，三百枚；棨镢，刃广六寸，柄长五尺以上，三百枚；铜筑固为垂，长五尺以上，三百枚；鹰爪，方胸铁杷，柄长七尺以上，三百枚；方胸铁叉，柄长七尺以上，三百枚；芟草木大镰，柄长七尺以上，三百枚；大橹，刃重八斤，柄长六尺，三百枚；委环铁杙，长三尺以上，三百枚；椓杙大槌，重五斤，柄长二尺以上，百二十具。

甲士万人，强弩六千，戟盾一千，矛盾二千，修治攻具，砥砺兵器，巧手三百人，此举兵军用之大数也。"武王曰："允哉！"

虎韬·三陈

武王问太公曰："凡用兵为天陈、地陈、人陈，奈何？"

太公曰："日月、星辰、斗杓，一左一右、一向一背，此谓天陈。丘陵水泉，亦有前后左右之利，此谓地陈。用车用马，用文用武，此谓人陈。"

武王曰："善哉！"

虎韬·疾战

武王问太公曰："敌人围我，断我前后，绝我粮道，为之奈何？"

太公曰："此天下之困兵也。暴用之则胜，徐用之则败。如此者，为四武冲陈，以武车骁骑，惊乱其军，而疾击之，可以横行。"

武王曰："若已出围地，欲因以为胜，为之奈何？"

太公曰："左军疾左，右军疾右，无与敌人争道。中军迭前迭后，敌人员众，其将可走。"

虎韬·必出

武王问太公曰："引兵深入诸侯之地，敌人四合而围我，断我归道，绝我粮食，敌人既众，粮食甚多，险阻又固，我欲必出，为之奈何？"

太公曰："必出之道，器械为宝，勇斗为首。审知敌人空虚之地，无人之处，可以必出。将士人持玄旗，操器械，设衔枚，夜出，勇力、飞足、冒将之士居前平垒，为军开道；材士强弩，为伏兵居后；弱卒车骑居中。陈毕徐行，慎无惊骇。以武冲扶胥前后拒守，武翼大橹以备左右。敌人若惊，勇力冒将之士疾击而前，弱卒车骑以属其后，材士强弩隐伏而处。审候敌人追我，伏兵疾击其后，多其火鼓，若从地出，若从天下，三军勇斗，莫我能御。"

武王曰："前有大水、广堑、深坑，我欲逾渡，无舟楫之备，敌人屯垒，限我军前，塞我归道，斥候常戒，险塞尽中，车骑要我前，勇士击我后，为之奈何？"

太公曰："大水、广堑、深坑,敌人所不守,或能守之,其卒必寡。若此者,以飞江、转关与天潢以济吾军。勇力材士从我所指,冲敌绝陈皆致其死。先燔吾辎重,烧我粮食,明告吏士,勇斗则生,不勇则死。已出,令我踵军设云火远候,必依草木、丘墓、险阻,敌人车骑,必不敢远追长驱。因以火为记,先出者令至火而止,为四武冲阵。如此,则吾三军皆精锐勇斗,莫我能止。"

武王曰："善哉!"

虎韬·军略

武王问太公曰："引兵深入诸侯之地,遇深溪、大谷、险阻之水,吾三军未得毕济,而天暴雨,流水大至,后不得属于前,无有舟梁之备,又无水草之资,吾欲毕济,使三军不稽留,为之奈何?"

太公曰："凡帅师将众,虑不先设,器械不备,教不素信,士卒不习,若此,不可以为王者之兵也。凡三军有大事,莫不习用器械。攻城围邑,则有轒辒、临冲;视城中,则有云梯、飞楼;三军行止,则有武冲、大橹,前后拒守;绝道遮街,则有材士强弩,冲其两旁;设营垒,则有天罗、武落、行马、蒺藜;昼则登云梯远望,立五色旌旗,夜则设云火万炬,击雷鼓,振鼙铎,吹鸣笳;越沟堑,则有飞桥、转关、辘轳、𬬻铻;济大水,则有天潢、飞江;逆波上流,则有浮海、绝江。三军用备,主将何忧?"

虎韬·临境

武王问太公曰："吾与敌人临境相拒,彼可以来,我可以往,陈皆坚固,莫敢先举,我欲往而袭之,彼亦可来,为之奈何?"

太公曰："分兵三处,令军前军,深沟增垒而无出,列旌旗,击鼙鼓,完为守备;令我后军,多积粮食,无使敌人知我意;发我锐士,潜袭其中,击其不意,攻其无备,敌人不知我情,则止不来矣。"

武王曰："敌人知我之情,通我之谋,动而得我事,其锐士伏于深草,要隘路,击我便处,为之奈何?"

太公曰："令我前军,日出挑战,以劳其意;令我老弱,曳柴扬尘,鼓呼而往来,或出其左,或出其右,去敌无过百步,其将必劳,其卒必骇。如此,则敌人不敢来。吾往者不止,或袭其内,或击其外,三军疾战,敌人必败。"

虎韬·动静

武王问太公曰："引兵深入诸侯之地,与敌之军相当,两陈相望,众寡强弱相等，未敢先举，吾欲令敌人将帅恐惧，士卒心伤，行陈不固，后陈欲走，前陈数顾；鼓噪而乘之，敌人遂走，为之奈何？"

太公曰："如此者，发我兵去寇十里而伏其两旁，车骑百里而越前后，多其旌旗，益其金鼓。战合，鼓噪而俱起，敌将必恐，其军惊骇，众寡不相救，贵贱不相待，敌人必败。"

武王曰："敌之地势，不可以伏其两旁，车骑又无以越其前后，敌知我虑，先施其备，我士卒心伤，将帅恐惧，战则不胜，为之奈何？"

太公曰："微哉，王之问也！如此者，先战五日，发我远候，往视其动静，审候其来，设伏而待之，必于死地，与敌相遇。远我旌旗，疏我行陈，必奔其前，与敌相当。战合而走，击金无止，三里而还，伏兵乃起，或陷其两旁，或击其前后，三军疾战，敌人必走。"

武王曰："善哉！"

虎韬·金鼓

武王问太公曰："引兵深入诸侯之地，与敌相当，而天大寒甚暑，日夜霖雨，旬日不止，沟垒悉坏，隘塞不守，斥候懈怠，士卒不戒，敌人夜来。三军无备，上下惑乱，为之奈何？"

太公曰："凡三军，以戒为固，以怠为败。令我垒上，谁何不绝，人执旌旗，外内相望，以号相命，勿令乏音，而皆外向。三千人为一屯，诫而约之，各慎其处。敌人若来，视我军之戒，至而必还，力尽气怠，发我锐士，随而击之。"

武王曰："敌人知我随之，而伏其锐士，佯北不止，过伏而还，或击我前，或击我后，或薄我垒，吾三军大恐，扰乱失次，离其处所，为之奈何？"

太公曰："分为三队，随而追之，勿越其伏，三队俱至，或击其后，或陷其两旁，明号审令，疾击而前，敌人必败。"

虎韬·绝道

武王问太公曰："引兵深入诸侯之地，与敌相守，敌人绝我粮道，又越我前后；吾欲战则不可胜，欲守则不可久，为之奈何？"

太公曰："凡深入敌人之境，必察地之形势，务求便利，依山林、险阻、水泉、林木而为之固，谨守关梁，又知城邑、丘墓地形之利，如是，则我军坚固，敌人不能绝我粮道，又不能越我前后。"

武王曰："吾三军过大林、广泽、平易之地，吾盟误失，卒与敌人相薄，以战则不胜，以守则不固，敌人翼我两旁，越我前后，三军大恐，为之奈何？"

太公曰："凡帅师之法，当先发远候，去敌二百里，审知敌人所在，地势不利，则以武卫为垒而前，又置两踵军于后，远者百里，近者五十里，即有警急，前后相救。吾三军常完坚，必无毁伤。"

武王曰："善哉！"

虎韬·略地

武王问太公曰："战胜深入，略其地，有大城不可下。其别军守险，与我相拒。我欲攻城围邑，恐其别军卒至而击我，中外相合，击我表里，三军大乱，上下恐骇，为之奈何？"

太公曰："凡攻城围邑，车骑必远，屯卫警戒，阻其外内，中人绝粮，外不得输，城人恐怖，其将必降。"

武王曰："中人绝粮，外不得输，阴为约誓，相与密谋，夜出穷寇死战，其车骑锐士，或冲我内，或击我外，士卒迷惑，三军败乱，为之奈何？"

太公曰："如此者，当分为三军，谨视地形而处。审知敌人别军所在，及其大城别堡，为之置遗缺之道，以利其心，谨备勿失。敌人恐惧，不入山林，即归大邑。走其别军，车骑远要其前，勿令遗脱。中人以为先出者，得其径道，其练卒材士必出，其老弱独在。车骑深入长驱，敌人之军，必莫敢至。慎勿与战，绝其粮道，围而守之，必久其日。

无燔人积聚，无坏人宫室，冢树社丛勿伐，降者勿杀，得而勿戮，示之以仁义，施之以厚德。令其士民曰：'罪在一人。'如此，则天下和服。"

武王曰："善哉！"

虎韬·火战

武王问太公曰："引兵深入诸侯之地，遇深草蓊秽，周吾军前后左右，三军行数百里，人马疲倦休止。敌人因天燥疾风之利，燔吾上风，车骑锐士，坚伏吾后，吾三军恐怖，散乱而走，为之奈何？"

太公曰："若此者，则以云梯、飞楼，远望左右，谨察前后。见火起，即燔吾前，而广延之，又燔吾后。敌人若至，则引军而却，按黑地而坚处。敌人之来，犹在吾后，见火起，必远走。吾按黑地而处，强弩材士，卫吾左右，又燔吾前后。若此，则敌不能害我。"

武王曰："敌人燔吾左右，又燔吾前后，烟覆吾军，其大兵按黑地而起，为之奈何？"

太公曰："若此者，为四武冲陈，强弩翼吾左右。其法无胜亦无负。"

虎韬·垒虚

武王问太公曰:"何以知敌垒之虚实,自来自去?"

太公曰:"将必上知天道,下知地理,中知人事。登高下望,以观敌人变动;望其垒,即知其虚实;望其士卒,则知其去来。"

武王曰:"何以知之?"

太公曰:"听其鼓无音,铎无声,望其垒上多飞鸟而不惊,上无氛气,必知敌诈而为偶人也。敌人卒去不远,未定而复返者,彼用其士卒太疾也。太疾,则前后不相次;不相次则行陈必乱。如此者,急出兵击之,以少击众,则必胜矣。"

卷第五　豹韬

豹韬·林战

武王问太公曰:"引兵深入诸侯之地,遇大林,与敌人分林相拒。吾欲以守则固,以战则胜,为之奈何?"

太公曰:"使吾三军分为冲陈,便兵所处,弓弩为表,戟盾为里;斩除草木,极广吾道,以便战所;高置旌旗,谨敕三军,无使敌人知吾之情,是谓林战。林战之法:率吾矛戟,相与为伍;林间木疏,以骑为辅,战车居前,见便则战,不见便则止;林多险阻,必置冲陈,以备前后,三军疾战,敌人虽众,其将可走;更战更息,各按其部。是谓林战之纪。"

豹韬·突战

武王问太公曰:"敌人深入长驱,侵掠我地,驱我牛马,其三军大至,薄我城下,吾士卒大恐,人民系累,为敌所虏,吾欲以守则固,以战则胜,为之奈何?"

太公曰:"如此者,谓之突兵。其牛马必不得食,士卒绝粮,暴击而前,令我远邑别军,选其锐士,疾击其后;审其期日,必会于晦,三军疾战,敌人虽众,其将可虏。"

武王曰:"敌人分为三四,或战而侵掠我地,或止而收我牛马,其大军未尽至,而使寇薄我城下,至吾三军恐惧,为之奈何?"

太公曰:"谨候敌人未尽至,则设备而待之。去城四里而为垒,金鼓旌旗,皆列而张,别队为伏兵;令我垒上多积强弩,百步一突门,门有行马,车骑居外,勇力锐士,隐伏而处。敌人若至,使我轻卒合战而佯走;令我城上立旌旂,击鼙鼓,完为守备。敌人以我为守城,必薄我城下。发吾伏兵,以冲其内,或击其外;三军疾战,或击其前,或击其后。勇者不得斗,轻者不及走。名曰突战。敌人虽众,其将必走。"

武王曰:"善哉!"

豹韬·敌强

武王问太公曰:"引兵深入诸侯之地,与敌人冲军相当,敌众我寡,敌强我弱,敌人夜来,或攻吾左,或攻吾右,三军震动,吾欲以战则胜,以守则固,为之奈何?"

太公曰:"如此者,谓之震寇。利以出战,不可以守。选吾材士强弩,车骑为之左右,疾击其前,急攻其后,或击其表,或击其里,其卒必乱,其将必骇。"

武王曰:"敌人远遮我前,急攻我后,断我锐兵,绝我材士,吾内外不得相闻,三军扰乱,皆散而走,士卒无斗志,将吏无守心,为之奈何?"

太公曰:"明哉,王之问也!当明号审令,出我勇锐冒将之士,人操炬火,二人同鼓,必知敌人所在,或击其表里,微号相知,令之灭火,鼓音皆止,中外相应,期约皆当,三军疾战,敌必败亡。"

武王曰:"善哉!"

豹韬·敌武

武王问太公曰:"引兵深入诸侯之地,卒遇敌人,甚众且武,武车骁骑,绕我左右,吾三军皆震,走不可止,为之奈何?"

太公曰:"如此者,谓之'败兵'。善者以胜,不善者以亡。"

武王曰:"为之奈何?"

太公曰:"伏我材士强弩,武车骁骑,为之左右,常去前后三里,敌人逐我,发我车骑,冲其左右,如此,则敌人扰乱,吾走者自止。"

武王曰:"敌人与我,车骑相当,敌众我少,敌强我弱,其来整治精锐,吾陈不敢当,为之奈何?"

太公曰:"先我材士强弩,伏于左右,车骑坚阵而处,敌人过我伏兵,积弩射其左右,车骑锐兵,疾击其军,或击其前,或击其后,敌人虽众,其将必走。"

武王曰:"善哉!"

豹韬·鸟云山兵

武王问太公曰:"引兵深入诸侯之地,遇高山盘石,其上亭亭,无有草木,四面受敌,吾三军恐惧,士卒迷惑,吾欲以守则固,以战则胜,为之奈何?"

太公曰:"凡三军处山之高,则为敌所栖,处山之下,则为敌所囚。既以被山而处,必为鸟云之陈。鸟云之陈,阴阳皆备,或屯其阴,或屯其阳。处山之阳,备山之阴;处山之阴,备山之阳;处山之左,备山之右;处山之右,备山之左。其山敌所能陵者,兵备其表,衢道通谷,绝以武车。高置旌旗,谨敕三军,无使敌人知我之情,是谓山城。行列已定,士卒已陈,法令已行,奇正已设,各置冲陈于山之表,便兵所处,乃分车骑为鸟云之陈,三军疾战,敌人虽众,其将可擒。"

豹韬·鸟云泽兵

武王问太公曰:"引兵深入诸侯之地,与敌人临水相拒,敌富而众,我贫而寡,逾水击之则不能前,欲久其日则粮食少,吾居斥卤之地,四旁无邑又无草木,三军无所掠取,牛马无所刍牧,为之奈何?"

太公曰:"三军无备,牛马无食,士卒无粮,如此者,索便诈敌而亟去之,设伏兵于后。"

武王曰:"敌不可得而诈,吾士卒迷惑,敌人越我前后,吾三军败而走。为之奈何?"

太公曰:"求途之道,金玉为主,必因敌使,精微为宝。"

武王曰:"敌人知我伏兵,大军不肯济,别将分队以逾于水,吾三军大恐,为之奈何?"

太公曰:"如此者,分为冲陈,便兵所处,须其毕出,发我伏兵,疾击其后,强弩两旁,射其左右。车骑分为鸟云之陈,备其前后,三军疾战。敌人见我战合,其大军必济水而来,发我伏兵,疾击其后,车骑冲其左右,敌人虽众,其将可走。凡用兵之大要,当敌临战,必置冲陈,便兵所处。然后以车骑分为鸟云之陈,此用兵之奇也。所谓鸟云者,鸟散而云合,变化无穷者也。"

武王曰:"善哉!"

豹韬·少众

武王问太公曰:"吾欲以少击众,以弱击强,为之奈何?"

太公曰:"以少击众者,必以日之暮,伏于深草,要之隘路;以弱击强者,必得大国而与,邻国之助。"

武王曰:"我无深草,又无隘路,敌人已至,不适日暮;我无大国之与,又无邻国之助。为之奈何?"

太公曰:"妄张诈诱,以荧惑其将,迂其途,令过深草,远其路,令会日暮,前行未渡水,后行未及舍,发我伏兵,疾击其左右,车骑扰乱其前后,敌人虽众,其将可走。事大国之君,下邻国之士,厚其币,卑其辞,如此,则得大国之与邻国之助矣。"

武王曰:"善哉!"

豹韬·分险

武王问太公曰:"引兵深入诸侯之地,敌相遇于险阨之中。吾左山而右水,敌右山而左水,与我分险相拒,吾欲以守则固,以战则胜,为之奈何?"

太公曰:"处山之左,急备山之右;处山之右,急备山之左。险有大水,无舟楫者,以天潢济吾三军;已济者,亟广吾道,以便战所。以武冲为前后,列其强弩,令行陈皆固。衢道谷口,以武冲绝之。高置旌旗,是谓车城。"

凡险战之法,以武冲为前,大橹为卫;材士强弩,翼吾左右。三千人为屯,必置冲陈,便兵所处。左军以左,右军以右,中军以中,并攻而前。已战者,还归屯所,更战更息,必胜乃已。"

武王曰:"善哉!"

卷第六 犬韬

犬韬·分兵

武王问太公曰:"王者帅师,三军分数处,将欲期会合战,约誓赏罚,为之奈何?"

太公曰:"凡用兵之法,三军之众,必有分合之变。其大将先定战地、战日,然后移檄书与诸将吏,期攻城围邑,各会其所,明告战日,漏刻有时。大将设营而陈,立表辕门,清道而待。诸将吏至者,校其先后,先期至者赏,后期至者斩。如此则远近奔集,三军俱至,并力合战。"

犬韬·武锋

武王问太公曰:"凡用兵之要,必有武车骁骑,驰陈选锋,见可则击之。如何则可击?"

太公曰:"夫欲击者,当审察敌人十四变,变见则击之,敌人必败。"武王曰:"十四变可得闻乎?"

太公曰:"敌人新集可击,人马未食可击,天时不顺可击,地形未得可击,奔走可击,不戒可击,疲劳可击,将离士卒可击,涉长路可击,济水可击,不暇可击,阻难狭路可击,乱行可击,心怖可击。"

犬韬·练士

武王问太公曰:"练士之道奈何?"

太公曰:"军中有大勇、敢死、乐伤者,聚为一卒,名曰冒刃之士;有锐气、壮勇、强暴者,聚为一卒,名曰陷陈之士;有奇表长剑、接武齐列者,聚为一卒,名曰勇锐之士;有披距、伸钩、强梁多力、溃破金鼓、绝灭旌旗者,聚为一卒,名曰勇力之士;有逾高绝远、轻足善走者,聚为一卒,名曰寇兵之士;有王臣失势欲复见功者,聚为一卒,名曰死斗之士;赘婿人房欲掩迹扬名者,聚为一卒,名曰励钝之士;有死将之人子弟欲与其将报仇者,聚为一卒,名曰敢死之士;有贫穷愤怒欲快其志者,聚为一卒,名曰必死之士;有胥靡免罪之人欲逃其耻者,聚为一卒,名曰幸用之士;有才技兼人能负重致远者,聚为一卒,名曰待命之士。此军之服习,不可不察也。"

犬韬·教战

武王问太公曰:"合三军之众,欲令士卒练士,教战之道奈何?"

太公曰:"凡领三军,有金鼓之节,所以整齐士众者也。将必先明告吏士,申之以三令,以教操兵起居、旌旗指麾之变法。故教吏士,使一人学战,教成,合之十人;十人学战,教成,合之百人;百人学战,教成,合之千人;千人学战,教成,合之万人;万人学战,教成,合之三军之众;大战之法,教成,合之百万之众。故能成其大兵,立威于天下。"

武王曰:"善哉!"

犬韬·均兵

武王问太公曰:"以车与步卒战,一车当几步卒?几步卒当一车?以骑与步卒战,一骑当几步卒?几步卒当一骑?以车与骑战,一车当几骑?几骑当一车?"

太公曰:"车者,军之羽翼也,所以陷坚陈,要强敌,遮走北也;骑者,军之伺候也,所以踵败军,绝粮道,击便寇也。故车骑不敌战,则一骑不能当步卒一人。三军之众,成陈而相当,则易战之法,一车当步卒八十人,八十人当一车;一骑当步卒八人,八人当一骑;一车当十骑,十骑当一车。险战之法，一车当步卒四十人，四十人当一车；一骑当步卒四人，四人当一骑；一车当六骑，六骑当一卒。夫车骑者，军之武兵也，十乘败千人，百乘败万人；十骑败百人，百骑走千人，此其大数也。"

武王曰："车骑之吏数，陈法奈何？"

太公曰："置车之吏数，五车一长，十车一吏，五十车一率，百车一将。易战之法，五车为列，相去四十步，左右十步，队间六十步。险战之法，车必循道，十车为聚，二十车为屯，前后相去二十步，左右六步，队间三十六步；五车一长，纵横相去二里，各返故道。置骑之吏数，五骑一长，十骑一吏，百骑一率，二百骑一将。易战之法，五骑为列，前后相去二十步，左右四步，队间五十步。险战者，前后相去十步，左右二步，队间二十五步。三十骑为一屯，六十骑为一辈，十骑一吏，纵横相去百步，周环各复故处。"

武王曰："善哉！"

犬韬·武车士

武王问太公曰："选车士奈何？"

太公曰："选车士之法：取年四十以下，长七尺五寸以上，走能逐奔马，及驰而乘之，前后左右、上下周旋，能束缚旌旗；力能彀八石弩，射前后左右，皆便习者，名曰武车之士，不可不厚也。"

犬韬·武骑士

武王问太公曰："选骑士奈何？"

太公曰："选骑士之法：取年四十以下，长七尺五寸以上，壮健捷疾，超绝伦等，能驰骑彀射，前后左右，周旋进退，越沟堑，登丘陵，冒险阻，绝大泽，驰强敌，乱大众者，名曰武骑之士，不可不厚也。"

犬韬·战车

武王问太公曰："战车奈何？"

太公曰："步贵知变动，车贵知地形，骑贵知别径奇道，三军同名而异用也。凡车之死地有十，其胜地有八。"

武王曰："十死之地奈何？"

太公曰："往而无以还，车之死地也。越绝险阻，乘敌远行者，车之竭地也。前易后险者，车之困地也。陷之险阻而难出者，车之绝地也。圮下渐泽，黑土粘埴者，车之劳地也。左险右易，上陵仰阪者，车之逆地也。殷草横亩，犯历深泽者，车之拂地也。车少地易，与步不敌者，车之败地也。后有沟渎，左有深水，右有峻阪者，车之坏地也。日夜霖雨，旬日不止，道路溃陷，前不能进，后不能解者，车之陷地也。此十者，车之死地也。故拙将之所以见擒，明将之所以能避也。"

武王曰："八胜之地奈何？"

太公曰："敌之前后，行陈未定，即陷之。旌旗扰乱，人马数动，即陷之。士卒或前或后，或左或右，即陷之。陈不坚固，士卒前后相顾，即陷之。前往而疑，后恐而怯，即陷之。三军卒惊，皆薄而起，即陷之。战于易地，莫不能解，即陷之。远行而暮舍，三军恐惧，即陷之。此八者，车之胜地也。将明于十害、八胜，敌虽围周，千乘万骑，前驱旁驰，万战必胜。"

武王曰："善哉！"

犬韬·战骑

武王问太公曰："战骑奈何？"

太公曰："骑有十胜、九败。"

武王曰："十胜奈何？"

太公曰："敌人始至，行陈未定，前后不属，陷其前骑，击其左右，敌人必走；敌人行陈整齐坚固，士卒欲斗，吾骑翼而勿去，或驰而往，或驰而来，其疾如风，其暴如雷，白昼如昏，数更旌旗，变易衣服，其军可克；敌人行陈不固，士卒不斗，薄其前后，猎其左右，翼而击之，敌人必惧；敌人暮欲归舍，三军恐骇，翼其两旁，疾击其后，薄其垒口，无使得入，敌人必败。

敌人无险阻保固，深入长驱，绝其粮路，敌人必饥；地平而易，四面见敌，车骑陷之，敌人必乱；敌人奔走，士卒散乱，或翼其两旁，或掩其前后，其将可擒；敌人暮返，其兵甚众，其行阵必乱；令我骑十而为队，百而为屯，车五而为聚，十而为群，多设旌旗，杂以强弩；或击其两旁，或绝其前后，敌将可虏。此骑之十胜也。"

武王曰："九败奈何？"

太公曰："凡以骑陷敌，而不能破陈，敌人佯走，以车骑返击我后，此骑之败地也。追北逾险，长驱不止，敌人伏我两旁，又绝我后，此骑之围地也。往而无以返，入而无以出，是谓陷于天井，顿于地穴，此骑之死地也。所从入者隘，所从出者远，彼弱可以击我强，彼寡可以击我众，此骑之没地也。

大涧深谷，翳藏林木，此骑之竭地。左右有水，前有大阜，后有高山，三军战于两水之间，敌居表里，此骑之艰地也。敌人绝我粮道，往而无以还，此骑之困地也。污下沮泽，进退渐洳，此骑之患地也。左有深沟，右有坑阜，高下如平地，进退诱敌，此骑之陷地也。此九者，骑之死地也。明将之所以远避，愚将之所以陷败也。"

犬韬·战步

武王问太公曰："步兵、车、骑战奈何？"

太公曰："步兵与车、骑战者，必依丘陵，险阻，长兵强弩居前，短兵弱弩居后，更发更止，敌之车骑，虽众而至，坚阵疾战，材士强弩，以备我后。"

武王曰："吾无丘陵，又无险阻，敌人之至，既众且武，车骑翼我两旁，猎我前后；吾三军恐怖，乱败而走，为之奈何？"

太公曰："令我士卒为行马，木蒺藜，置牛马队伍，为四武冲阵。望敌车骑将来，均置蒺藜，掘地匝后，广深五尺，名曰'命笼'。人操行马进退，阑车以为垒，推而前后，立而为屯，材士强弩，备我左右，然后令我三军，皆疾战而不解。"

武王曰："善哉！"

《尉缭子》

天官　第一

梁惠王问尉缭子曰："黄帝刑德，可以百胜，有之乎？"尉缭子对曰："刑以伐之，德以守之，非所谓天官时日阴阳向背也。黄帝者，人事而已矣。

今有城，东西攻不能取；南北攻不能取；四方岂无顺时乘之者耶？然不能取者，城高池深，兵器备具，财谷多积，豪士一谋者也。若城下池浅守弱，则取之矣。由此观之，天官时日不若人事也。"

按天官曰：'背水阵为绝地，向阪阵为废军。'武王伐纣，背济水向山阪而阵，以二万二千五百人，击纣之亿万而灭商，岂纣不得天官之阵哉！

楚将公子心与齐人战，时有彗星出，柄在齐。柄所在胜，不可击。公子心曰：'彗星何知？以彗斗者固倒而胜焉。'明日与齐战，大破之。

黄帝曰：'先神先鬼，先稽我智。'谓之天官人事而已。……"

兵谈　第二

量土地肥硗而立邑，建城称地，以城称人，以人称粟。三相称，则内可以固守，外可以战胜。战胜于外，备主于内，胜备相用，犹合符节，无异故也。

治兵者，若秘于地，若邃于天，生于无，故关之。大不窕，小不恢，明乎禁舍开塞，民流者亲之。地不任者任之。夫土广而任则国富，民众而制则国治。富治者，民不发轫，甲不出暴，而威制天下。故曰：兵胜于朝廷。不暴甲而胜者，主胜也；阵而胜者，将胜也。

兵起，非可以忿也，见胜则兴，不见胜则止。患在百里之内，不起一日之师；患在千里之内，不起一月之师；患在四海之内，不起一岁之师。

将者，上不制于天，下不制于地，中不制于人，宽不可激而怒，清不可事以财。夫心狂、目盲、耳聋，以三悖率人者难矣。

兵之所及，羊肠亦胜，锯齿亦胜，缘山亦胜，入谷亦胜，方亦胜，圆亦胜。重者如山、如林、如江、如河，轻者如炮、如燔、如垣压之，如云覆之，令人聚不得以散，散不得以聚，左不得以右，右不得以左。兵如总木，弩如羊角，人人无不腾陵张胆，绝乎疑虑，堂堂决而去。

制谈 第三

凡兵，制必先定，制先定则士不乱，士不乱则形乃明。金鼓所指，则百人尽斗。陷行乱阵，则千人尽斗。覆军杀将，则万人齐刃。天下莫能当其战矣。

古者，士有什伍，车有偏列，鼓鸣旗麾，先登者未尝非多力国士也，先死者亦未尝非多力国士也。

损敌一人，而损我百人，此资敌而伤甚焉，世将不能禁。征役分军而逃归，或临战自北，则逃伤甚焉，世将不能禁。杀人于百步之外者弓矢也，杀人于五十步之内者矛戟也，将已鼓而士卒相嚣，拗矢折矛抱戟，利后发，战，有此数者，内自败也，世将不能禁。士失什伍，车失偏列，奇兵捐将而走，大众亦走，世将不能禁。夫将能禁此四者，则高山陵之，深水绝之，坚阵犯之。不能禁此四者，犹亡舟楫，绝江河，不可得也。

民非乐死而恶生也，号令明，法制审，故能使之前。明赏于前，决罚于后，是以发能中利，动则有功。

令百人一卒，千人一司马，万人一将，以少诛众，以弱诛强。试听臣言，其术足使三军之众，诛一人无失刑，父不敢舍子，子不敢舍父，况国人乎？

一贼仗剑击于市，万人无不避之者，臣谓：非一人之独勇，万人皆不肖也。何则？必死与必生，固不侔也。听臣之术，足使三军之众为一死贼，莫当其前，莫随其后，而能独出独入焉。独出独入者，王伯之兵也。

有提九万之众，而天下莫能当者，谁？曰：桓公也。有提七万之众，而天下莫敢当者，谁？曰：吴起也。有提三万之众，而天下莫敢当者，谁？曰：武子也。今天下诸国士所率无不及二十万众者，然不能济功名者，不明乎禁舍开塞也。明其制，一人胜之，则十人亦以胜之也。十人胜之，则百千万人亦以胜之也。故曰：便吾器用，养吾武勇，发之如鸟击，如赴千仞之溪。

今国被患者，以重币出聘，以爱子出质，以地界出割，得天下助，卒名为十万，其实不过数万尔。其兵来者，无不谓将者曰：无为人下，先战。其实不可得而战也。

量吾境内之民，无伍莫能正矣。经制十万之众，而王必能使之衣吾衣，食吾食。战不胜，守不固者，非吾民之罪，内自致也。天下诸国助我战，犹良骥騄駬之驶，彼弩马鬐兴角逐，何能绍吾后哉？

吾用天下之用为用，吾制天下之制为制，修吾号令，明吾刑赏，使天下非农所得食，非战无所得爵，使民扬臂争出农、战，而天下无敌矣。故曰：发号出令，信行国内。

民言有可以胜敌者，毋许其空言，必试其能战也。

视人之地而有之，分人之民而畜之，必能内有其贤者也。不能内有其贤，而欲有天下，必覆军杀将。如此，虽战胜而国益弱，得地而国益贫，由国中之制弊矣。

战威　第四

凡兵，有以道胜，有以威胜，有以力胜。讲武料敌，使敌之气失而师散，虽形全而不为之用，此道胜也。审法制，明赏罚，便器用，使民有必战之心，此威胜也。破军杀将，乘闉发机，溃众夺地，成功乃返，此力胜也。王侯如此，所以三胜者毕矣。

夫将之所以战者民也，民之所以战者气也。气实则斗，气夺则走。

刑未加，兵未接，而所以夺敌者五：一曰庙胜之论；二曰受命之论；三曰踰垠之论；四曰深沟高垒之论；五曰举阵加刑之论。此五者，先料敌而后动，是以击虚夺之也。

善用兵者，能夺人而不夺于人。夺者心之机也，令者一众心也。众不审则数变，数变则令虽出众不信矣。

故令之之法，小过无更，小疑无申。故上无疑令，则众不二听，动无疑事，则众不二志，未有不信其心而能得其力者也，未有不得其力而能致其死战者也。

故国必有礼、信、亲、爱之义，则可以饥易饱；国必有孝、慈、廉、耻之俗，则可以死易生。古者率民必先礼信而后爵禄，先廉耻而后刑罚，先亲爱而后律其身。

故战者必本乎率身以励众士，如心之使四肢也。志不励则士不死节，士不死节则众不战。

励士之道，民之生不可不厚也。爵列之等，死丧之亲，民之所营不可不显也。必也因民所生而制之，因民所营而显之，田禄之实，饮食之亲，乡里相劝，死丧相救，兵役相从，此民之所励也。

使什伍如亲戚，卒伯如朋友。止如堵墙，动如风雨，车不结辙，士不旋踵，此本战之道也。

地所以养民也，城所以守地也，战所以守城也，故务耕者民不饥，务守者地不危，务战者城不围。三者，先王之本务也，本务者兵最急。

故先王专务于兵，有五焉，委积不多则士不行；赏禄不厚则民不劝；武士不选则众不强；器用不便则力不壮；刑罚不中则众不畏。务此五者，静能守其所固，动能成其所欲。

夫以居攻出，则居欲重，阵欲坚，发欲毕，斗欲齐。

王国富民，伯国富士，谨存之国富大夫，亡国富食府，所谓上满下漏，患无所救。

故曰："举贤任能，不时日而事利；明法审令，不卜筮而事吉；贵功养劳，不祷祠而得福。"又曰："天时不如地利，地利不如人和。"圣人所贵，人事而已。

夫勤劳之师，将必先己，暑不张盖，寒不重衣，险必下步，军井成而后饮，军食熟而后饭，军垒成而后舍，劳佚必以身同之。如此，则师虽久，而不老不弊。

攻权　第五

兵以静胜，国以专胜。

力分者弱，心疑者背。夫力弱故进退不豪，纵敌不擒，将吏士卒动静一身。心既疑背，则计决而不动，动决而不禁，异口虚言。将无修容，卒无常试，发攻必䘐，是谓疾陵之兵，无足与斗。

将帅者心也，群下者支节也。其心动以诚，则支节必力；其心动以疑，则支节必背。夫将不心制，卒不节动，虽胜幸胜也，非攻权也。

夫民无两畏也，畏我侮敌，畏敌侮我。见侮者败，立威者胜。凡将能其道者，吏畏其将也；吏畏其将者，民畏其吏也；民畏其吏者，敌畏其民也。是故，知胜败之道者，必先知畏侮之权。

夫不爱悦其心者，不我用也；不严畏其心者，不我举也。爱在下顺，威在上立，爱故不二，威故不犯。故善将者，爱与威而已。

战不必胜，不可以言战；攻不必拔，不可以言攻。不然虽刑赏不足信也。信在期前，事在未兆，故众已聚不虚散，兵出不徒归，求敌若求亡子，击敌若救溺人。

分险者无战心，挑战者无全气，斗战者无胜兵。凡挟义而战者，贵从我起，争私结怨，应不得已。怨结虽起，待之贵后，故争必当待之，息必当备之。

兵有胜于朝廷，有胜于原野，有胜于市井，斗则得，服则失，幸以不败，此不意彼惊惧而曲胜之也。曲胜，言非全也。非全胜者，无权名。故明主战攻日，合鼓合角，节以兵刃，不求胜而胜也。

兵有去备彻威而胜者，以其有法故也。有器用之蚤定也，其应敌也周，其总率也极。故五人而伍，十人而什，百人而卒，千人而率，万人而将，已周已极，其朝死则朝代，暮死则暮代，权敌审将，而后举兵。

故凡集兵千里者旬日，百里者一日，必集敌境。卒聚将至，深入其地，错绝其道，栖其大城大邑，使之登城逼危，男女数重，各逼地形，而攻要塞。据一城邑，而数道绝，从而攻之，敌将帅不能信，吏卒不能和，刑有所不从者，则我败之矣。敌救未至，而一城已降。

津梁未发，要塞未修，城险未设，渠答未张，则虽有城无守矣。远堡未入，戍客未归，则虽有人无人矣。六畜未聚，五谷未收，财用未敛，则虽有资无资矣。夫城邑空虚而资尽者，我因其虚而攻之。法曰："独出独入，敌不接刃而致之。"此之谓矣。

守权　第六

凡守者，进不郭圉，退不亭障，以御战非善者也。豪杰雄俊，坚甲利兵，劲弩强矢，尽在郭中，乃收窖廪，毁拆而入保，令客气十百倍，而主之气不半焉。敌攻者，伤之甚也，然而世将弗能知。

夫守者，不失险者也。守法，城一丈十人守之，工食不与焉。出者不守，守者不出，一而当十，十而当百，百而当千，千而当万，故为城郭者，非特费于民聚土壤也。诚为守也。

千丈之城则万人守之，池深而广，城坚而厚，士民备，薪食给，弩坚矢强，矛戟称之，此守法也。

攻者不下十余万之众，其有必救之军者，则有必守之城；无必救之军者，无必守之城。

若彼城坚而救诚，则愚夫愚妇无不避城，尽资血城者。期年之城，守余于攻者，救余于守者。若彼城坚而救不诚，则愚夫愚妇无不守陴而泣下，此人之常情也，遂发其窖廪救抚，则亦不能止矣。必鼓其豪杰雄俊，坚甲利兵，劲弩强矢并于前，么么毁瘠者并于后。

十万之军顿于城下，救必开之，守必出之。出据要塞，但救其后，无绝其粮道，中外相应。

此救而示之不诚，示之不诚，则倒敌而待之者也。后其壮，前其老，彼敌无前，守不得而止矣，此守权之谓也。

十二陵　第七

威在于不变；惠在于因时；机在于应事；战在于治气；攻在于意表；守在于外饰；无过在于度数；无困在于豫备；谨在于畏小；智在于治大；除害在于果断；得众在于下人。

悔在于任疑；孽在于屠戮；偏在于多私；不详在于恶闻己过；不度在于竭民财；不明在于受间；不实在于轻发；固陋在于离质；祸在于好利；害在于亲小人；亡在于无所守；危在于无号令。

武议　第八

凡兵不攻无过之城，不杀无罪之人。夫杀人之父兄，利人之财货，臣妾人之子女，此皆盗也。故兵者所以诛乱禁不义也。兵之所加者，农不离其田业，贾不离其肆宅，士大夫不离其官府，由其武议在于一人，故兵不血刃，而天下亲焉。

万乘农战，千乘救守，百乘事养。农战不外索权，救守不外索助，事养不外索资。

夫出不足战，入不足守者，治之以市。市者，所以给战守也。万乘无千乘之助，必有百乘之市。

凡诛者所以明武也，杀一人而三军震者，杀之。杀一人而万人喜者，杀之。杀之贵大，赏之贵小，当杀而虽贵重必杀之，是刑上究也。赏及牛童马圉者，是赏下流也。夫能刑上究赏下流，此将之武也，故人主重将。

夫将提鼓挥桴，临难决战，接兵角刃，鼓之而当，则赏功立名，鼓之而不当，则身死国亡。是存亡安危在于桴端，奈何无重将也。

夫提鼓挥桴，接兵角刃，居以武事成功者，臣以为非难也。古人曰：无蒙冲而攻，无渠答而守。是谓无善之军。视无见，听无闻，由国无市也。夫市也者，百货之官也，市贱卖贵，以限士人。人食粟一斗，马食菽三斗，人有饥色，马有瘠形，何也？市有所出，而官无主也。夫提天下之节制，而无百货之官，无谓其能战也。

起兵，直使甲胄生虮虱，必为吾所效用也。鸷鸟逐雀，有袭人之怀，入人之室者，非出生也，后有惮也。

太公望年七十，屠牛朝歌，卖食盟津，过七十余而主不听，人人谓之狂夫也。及遇文王，则提三万之众，一战而天下定，非武议安得此合也。故曰：良马有策，远道可致；贤士有合，大道可明。

武王伐纣，师渡盟津，右旄左钺，死士三百，战士三万。纣之陈亿万，飞廉、恶来身先戟斧，陈开百里。武王不罢市民，兵不血刃，而克商诛纣，无祥异也，人事修不修而然也。

今世将考孤虚，占咸池，合龟兆，视吉凶，观星辰风云之变，欲以成胜立功，臣以为难。夫将者，上不制于天，下不制于地，中不制于人。故兵者，凶器也。争者，逆德也。将者，死官也。故不得已而用之。

无天于上，无地于下，无主于后，无敌于前。一人之兵，如狼如虎，如风如雨，如雷如霆，震震冥冥，天下皆惊。

胜兵似水，夫水至柔弱者也，然所以触，丘陵必为之崩，无异也，性专而触诚也。今以莫邪之利，犀兕之坚，三军之众，有所奇正，则天下莫当其战矣。

吴起与秦战，舍不平陇亩，朴樕盖之，以蔽霜露，如此何也？不自高人故也。乞人之死不索尊，竭人之力不责礼，故古者甲冑之士不拜，示人无已烦也。夫烦人而欲乞其死，竭其力，自古至今，未尝闻矣。

将受命之日，忘其家，张军宿野忘其亲，援枹而鼓忘其身。吴起临战，左右进剑。起曰：将专主旗鼓尔，临难决疑，挥兵指刃，此将事也。一剑之任，非将事也。

三军成行，一舍而后成三舍，三舍之余，如决川源。望敌在前，因其所长而用之。敌白者垩之，赤者赭之。

吴起与秦战未合，一夫不胜其勇，前获双首而还。吴起立命斩之。军吏谏曰："此材士也，不可斩！"起曰："材士则是也，非吾令也。斩之。"

将理 第九

凡将，理官也，万物之主也，不私于一人。夫能无私于一人，故万物至而制之，万物至而命之。

君子不救囚于五步之外，虽钩兵射之，弗追也。故善审囚之情，不待箠楚，而囚之情可毕矣。

笞人之背，灼人之胁，束人之指，而讯囚之情，虽国士有不胜其酷，而自诬矣。

今世谚云：千金不死，百金不刑。试听臣之术，虽有尧、舜之智，不能关一言；虽有万金，不能用一铢。

今夫决狱，小圄不下数十，中圄不下数百，大圄不下数千。十人联百人之事，百人联千人之事，千人联万人之事，所联之者，亲戚兄弟也，其次婚姻也，其次知识故人也。是农无不离田业，贾无不离肆宅，士大夫无不离官府。如此关联良民，皆囚之情也。兵法曰：十万之师出，日费千金。今良民十万，而联于囹圄，上不能省，臣以为危也。

原官　第十

官者，事之所主，为治之本也。制者，职分四民，治之分也。贵爵富禄必称，尊卑之体也。

好善罚恶，正比法，会计民之具也。均井地，节赋敛，取予之度也。程工人，备器用，匠工之功也。分地塞要，殄怪禁淫之事也。

守法稽断，臣下之节也。明法稽验，主上之操也。明主守，等轻重，臣主之权也。明赏赉，严诛责，止奸之术也。审开塞，守一道，为政之要也。

下达上通，至聪之听也。知国有无之数，用其仂也。知彼弱者，强之体也。知彼动者，静之决也。

官分文武，惟王之二术也。俎豆同制，天子之会也。游说间谍无自入，正议之术也。

诸侯有谨天子之礼，君臣继世，承王之命也。更造易常，违王明德，故礼得以伐之。官无事治，上无庆赏，民无狱讼，国无商贾，何王之至？明举上达，在王垂听也。

治本　第十一

凡治人者何？曰："非五谷无以充腹，非丝麻无以盖形。故充腹有粒，盖形有缕，夫在芸耨，妻在机杼，民无二事，则有储蓄，夫无雕文刻镂之事，女无绣饰纂组之作。"

木器液，金器腥，圣人饮于土，食于土，故埏埴以为器，天下无费。今也，金木之性不寒，而衣绣饰；马牛之性食草饮水，而给菽粟。是治失其本，而宜设之制也。

春夏夫出于南亩，秋冬女练于布帛，则民不困。今短褐不蔽形，糟糠不充腹，失其治也。

古者土无肥硗，人无勤惰，古人何得，今人何失耶？耕者不终亩，织者日断机，而奈何饥寒。盖古治之行，今治之止也。

夫谓治者，使民无私也。民无私，则天下为一家，无私耕私织，共寒其寒，共饥其饥。故如有子十人，不加一饭；有子一人，不损一饭，焉有喧呼鸼酒以败善类乎？

民相轻佻，则欲心与争夺之患起矣。横生于一夫，则民私饭有储食，私用有储财，民一犯禁，而拘以刑治，乌有以为人上也。善政执其制，使民无私，则为下不敢私，则无为非者矣。

反本缘理，出乎一道，则欲心去，争夺止，囹圄空，野充粟多，安民怀远，外无天下之难，内无暴乱之事，治之至也。

苍苍之天，莫知其极，帝王之君，谁为法则？往世不可及，来世不可待，求己者也。

所谓天子者四焉：一曰神明；二曰垂光；三曰洪叙；四曰无敌。此天子之事也。

野物不为牺牲，杂学不为通儒。今说者曰：百里之海，不能饮一夫；三尺之泉，足止三军渴。臣谓：欲生于无度，邪生于无禁。

太上神化，其次因物，其下在于无夺民时，无损民财。夫禁必以武而成，赏必以文而成。

战权 第十二

兵法曰：千人而成权，万人而成武。权先加人者，敌不力交；武先加人者，敌无威接。故兵贵先胜于此，则胜彼矣；弗胜于此，则弗胜彼矣。凡我往则彼来，彼来则我往，相为胜败，此战之理然也。

夫精诚在乎神明，战权在乎道所极。有者无之，无者有之，安所信之。

先王之所传闻者，任正去诈，存其慈顺，决无留刑。故知道者，必先图不知止之败，恶在乎必往有功。轻进而求战者，敌复图止，我往而敌制胜矣。故兵法曰：求而从之，见而加之，主人不敢当而陵之，必丧其权。

凡夺者无气，恐者不可守；败者无人，兵无道也。意往而不疑则从之，夺敌者无前则加之，明视而高居则威之，兵道极矣。

其言无谨偷矣，其陵犯无节破矣，水溃雷击三军乱矣。必安其危，去其患，以智决之。

高之以廊庙之论，重之以受命之论，锐之以踰垠之论，则敌国可不战而服。

重刑令 第十三

夫将自千人以上，有战而北，守而降，离地逃众，命曰"国贼"。身戮家残，去其籍，发其坟墓，暴其骨于市，男女公于官。自百人以上，有战而北，守而降，离地逃众，命曰"军贼"。身死家残，男女公于官。使民内畏重刑，则外轻敌。

故先王明制度于前，重威刑于后。刑重则内畏，内畏则外轻矣。

伍制令　第十四

军中之制，五人为伍，伍相保也。十人为什，什相保也。五十为属，属相保也。百人为闾，闾相保也。

伍有干令犯禁者，揭之免于罪，知而弗揭，全伍有诛。什有干令犯禁者，揭之免于罪，知而弗揭，全什有诛。属有干令犯禁者，揭之免于罪，知而弗揭，全属有诛。闾有干令犯禁者，揭之免于罪，知而弗揭，全闾有诛。

吏自什长以上，至左右将，上下皆相保也。有干令犯禁者，揭之免于罪，知而弗揭之，皆与同罪。

夫什伍相结，上下相联，无有不得之奸，无有不揭之罪，父不得以私其子，兄不得以私其弟，而况国人聚舍同食，乌能以干令相私者哉。

分塞令　第十五

中、左、右、前、后军，皆有分地，方之以行垣，而无通其交往。将有分地，帅有分地，伯有分地，皆营其沟域，而明其塞令，使非百人无得通。非其百人而入者伯诛之，伯不诛与之同罪。

军中纵横之道，百有二十步而立一府柱。量人与地，柱道相望，禁行清道，非将吏之符节，不得通行。采薪刍牧者皆成伍，不成伍者不得通行。吏属无节，士无伍者，横门诛之。逾分干地者，诛之。故内无干令犯禁，则外无不获之奸。

束伍令　第十六

束伍之令曰：五人为伍，共一符，收于将吏之所，亡伍而得伍当之。得伍而不亡有赏，亡伍不得伍，身死家残。亡长得长当之，得长不亡有赏，亡长不得长，身死家残，复战得首长，除之。亡将得将当之，得将不亡有赏，亡将不得将，坐离地遁逃之法。

战诛之法曰：什长得诛十人，伯长得诛什长，千人之将得诛百人之长，万人之将得诛千人之将，左右将军得诛万人之将，大将军无不得诛。

经卒令　第十七

经卒者，以经令分之为三分焉：左军苍旗，卒戴苍羽；右军白旗，卒戴白羽；中军黄旗，卒戴黄羽。卒有五章：前一行苍章，次二行赤章，次三行黄章，次四行白章，次五行黑章。

次以经卒，亡章者有诛，前一五行，置章于首；次二五行，置章于项；次三五行，置章于胸；次四五行，置章于腹；次五五行，置章于腰。如此，卒无非其吏，吏无非其卒，见非而不诘，见乱而不禁，其罪如之。

鼓行交斗，则前行进为犯难，后行进为辱众。踰五行而前进者有赏，踰五行而后退者有诛，所以知进退先后，吏卒之功也。故曰："鼓之前如霆，动如风雨，莫敢当其前，莫敢蹑其后。"言有经也。

勒卒令　第十八

金、鼓、铃、旗四者各有法。鼓之则进，重鼓则击。金之则止，重金则退。铃，传令也。旗麾之左则左，麾之右则右，奇兵则反是。

一鼓一击而左，一鼓一击而右。一步一鼓，步鼓也。十步一鼓，趋鼓也，音不绝，骛鼓也。商，将鼓也。角，帅鼓也。小鼓，伯鼓也。三鼓同，则将、帅、伯其心一也。奇兵则反是。

鼓失次者有诛，喧哗者有诛，不听金、鼓、铃、旗者有诛。

百人而教战，教成，合之千人。千人教成，合之万人。万人教成，合之三军。三军之众，有分有合，为大战之法，教成，试之以阅。

方亦胜，圆亦胜，错斜亦胜，临险亦胜。敌在山缘而从之，敌在渊没而从之，求敌如求亡子，从之无疑，故能败敌而制其命。

夫蚤决先敌，若计不先定，虑不蚤决，则进退不定，疑生必败。故正兵贵先，奇兵贵后，或先或后，制敌者也。世将不知法者，专命而行，先击而勇，无不败者也。

其举有疑而不疑，其往有信而不信，其致有迟疾而不迟疾，是三者战之累也。

将令　第十九

将军受命，君必先谋于庙，行令于廷，君身以斧钺授将曰：左、右、中军皆有分职，若踰分而上请者死，军无二令，二令者诛。留令者诛。失令者诛。

将军告曰："出国门之外，期日中设营，表置辕门，期之，如过时则坐法。"

将军入营，即闭门清道，有敢行者诛，有敢高言者诛，有敢不从令者诛。

踵军令　第二十

所谓踵军者，去大军百里，期于会地，为三日熟食，前军而行，为战合之表。合表，乃起踵军，飨士，使为之战势，是谓趋战者也。

兴军者，前踵军而行，合表乃起，去大军一倍其道，去踵军百里，期于会地，为六日熟食，使为战备，分卒据要害。战利则追北，按兵而趋之。踵军遇有还者诛之。所谓诸将之兵，在四奇之内者胜也。

兵有什伍，有分有合，豫为之职，守要塞关梁而分居之。战合表起，即皆会也。大军为计日之食起，战具无不及也，令行而起，不如令者有诛。

凡称分塞者，四境之内，当兴军踵军既行，则四境之民，无得行者。奉王之军命，授持符节，名为顺职之吏，非顺职之吏而行者诛之。战合表起，顺职之吏，乃行用以相参，故欲战先安内也。

兵教上　第二十一

兵之教，令分营居陈，有非令而进退者，加犯教之罪。前行者前行教之，后行者后行教之，左行者左行教之，右行者右行教之，教举五人，其甲首有赏。弗教如犯教之罪。罗地者，自揭其伍，伍内互揭之，免其罪。

凡伍临陈，若一人有不进死于敌，则教者如犯法之罪。凡什保什，若亡一人，而九人不尽死于敌，则教者如犯教之罪。自什已上，至于裨将，有不若法者，则教者如犯法者之罪。

凡明刑罚，正劝赏，必在乎兵教之法。

将异其旗，卒异其章，左军章左肩，右军章右肩，中军章胸前。书其章曰：某甲、某士。前后军各五行，尊章置首上，其次差降之。

伍长教其四人，以板为鼓，以瓦为金，以竿为旗。击鼓而进，低旗则趋，击金而退。麾而左之，麾而右之，金鼓俱击而坐。

伍长教成，合之什长。什长教成，合之卒长。卒长教成，合之伯长。伯长教成，合之兵尉。兵尉教成，合之裨将。裨将教成，合之大将。大将教之，陈于中野，置大表三百步而一。既阵去表，百步而决，百步而趋，百步而鹜，习战以成其节，乃为之赏罚。

自尉吏而下，尽有旗。战胜得旗者，各视所得之爵，以明赏劝之心。

战胜在乎立威，立威在乎戮力，戮力在乎正罚，正罚者所以明赏也。

令民背国门之限，决生死之分，教之死而不疑者，有以也。令守者必固，战者必斗，奸谋不作，奸民不语，令行无变，兵行无猜，轻者若霆，奋敌若惊。举功别德，明如白黑，令民从上令，如四肢应心也。

前军绝行乱陈，破坚如溃者，有以也。此谓之兵教。所以开封疆，守社稷，除患害，成武德也。

兵教下 第二十二

臣闻人君有必胜之道，故能并兼广大，以一其制度，则威加天下有十二焉：

一曰连刑，谓同罪保伍也；二曰地禁，谓禁止行道，以网外奸也；三曰全军，谓甲首相附，三五相同，以结其联也；四曰开塞，谓分地以限，各死其职而坚守也；五曰分限，谓左右相禁，前后相待，垣车为固，以逆以止也；六曰号别，谓前列务进以别，其后者不得争先登不次也；七曰五章，谓彰明行列，始卒不乱也；八曰全曲，谓曲折相从，皆有分部也；九曰金鼓，谓兴有功，致有德也；十曰陈车，谓接连前矛，马冒其目也；十一曰死士，谓众军之中有材智者，乘于战车，前后纵横，出奇制敌也；十二曰力卒，谓经旗全曲，不麾不动也。

此十二者教成，犯令不舍。兵弱能强之，主卑能尊之，令弊能起之，民流能亲之，人众能治之，地大能守之。国车不出于阃，组甲不出于橐，而威服天下矣。

兵有五致：为将忘家，踰垠忘亲，指敌忘身，必死则生，急胜为下。

百人被刃，陷行乱陈，千人被刃，擒敌杀将，万人被刃，横行天下。

武王问太公望曰："吾欲少间而极用人之要？"望对曰："赏如山，罚如溪。太上无过，其次补过，使人无得私语。诸罚而请不罚者死，诸赏而请不赏者死。伐国必因其变，示之以财，以观其穷，示之以弊，以观其病，上乖下离，若此之类是伐之因也。"

凡兴师，必审内外之权，以计其去。兵有备阙，粮食有余不足，校所出入之路，然后兴师伐乱，必能入之。

地大而城小者，必先收其地。城大而窄者，必先攻其城。地广而人寡者，则绝其陀。地狭而人众者，则筑大堙以临之。无丧其利，无奋其时，宽其政，夷其业，救其弊，则足施天下。

今战国相攻，大伐有德。自伍而两，自两而师，不一其令。率俾民心不定，徒尚骄佚，谋患辨讼，吏究其事，累且败也。日暮路远，还有挫气。师老将贪，争掠易败。

凡将轻，垒卑，众动，可攻也。将重，垒高，众惧，可围也。凡围必开其小利，使渐夷弱，则节各有不食者矣。众夜击者惊也，众避事者离也。待人之救，期战而蹙，皆心失而伤气也。伤气败军，曲谋败国。

兵令上 第二十三

兵者，凶器也。争者，逆德也。事必有本，故王者伐暴乱，本仁义焉。战国则以立威，抗敌，相图，不能废兵也。

兵者以武为植，以文为种。武为表，文为里。能审此二者，知胜败矣。文所以视利害，辨安危；武所以犯强敌，力攻守也。

专一则胜，离散则败。陈以密则固，锋以疏则达。卒畏将甚于敌者胜，卒畏敌甚于将者败。所以知胜败者，称将于敌也，敌与将犹权衡焉。安静则治，暴疾则乱。

出卒陈兵有常令，行伍疏数有常法，先后之次有适宜。常令者，非追北袭邑攸用也。前后不次则失也。乱先后斩之。

常陈皆向敌，有内向，有外向，有立陈，有坐陈。夫内向所以顾中也，外向所以备外也，立陈所以进也，坐陈所以止也，立坐之陈，相参进止，将在其中。坐之兵剑斧，立之兵戟弩，将亦居中。

善御敌者，正兵先合，而后振之，此必胜之术也。陈之斧钺，饰之旗章，有功必赏，犯令必死，存亡死生，在枹之端，虽天下有善兵者，莫能御此矣。

矢射未交，长刃未接，前噪者谓之虚，后噪者谓之实，不噪者谓之秘，虚实者兵之体也。

兵令下　第二十四

诸去大军为前御之备者，边县列侯各相去三五里。闻大军为前御之备战，则皆禁行，所以安内也。

内卒出戍，令将吏授旗鼓戈甲。发日，后将吏及出县封界者，以坐后戍法。兵戍边一岁，遂亡不候代者，法比亡军。父母妻子知之，与同罪。弗知，赦之。

卒后将吏而至大将所一日，父母妻子尽同罪。卒逃归至家一日，父母妻子弗捕执及不言，亦同罪。

诸战而亡其将吏者，及将吏弃卒独北者，尽斩之。前吏弃其卒而北，后吏能斩之而夺其卒者，赏。军无功者，戍三岁。

三军大战，若大将死，而从吏五百人以上不能死敌者，斩。大将左右近卒在陈中者，皆斩。余士卒，有军功者，夺一级。无军功者，戍三岁。

战亡伍人，及伍人战死不得其死，同伍尽夺其功。得其尸，罪皆赦。

军之利害，在国之名实。今名在官，而实在家，官不得其实，家不得其名。聚卒为军，有空名而无实，外不足以御敌，内不足以守国，此军之所以不给，将之所以夺威也。

臣以谓卒逃归者，同舍伍人及吏，罚入粮为饶。名为军实，是有一军之名，而有二实之出，国内空虚，自竭民岁，曷以免奔北之祸乎？

今以法止逃归，禁亡军，是兵之一胜也。什伍相联，及战斗则卒吏相救，是兵之二胜也。将能立威，卒能节制，号令明信，攻守皆得，是兵之三胜也。

臣闻古之善用兵者，能杀士卒之半，其次杀其十三，其下杀其十一。能杀其半者，威加海内；杀十三者，力加诸侯；杀十一者，令行士卒。故曰：百万之众不用命，不如万人之斗也。万人之斗，不如百人之奋也。赏如日月，信如四时，令如斧钺，制如干将，士卒不用命者，未之闻也。

参考文献

中文书籍部分

［1］斯贝斯著．历史的起源与目标［M］．魏楚雄，余新天译．北京：华夏出版社，1989

［2］德鲁克．管理——任务、责任、实践（上）［M］．北京：中国社会科学出版社，1993

［3］苏东水．东方管理学［M］．上海：复旦大学出版社，2005

［4］吴照云．管理学（第五版）［M］．北京：中国社会科学出版社，2006

［5］陈晓萍．跨文化管理［M］．北京：清华大学出版社，2005

［6］管理故事与哲理丛书编委会．海尔的故事与哲理［M］．青岛：青岛出版社，2005

［7］李雪峰．太极智慧——孙子兵法与企业战略管理［M］．北京：中国国际广播出版社，2002

［8］李泽厚．中国古代思想史论［M］．北京：人民出版社，1985

［9］孙子新探——中外学者论孙子［M］．北京：解放军出版社，1990

［10］于汝波．孙子学文献提要［M］．北京：军事科学出版社，1994

［11］黄朴民．中国古军礼的丰碑——《司马法》导读［M］．北京：军事科学出版社，2000

［12］周三多．战略管理思想史［M］．上海：复旦大学出版社，2003

［13］张连城．先秦兵法思想与现代市场经济［M］．北京：中国广播电视出版社，1999

［14］王方华，吕巍．企业战略管理［M］．上海：复旦大学出版社，1997

［15］刘云柏．中国兵家管理思想［M］．上海：上海人民出版社，1993

［16］杨先举．孙子管理学［M］．北京：中国人民大学出版社，2005

［17］张志祥．兵法谋略与商战谋略［M］．北京：金盾出版社，1998

［18］虞祖尧，沈恒泽．兵法谋略与企业竞争［M］．北京：企业管理出版社，1994

[19] 姜瑞清. 孙子商法：孙子兵法与商战谋略 [M]. 北京：人民出版社，1998

[20] 荣凤义，傅银生，邢凤庆. 孙膑兵法与商战谋略 [M]. 济南：山东友谊书社，1993

[21] 纪宝成. 中国古代治国思想要论 [M]. 北京：中国人民大学出版社，2004

[22] 何似龙，施祖留. 转型时代管理学导论 [M]. 南京：河海大学出版社，2001

[23] 张阳，周海炜. 管理文化视角的企业战略 [M]. 上海：复旦大学出版社，2001

[24] 刘泽华. 中国政治思想史 [M]. 杭州：浙江人民出版社，1996

[25] 许保林. 中国兵书通览 [M]. 北京：解放军出版社，2002

[26] 钮先钟. 西方战略思想史 [M]. 桂林：广西师范大学出版社，2003

[27] 姚际恒著，黄云眉补证. 古今伪书考 [M]. 济南：齐鲁书社，1982

[28] 刘长林. 中国系统思维 [M]. 北京：中国社会科学出版社，1991

[29] 成中英. 论中西哲学精神 [M]. 北京：东方出版中心，1991

[30] 沟口雄三. 中国的思想 [M]. 北京：中国社会科学出版社，1995

[31] 丹尼尔·雷恩. 管理思想的演变 [M]. 北京：中国社会科学出版社，2000

[32] 包昌火. 情报研究方法论 [M]. 北京：科技文献出版社，1990

[33] 胡伟希. 中国哲学概论 [M]. 北京：北京大学出版社，2005

[34] 利德尔·哈特. 战略论 [M]. 北京：中国人民解放军战士出版社，1981

[35] 约翰·柯林斯. 大战略 [M]. 北京：中国人民解放军战士出版社，1978

[36] 陈济康，吴建华. 白话武经七书 [M]. 北京：解放军出版社，2005

[37] 杨先举. 孙子管理学 [M]. 北京：中国人民大学出版社，2005

[38] 陈荣耀. 比较文化与管理 [M]. 上海：上海社会科学院出版社，1999

[39] 郭化若. 孙子今译 [M]. 上海：上海古籍出版社，1977

[40] 徐勇等. 武经七书新译 [M]. 济南：齐鲁书社，1999

[41] 李泽厚. 论语今读 [M]. 北京：生活·读书·新知三联书店，2004

[42] 钮先钟. 中国古代战略思想新论 [M]. 合肥：安徽教育出版社，2005

［43］葛荣晋．中国哲学范畴通论［M］．北京：首都师范大学出版社，2001

［44］张立文．中国哲学范畴发展史（天道篇）［M］．北京：中国人民大学出版社，1988

［45］蔡一．华夏管理文化精粹［M］．北京：高等教育出版社，1996

［46］潘承烈，虞祖尧．振兴中国管理科学——中国管理学引论［M］．北京：清华大学出版社，1997

［47］南怀瑾．南怀瑾精品集［M］．桂林：漓江出版社，2006

［48］［美］安乐哲．和而不同：比较哲学与中西会通［M］．北京：北京大学出版社，2002

［49］成中英．C理论：中国管理哲学［M］．上海：学林出版社，1999

［50］［美］德里克·钱农．布莱克威尔战略管理学百科辞典［M］．北京：对外经济贸易大学，2002

［51］［瑞士］皮亚杰．结构主义［M］．倪连生，王琳译．北京：商务印书馆，1984

［52］［美］郝大维，安乐哲．孔子哲学思微［M］．南京：江苏人民出版社，1996

［53］李宗桂．中国文化导论［M］．广州：广东人民出版社，2002

［54］张岱年．中国哲学大纲［M］．北京：中国社会科学出版社，1982

［55］梁启超．先秦政治思想史［M］．天津：天津古籍出版社，2004

［56］陈振明．公共部门战略管理［M］．北京：中国人民大学出版社，2004

［57］项保华．战略管理：艺术与实务（第三版）［M］．北京：华夏出版社，2005

［58］刘益等．柔性战略的理论、分析方法及其应用［M］．北京：中国人民大学出版社，2005

［59］黄光国．面子——中国人的权力游戏［M］．北京：中国人民大学出版社，2004

［60］韦政通．中国的智慧［M］．长春：吉林文史出版社，1988

［61］费正清．美国与中国［M］．北京：世界知识出版社，1999

［62］王式金．《吴子》导读［M］．北京：军事科学出版社，2000

［63］孔德骐．《六韬》导读［M］．北京：军事科学出版社，2000

［64］李泽厚．中国现代思想史论［M］．北京：东方出版社，1987

［65］［美］艾伦·沃森．民法法系的演变形成［M］．北京：中国政法大

学出版社，1992

[66] 唐君毅．中国哲学原论（上）[M]．中国香港：香港人生出版社，1955

[67] 雷丁．海外华人企业家的管理思想——文化背景与风格 [M]．上海：上海三联书店，1993

[68] W．钱·金，勒妮·莫博涅著．蓝海战略 [M]．吉宓译．北京：商务印书馆，2005

[69] 大桥武夫著．兵法经营要点 [M]．胡立品，柳真译．北京：解放军出版社，1989

[70] 陈学凯．韬略制胜 [M]．济南：山东人民出版社，1992

[71] 牟宗三．中国哲学的特质 [M]．上海：上海古籍出版社，1997

[72] 朱墉．武经七书汇解 [M]．郑州：中州古籍出版社，1989

[73] 冯梦龙．东周列国志 [M]．长沙：岳麓书社，2002

中文期刊部分

[74] 张文儒．中国兵家与儒道法各家的兼容互补 [J]．江汉论坛，1998（6）

[75] 王学秀．中国情理文化与伦理协调型企业管理模式 [J]．天津社会科学，2006（1）

[76] 徐淑英，张志学．管理问题与理论建立：开展中国本土管理研究的策略 [J]．南大管理评论，2005（7）

[77] 苏东．《孙子兵法》与西方管理理论比较研究之我见 [J]．科学管理研究，1997（10）

[78] 黄朴民．先秦军事思想发展的概况及其特色 [J]．济南大学学报，2000（4）

[79] 李桂生．先秦兵家流派初探 [J]．社会科学战线，2005（1）

[80] 周传荣．论孙子的军事哲学思想 [J]．学术问题研究（综合版），2006（1）

[81] 吴仁杰．论《孙子》的战略思想及学术影响 [J]．河南师范大学学报，2001（3）

[82] 孙宇，陈胤雯．孙子制胜思想探析 [J]．东北师大学报（哲学社会科学版），2005（3）

[83] 谢川豫．《孙子》和《吴子》中的军事情报思想比较 [J]．情报杂志，2004（2）

[84] 徐勇，黄朴民．略论《司马法》的军事思想和历史地位 [J]．学术

研究，1998（5）

[85] 李兴斌．先秦兵家和平思想及其现代价值［J］．文史哲，2005（4）

[86] 晁罡．论《十一家注孙子》对儒家和兵家治道的整合［J］．西南民族大学学报（人文社科版），2003（11）

[87] 姚鸿健．事理学的古代理解：《孙子》兵法的哲学解读［J］．山东师范大学学报（人文社会科学版），2003（3）

[88] 施祖留．孔孟儒学管理文化探析［J］．理论学刊，2005（3）

[89] 霁虹．兵家军事思想研究20年回顾［J］．社会科学战线，2003（1）

[90] 杨先举．《孙子兵法》的企业管理价值［J］．滨州学院学报，2006（10）

[91] 潘承烈．《孙子兵法》对企业商战的启迪［J］．滨州学院学报，2006（10）

[92] 陈炳富，邱昭良．《孙子兵法》战略管理模式探索［J］．国际经贸研究，1997（1）

[93] 许卫．《孙子兵法》与现代企业战略管理［J］．当代财经，1998（3）

[94] 程振清．《孙子兵法》与商战［J］．甘肃社会科学，1997（6）

[95] 盛奇秀．利害原则——《孙子》将略的基本原则［J］．山东大学学报（哲学社会科学版），1996（4）

[96] 陈洪琏．孙子兵法在商战中的负面影响及其对策［J］．社会科学研究，1998（2）

[97] 郭子仪．《孙子兵法》管理心理学思想研究［J］．心理学报，2000（3）

[98] 傅朝．孙子组织管理思想探论［J］．社会科学辑刊，2001（1）

[99] 晁罡．论兵家和儒家管理思想的融通［J］．华南理工大学学报（社会科学版），2000（12）

[100] 董海洲，王建军．试论《孙子兵法》中的管理思想［J］．求实，2004（5）

[101] 齐兰．中国古代孙子兵法基本原则与当代西方经济理论基本假设的比较研究［J］．中央财经大学学报，1998（5）

[102] 丁敬群．《孙子兵法》中的管理艺术探微［J］．财贸研究，2000（4）

[103] 周可真．先秦诸子管理思想论纲［J］．苏州大学学报（哲学社会科学版），2004（5）

[104] 张森年．兵家哲学：《孙子兵法》决策原则分析［J］．学海，2002（1）

[105] 陶新华，朱永新．先秦兵家决策心理思想研究［J］．心理学报，

1999（4）

[106] 高可为，陶雷．企业核心能力：诠释及再诠释［J］．江汉论坛，2006（1）

[107] 孙宝连，段福兴．论《孙子兵法》的战略思想对张瑞敏经营哲学的影响［J］．管子学刊，2005（2）

[108] 杨波．古代中国人人格结构的因素探析［J］．心理科学，2005（3）

[109] 汤正华等．中西管理伦理融合的逻辑分析与模型构建［J］．中国软科学，2005（2）

[110] 贡华南．从"感"看中国哲学的特质［J］．学术月刊，2006（11）

[111] 李承贵．自然主义：中国传统哲学的基本特质［J］．福建论坛（人文社会科学版），2006（8）

[112] 叶赋桂．现代新儒家的思想特质［J］．清华大学学报（哲学社会科学版），1997（1）

[113] 朱进有．儒家思想的内在特质［J］．孔子研究，2006（2）

[114] 周贵华．释印顺"人间佛教"思想之特质评析［J］．哲学研究，2006（11）

[115] 李翔海．"形而上学"的初步形态——魏晋玄学的基本理论特质［J］．哲学研究，2003（5）

[116] 肖艳．毛泽东哲学中的中国传统文化特质分析［J］．湘潭大学学报（哲学社会科学版），2006（11）

[117] 钟尉，张阳．吴起兵法与现代企业管理［J］．商场现代化，2006（11）

[118] 刘建国．《司马法》伪书辨证［J］．管子学刊，1995（3）

[119] 仝晰纲．《六韬》的成书及其思想蕴涵［J］．学术月刊，2000（7）

[120] 解文超，崔宏艳．《六韬》真伪考［J］．青海师范大学（哲学社会科学版），2005（2）

[121] 刘庆．《孙子》对周朝兵学的批判与继承［J］．管子学刊，1997（4）

[122] 陈锦松．《六韬》是一部黄老道家的兵书［J］．上海第二工业大学学报，1994（1）

研究报告和博士论文部分

[123] 张阳．企业战略创新的管理文化研究［R］．复旦大学博士后研究报告，2002

[124] 周海炜. 战略管理中的企业谋略及动作机制研究 [D]. 河海大学博士论文, 2004

[125] 钟尉. 先秦兵家战略管理特质研究 [D]. 河海大学博士论文, 2007

[126] 李桂生. 先秦兵家研究 [D]. 浙江大学博士论文, 2005

古籍部分

[127]《孙子兵法》

[128]《吴子》

[129]《六韬》

[130]《三略》

[131]《司马法》

[132]《尉缭子》

[133]《唐李问对》

[134]《论语》

[135]《孟子》

[136]《韩非子》

[137]《荀子》

[138]《史记》

[139]《吕氏春秋》

[140]《中庸》

[141]《周易》

[142]《老子》

[143]《庄子》

[144]《管子·心术上》

[145]《汉书·艺文志》

[146]《东周列国志》

[147]《左传》

英文部分

[148] A. Johnston. Cultural Realism: Strategic Culture and Grand Strategy in Chinese history [C]. Princeton: Princeton University Press, 1995

[149] S. Griffith. Sun Tzu The Art of War [M]. Oxford university press, 1964

[150] D. Hall and T. Roger. Anticipating China: Thinking Through the Narratives of Chinese and Westren Culture [M]. Albany: State University of New York

Press, 1995

[151] R. Ames. The Art of Rulership: A Study in Ancient Chinese Political Thought [M]. Albany: State Uninversity of New York, 1994

[152] D. Hall and T. Roger. Thinking from the Han: Self, Truth, and Transcendence in Chinese and Western Culture [M]. Albany: State University of New York, 1998

[153] Carl von Clausewitz On War [M]. Princeton Press, 1976: 192

[154] Balmforth. A Chinese Military Stratcgist of the Warring States: Sun Pin [M]. University Microfilms, Ph. D. dissertation, Rutgers, 1979

[155] R. Yates. New light on Ancient Chinese Military Text: Notes on Their Nature and Evolution, and the Development of Military Specialization in Warring States China [M]. T'oung Pao Press, 1988

[156] L. Raphals. Knowing Words: Wisdom and Cunning in Classical Traditions of China and Greece [M]. Ithaca: Cornell University Press, 1992

[157] M. Handel. Masters of War: Sun Tzu, Clausewitz and Jomini [M]. Frank Cass Press, 1992

[158] Chaplain (Colonel) Douglas Learning from Sun Tzu [J]. Military Review, 2003 (5-6)

[159] D. Colonel. Maxwell. Operation Enduring Freedom – Philippines: What Would Sun Tzu Say? [J]. Military Review, 2004 (5-6)

[160] Arquilla John. The Strategic Implications of Information Dominance [J]. Strategic Review, 1994 (6)

[161] Henry Mintzberg, Bruce Ahlstrand, Joseph Lampel. Strategy Safari: A Guided Tour Through the Wilds of Strategic Management [M]. Free Press and Prentice Hall International, 1998

[162] G. Michaelson and S. Michaelson. Sun Tzu: Strategies for Marketing-12 essential Principles for Winning the War for Customers [M]. Tata McGraw-Hill, 2004

[163] G. Michaelson and S. Michaelson. Sun Tzu: Strategies for Selling-how to Use the Art of War to Build Lifelong Customer Relationships [M]. Tata McGraw-Hill, 2004

[164] Mark Mcneilly. Sun Tzu and the Art of Business, Including Sun Tzu's the Art of War [M]. Oxford University Press, 1996: 261

[165] Khai Sheang Lee, Pheng Lui Chng and Chow Hou Wee. The Art and the

Science of Strategic Marketing: Synergizing Sun Tzu's Art of War with Game Theory [J]. Journal of Strategic Marketing, 1994 (2)

[166] Min Chen. Sun Tzu's Strategic Thinking and Contemporary Business [J]. Business Horizons, 1994 (3-4)

[167] Wann-Yih Wu. A Study of Strategy Implementation as Expressed Through Sun Tzu's Principles of War [J]. Industrial Management & Data Systems, 2004 (5)

[168] Juan Antonio Fernandez. Management in Times of Change: Lessons from The Art of War [J]. Business Strategy Review, 2004 (1)

[169] R. Hogan. Personality and Personality Measurement [M]. In M. Dunnette and L. Hough (eds.), Handbook of Industrial and Organizational Psychology, 2nd ed., Palo Alto: Consulting Psychologists Press, 1991

[170] G. Allport. Personality: A Psychological Interpretation [M]. New York: Holt Rinehart and Winston, 1937

[171] G. Allport and H. Odbert. Trait Names: A Psycho-Lexical Study [M]. Psychological Monographs, 1936

[172] J. Digman. Personality Structure: Emergence of the Five-Factor Model [J]. Annual Review of Psychology, 1990 (41)

[173] S. Oishi. Personality in Culture: a Neo-Allportian View [J]. Journal of Research in Personality, 2004 (38)

[174] R. McGrace. Trait Psychology and the Revival of Personality and Culture Studies [J]. American Behavioral Scientist, 2000 (44)

[175] H. Markus. and S. Kitayama. The Cultural Psychology of Personality [J]. Journal of Cress Cultural Psychology, 1998 (29)

[176] Kristina M. Jackson and Kenneth J. Sher. Alcohol Use Disorders and Psychological Distress: A Prospective State-Trait Analysis [J]. Journal of Abnormal Psychology, 2003 (4)

[177] Curt Hagquist and David Andrich. Is the Sense of Coherence-instrument Applicable on Adolescents? A Latent Trait Analysis Using Rasch-modelling [J]. Personality and Individual Differences, 2004 (4)

[178] Igor H. Ansoff, The New Corporate Strategy [J]. New York: John Wiley, 1988

[179] M. Hit, Duane Ireland & Robert E. Hosikisson, Strategic Management: Competitiveness and Globalization, Second Edition [M]. West Pulishing Company,

1996

[180] M. Mann. Seller Concertation, Barriers to Entry, and Rates of Return in Thirty Industry, "1950-1960" [J]. Review of Economics and Statistics August, 1966

[181] J. Bain. Relation of Profit Rate to Industry Concentration: American Manufacturing "1936-1940" [J]. Quarterly Journal of Economics August, 1951

[182] M. Porter. From Competitive Advantage to Corporate Strategy [J]. Harvard Business Review, 1987, 65 (3)

[183] M. Porter. The Competitive Advantage of Nations [J]. Harvard Business Review, 1990. Mar/Apr, 68 (2)

[184] M. Porter. What is Strategy? [J]. Harvard Business Review, 1996 (6)

[185] C. Prahalad and G. Hamel. The Core Competence of Corporation [J]. Harvard Business Review, 1990

[186] J. Barney. Looking Inside for Competitive Advantage [J]. Academy of Management Executive, 1995 (4)

[187] G. Hamel and C. Prahalad. Do You Really Have a Global Strategy? [J]. Harvard Business Review, 1985 (4)

[188] C. Argyris. Integrating the Individual and the Organization [M]. New York: Wiley, 1964

[189] K. Dirks and D. Ferrin. Trust in Leadership: Meta Analytic Finding and Implications for Research and Practice [J]. Journal of Applied Psychology, 2002

[190] S. Kirkpatrick and E. Locke. Direct and Indirect Effects of the Core Charismatic Leadership Components on Performance and Attitudes [J]. Journal of Applied Psychology, 1996

[191] P. Podsakoff, S. MacKenzie, R. Moorman and R. Fetter. Transformation a Leader Behaviors and Their Effects on Followers Trustinleader, Satisfaction, and Organizational Citizenship Behaviors [J]. Leadership Quarterly, 1990

[192] R. Hogan, G. Curphy and J. Hogan. What We Know about Leadership: Effectiveness and Personality [J]. American Psychologist, 1994

[193] F. Colin. Camerer George Loewenstein: "Behavioral Economics: Past, Present, Future". California Institute of Thchnology, Working Paper, 2002

[194] Benjamin Gilad Stanley Kaish. Handbook of Behavioral Economics, Vol. A [M]. Connecticut, Greenwich and England, London: JAI PRESS INC,

1986

[195] H. Ansoff. Critique of Henry Mintzberg's "The Design School: Reconsidering the Basic Premises of Strategic Management" [J]. Strategic Management Journal, 1991 (6)

[196] H. Mintzberg. The Fall and Rise of Strategy Planning [J]. Harvard Business Review, 1994 (1-2)

[197] E. Penrose. The Theory of the Growth of the Firm [J]. London: Basil Blackwell, 1959

[198] D. Teece. G. Pisano and A. Shuen. Dynamic Capabilites and Strategic Management [J]. Strategic Management Journal, Vol. 18, No. 7, 1997

[199] W. Cohen and D. Levinthal. A Absorptive Capacity: A New Perspective on Learning and Innovation [J]. Administrative Science Quarterly, 1990, (35)

[200] S. Zahra, and G. George. Absorptive Capacity: A Review Reconceptualization and Extension [J]. Academy of Management Review, 2002 (2)

[201] H. Simon. On the Concept of Organizational Goal [J]. Administrative Science Quarterly, 1964 (5)

[202] P. Blau. Exchange and Power in Social Life [M]. New York: John Wiley, 1964

[203] Benson J. Kenneth. Innovation and Crisis in Organizational Analysis [J]. Sociological Quarterly, 1977

[204] R. Kahn, Donald M. Wolfe and P. Robert. Quinn ect. Organizational Stress: Studies in Role Conflict and Ambiguilty [M]. New York: John Wiley, 1964

[205] Wee Chow Hou, Lee Khai sheang, and Bambang Walujo Hidajo. Sun Tzu: War and Management [M]. Addison-Wesep Publishing Co., 1991

[206] M. Hatch. Organization Theory: Modern, Symbolic and Postmodern Perspectives [M]. Oxford University Press, 1997

[207] A. Brow. Organizational Culture [M]. London Pitman Press, 1995

[208] F. Taylor. Principles of Scientific Management [M]. New York: W. W. Norton & Company, 1967

[209] K. Bail. Methods of Social Research [M]. The Free Press, A Division of Macmillian Publishing Co. inc, 1982

[210] O. Taulbee. Content Analysis [M]. Specification, and Control, ARIST, 1986

网络部分

[211] 博锐管理沙龙 www.boraid.com

[212] 中国孙子兵法网 www.szbf.cn

[213] 新国学网 www.sinology.cn

[214] 栖息谷 bbs.21manager.com

[215] 百度百科 baike.baidu.com

[216] 维基百科 zh.wikipedia.org